ラオス概説

ラオス文化研究所＝編

めこん

謝辞

本書の写真は次の方々から提供していただきました。
川口正志、島崎一幸、竹原茂、浅井寿樹、松田健、各章執筆者、めこん編集部
なお、提供者の名前のない写真は各章の執筆者の撮影によるものです。

本書の翻訳、註・地図の作成にあたっては、次の方々のご協力をいただきました。
島崎一幸、Ms.Phetsila、Mr.Manane、Mr.Saylom、Mr.Phouthalom、Mr.Thaly、Mr.Sisouphanh、北村徳喜、佐々木宏美、小峰利徳、鎌澤久也

本書の表記と用語について

1. ラオスとラオについては、次のように使い分けています。
ラオス＝国名、政治、経済に関する語に使用
ラオ＝民族、国民、言語、歴史、文化に関する語に使用
2. ラオ語のカタカナ表記は、基本的に、母音の長音と短音を使い分け、子音のまぎらわしいものについては次のように表記しています（ワットなど慣用的なものは例外）。
ງ→ガ、ギ、グ、ゲ、ゴ
ວ→ヴァ、ヴィ、ヴ、ヴェ、ヴォ
ຍ→ニャ、ニ、ニュ、ニェ、ニョ
ກ、ຂ、ຄ→区別せず、カ、キ、ク、ケ、コ
末子音のນ、ງ→区別せず、ン
3. 民族名はラオスにおける呼称を優先しています。
Hmongはモン、Monはモーンなど。

行政区分について

ラオス人民民主共和国の行政区分の基本は「クェーン」(県)、「ムアン」(郡)、「バーン」(村）です。ただし、「ムアン」は、バーンの集合体としての比較的大きい地域を指す場合もあり、この地域は郡庁所在地とだいたい一致します。これが、規模により、日本で言う「市」あるいは「町」に相当します。たとえばムアンパークセーは①パークセー郡を指す場合と、②パークセー郡の中の中心的な地域（いくつかのバーンの集合）を指す場合があります。①の意味を明確に示すためには「ケート・ムアン」、②の意味を明確に示すためには「トゥア・ムアン」あるいは「テーッサバーン」と書きますが、本書ではこの表記は使っていません。また②の場合、ムアンをつけないでパークセーとのみ言うこともあります。本書では、①の場合は○○郡(パークセー郡)、②の場合はムアン○○（ムアンパークセー）あるいはムアンをつけない○○（パークセー）と表記するようにしています(ただし地図にはM. ○○と記してあります)。なお、クェーンに相当する区分として、「カムペーンナコーン」(中央直属市）と「ケートピセート」(特別区）があります。カムペーンナコーン・ヴィエンチャンは「ヴィエンチャン市」、ケートピセート・サイソムブーンは「サイソムブーン特別区」(2014年12月以降サイソムブーン県となりました）と表記します。

［　　］は訳者による註、（　　）は原文のままです。

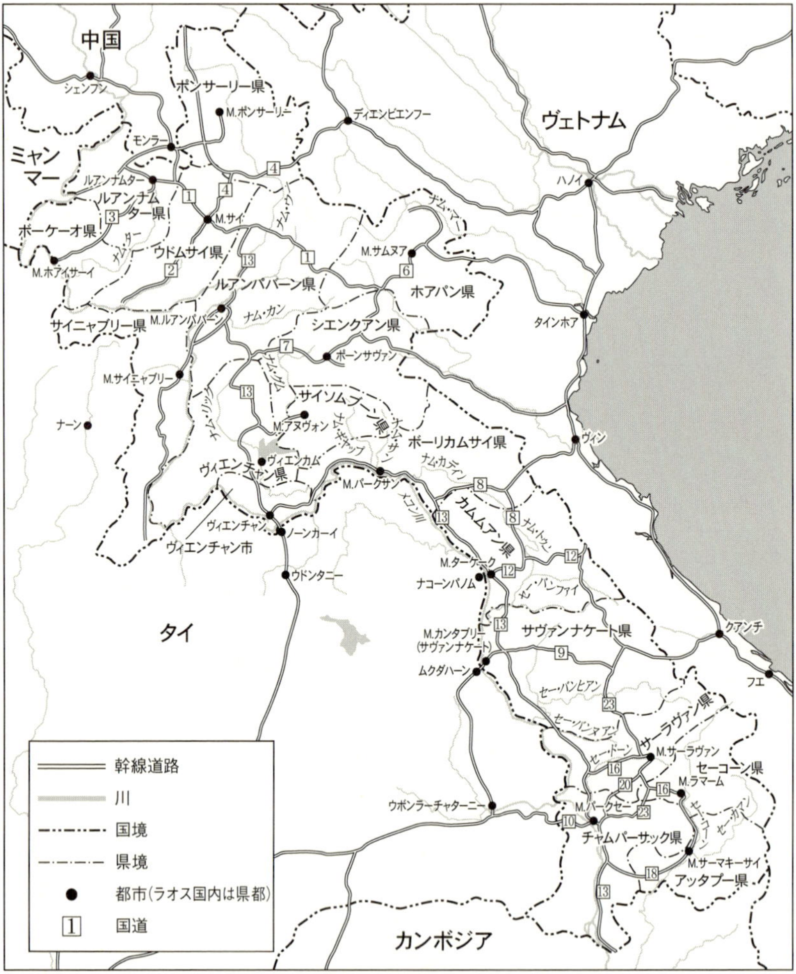

ラオス全図

＊第２刷改訂版作成にあたっては、第４章、第10章、第11章、第12章を書き改め、第７章、第17章の図表を改定しました。

目次

まえがき

フンパン・ラタナヴォン

*扉写真・歓迎の歌。ルアンパバーン県ルアンパバーン郡シエンメーン村（川口正志）

ラオスという国のことは、世界ではまだよく知られていないと思われる。本書の読者は国籍や言語、職業、性別、世代もさまざまだろうし、最近ラオスを訪れた人もいれば、10数年前に訪れた人もいるだろう。あるいはラオスに住んでいて、なんらかの事情で離れなくてはならなかった人もいるかもしれない。それぞれがそれぞれの関心のある分野でラオスについて聞きたいことがあるだろう。

最も初歩的で一般的な質問は、ラオスはどこにあるのか、何があるのか、今どうなっているのか、習慣と文化はどうなのか、ラオスの人々はどんな顔をして肌の色は何色か、彼らはどんな生活をしているのか、ということだと思う。

専門的な興味を持っている人は、次のようなことを知りたいと思うかもしれない。

歴史、政治、行政、経済開発、教育、少数民族、科学、宗教……。現代のラオスをよく理解するためには、これらのさまざまな分野の状況を知る必要があるだろう。

本章ではまず、最も基礎的なことについて触れておきたい。つまり、ラオスの地理、人口、歴史と現在の社会状況および諸問題、ラオス人民革命党およびラオス政府の社会経済開発政策の方針についてである。

❶地理と民族

現在のラオスは、かつて世界でも最古の文化・文明を誇ったラーンサーン王国の版図と重なる。インドシナ半島の中央、北緯14度～22.3度のメコン川下流域に位置し、四方を５つの国――北は中国、東はヴェトナム、南はカンボジア、西はタイ、北西はミャンマー――に囲まれた内陸国で、地下資源、森林資源、水資源が豊富である。

ラオスは山（プー）、森林（パー）、川（ナム、セー）に恵まれている。最も高い山と森林があるのは北部であり、東はヴェトナムとの国境が山脈（サイプー）となって北から南まで続いている。最高峰は2820mのプー・ビア［ビア山。サイソムブーン特別区］である。

西部は主にメコン川沿いに広がる平野（トン）と高原（トンピアン）で、国土の4分の1を占める。メコン川の支流は主なものだけで11本に及び、流域は森林と山に恵まれている。

地理的な特徴と冷涼な気候があいまって、ラオスはさまざまな民族と言語の交差点となっている。ラオスには主に次の4つの民族言語グループが存在する。

①アーイ・ラーオまたはラーオ・タイ

②モーン［Mon，モンと表記することもある］・クメール

③モン［Hmong，フモンと表記することもある］・ヤオ

④シナ・チベット

これらのグループはラオス国内でそれぞれの地域に分かれて居住しており、各グループはさらに、顔かたちや肌の色の異なる小さなグループに分かれていく。

2001年の統計によると、ラオスの人口は約537万7000万人。行政的には、16県（クェーン）およびヴィエンチャン中央直属市（カムペーンナコーン）［以下ヴィエンチャン市と略す］、1特別区（ケートピセート）［サイソムブーン特別区］で構成されており、この中に142の郡（ムアン）、ムアンの中に1万873の村（バーン）がある。ラオス全土の面積は23万6800km²、日本の約3分の2である。

ある資料によると、ラオスには68の民族がいる。人口の少ないラオスにこれだけの数の民族が存在するのだから、まさにラオスは「民族のるつぼ」と言えよう。これはさまざまな文化が豊かに混在しているということだが、同時に、いくつかの重大な社会問題が発生しこれを解決しなければならないということにもなる。

メコン川の支流ナム・ウーの静かな流れ。ルアンパバーン県ゴーイ郡ノーンキアオ村（川口正志）

❷重要な歴史的できごと

往時、ラーンサーン王朝は軍事的にも強力な非常に豊かな国だった。しかし、1828年、内部分裂の危機に陥っていたこの国を隣国シャムが徹底的に打ち破った。文化・行政・経済の中心だったヴィエンチャンはシャムの侵略軍によって焼き尽くされ、無人の都となった。そして、北から南から駆り集められたラオスの人々が、シャム建設のための奴隷として連れ去られた。

以後、ラオスは外国の支配と弾圧の下に置かれ、1893年までフランスとタイ（シャム）の権力下に、メコン川をはさんで国土は二分されることになる。即ち、メコン川の東岸はフランス植民地となり、現在のラオス人民民主主義共和国はこれに一致する。そしてメコン川の西岸は現在に至るまでタイ（シャム）の領土となっている。

1960年代、長年にわたるフランスの侵略と支配に対して、ラオス愛国戦線（ネーオ・ラーオ・ハックサート）は解放戦争を闘い、これに勝利を得たが、今度はフランスに代わってアメリカが侵略を開始した。ラオスの人民に対するアメリカの侵略戦争は、ラオスでは「特別戦争」とか「空爆戦争」とか、さまざまな名前で呼ばれている。

ラオスの人口は当時約300万人。そしてアメリカが落とした爆弾は300万トン、つまりラオスの人民１人あたり１トンの爆弾が降り注いだのである。ラオスの国土の３分の２がアメリカの無差別爆撃の被害をこうむり、大小の都市、村々が灰になった。

老若を問わず、数え切れないほどのラオスの人民が虐殺された。防空壕内に避難していた人たちが爆弾で１人残らず殺された場合もある。サヴァンナケート県のパーピーラーン洞窟では100名以上の学生が爆弾で死んだ。シエンクアン県、サムヌア県[現在のホアパン県]、ルアンパバーン県などでは、ナパーム弾で300人～400人もの人たちが１度に殺された。身体が不自由になった人、孤児、住む所を失った人、職を奪われた人は数知れず、これはラオスにとって深刻な社会問題となった。現在でも、B-52をはじめとするアメリカの飛行機の不発弾が未処理のまま、人々の生活の場に残されており、終わりのない最大の危険となっている。

❸ラオス人民民主共和国

戦争が終わって、荒廃したかつてのフランス植民地の土地に、ラオス人民民主共和国の設立が宣言された。しかし、ラオス国民の半数以上は丸裸と言っていいほど貧しく、国土には灰しか残っていなかった。さらにそこに、深い傷のような死の爆弾［不発弾］が無数に残り、不断に人の命を奪

アメリカ軍が落とした爆弾の跡。サヴァンナケート県ノーン郡（島崎一幸）

っている。

このような状況で、ラオスの新政府は

①戦争の傷を早急に癒す。

②国民の打ちひしがれた状態を回復させる。

③ラオ人およびその他の諸民族の人々の日常生活を組織的に再建する。

というきわめて重い荷を背負うことになった。

政府は、生産体制および生産方法を確立するためにサハコーン［協同組合］とニコム［官製新村］を導入すれば、国民の生活向上がもっとも早く実現できると考えた。しかし、ラオス社会とラオス経済の特質に対する総合的な分析が不足していたのと同時に、導入をあまりにも急ぎすぎたきらいがある。したがって、人々を戦争の痛手から立ち直らせ、立ち遅れた生活を向上させるという目的は期待通りには達成できなかった。不発弾の問題はさらに深刻で、生産向上を阻害する大きな要因となった。

当時、ラオスは、ほかにも、交通の分断、生産設備の不足、日常用品の不足などの問題を抱えていた。だが、もっとも重大な問題は、この小さく弱いラオス人民民主共和国の生命の火を吹き消そうとする諸外国の政策がもたらした国境紛争や衝突、弾圧、経済封鎖だった。

しかし、ラオ人民はこのようなさまざまな厳しい状況を、多大な犠牲と忍耐によって断固として乗り越えた。ラオス人民民主共和国の指導者たちは、初期の開発政策の教訓から、そして世界および周辺地域の変化についての分析から、ラオス社会の現実の諸問題を先見的に把握し、再考した。世界の状況とラオスの現実に適応しえなかった経済政策と社会開発政策が見直された。こうした「改革」(カーン・ピアンペーン・マイ)は1979年に始まり、現在に至るまで実施されている。

ラオス政府は、不動・不変の部分[文化・習慣など]はそのままにして、市場経済システムの有用な部分を認め、政府の指導のもとに民間の生産と投資を促進し、国内の競争を奨励した。と同時に、ラオスの法のもとに経済・経営のメカニズムと社会・文化の改善政策を推進し、生産拡大と民主主義普及をより深く、広く実現しようとした。外交的には、従来通り、平和・友好・互恵の原則を堅持しようとした。

この「改革」政策は、ラオス全国民の支持と世界の国々の支援により、多大な成果をあげた。人々の物質的・文化的生活は徐々に向上し、ノーマルな状態になろうとしている。即ち、1986年から1990年までの経済成長率はプラス4.8%、1991年から1995年まではプラス6.4%を記録した。もちろん実質的には先進諸国の0.1%にも満たないが、ラオ人およびその他の諸民族の戦争の傷跡を癒し、きわめて貧しい生活が改善されたという意義は大きい。

経済・社会・文化の開発計画案は少しずつ形になってきた。道路建設、家計の向上、国内の市場経済の拡大、近代技術の導入、農業用の灌漑計画などである。政府はまた、公共システム——学校、病院、陸運、水運、交通システム、通信、電気、水道などを整備した。その成果はラオ人民の生活をノーマルな状態に復し、人々に喜びを与えた。

国内産業への投資が促進され、鉱業、軽工業、食品産業、工芸品製造、観光業などが、国家経済の基盤となるべく徐々に養成されてきた。外国からの投資および外国貿易も増加してきた。そして、行政の役割、経済の方向、長期的な開発の道筋などに対する政府の全体的な見通しが明確かつ具体的になってきた。つまり、政策や社会・経済のメカニズムが改善され、ラオスの現状と国際状況に適合するようになってきたのである。

こうして「改革」が実施された結果、ラオスのGNPは従来の65ドルから現在では365ドル［1995年］にまで増加している。この数字はまだ発展途上国の中でももっとも低いレベルに属するが、われわれにとっては大きな意味を持っている。それは、何度かの戦争で徹底的に破壊され丸裸に近い状態になった国土を復興させるという闘いにおいて、われわれが大勝利を収めたということだからである。

もちろん「改革」がすべてにおいて成功したとは言えない。この開発の時期に起きたさまざまな出来事、変化を十分に考慮し、反省しながら、さらに改善していく必要があるだろう。

❹状況の変化と対応

ラオス政府は世界全体と地域の国々の変化について、以下のように認識し、新たな状況に対応すべく政策を立てた。

①世界的に２つの政治思想の激しい対立は終わった。代わって、相互協力のムード——貿易の拡大、国際間の投資の増加、国際協力など——がASEAN諸国にまで広がった。

②工業生産が世界的に拡大し、特に東南アジアでの増加が著しい。

③新しいテクノロジーとマスメディア——テレビ、ラジオ、ビデオ、その他——が世界的に拡大し、国際的なネットワークとなって、たとえ

農民参加の水路工事。シエンクアン県
（島崎一幸）

ば工業製品・農業産品の宣伝、娯楽番組など、いろいろなプログラムが製作されるようになった。

④観光のシステムとサービスが東南アジアおよびラオスに広く普及したが、それによってもたらされたものはプラスの面とマイナスの面がある。

上記のような変化はすべて、ラオスの国がまだ準備が不充分な時、つまりそのようなことに対応する行政システムの経験が充分ではなく、人材不足の問題も解決していない時に起きたので、いろいろな悪影響がもたらされた。まず、一般的に人々の日常生活において、お金がもっとも重要なものになってしまった。人々はお金のためにたがいに競いあうようになり、次々に問題が起きた。たとえば権力の私的な乱用、汚職、商品作物栽培のための森林乱伐、木材を得るための森林乱伐、保護動物の乱獲、天然資源の違法な開発、大量移住で田畑を作るための森林乱伐、闇商売、ニセモノ商売、違法な汚い商売等が出てきた。

若者は遊びに熱中し、怠けて田んぼの仕事を忘れ、都会の仕事——女性であればレストランやダンスホール、バーで働きたがる——にあこがれるようになった。男性の場合は、不良少年になったり、麻薬、盗み、けんかなどが心配の種だ。こういったものはすべて、昔は全くなかったのである。

文化的には、古い時代の二度と手にできないような貴重なものを失いつつある。そして、外国から流入しつつある文化の悪い影響は、たとえばものを食べるマナー、しゃべり方、歩き方などにも現れてきている。それはテレビ番組、ラジオ番組、ビデオ、新聞、歌曲、人の交流、観光などを通じてラオスのすべての社会階層に入り込み、憂慮すべき状態になっている。

こうした問題に対して、ラオス政府は田畑にするための森林伐採の制限や、木材取得のための伐採の制限など、改善策を急いで打ち出した。また、世界の文化の良いところはラオスの国家的な文化の発展のために取り入れようとする一方で、文化の保護政策を拡大し、外国からの汚染された文化が浸透してラオスの社会・文化に悪影響を与えないよう、法律で厳しく取り締まることにした。

このような政策は、ラオスの民主主義のシステムを発展させるためにも、緊急に必要とされる。と同時に、近隣諸国のレベルに追いつくために、法制度の確立、人材づくりが急がれる。もちろん、いくらラオス一国の社会・文化の問題を解決したいと思っても、文化の国際化志向の流れを止めることは不可能だ。すぐにすべてを解決することなどできない。なにごとも世界の人々と世界の変化の法則に密接に結びついているからである。そのように理解すれば、すべては環境の問題であり、文化の問題であり、世界の問題でもある。ラオスも世界もたがいに協力して、解決していかねばならない。[竹原茂訳]

ラオスの魅力と学び方

石井米雄

*扉写真・タム・マーク・フン（青パパイヤのサラダ）を作る少女。ルアンパバーン県ルアンパバーン郡サンハイ村（川口正志）

ラオスには、人間に心のやすらぎを与えてくれるなにかがある。19世紀末以来、ただただ無限の進歩を確信して、20世紀を駆け抜けてきた人類が、忘れかけたあの心の静けさ。ひたすら便利さを追いもとめるのあまり、どこかに置き忘れてきてしまったあの人間らしさが、ラオスにはまだ残っている。パーシンのすそをひるがえし、メコン沿いのほこりっぽい道を、颯爽と自転車でかけぬけるひっつめ髪のラオス娘たち。みかけによらず、本場のパリなみの味に焼き上げた長いバゲットを、天秤棒で無造作にかついだ籠に入れて売り歩くおばさんたち。黄衣裸足で早朝の町を托鉢する少年僧に、焚きたてのカオ・ニャオをうやうやしく供養して合掌するおばあさんたち。交通渋滞で町中にいらいらが渦巻く喧騒のバンコクを離れて、ヴィエンチャンにつくと、いまだ排気ガス公害からの自由を享受している空気のすがすがしさが、全身をリフレッシュしてくれるような感じにとらわれる。

はやいものでもう45年もの昔の話になってしまった。1957年10月、私は初めてラオスの土を踏んだ。ヴィエンチャン空港ではない。当時のラオス王国の南の端、カンボジア国境の土だった。日本民族学協会が、戦後初めて送った稲作民族文化総合調査団に、現地参加した1人として、三菱ジープのハンドルを握って、ストゥントゥレンからラオスに入ったのである。初めて出会ったラオスの町パークセーには、エアコンはおろか、水道さえない宿屋しかなかった。過日、パークセーを再訪して、部屋にシャワーがあり、きれいな水がふんだんに使えるのに感動を覚えたものである。

ジープの旅はサヴァンナケート、ターケークと続き、ターケークからは船に乗り込んで、3泊4日のメコン川遡航を楽しんだ。行政上の首都ヴィエンチャンには、足を滑らせながらメコンの土手を登って上陸した。当時のラオスは「二都物語」。王都はルアンパバーンにあり、着任した大使の信任状奉呈は、ヴィエンチャンではなく、ひなびた山あいの町ルアンパバーンまで行かなければならなかった。壮大な王宮を想像して宮殿の門をくぐった某大使が、心の準備もないまま中に案内され、開いた扉を見ると、すぐ目の前にラオス国王が立っている姿を見て、思わぬハプニングに気が動転し、御信任状を取り落としそうになった、という。この話を聞いた時、ラオスとはなんとおおらかな国かと、むやみに嬉しくなったことを覚えている。

1975年を最後に、再訪の機会にめぐまれることなく13年が経過した。その間、ラオス王国は消滅し、社会主義を国是とするラオス人民民主主義共和国が誕生する。仏教がさかんで、国を挙げて仏紀2500年を祝っていたあの王国ラオスが、社会主義化したら、どうなるのだろう。そんなことを考えていたある日のこと、新生ラオスの文化大臣からの招待状が舞い込んできた。日本についての講演の依頼である。ひさしく別れていた昔の恋人から手紙をもらったような気分になって、早速快諾の返事を書いた。

今度は人並みに飛行機に乗り、ヴィエンチャン空港に着く。文化省のお役人の出迎えを受け、町に入る道すがら、私は車の窓に顔を押しつけて、社会主義のあかしを見つけようと目をこらした。もともとはなやかさのなかった商店街はますますさびれ、看板を見ると、やたらと官庁じみた名前が並んでいる。電柱に取り付けられたスピーカーからは、プロパガンダの放送が耳に飛びこんできて、なるほどこれが社会主義のあかしか、と考えたりした。

それにしても、本当になにが変わったのだろうか。娘さんたちは、相変わらずひっつめ髪で、パーシンをまとい、自転車をこいでいる。天秤棒をかついだおばさんたちも健在のようだ。

後から聞いた話だが、早朝の托鉢が昔と比べ、激減したのだという。しかしこれも3年後に、再び別の招待を受けてヴィエンチャンを訪れる機会にめぐまれた時には、托鉢も王国時代なみに回復しつつあると感じた。ラオス暮らしの長いフランス人の話では、仏教行事に参加する政府高官の姿も次第に目立ち始め、大臣クラスまでもがお祭りに出席するようになったのだという。

夕餉のしたく。ルアンパバーン県ゴーイ郡ノーンキアオ村（川口正志）

2度目の訪問の時には、社会主義のプロパガンダ放送も聞こえてこなかった。そういえば、大臣の手紙のヘディングに印刷されていたスローガンからも社会主義の文字が消え、「持続する発展」とでも訳せることばに代わっていた。これもまた「新思考」のあらわれなのだろうか。

お隣のタイでは、「サワッディ」がもっとも普通の挨拶のことばとなって久しい。タイで人と会ったら、合掌して「サワッディ」と言いなさい、というのがタイを訪問する人への最初のアドバイスである。しかしサンスクリットから借用されたこの新語が用い始められたのは、わずか70年前の1931年、ラジオの放送開始がきっかけだったという。造語した人の名前まで特定されている。

しかし方言差しかないこともあって、多くの言葉をタイ語から借りているラオ人は、けっして「サワッディ」とは言わない。「サバーイディー」という昔ながらのあいさつが、いまなお交わされつづけているのである。「サバーイ」とは「心地よい」ということだ。心が気持ちよければ「サバーイチャイ」、つまり「しあわせ」となる。身体が「サバーイ」であれば、それは健康を意味する。「サバーイ」とラオスとは、切っても切れない関係にある。ラオ人の身にしみついて、その人格の一部となっている価値、それが「サバーイ」という言葉によってあらわされるのである。

自分ひとりだけが「サバーイ」を求めても、本当の「サバーイ」はやってこないこともまた、ラオスの人々はよく知っている。だから他人を「サバーイ」にしようと、人々は自然な努力を続けるのである。われわれがラオスを訪れ、ラオスの人々と触れあう時、そこに人間性を感じ、心のやすらぎを覚えるのは、彼らがまた、われわれを「サバーイ」にすることによって、みずからもまた「サバーイ」になろうとしているからではないか。強者と弱者の関係とも違う、地位の高い人と身分の低い人との関係でもない、本当に人間同士の関係が、「サバーイ」という言葉の中に込められているような気がする。

人は異郷を旅することを好む。日本の中に残る鄙(ひな)びた風景をめでたいと思う。バリ島を旅してあの勇壮なガムランのひびきにしびれてみたい。あるいはタイの宮廷舞踊の優雅さに恍惚とする気分を味わってみたいと思う。IT革命だ、グローバル化だ、クローン人間の製造は許されるのか、廃棄物の処理をどうするのだ、地球温暖化はほっておいてよいものか、等々、現在の日本人は自分が人間であることをじっと考える暇のないほど、問題の処理に追われている。学校教育においてさえ、「ゆとり」が外から与えられようとし、それに反発している日常を見るにつけ、その日常から１歩しりぞいて、自分をとりもどすことが、本当に人類の未来にとって限りなく重要なのではないかと考えるのである。

ひとくちに人間性の回復と言う。しかし、冷たさも暖かさも超越した境地を実現した理想の人と言われる「アラハン」にでもならないかぎり、日常の喧騒の世界に身を置いて、それを超越することは至難のわざである。そんな時、私にとっての救いは、ラオスである。古代人の夢のほとんどを実現してくれた科学文明の成果とひきかえに、われわれは人間そのものを失ってしまってはいないか。「なぜ人を殺してはいけないのか」という本が、堂々と書店の店頭に並べられる現代の日本はいささか異常なのではないか。ラオ人ならきっとこう言うに違いない、「人を殺して、あなたはサバーイですか？」と。

ラオスは、国連流に言えば「最貧国」の１つである。猫も杓子も経済発展をめざし、GDPだ、１人あたり国民所得だと、国が富むことに至上の価値を置く現在の世界から見ると、決して重要とは言えない国かもしれない。ラオスについて論じた本を作っても、人は見向きもしないかもしれない。しかしもしそこに、現代人の「死に至る病」をいやす手掛かりが潜んでいるのだとしたら、いかなる化学物質を服用するより、もっともっと持続的に効能を発揮する「漢方薬」がそこから見つけられるのだとしたら、ラオスについて知ることは、この上ない「サバーイ」な世界を回復するための一番の近道と言っていいのかもしれない。

そこでそのラオスをどう学べばいいのか。この本をじっくり読んでください、というのが最初の注文である。しかし、ラオスの良さを実感するには、とにかく自分の足でラオスを旅することだ。極端なことを言えば、首都ヴィエンチャンは飛ばしてもいい。とにかく田舎を歩くこと、歩き回ること。そしてラオスの人間に触れること、これが一番である。道端で焼いているカオ・ラームを食べてみる。乙な味がしますよ。だがもっと大事なことは、その「カオ・ラーム屋」のおばさんの目を見てみること。きっと素敵な微笑みを浮かべているに違いありません。こうして得られた原体験は、もっとラオスを勉強したいというあなたの意欲をかきたて、もういいかげんに止めておこうかという気持ちから、元に立ち戻る力を生み出すことでしょう。

できればラオス語、より正確に言えばラオ語の勉強を始めたいものだ。一昔まえでは考えも及ばなかったようなラオ語の学習書が、日本で手に入れることができる。ただ、声調言語が初めての人であれば、ラオ人の留学生を見つけるなり、テープやCDを使って耳から言葉を学ぶことをお勧めしたい。あのなんともいえない抑揚をそっくりそのまま身につけることが、ラオスの文化全体の核心へと導いてくれるからである。

厳密に言うとラオスは、水平的にも垂直的にも、3つの世界に分かれている。ルアンパバーン、ヴィエンチャン、そして南部のチャムパーサック。この3地方が、それぞれ別の政治権力の支配下にあった歴史を背負っている。とりわけチャムパーサックは、タイのバンコク政権の東北タイ膨張政策の影響をもろに受けた地方である。独立後の内戦の時代にも、タイはこの地方を通してラオスに影響を及ぼそうとした。

ルアンパバーンは、ラオスを統一したラーンサーン王国の首都だった。北タイのチエンマイ、チエンラーイ、ビルマ北東部のケントゥン、雲南省のシップソンパンナーなどと密接に関係しあってきた。

そして現在の首都ヴィエンチャンは、フランス植民地政府の主邑であり、近代文明のラオスへの入り口であった。19世紀の後半以降、中央集権的近代国家の建設に国をあげて努力を続けてきたタイと比べると、ラオスの集権度は決して高いとは言えない。メコン川上流の住民にとって、たとえばパークセーはタイ以上に遠い存在と言ってもいいのかもしれない。

ラオスでは、人口の垂直分布を認識することが重要だ。平地民(ラーオ・ルム)、山腹民（ラーオ・トゥン)、山上民（ラーオ・スーン）という分類は、ラオス政府の公式な国民の分類法ですらある。人口の50%ないし60%はラオ語を話すラオ人で、彼らはすべて水稲耕作を営む平地民である。残りの50ないし40%は、さまざまな形で山とのかかわりを持つ山地民である。山腹を利用した焼畑耕作民が多い。彼らが平地に降りるのは、必需物資を購入もしくは交換によって入手するためか、あるいは水汲みが主たる目的である。

ヴィエンチャンからジープでルアンパバーンへ向かう途中、サーラープークーンに宿泊したことがある。そこで出会ったモンの家族に家まで案内してもらった。あそこだ、という場所に行き着くまで、優に小1時間はかかった。首にかけたニコンが重く感じられるほど傾斜のきつい山道。それを、乳呑児をかかえた母親が、谷間で汲んだ水を入れた数本の孟宗竹を担いで、驚くほどの早足で、当たり前と言わんばかりに登り降りする。われわれはその後を、息をきらせてついて行くのがやっとだった。山地民と平地民の文化の差を身体で実感したものである。

歴史的に見て、ラオスはヴェトナムとタイの狭間の国であった。その意味で、アンコール崩壊以降のカンボジアと似ている。特にタイとラオスとの関係は、両言語が方言差しかない同一系統に属する言語ということもあって、歴史的に微妙な緊張関係に置かれて今日に至っている。タイの近代史では、ヴィエンチャンの反乱として描かれ、バンコク王朝に反逆した逆賊とされるアヌ王が、ラオスの側から見れば、国民的ヒーローとしてその治績が高く評価されていることなど、フィリピンにおけるマゼランとラプラプの関係を彷彿させるものがある。

同様に、小中華と言われるヴェトナムにとって、ラオスは歴史的にはいわば化外の民であり、文化的に劣位であると認識されていた。社会主義の兄弟国というたてまえとは裏腹に、ラオ人の持つ微妙な対ヴェトナム人認識は、やはり理解しておく必要があろう。

体制がどう変わろうとも、ラオ人が仏教徒であることに変わりはない。仏教をその教義からではなく、民衆レベルでどのように受容され実践されているかという、「実践宗教」の側面を学ぶことは、ラオ人の心性、物の考え方、価値感、世界観を理解する上で重要である。さいわい日本でも、近年、東北タイを含むラオ人の実践仏教の研究が進んできたので、ぜひこれを学んで、ラオ人の深層にふれることをお勧めしたい。

第Ⅰ章

北部ラオス

フンパン・ラタナヴォン

＊扉写真・少年僧たち。ウドムサイ県パークベーン（川口正志）

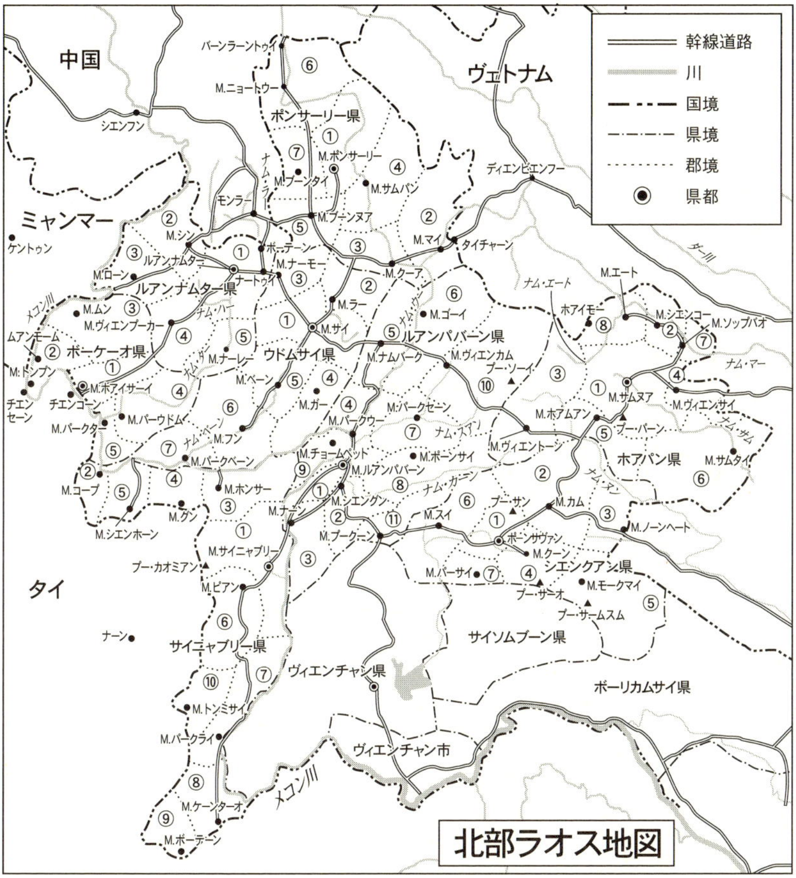

ルアンパバーン県	⑤パークター郡	②マイ郡	②カム郡
①ルアンパバーン郡	**ルアンナムター県**	③クーア郡	③ノーンヘート郡
②シエングン郡	①ナムター郡	④サムパン郡	④クーン郡
③ナーン郡	②シン郡	⑤ブーンヌア郡	⑤モークマイ郡
④パークウー郡	③ローン郡	⑥ニョートウー郡	⑥プークート郡
⑤ナムバーク郡	④ヴィエンプーカー郡	⑦ブーンタイ郡	⑦パーサイ郡
⑥ゴーイ郡	⑤ナーレー郡	**ホアパン県**	**サイニャブリー県**
⑦パークセーン郡	**ウドムサイ県**	①サムヌア郡	①サイニャブリー郡
⑧ポーンサイ郡	①サイ郡	②シエンコー郡	②コープ郡
⑨チョームペット郡	②ラー郡	③ヴィエントーン郡	③ホンサー郡
⑩ヴィエンカム郡	③ナーモー郡	④ヴィエンサイ郡	④グン郡
⑪プークーン郡	④ガー郡	⑤ホアムアン郡	⑤シエンホーン郡
ボーケーオ県	⑤ベーン郡	⑥サムタイ郡	⑥ピアン郡
①ホアイサーイ郡	⑥フン郡	⑦ソップバオ郡	⑦パークラーイ郡
②トンプン郡	⑦パークベーン郡	⑧エート郡	⑧ケーンターオ郡
③ムン郡	**ポンサーリー県**	**シエンクアン県**	⑨ボーテーン郡
④パーウドム郡	①ポンサーリー郡	①ペーク郡	⑩トンミサイ郡

❶地理的条件と気候

北部ラオスは北緯18度〜22.3度、東経100度〜150度に位置する。北は中国南部に接し、東はヴェトナム北部と、南はボーリカムサイ県、サイソムブーン特別区、ヴィエンチャン県に接する。

全面積は11万2837km²で、以下の８県からなる。

①ボーケーオ県	6196km²
②ルアンナムター県	9325km²
③ウドムサイ県	１万5370km²
④ポンサーリー県	１万6270km²
⑤ホアパン県	１万6500km²
⑥シエンクアン県	１万5880km²
⑦ルアンパバーン県	１万6875km²
⑧サイニャブリー県	１万6389km²

◘山・川・平野

北部ラオスには高山が多い。以下の14峰がその主要なものである。

①プー・サームスム（シエンクアン県）	2620m
②プー・サーオ（シエンクアン県）	2590m
③プー・フワット（ホアパン県）	2452m
④プー・ソーイ（ルアンパバーン県）	2257m
⑤プー・サン（シエンクアン県）	2218m
⑥プー・ラオピー（ルアンパバーン県）	2079m
⑦プー・パーン（ホアパン県）	2079m
⑧プー・カオミヤン（サイニャブリー県）	2007m
⑨プー・サンチャンター（ルアンパバーン県）	1972m

⑩プー・ナーメーオ（ウドムサイ県）　1937m
⑪プー・パカーオ（ルアンパバーン県）　1870m
⑫プー・ドーイチー（ポンサーリー県）　1842m
⑬プー・レップ（シエンクアン県）　1761m
⑭プー・チャーパータオ（ルアンナムター県）　1588m
［地図には他にも多くの高峰が記されている］

これらの山々は花崗岩あるいは土でできており、深い森にかこまれている。ポンサーリー県北部、ルアンナムター県、ボーケーオ県、サイニャブリー県、ホアパン県、シエンクアン県などには国の保護林がある。しかし、それ以外の多くの森林は昔から田畑を作るためなどに伐採され、大木が減って、かつての原始林の面影はない。

北部ラオスは比較的高い山と森林に囲まれた地域なので、多数の重要な河川が生まれた。そして、冷涼多湿な気候が豊かな自然環境を育んだ。それは多様で、人間にとって生活しやすい環境でもある。しかし、最近では，乾季に水がなくなる川が出るなど、河川環境の変化が心配されている。

北部の主要河川は、ラオスの大動脈とも言えるメコン川の支流を含めて次のとおりである。

①ナム・ウー　全長448km
②ナム・ター　325km
③ナム・ベーン　215km
④ナム・カーン　215km
⑤ナム・スアン　115km
⑥ナム・マー　470km（ラオスとヴェトナムを流れる）
⑦ナム・サム　260km（ラオスとヴェトナムを流れる）

これらの河川は魚が豊富な上、流域はコメ、トウモロコシ、果物類、イモ類など、生活に必要な植物がたくさんとれる。また、河川交通、物資運

村に通じる橋。ホアパン県エート郡ナム・エート（エート川）（島崎一幸）

搬、貿易、人々の交流などの重要な手段でもある。北部の人たちは特に、湾曲したり、流れの速い危険な河川の交通に腕を発揮する。しかし、現在もっとも重要なのはそれぞれの地方に適した形での水力発電、灌漑開発であろう。

山と森と川のほかに、北部ラオスには次のように中型・小型の平野（トン）が多数あり、いずれも食料生産地域となっている。

①ムアンシン平野（ルアンナムター県）

②ナムター平野（ルアンナムター県）

③ニョートウー平野（ポンサーリー県）

④グアデーン平野（ボーケーオ県）

⑤ムアンピアン平野（サイニャブリー県）

⑥カンプーピアン平野（シエンクアン県）

⑦バーンソム・バーンナー平野（ルアンパバーン県）

灌漑用の竹の水車。ホアパン県サムタイ郡ナム・サム（サム川）（島崎一幸）

これらの平野のほかに、数多くの沼や池が食用生物の栽培に使われている。

◆気候

北部ラオスは他の地方と同じように３つの季節がある。

暑季は３月中旬から６月中旬までで、大量の雨もなく、蒸し暑い。

雨季は６月中旬から11月までで、強い雨が降る。ある年などは７日７晩降り続き、河川からあふれた水で田や畑が水没してしまった。この季節には僧侶は雨安居（うあんご）に入り、村人は遠くへの旅や商売をつつしむ。

寒季は11月中旬から３月中旬までで、人々の営みが活発になり、年中行事や祭り、結婚などが集中する。蒸し暑くもなく、雨も降らず、田や畑の仕事から解放される季節なので、交易、交流、商売に適しているのである。

北部ラオスの３つの季節は、中・南部ラオスとはかなり異なっている。

雨が降ったあとの町。シエンクアン県ポーンサヴァン（川口正志）

寒季は本当に寒い。シエンクアン、ポンサーリー、ウドムサイ、ルアンナムターなどでは夜０℃以下になることもある。暑季は中・南部ほど蒸し暑くない。

◆ 地下資源

北部ラオスは森林資源や河川資源だけではなく、地下資源も非常に豊富である。各県の鉱産物は次のとおりである。

①ボーケーオ県	宝石、金［ボーケーオは「宝石の泉」の意味］
②ルアンナムター県	銅、石炭、マンガン、アンチモン、塩
③ウドムサイ県	金、石炭、アルミニュウム、石膏、銅、銀
④ポンサーリー県	石炭、銅、石膏、塩、銀
⑤ホアパン県	アルミニュウム、マンガン、鉄、宝石、硝石
⑥シエンクアン県	鉄、石炭、銅、アルミニュウム、錫
⑦サイニャブリー県	金、アルミニュウム、銅

⑧ルアンパバーン県　　金、アルミニュウム、石炭、銅、大理石

これらの地下資源は、ボーケーオ県の宝石、ルアンナムター県、サイニャブリー県、ルアンパバーン県の石炭以外はまだ十分には採掘されていない。わずかに手掘りで村人たちの特別収入になっているだけである。ただ、ポンサーリーとルアンナムターの塩は、手掘りではあるが地方の人々が消費するには十分の量が産出されている。

❷民族

北部ラオス8県の総人口は221万6097人（2013年）、その内訳は次のとおりである。

①ボーケーオ県	16万5661人
②ルアンナムター県	16万4310人
③ウドムサイ県	29万9935人
④ポンサーリー県	17万6151人
⑤ホアパン県	31万7946人
⑥シエンクアン県	26万9887人
⑦ルアンパバーン県	44万7541人
⑧サイニャブリー県	37万4666人

住民は4つの民族グループから構成され、それぞれ次のように小グループに細分される［174ページの民族一覧表を参照］。

①アーイ・ラーオ（ラーオ・タイ）語族［アーイは兄の意］

ラーオ（ラーオ・カオあるいはラーオ・ドゥーム）［古くからのラオ。いわゆるラオ族］

村の子供たち。シエンクアン県カム郡（島崎一幸）

ルー（別名ラーオ・ノーイ）

ニュアン（ラーオ・チョック）

カロム（ラーオ・チョック）

タイ・ダム（ラーオ・ソンまたはムン・ラーオ）

タイ・ドーンあるいはタイ・カーオ（ムン・ラーオ）

ヤン（ラーオ・リャオ）

クーン（ラーオ・ミエン）

プアン（ラーオ・プアン）

ヌア（ラーオ・ヌア）

②オーストロアジア（モーン・クメール）語族

1）クム（カムー）

クム・ホーク

クム・クエン

クム・ルー

クム・ニュアン

クム・クローン

カサック

2）ポーン

ポーン・ラーン

ポーン・ピアット

ポーン・カニャン

3）ティン

4）パラン

ラメート

ビット

サームターオ

③シナ・チベット語族

ラーオ・コー（アカ）［カーコーあるいはイコーともいう］

ホー

プーノーイ

ラーオ・セーン

ムスー（ラフー）

シーラー

ロロポー

クー

ハニー

④モン・ヤオ語族

モン・ラーイ（モン・カーオ）

モン・ダム

モン・キアオ

ヤオ（ミエン）

ヤオ族の女性。ルアンパバーン県ルアンパバーン郡（川口正志）

ラーンテーン（ラーオ・ホアイ）［レンテン］

上記以外にも、北部ラオスには、コン・パー［森の人の意味］あるいはムラブリーまたはマブリーと呼ばれる人々など、小さな民族集団がいくつか存在するが、十分調査されていないので、どのグループに属するかわかっていない。

これらの数多くの民族は町や村では混住しているが、それ以外では同一民族で集落を作っている。川の近くや平野に住んでいる人たちは、コミュニケーションもとれ、商売などもやっていて、比較的生活水準が高い。しかし、町から遠く離れた、不便で危険の多い所に住んで、古い伝統や習慣を厳しく守っている人たちは、発展が遅れ、貧しい。

民族によって、住む自然環境も違い、家の作り方や生活様式、文化、習慣もまたさまざまに異なる。

シナ・チベット、モン・ヤオ系は地面にじかに低い家を建てる。涼しい気候を好み、山間での生活を得意とする。畑でさまざまな作物を作ったり、家畜を飼ったりするのが彼らの生活スタイルである。また狩りも得意で、移動や商売に牛や馬をよく使う。精霊信仰が主で、一部の人のみが仏教を信仰している。

最近になって、このグループの人々の多くは、不便な高い所から平野に移動して、川の近くや道路の近くで生活するようになった。生活様式も環境や気候に合わせて変え、床を地面から少し高くした家に住んだり、水田を作って定住するようになってきている。

アーイ・ラーオとモーン・クメール系の一部の人々は、同様に、床を地面から少し高くして住み、水田や畑を作っている。主に仏教を信仰し、一部の人は精霊信仰である。モーン・クメール系の人々は、昔は大きい川から離れて山のふもとに住むのを好んだが、現在では平野あるいは川岸で他の民族といっしょに住むようになっている。

ラオス政府は個々の民族の住むところを特に指定してはいない。党と政府の方針を原則とした上で、すべて地方の行政に委ねている。

❸習慣・芸術・文化・観光

北部ラオスの生活習慣・芸術・文化はさまざまな民族の伝統的な色彩に彩られている。たとえば景観、文学、料理の味などに古いものがそのまま残っているが、それらすべてを私がこの文章で表現することは不可能なので、とりあえずいくつかの興味深い実例を紹介することにしたい。

◇ルアンパバーン県

北部８県のうちルアンパバーン県は、美術・文化・交易・観光の中心であり、1995年にはユネスコにより世界遺産に認定された。

❶歴史

ルアンパバーンはどのような歩みをしてきたのか？

王都ルアンパバーンの誕生は５世紀にさかのぼる。当時、ここには、ランカー王朝の行政の下にコーム［クメール系先住民族。カー族］とナーク（ラーオ）という２つの民族が住んでいた。

11世紀にはグンニャーン（チエンセーン･カオ）［現タイ領］にいたラーオ・チョック族の王家の１人クン・チュアン［クンは貴族・王族を示す］が、この地を占領して、ムアンスア［ムアンサワー］と名づけた。

13世紀になると、ムン・ラーオ族の王家に属するムアンテーン（現ヴェトナム領ディエンビエンフー）のクン・ブーロム王朝のクン・ローの軍がナム・ウー川を下って攻撃、ムアンスアを奪い、自らラーンサーン王を名乗った。

そして、14世紀にはファーグム王がラオス全土を統一し、ラオス社会に大きな変化をもたらした。王はカンボジアのインタパットナコーン［アンコール］から仏教、美術、文学の優れた学者を連れてきて、ラオスの文化を発展させたのである。

ルアンパバーンは歴史上、戦争や自然災害で幾度となく破壊された。しかし、そのたびに再建され、「ナコーン・ヘーン・ナーク・シップハー・タクン」［15氏族のラーオの都］、あるいは「ナコーン・ヘーン・ホックシップハー・ヴィハーン」［65寺院の都］、「ナコーン・ヘーン・ソーイサンヴァーン・コーン・アシーアカネー」［東南アジアの金と宝石の都］という名を与えられた。

❷祭り［第9章文化❸年中行事を参照］

ラオスには現在、12の伝統的な年中行事（ヒート・シップソーン）があるが、その中でも、ルアンパバーンで毎年4月に行なわれるブン・ピーマイ［新年の祭り］あるいはブン・クート・ソンカーン［タイではソンクラーン］が、ラオスの伝統文化を代表するものである。このルアンパバーンの伝統行事を全部見たり、あるいは参加したりしようと思えば、5日から1週間は必要だ。

たとえば朝早くの托鉢から始まって、さまざまな産品、あるいは放生（ほうじょう）［生き物を逃がしてやること。善を積むことになる］のための魚や鳥を売る屋台や展示場をまわり、ナーン・サンカーン［ルアンパバーンでもっとも美しい未婚の女性のパレード。カバー写真］の行列や川岸で作るトップ・パタートサーイ［砂の仏塔］などを見る。ソン・パバーン［パバーン仏像に聖水をかける］に参加してお経を聞いたり、バーシーに加わって旧年の悪いことを洗い流したりすることもできる。

あるいは、プー・シー［旧王宮まえの小さな山］に登ってすばらしい眺望を楽しんだあと、絢爛たる美術品や新鮮な花々を見たり、寺院の美術装飾について教えてもらったり、ワット・シエントーン寺のプーニュー・ニャーニュー（ラオ人の祖先とされるニューおじいさんとニューおばあさんと、2人がヒマラヤの森でつかまえて孫養子にしたと言われるシンカム[黄金の獅子］が祀ってある）その他貴重な教訓物語や文学作品を鑑賞したりするのもいいだろう。足を伸ばして、数千個の仏像が安置されているタム・ティン洞窟へお参りに行く列に加わったりすることもできる。

❸料理

もちろんルアンパバーン市民との日常生活の交流も可能だし、ルアンパバーンの食文化を味わうのもいいだろう。たとえば次のような伝統料理があなたを待っている

ロン・ソム・カイ・パー・ルム［パー・ルムという魚の卵を塩辛くいためた料理］

パネーン・カイ［鶏肉の煮込み］

モック・パー・フォーク［パー・フォークという魚を蒸したもの］

オ・ラーム［肉と野菜を煮込んだシチュー］

カイ・ペーン［川のりを干したもの］

チェーオ・ボーン［トウガラシ、赤ネギ、ニンニク、ショウガなどを火にあぶり、干した牛肉を入れて、つぶしてミソ状にしたもの。タイのナム・プリックに似ている］

ムー・ネーム［豚肉を醱酵させたソーセージ状のもの］

カイ・ルーク・クーイ［ゆでたまごに挽き肉をまぶしてあげたもの］

ニャム・パークナム［ウォータークレソンのサラダ］

カオ・プーン・ナムチェーオ［辛いソースのそうめん。カオ・プーンはタイのカノムチーンと同じ］

カオ・プーン・ナム・パー［魚で作ったソース〈ナム・パー〉のそうめん］

カオ・プーン・ナム・プリック［トウガラシの激辛ソースのそうめん］

ラープ［肉や魚を細かくして、パー・デーク、ニンニク、トウガラシ、炒ったモチ米などの香辛料をまぜて食べる。ラープは「幸運」という意味で、ラオスでは祝いごとに必ず出される料理。パー・デークは塩

辛のようなもので、ラオスの食卓の必需品。5㎝位に切った川魚を塩と米ぬかといっしょに揉んで半年ほど寝かせておく]

サー[ラープとほぼ同じだが、炒ったモチ米は入れない]

コーイ・チュム[ニンニク、トウガラシなどの香辛料を入れて作ったソースに、生のエビや魚、薄く切った鹿や牛の肉をつけて食べる料理]

カオ・ラーム[竹筒に入れて蒸したモチ米のおかし]

カップ・クアイ・カイ[モンキーバナナ]

その他、さまざまな種類のデザート、お菓子……。

夜になるとあなたは、14世紀のファーグム王朝時代から伝わる興味深いフォーン・コーム(コームとは小さな紙製のシェードにろうそくを入れたもので、これを持って踊るおどりのこと)、フォーン・パラック・パラーム(ラーマーヤナ物語の踊り)、フォーン・ナーンケオ(ナーンケオの踊り)などを楽しむことができる。

それだけではない。あなたはルアンパバーン郊外の人々の生活を見てまわることもできる。たとえばナム・ウー川の村人たちの砂金とり、彼らの聖所、数え切れないほどの美しい自然の景観……。ご希望とあれば、メコンやナム・ウー川などのを船でさかのぼり、あるいは陸路、空路を使ってルアンパバーン以外の諸県を旅することもできる。船旅、車の旅はけっこう時間がかかるが、自然の美しさを堪能できるし、さまざまな民族の風俗、習慣、生活、そして歴史の跡を見ることができる。各県の見どころをあげてみよう。

◘ ボーケーオ県

スヴァンナ・コートカムの都の遺跡。この遺跡はその後、シエンセーン(カオ)と名づけられ、現在はトンプン郡にあって、古い崩れかけた仏像が残っている。

またボーケーオ県では村人が伝統的な方法で宝石を掘るのを見ることができるし、ラーンテーン族やムスー族の生活を見ることもできる。あなたがてれくさくなければ、ホアイサーイからそんなに遠くないナムクン（カオ）村でヒン・シーワルンとニョーニー・マフマー（男と女の性器をかたどった石）の遺跡を見に行くのもいい。

◘ ルアンナムター県

ルー族の住むムアンシンをたずねることができる。ヴィエンプーカー郡ではタイ・ダム族、コー族（アカ族）、ラメート族、ラーンテーン族の古い遺跡や伝統的な生活習慣を見ることができる。

◘ ウドムサイ県

カムー族の伝統的な薄い銅鑼を見たり、クンという楽器を叩いたりすることができる。またルー族のオープアン（カップ・プアン）［カップについては248ページ参照］を聞いたり、ルー族のシルクの機織を見ることもできる。ウドムサイ県の県都ムアンサイはさまざまな民族が生活している町である。

◘ ポンサーリー県

プーノーイ族、ホー族、ロロポー族、ルー族、クー族、ヤオ族、シーラー族、各種のコー族［イコー族、アカ族ともいう］など、昔からの生活、風俗、習慣、文化を守っている諸民族の色彩豊かな文化を見ることができる。県都ポンサーリーは1500mの高地にあって、冷涼な気候の下にこれらの民族が伝統的な生活を営んでいる町である。

ポンサーリー県のもう１つの特徴は、ナム・ウー川の源流からニョートウー郡までの広大な森林に代表される大自然の景観である。ニョートウー郡には、長い年月を経た石造りの大きな寺院もある。

この県で有名な特産品は、天然の蜂蜜、クアン・ドーン（野菜の漬物、

ジャール平原サイトⅠ。シエンクアン県（川口正志）

酒にヘビやムカデを漬けたもの)、ラオ・シアオ(地酒)、最高級のお茶（シップソンパンナーにあるアーパン茶と同じ種類）である。このお茶は古代中国の王朝で珍重され「帝国茶」と呼ばれる。

◆ ホアパン県とシエンクアン県

この両県では重さ数トンに及ぶハイ・ヒーン［石壺］を見ることができる。ハイ・ヒーンは数百個が各地にちらばっており、ポーンサヴァン近郊のものが有名である［243ページ参照］。

またホアパン県とシエンクアン県は、戦争中、アメリカ軍の攻撃によって大きな被害をこうむった県でもある。特にナコーンクーハー――現在のヴィエンサイ［ホアパン県］はラオスの革命勢力の指導者の本拠地で、アメリカ軍の集中的な攻撃にさらされた。

ホアパン県とシエンクアン県ではいたるところで、破壊された人々の家や遺跡を見ることができる。アメリカの飛行機から放たれた１発の火の矢で数百人が殺されたという洞窟や「300万トン」の爆弾で美しい景観が見る影もなく破壊された跡も見ることができる。

サイニャブリー県

サイニャブリー県では毎年はじめに祖先の霊を慰める儀式を見ることができる。ブン・パペニー・ドークファーイ［綿の花の伝統の祭り］を見たり、チョーイ・ニュアン（カップ・ニュアン）［ニュアン族のカップ］を聞いたりするのもいい。ミエン族［ヤオ族］による最も古いラオスのお茶のセレモニーに参加させてもらうこともできる。

サイニャブリーを流れるメコンの川底には、100年以上前にルアンパバーン宮殿から古代遺跡を奪って沈没したフランスの船ラ・グランディエールが沈んでいる。もしあなたが興味があれば、沈んだ跡を見ることは可能だ。あるいは数千年前の伝説を持つパー・サーン［象の岩山］の景観を楽しむこともできる。

この県にはまた、現在20名ほどしかいないと言われるコン・パー［森の人の意。マブリー族］が生活しているが、県条例は彼らの生活や文化を侵すことを禁じている。

北部ラオスでは、複雑な自然環境のもとに、古来、さまざまな風俗、習慣、伝統、色彩豊かな美術、文化が育まれてきた。ここには、ローカーピワット（グローバリゼーション）の時代と言われる現代には見聞するのが困難な伝統が、そのままの姿で保持されている。

ラオスの格言に言う。「シップ・パーク・ヴァオ・ボー・トー・ター・ヘン。シップ・ター・ヘン・ボー・トー・ムー・カム」［10の口がしゃべったことも目で見たことにはかなわない。10の目で見たことも手でつかんだことにはかなわない］。この小論の読者もぜひ北部ラオスに来て、実際に見て、体験していただきたい。［竹原茂訳］

第 2 章

中部ラオス

フンパン・ラタナヴォン
カムペン・ケタヴォン

*扉写真・ヴィエンチャン市ラーンサーン大通り（めこん）

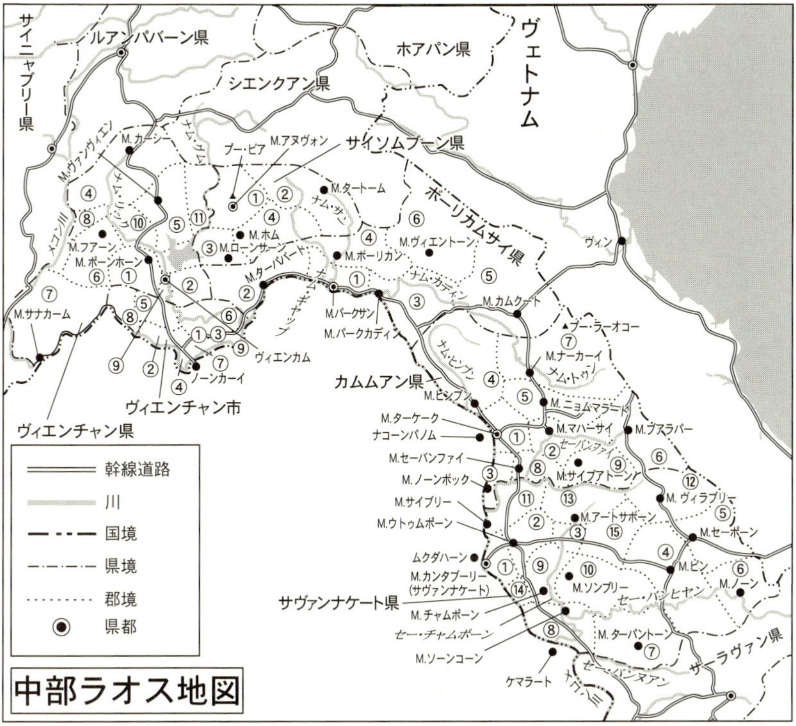

中部ラオス地図

ヴィエンチャン市	⑤ヴァンヴィエン郡	①ターケーク郡	⑥ノーン郡
①チャンタブリー郡	⑥フアーン郡	②マハーサイ郡	⑦ターパーントーン郡
②シコートタボーン郡	⑦サナカーム郡	③ノーンボック郡	⑧ソーンコーン郡
③サイセーター郡	⑧メート郡	④ヒンブン郡	⑨チャムポーン郡
④シーサッタナーク郡	⑨ヴィエンカム郡	⑤ニョムマラート郡	⑩ソンブリー郡
⑤ナーサーイトーン郡	⑩ヒンフープ郡	⑥ブアラパー郡	⑪サイブリー郡
⑥サイターニー郡	⑪プーン郡	⑦ナーカーイ郡	⑫ヴィラブリー郡
⑦ハートサーイフォーン郡	**ボーリカムサイ県**	⑧セーバンファイ郡	⑬アートサポーン郡
⑧サントーン郡	①パークサン郡	⑨サイブアトーン郡	⑭サイプートーン郡
⑨マイパークグム郡	②ターパバート郡	**サヴァンナケート県**	⑮パラーンサイ郡
ヴィエンチャン県	③パークカディン郡	①カンタブーリー郡	**サイソムブーン特別区**
①ポーンホーン郡	④ボーリカン郡	②ウトゥムポーン郡	①サイソムブーン郡
②トゥラコム郡	⑤カムクート郡	③アートサパントーン郡	②タートーム郡
③ケーオウドム郡	⑥ヴィエントーン郡	④ピン郡	③ローンサーン郡
④カーシー郡	**カムムアン県**	⑤セーポーン郡	④ホム郡

発展途上の国あるいは地域というのは、消費社会からは遠く隔たっているが、一方で、地下資源はまだ十分発掘されていないし、環境も汚染されていないという面もある。中部ラオスも他のラオスの地方と同様、未開発だが、豊富な地下資源が眠っている。それは、インドシナ全域について言えることであろう。しかし、考えもなく無制限に地下資源を掘り出して自然環境を破壊するならば、永久に発展途上の状態にとどまるに違いない。

❶地理的条件と気候

中部ラオスは東経101.30度～107度、北緯16度～19.20度の間に位置する。北はルアンパバーン県とシエンクアン県、サイニャブリー県、東はヴェトナム中部、南はサーラヴァン県、西はメコン川に接する。総面積は79万904 km²でラオス全土の33.7%、次の４県と１特別区、１中央直属市からなる。

①ヴィエンチャン中央直属市	3920km²
②ヴィエンチャン県	１万5927km²
③ボーリカムサイ県	１万4863km²
④カムムアン県	１万6315km²
⑤サヴァンナケート県	２万1774km²
⑥サイソムブーン特別区	7105km²

（以下ヴィエンチャン中央直属市はヴィエンチャン市と表記する。サイソムブーン特別区はその後、ヴィエンチャン県とボーリカムサイ県に併合されたが、2014年12月に新たにサイソムブーン県が制定された）

ラオスは他の東南アジア諸国と同じくモンスーン地帯に属するが、中部ラオスはラオスの他地域とは異なる特有の気候を有する。地理的な特長は、まず第１に、中部ラオスは海抜200m～2000mという、比較的高い地域にある。第２に、インドシナの真ん中にあって、北と東は高い山々に囲まれて

メコン川沿いの道。ターケーク（めこん）

いる。この山々が自然の塀となってレギュレーターの役割を果たし、中部ラオスの豊かな自然をかたちづくっているのである。高い山は数々あるが、次のような山がよく知られている。

①プー・ビア（サイソムブーン特別区）　2820m
②プー・ミエン（サイソムブーン特別区）　2455m
③プー・ラーオコー（カムムアン県）　2288m
④プー・ナムピン（ヴィエンチャン県）　1736m
⑤プー・サーン（サイソムブーン特別区）　1666m

中部ラオスの東部では、広い面積を持つナーカーイ高原と、ヴェトナムとの間で南北に長い「塀」となっているルアン山脈（サイプー・ルアン）の存在が重要である。西部にはタイのイサーン地方との間にメコン川がとうとうと流れる。つまり中部ラオスは東から西に傾斜しており、この地形は次のような多くの河川を作ることになる。

①ナム・グム（ヴィエンチャン県）　全長354km

サヴァンナケートの中心部（めこん）

②セー・バンヒヤン（サヴァンナケート県）　338km

③セー・バンファイ（カムムアン県、サヴァンナケート県）　239km

④セー・ラノーン（サヴァンナケート県）　115km

⑤ナム・カディン（ボーリカムサイ県）　103km

この他にも、100km以下の川としてナム・ギヤップ、ナム・サン、ナム・ヒンブンなどがある。これらメコン川に流れ込む多くの河川は、広大な森林と共に、ラオスの豊かな湿潤の源となり、レギュレーターの働きをして、この地方特有の気候を形成しているのである。メコン川の上流にダムが作られ、その水量が急速に減っている現在、これらの支流からメコンに流れ込む水は大変貴重と言えよう。

インド洋から吹くモンスーンは中部ラオスに来るまでにかなり弱まっているが、ルアン山脈にぶつかってラオス側に大量の雨を降らせ、山脈の東側であるヴェトナム側に水分の少ない風が吹く。ラオス側に降った大量の雨は多くの支流を通じてメコン川に流れ込むわけだが、けっして大きな洪水にはならない。また、ルアン山脈は東からの台風や中国から吹いてくる赤い風（ロム・デーン）を防ぐ自然の壁となり、近隣諸国に比してラオスにおける風の災害を小さくしている。

このように、周囲の高い山々と豊かな自然林、そして土地の高度のおかげで、ここでは「温暖化」の問題が緩和されているのである。しかし、現在、ラオスでは、財政不足を補う性急な開発と貧しい人々の生活のための不法伐採が大きな問題となっている。政府はこの問題の解決に力を注いでいるが、現実には不法伐採は既に中部ラオスの気温変化に悪い影響を与えている。1976年と1999年の気温の変化を見てみよう。

平均気温の変化

地域	1976年	1999年
ヴィエンチャン県	25.6℃	26.6℃
サヴァンナケート県	24.9℃	26.9℃

最低気温と最高気温の変化

地域	1976年		1999年	
	最低気温	最高気温	最低気温	最高気温
ヴィエンチャン県	21.7℃	30.6℃	22.2℃	30.9℃
サヴァンナケート県	19.3℃	30.1℃	21.8℃	31.3℃

中部ラオスの不自然な気温の変化はラオス全体の問題でもある。その原因はラオス国内の環境破壊と地球温暖化である。この問題は地球全体を脅かす問題でもある。

サイソムブーン遠景（島崎一幸）

❷行政区域と民族

行政区域	郡（ムアン）	人口
①ヴィエンチャン市	9	76万8743人
②ヴィエンチャン県	12	48万 440人
③ボーリカムサイ県	6	26万4513人
④カムムアン県	9	37万5504人
⑤サヴァンナケート県	15	90万6440人
⑥サイソムブーン県	3	不明
計	54	279万5640人

（2013年度）

279万5640人という人口は、ラオス総人口625万6197人の約45％を占め、北部ラオスや南部ラオスよりはるかに多い。

中部ラオス人口のうち70％は、ラーオ・タイ（アーイ・ラーオ）語族の次の８つの民族によって占められている。

ラーオ・ドゥーム（ラーオ・カオ）［いわゆるラオ人］
ラーオ・プアン
ムアイ
ニョー
メーン
セーク
カルーン
プータイ

次に多いのはモーン・クメール語族（オーストロアジア語族）で、下記の民族から構成されている。

クム（カムー）
マコーン
トゥリー
カターン
スウェイ
タオーイ
トゥム
ムアン
グアン
サラン

次いで、モン・ヤオ語族、さらにチベット・ビルマ語族となる。

中部ラオスの住民でもっとも多いのはラーオ・ルム（低地ラオ人）の人たちで、主に平野や高原、川の側に暮らしている。生活するのに便利で、交通の便も良く、商業にも有利だからである。彼らは主食であるコメを中心に平野で田を作っている。

その他のグループは、さらに２つに分けられる。１つは仏教を信仰する

ヴェトナム国境まで伸びる国道９号。サヴァンナケート県ムアンピン（めこん）

人たちで、ラーオ・ルムと同じように、平野に生活し、田でコメを作る。もう１つは精霊信仰（ピー信仰）の人たちで、山地に生活し、主に畑を作るが、総じて貧困で不便な生活を送っている。たとえばトンルアン族はサラン族に属するが、小さな集団を作って森の中で生活し、生産活動はいっさいしない。彼らは一般的にコン・ドゥック・ダムバン（原始人）と呼ばれており、もっとも古くからラオスの森林に住む民族だと言われる。トンルアン族はカムムアン県のブアラパー郡とサイニャブリー県のピアン郡を行き来している。

一番新しく移動してきたのはモン族とヤオ族である。彼らは伝統的に、森を伐採して畑を作り、コメ、トウモロコシを栽培し、家畜を飼育している。この人たちは狩猟もよくするが、一部は平野に移動して定着し、生産活動に従事している。従来の生活様式も残し、家畜飼育と農業に優れた技術を有する勤勉な人たちである。

チベット・ビルマ族の人たちは、軍人、警官、商人などを除いて、ほと

国道８号とヴェトナム国境のイミグレーション。ボーリカムサイ県カムクート郡（めこん）

んど移動しない。

❸交通・通信

交通・通信はラオスの国家開発計画の中では最優先の政策である。しかし、道路建設など、交通開発には資金、人材、設備などさまざまな資本が必要である。国の現状から、中部ラオスの交通開発は開発全体のリズムにあわせてゆっくり進めるしかない。

現在、ラオスの南北をつなぐ国道13号の整備が進んでいるが、中部ラオスの東西を結ぶ道路としては、既にある９号線とは別に、国道８号がボーリカムサイ県からヴェトナム国境まで、国道12号がタークークからヴェトナム国境まで整備中である。

ホーチミン・ルート。サヴァンナケート県ノーン郡（島崎一幸）

さらに、13号と並んで、ラオスの中心を南北に通る国道として15号が開発される予定である。その他、メコンに沿ってヴィエンチャン市からサイニャブリー県に、ボーリカムサイ県からサイソムブーン特別区、シエンクアン県に、そしてホアイモー［ホアパン県］からサイソムブーン特別区に至る道路の建設が予定されている。水運と空運については、当面、現状のままで推移するであろう。

通信については、大都市——ヴィエンチャン市、サヴァンナケート、ターケーク、パークサン以外については、まだあまり開発されていない。郵便そしてインターネットについても、主なムアン以外ではまだ利用者のニーズに応えられていない。

同左

❹開発

中部ラオスは地下資源の開発については有利な条件が揃っている。しかし、経済開発と社会開発と文化開発は、常にすべての条件のプラス面とマイナス面を考え合わせて進めていく必要がある。

中部ラオスの地層は非常に古く、地殻の変動によって豊富な地下資源が形成されている。また、保護すべき森林資源は美しいだけではなく、さまざまな生物の研究と観光開発に最適の場所でもある。清潔な飲料水を提供する泉と無数の川もある。総じて電力開発と観光開発に最適な土地と言えよう。

地下資源として有名なのは、サヴァンナケート県の金鉱（金の含有率が高いセーポーン郡の金鉱の発掘が進行中）、石膏、カムムアン県のスズ、水晶、花崗岩、ボーリカムサイ県のアルミニュウム、鉄、塩、燐鉱石などである。以上の地下資源はすべて産業開発に有効であるだけではなく、研究の対象としても重要である。

中部ラオスで注目すべきなのは、さまざまな民族の伝統的な文化がまだ残っているということである。それは、興味を持つ人を観光あるいは研究に引きつけるということでもある。

また、ヴェトナム戦争の時、ラオ人とその他の民族が苦難の運命をこうむった痕跡が「ホーチミン・ルート」に沿って社会的遺跡として残存している。それは、まだ歴史の真実に無知な世界の人々にとって、興味深い研究と観光の対象になるだろう。

ラオス政府はこうした豊富な資源の調査をASEAN諸国と先進諸国に依頼している。特に日本とは、中部ラオスの交通・通信、商業、その他の経済・文化・社会面で、さまざまな計画が進行している。たとえばサヴァンナケート県で建設の予定のラオス・タイ橋が完成すれば、タイからセーノー経済特別区を通ってヴェトナムの港までが連なることになる。

［ラオス政府は、ラオスを南北に走る国道13号と東西回廊が交差する要衝の地サヴァンナケートに、サヴァン・セーノー経済特区の建設を計画している。サヴァン・セーノー経済特区は2つのサイトに分かれ、第2メコン架橋に隣接する305ヘクタールのサイトAには、金融、商業、観光の機能を集中させ、国道13号と9号の交差するサイトB（20ヘクタール）に倉庫と工場を誘致する計画である。ラオス政府はサヴァンナケートを流通だけではなく、ASEAN諸国と中国、ヴェトナムを結ぶ貿易とサービスのサブ・リージョナル・ハブとして発展させていきたいところだ］（鈴木基義＝第11章執筆者）

ラオスとヴェトナムを結ぶ鉄道の建設も計画中で、完成すれば両国の経済、文化、社会面での交流はいっそう促進されるだろう。

❺産業と将来像

かつてラオスの人々は自国の将来に対して悲観的だった。なぜなら、小国、内陸国、未開発という3つの大きな理由があったからだ。海への出口があれば、それは国際社会につながり、繁栄につながっていただろう。近代テクノロジーと科学の進歩から取り残されることもなかったかもしれない。実際、こうした悲観主義は今なおラオスの一部の人のあいだに色濃く残っている。だが、そのような人々は自らの自信を喪失するだけではなく、友人からの信頼も失うことになる。まずは、激変する世界の現実を見つめ、その中での自国の立場と力量を客観的に判断した上で、進む方向を定めることが大切である。自助努力の精神に欠ければ、他人の援助をあてにすることになってしまう。

以下、具体的に、中部ラオスの農業と工業の現状をデータの上から見てみたい。

コメ

県名	耕作面積（ヘクタール）		生産量（トン）	
	2000年	2012年	2000年	2012年
ヴィエンチャン市	7万 750	5万5548	26万3090	24万1645
ヴィエンチャン県	4万6830	5万2031	15万5500	23万 430
ボーリカムサイ県	3万8490	3万3756	11万3601	12万4945
カムムアン県	4万3160	6万1374	14万5910	20万8160
サヴァンナケート県	12万6650	17万3117	43万3740	61万4600
サイソムブーン特別区	6080	—	1万6540	—
計	33万1960	37万5826	112万8381	141万9780

出所：Ministry of Agriculture-Forestry統計（以下、穀物・家畜類の統計はすべて同じ。2012年にはサイソムブーン特別区はなくなっており、サイソムブーン県が誕生するのは2014年12月）

トウモロコシ

県名	耕作面積（ヘクタール）		生産量（トン）	
	2000年	2012年	2000年	2012年
ヴィエンチャン市	1830	2470	5175	1万5345
ヴィエンチャン県	3470	6590	9060	4万6530
ボーリカムサイ県	1660	3720	4085	3万1520
カムムアン県	780	1485	1889	1万5185
サヴァンナケート県	4220	3700	8671	3万5615
サイソムブーン特別区	260	—	572	—
計	1万2220	1万7965	2万9452	14万4195

豆類

県名	耕作面積（ヘクタール）		生産量（トン）	
	2000年	2012年	2000年	2012年
ヴィエンチャン市	70	640	54	745
ヴィエンチャン県	140	525	110	735
ボーリカムサイ県	10	40	4	55
カムムアン県	10	—	8	—
サヴァンナケート県	40	30	31	25
サイソムブーン特別区	10	—	8	—
計	280	1235	215	1560

綿花

県名	耕作面積（ヘクタール）		生産量（トン）	
	2000年	2012年	2000年	2012年
ヴィエンチャン市	1	—	1	—
ヴィエンチャン県	70	—	62	—
ボーリカムサイ県	30	—	23	—
カムムアン県	50	25	46	25
サヴァンナケート県	750	1215	700	1315
サイソムブーン特別区	—	—	—	—
計	901	1240	832	1340

タバコ

県名	耕作面積（ヘクタール）		生産量（トン）	
	1999年	2012年	1999年	2012年
ヴィエンチャン市	1000	155	6500	1875
ヴィエンチャン県	450	685	2925	3740
ボーリカムサイ県	150	830	900	8900
カムムアン県	790	920	4470	1万 385
サヴァンナケート県	570	1200	2815	1万4925
サイソムブーン特別区	—	—	—	—
計	2960	3790	1万7610	3万9825

水牛および牛

県名	水牛（頭）		牛（頭）	
	2000年	2012年	2000年	2012年
ヴィエンチャン市	3万2000	1万8000	5万4000	11万2000
ヴィエンチャン県	6万	7万2000	10万8000	16万7000
ボーリカムサイ県	3万6000	4万5000	3万8000	5万8000
カムムアン県	8万3000	7万3000	5万6000	8万5000
サヴァンナケート県	19万8000	28万9000	24万	40万4000
サイソムブーン特別区	2万	—	2万7000	—
計	42万9000	49万7000	52万3000	82万6000

豚、山羊および羊

県名	豚（頭）		山羊および羊（頭）	
	2000年	2012年	2000年	2012年
ヴィエンチャン市	10万2000	12万6000	3000	2万1000
ヴィエンチャン県	7万8000	10万3000	3000	2万1000
ボーリカムサイ県	4万	6万6000	2000	2万1000
カムムアン県	6万9000	9万8000	3000	2万3000
サヴァンナケート県	21万3000	27万5000	3万5000	7万5000
サイソムブーン特別区	2万7000	—	2000	—
計	52万9000	66万8000	4万8000	16万1000

工場数

県名	大		中		小	
	2000年	2004年	2000年	2004年	2000年	2004年
ヴィエンチャン市	58	130	133	190	1525	1465
ヴィエンチャン県	1	3	59	99	2417	2598
ボーリカムサイ県	5	7	29	48	1479	1767
カムムアン県	17	23	23	74	1753	1696
サヴァンナケート県	9	9	60	82	2395	2890
サイソムブーン特別区	—	—	4	17	213	189
計	90	172	308	504	9782	1万 605

註：「大」は従業員数100人以上、「中」は10～99人、「小」は９人以下。
出所：Ministry of Industry-handicraft統計

上記の表は中部ラオスの数字であるが、ラオス全体の特徴を明確に表している。つまり、ラオスの農業と工業は生産性が低い。したがって、貿易は入超となっている。1999年の輸入量は５億5400万ドルで輸出量は３億3600億ドル、貿易赤字は２億1800万ドル。2000年の輸入量は４億3700万ドルで輸出量は３億100万ドル、貿易赤字は１億3600万ドルとなっている。

海外への累積債務は1999年には25億2670万ドルに達した。経済発展の遅れが社会に悪影響を及ぼさないわけがない。即ち、汚職、森林の盗伐、遠隔地住民の貧困、国民の生活水準の格差、非合法貿易、麻薬売買、売春、法律への無関心の拡大などがそれである。ラオス政府は目下、こうした現象に対して対策をまさに模索中である。

もちろんラオス人民革命党は世界の急激な変化を座視しているわけではなく、「2020年までに段階的に国家の近代化に向けて指導する」という新たな国家開発政策を打ち出している。2020年までに、ラオス政府はさまざまな社会組織の運営改善に努力していくだろう。特に、正しい市場経済の需要に見合うように、ラオスの経済開発と社会開発に関する法律を徹底的に見直し、研究や労働に対して正当な評価が下されるようになるはずである。そして、有効な経済計画を着実に進行させるためには、次のような問題を解決しなければならない。いずれも、中部ラオスにおいても深刻な問題である。

社会に蔓延している「汚職」、地位と権限の乱用、麻薬問題、貧困問題、森林の乱伐と畑地化、職業創出と人材開発、失業対策。

かつてはラオスの将来を悲観的に考える人が多かった。しかし、自らが努力して問題を克服し、開発に適した条件を作り出していけば、外国からの援助も増え、未来は開けてくる。再度具体的に述べれば、セーノー地区のような特別経済区の設置、諸民族の伝統文化の保持、地下資源の探査と掘削、適切な規模での河川開発と観光開発、科学添加物のない食料産業の促進等が、小国ラオスの将来に適したものであろう。発展度は近隣諸国と比較にならないことは認めた上で、われわれは段階的に、確かなやりかたで開発を進めていかねばならない。[竹原茂訳]

【参考文献】

(1)　中央統計調査室『全国農業統計　1998/99』
(2)　国家統計局『1995年人口調査』
(3)　国家統計局『ラオス人民民主共和国基本資料1975－2013』
(4)　国家統計局『2001年交通・通信・郵政資料』
(5)　国立地理局『1995年ラオス人民民主共和国地図資料』
(6)　Houmphanh Rattanavong, "Essai sur le peuplement multiethnique du Laos" International Workshop on Cultural Diversity and Conservation in the Making of Mainland Southeast Asia and Southwestern China, Luangprabang, 14－21 February, 2002.

第３章
南部ラオス

カムボーン・ティーラプット

*扉写真・ボーラヴェン高原南部からセー・コーンの支流セー・ナムノーイに落ちる滝。高さ70m。乾季でも水量は豊富でボーラヴェンの豊かさがうかがえる（めこん）

南部ラオス地図

サーラヴァン県	⑧サムオイ郡	②サナソムブーン郡	⑩コーン郡
①サーラヴァン郡	**セーコーン県**	③パーチエンチャルーンスック郡	**アッタプー県**
②タオーイ郡	①ラマーム郡	④パークソーン郡	①サイセーター郡
③トゥムラーン郡	②カルーム郡	⑤パトゥムポーン郡	②サーマキーサイ郡
④ラコーンペン郡	③ダクチューン郡	⑥ポーントーン郡	③サナームサイ郡
⑤ヴァーピー郡	④ターテーン郡	⑦チャムパーサック郡	④サーンサイ郡
⑥コンセードーン郡	**チャムパーサック県**	⑧スクマー郡	⑤プーヴォン郡
⑦ラオガーム郡	①パークセー郡	⑨ムーンラパモーク郡	

南部ラオスは北緯16度から南で、サーラヴァン県、セーコーン県、アッタプー県、チャムパーサック県の４県で構成されている。面積は４万4091 km²。1985年の全国人口調査によれば、人口は約100万人［2001年度には113万1900人］で、この４県に住む18の民族は語源的には２つに分けられる。

❶歴史

最初にラオス南部に定住していた民族は、たとえばチャムパーサックのワット・プー［90ページおよび243ページ参照］など、いくつかの県に痕跡を残しており、われわれはそれを今眼にすることができる。メコン両岸の10ヵ所ほどの竪穴や丘には、コーム時代［クメール系先住民カー族の時代］の美術と思われる遺跡が残っている。セー・コーン川の支流セー・ス川の下流にも同様の美術遺跡が残っており、これらの川の東側に人が住んでいた証となっている。

現在、さまざまな証拠から、この地域には２つの言語の流れがあったということが証明されている。即ち、

①ラーオ・タイ語族

②モーン・クメール語族

であり、この２つの語族はきわめて複雑にまじりあっている。

ラオス南部の数々の遺跡はラオス民族の古さとその歴史の証明であるが、実際さまざまな勢力を最初にまとめたのはファーグム王朝だった。14世紀はじめ、まだ幼いファーグム王はいかだに乗せられてメコンに流された……と言われている。いかだはムアンコーン［コーン島の首邑］に流れつき、その後ファーグム王は現在のカンボジア国であるコーム王国で教育を受ける。そして、ラオスに戻った王はさまざまな勢力を統合してラーンサーン王国を作るのである。

それから約200年後、パチャオ・サイセーター王朝の時代に、南部ラオスがラオスの歴史に登場してくる。サイセーター王はヴィエンチャンの王だったが、南部で反乱が起きたので軍を率いて討伐に赴き、数年後アッタプー県で亡くなるまで、何度か遠征を繰り返している。サイセーター郡のワットタート村とワットルアン村の寺院には、住民の王への尊崇の念を記した記録が残されている。

この時代の歴史を語るものとしてはもう１ヵ所、セーコーン県のドンムアンあるいはムアンラマーム・カオと呼ばれている遺跡がある。セー・コーン川の東にあるこの古い遺跡はサイセーター王朝のものと確認されているが、まだ十分には研究されていない。

18世紀、現在のチャムパーサック県（当時はチャムパーサック王朝と呼ばれた）はヴィエンチャン王国から亡命してきたパ・ヴォー、パ・ターという２人の王をこの地の王として受け入れた。この２人の王はチャムパーサックで亡くなり、メコン右岸にあるポーントーン郡のサックムアン村の寺院広場にその遺跡があって、現在に至るまで土地の人々から尊崇されている。

ラオス南部は民族開放の地である。ラオスの歴史の中でこの地は長く民族開放の戦いを続けてきた。それはオン・ケーオとオン・コムマダムの抵抗運動から始まり、今世紀のはじめから第２次世界大戦の開始までその戦いは続くのである。

このように、ラオス南部は各世代、各時代のラオスの民族の歴史の重要な始まりを担ってきた地域だと言えるだろう。

❷ 地理

ラオス南部の地形は古く8000万年～２億3000万年前の中世代に形成され

た。砂岩、粘板岩、花崗岩、玄武岩がサーラヴァン県、セーコーン県、アッタプー県の東側からルアン山脈となってヴェトナム国境に連なっている。ルアン山脈の西側は斜面となってセー・コーン川河岸まで下り、南のカンボジア国境に伸びている。この地域は農業と牧畜に適し、鉱物資源が非常に豊富だ。

ボーラヴェン高原はサーラヴァン県、アッタプー県、セーコーン県、チャムパーサック県の中央に位置する。古い玄武岩ででき、南部は所々に砂岩が堆積している。高度1000m～1400mほどのかなり高い高原で、プー・カテー山［カテーはリスの一種］が最も高く1590m、次はプー・テーヴァダー山［テーヴァダーは神］で1250mの高さがある。この山は山頂がくぼんで湖になっており、古い死火山の特徴を呈している。ボーラヴェン高原の地質のこうした特徴は、この地方の土地の豊かさを物語っている。ルアン山脈からボーラヴェン高原にかけては、土地がたいへん肥沃なのである。

そして、サーラヴァン県からチャムパーサック県まで、メコンをまたいでいくつもの山がちらばって、ラオス・タイ国境に至り、さらにラオス・タイ・カンボジア国境の三角地帯につながっている。

このように、ラオス南部は3つの山塊が塀のように連なっている。その間には豊かな自然が広がり、農業が盛んで、国の食糧倉庫となっている。

第1の山塊はヴァーピー・カムトーン高原、セーコーン高原からアッタプー高原までである。ルアン山脈の南は広大な密林となり、メコンの西岸につながっている。

第2の山塊はボーラヴェン高原。そして第3の山塊はセードーン高原からポーントーン高原、スクマー・ムーンラパモーク高原を横切って、チャムパーサック県コーン島まで、全面積は少なくとも3000km²に及ぶ。

村の人々によって名づけられた平野（トン）がたくさんある。トン・マー・ヒウ［空腹の犬の平野］、トン・カターイ・ターイ［死んだウサギの平野］、トン・サーン・ホーン［象が鳴く平野］などで、このような平野はヴィエンチャン平野と同じほどの広さを持ち、ラオスの米倉となっている。

ボーラヴェン高原からセー・コーン、ルアン山脈を遠望する。ルアン山脈のかなたはヴェトナム。チャムパーサック県パークソーン郡（めこん）

南部ラオスの平野は肥沃だが、土地が低いため洪水になりやすい。特に雨季には洪水によって自然の肥料がもたらされ、古い土の上に堆積されて、翌年の農作業に最適の豊かな土壌となる。

高い山、あるいは高原、森、そして豊かな土地。それが南部ラオスにはたくさんある。たとえばボーラヴェン高原からラオス・カンボジア国境にかけては、セー［川］・ピアン、ブン［沼］・パポー、密林などがあり、ここにはさまざまな種類の野生動物が生息している。ブン・パポーは大きな沼で、水棲動物が豊富だ。密林には野生動物が多く、世界でも珍しい動物が生きている。ブン・パポーとセー・ピアン流域の密林はラオス人民民主共和国の保護地区、保護林になっている。

チャムパーサック県の中央平野には、メコンが両岸を侵食して川幅が広がった地域25kmも続く。さらにムーンラパモーク郡からカンボジア国境までの35kmの地域には、大小無数の島があって、「シーパーン・ドーン」［4000の島］と名づけられたのもうなずける。

シーパーン・ドーンと呼ばれる島の多い水域。チャムパーサック県コーン島の近く（めこん）

この地域はカンボジアのレックファイ山脈、タイのダンレク山脈につながり、山脈の岩石の硬い部分が残って、コーン・パペーン、コーン・ソムパミットのようなメコン川中の滝となったのである。

❸気候

ラオス南部の気候は、北半球の冷たい空気とインド洋からのモンスーンがぶつかった影響を受けて、乾季には涼しく、雨季には湿度が75%～85%と高い。中国からの気圧団がヴェトナムを通ってやってきた場合には、この蒸し暑さは緩和される。

ボーラヴェン高原、ルアン山脈は北風の影響を直接受けるので、高い山の地域を除いて、気温は6℃まで下がる。北風は寒季には冷たい空気を作

メコン最大の滝コーン・パペーン。チャムパーサック県コーン郡（めこん）

り、暑季には小ぬか雨をもたらす。特にチャムパーサック県のメコン沿いの村々は小ぬか雨で非常に蒸し暑い。

11月〜12月の寒季は東シナ海からの風でメコン川の波が高くなり、河川交通も不便になる。これは、赤道付近が広範囲に太陽熱で熱せられるからである。南部では北部と違い、太陽が最も高い位置に来るのは雨季の前となるので、乾季から雨季に至るまで暑さが続く。したがって雨季の初期、４月〜５月は南部では気候の変化が激しい。

雨が降るのは乾季の５ヵ月の間、月に２日〜３日。降水量は１ヵ月平均65mmである。まったく降雨のない地域もある。ルアン山脈を通って南に吹く風が水分を運び、ルアン山脈の東では雨になるが、南に来ると乾いてしまうからである。

雨季の降水量は多い。最も多く降るのはボーラヴェン高原で、年間８ヵ月は平均降水量がラオスで最も多い。特に雨季は非常に強く雨が降る。

ボーラヴェン高原の東を流れるセー・コーン川では、人々は雨が降っているのを見ていないのに水量が多いのを不思議に思って、ボーラヴェン高原から流れこむ水のことを「ナム・サープ」[魔法の水]と呼んでいる。

気温のほうは、北部と比べて、地域差が少ない。したがって、南部ラオスの気候の分類は気温差ではなく、高度が重要な要素となる。

最南端の地域の気候は涼しくて、過ごしやすい。森林が大きく広いからである。気温は平均25℃～27℃であまり変化がない。降水量は1500mm～2000mmである。

西部は乾季と雨季のはっきりした気候の差がある。この地域は細長く広大な平野が大きな川に囲まれて北から南に続き、平均的な高さの山もある。この３つの自然条件によって、風は強弱の変化があり、乾季には雨が非常に少なく、ほとんど降らずに旱魃状態の所もある。逆に雨季の４月～６月は、1500mm～3000mmという大量の降雨がある。

❹行政

◇サーラヴァン県

サーラヴァン県は南部ラオスの最も北に位置する。北部はサヴァンナケート県、南部はセーコーン県とチャムパーサック県、東部はヴェトナム国境、西部はラオス・タイ国境のメコン川に接している。新政権になって復活したこの県は、アメリカとの戦争の時、特に戦火が激しくて完全に破壊され、住民はすべて避難民として他県に移住した。解放後、政府は８つの郡（ムアン）に分けて、再建することを定めた。いずれも、行政機関が整備されて再出発した町で、全県の人口調査も実施された。

人口は1985年調査では約20万人［2001年度は30万1200人］で、10の民族が住んでいる。これらの民族はラーオ・タイ語族グループとモーン・クメール語族グループの２つに分けられ、前者が60％を占める。

◆ セーコーン県

セーコーン県はラオス人民主共和国が新たに作った県である。この地域はかつてアッタプー県に属していた。山間地帯で、高く険しい山々が多くアッタプーの中心からは遠かったので、新しく1つの県となったのである。

セーコーン県は数多くの民族からなる県である。したがって、多くの異なった文化が存在する。北部はサーラヴァン県、南部はアッタプー県、東部はヴェトナム国境、西部はチャムパーサック県とボーラヴェン高原に接している。

1985年調査では人口は約9万人［2001年度は7万5400人］で、14民族から構成される。これらの民族はラーオ・タイ語族グループとモーン・クメール語族グループに分けられるが、後者が96％を占める。

◆ アッタプー県

アッタプー県は数百年の歴史を持つ県である。複雑な歴史を生き抜き、現在もなお古い町の特徴を保持している。北部はセーコーン県、南部はカンボジア国境、東部はヴェトナム国境、西部はチャムパーサック県に接している。

アッタプー県には約400年前からの歴史的な資料が残されており、この県の行政が継続してきたことを示している。現在のアッタプー県は他県と同様に行政機関が整備され、県庁はムアンサーマキーサイに置かれている。

人口は1985年調査では約10万人［2001年度は10万2500人］。10民族で構成されている。これらの民族はラーオ・タイ語族グループ、モーン・クメール語族グループに分かれているが、前者が36％を占める。

◆ チャムパーサック県

チャムパーサック県はラオス南部では最も古い県である。かつてはチャムパーサック王朝、ナコーン［都］・チャムパーサックという名称が存在した。ラオスのかつての３王朝とはルアンパバーン王朝、ヴィエンチャン王朝、そしてこのチャムパーサック王朝である。

県庁はかつてはチャムパーサックにあったが、行政の便のため現在はパークセーに移っている。セー・ドーン川の河口にあって３つの重要路がまじわるパークセーは、交通の便が良く、人々が経済・社会生活を営むのに適しており、市内には県庁と共に郡庁もある。

チャムパーサック県は面積も広く、他県より良い条件が揃っており、ラオスではヴィエンチャンについで重要な県である。ここには隣国の領事館も置かれている。

チャムパーサック県の人口は1985年調査では約60万人［2001年度は58万9300人］、10の民族で構成されている。これらの民族はラーオ・タイ語族グループとモーン・クメール語族グループに分けられるが、前者が86％を占める。

チャムパーサック県の人口分布は均一ではない。メコン河岸あるいは支流の河岸は特に人口密度が高い。

❺経済と社会

◇山岳と高原の自然資源

ラオス南部は山脈、高原に至るまで全域が豊かな自然資源に恵まれている。たとえば牧畜はサーラヴァン県のサムオイ郡からラオス・カンボジア国境に至るまで盛んに行なわれている。セーコーン県のダクチューン郡から西はすべて豊かな農業と牧畜が可能な地域である。ここには次のようなさまざまな動植物が生息している。

クアーン［シカの１種。ニホンジカより大きい］

ファーン［シカ。ニホンジカと同じくらいの大きさ］

オーン［シカ。クアーンより小さい。濃褐色で白い斑点がある。雄］
マン［同上。雌］
リーン［サルの１種］
タニー［テナガザル］
カーン［サルの１種］
ムアイ［野生の牛、あるいは野生の水牛。グア・パーあるいはクアイ・パーとも言う］
カティン［同上］　[393ページの捕獲禁止動物一覧参照]

これらの動物はダクチューン郡から西に生息し、自然環境の酷似したラオスとカンボジアの国境を行ったり来たりしている。1980年に自然保護団体が衛星写真をもとに調査したところ、彼らは一定の季節、セーコーン県、あるいはアッタプー県南部からカンボジア国境の方に移動しているということがわかった。

ゾウもまだセーコーン県やアッタプー県にかなり大きな群れを作って生息している。セー・ピアン保護林の湿地林、あるいはパポー沼には昔から現在にいたるまで野生のゾウの群れがいる。白象［サーン・プーアック］はラオスの宝とされているが、このゾウもセー・ピアンの湿地林で発見された。

地下資源については、ラオス南部の北から南まで、銅、金、銀、石膏など多くの鉱脈が続いている。

ボーラヴェン高原は最も豊かな地域で、ここはコーヒー、カルダモンなどの集約的農業や畜産が盛んである。畜産について言えば、ラオス南部では牛、水牛が交換品として、また祭礼の儀礼用に好んで飼育されている。こうしたことすべて、またフランス植民地時代からの観光地としての名声がラオス南部を有名にしている。

ボーラヴェン高原は19世紀末から今日に至るまで、常に緑を保ち、ラオスの経済に重要な貢献をしてきた。しかし現在では既に土地の40％は農業開発が終了している。

保護林であるセー・バンヌアンの森林はサーラヴァン県からサヴァンナケート県まで豊かに広がり、人間にとって有用なさまざまな動物、植物の宝庫である。漢方薬の原料となる草木も多い。

山岳地帯と高原の地形は、自然災害の防止と自然環境の保持に有効なほか、河川が水力発電に役立つ。すでにセー・コーン水力発電所、セー・カマン水力発電所など約10の発電所計画が進行中で、ホアイ・ホー水力発電所は稼動している（第17章参照）。

◆ 高原地帯の地下資源

セー・コーン川とセー・カマン川が南下して、ルアン山脈のふもとでつながる。その一帯は農業と牧畜に好条件のたいへん豊かな所だが、まだ十分に開発されてはなく、現在稲作を普及すべく開墾が進められている。近代的な農業システムはまだ導入されていないが、既にそこに住む人々にとっては十分な収穫をあげている。

セー・ピアンの密林は国家の保護林になっている。８万ヘクタールの広さを有するこの保護林はラオスでもっとも豊かな森の１つである。ここには多くの種類の草木と貴重な大木が繁茂し、その下に大小さまざまな動物が生息している。絶滅寸前の貴重な種類もいる。

戦争状態が半世紀も続いてきたため、野生のゾウを罠で捕獲することもほとんどなくなった。現在は湿地林とパポー沼約500頭飼われているにすぎないが、徐々にその頭数は増えている。

ボーラヴェン高原の南からメコン川の右岸を北へ行くと、水田が土地の80％を占める。特に雨季は緑が広がり、南部のみならず、ラオス全体の米倉となっている。牧畜も盛んで、ラオス国民の生活レベルの向上に貢献している。

この平野はセー・ドーン川に沿ってサヴァンナケート県の県境まで伸びている。ここでも農業と牧畜が盛んである。

❻交通・運輸

ラオス南部の地形は高原と山脈が中心で、ここに住むさまざまな民族はきわめて自然条件に恵まれている。

メコン支流のセー・ドーン、セー・コーン、セー・カマンは、とりわけ河川交通によく利用されている。これらの河川は川幅が広くて、長いので、舟運には便利で、雨季には村から村へ町から町へ商品を運搬するのに利用される。

セー・ドーンの河川交通線はサーラヴァン県の高原を通っている。この一帯は雨が少なく、年によっては所々で水が不足する。

サーラヴァン県からチャムパーサック県に入ったセー・ドーンはパークセーでメコンに合流する。この川は両県の河川交通に役立っているだけでなく、多くの人がいくつもの支流に沿って定住し、それぞれの川から便宜を受けている。

セー・コーンは19世紀末にラオスに新しい時代を切り開いた川である。西洋の植民地主義がこの川を利用して拡大し、セー・コーンが流れるアッタプーは長く外国人権力によって支配された。そして今、セー・コーンは隣国との間の商品流通に役立っている。

セー・コーンの支流、セー・カマンとセー・スは少数民族の間に経済・社会・文化の交流をもたらした。これらの川はラーオ・ルム［低地ラオ人］すなわちアッタプー、サーラヴァンの文化を、たとえばムアントゥムラーン［サーラヴァン県］、ムアンカルーム［セーコーン県］、ムアンサーンサイ［アッタプー県］、ムアンプーヴォン［アッタプー県］、その他の少数民族の多くの町に普及させたのである。彼らにとって、特に衣服の文化、装飾品の文化の交流に河川交通が便利だった。

メコン川はもちろん河川の中心的な役割を果たしている。昔から今まで、

セー・コーンの支流セー・ナムノーイの渡し。セーコーン県ラマーム郡（めこん）

メコンはラオスのさまざまな民族を養う大切な大動脈である。洪水の時、メコンの河岸ぎりぎりまで水面は上昇し、川幅ははるかかなた800m〜2000mまでも広がる。コーン郡では滝や島を合わせると、洪水の時、川幅は30kmにもなる。この時、メコンはまさに「ラオスの海」と言えるだろう。

南部の陸上交通の中心は国道13号である。いくつかの県をつなぐこの国道は20世紀のはじめに作られ、メコンと同じような重要な働きをしている。

13号から分岐した道はコンセードーン、ヴァーピー・カムトーンを通ってサーラヴァン県に至る。

タイ国境から来る国道10号は、パークセーで13号にクロスしてから国道23号となって、パークソーンを通り、昔は8時間、今は4時間でセー・コーンの河岸に到達する。

その他、サーラヴァン県からセーコーン県、アッタプー県に行くのにも標準的な道路が建設された。そしてパトゥムポーンで13号から分岐した国道18号は、アッタプーを通って、近い将来ヴェトナム国境につながる。

南部の航空事情も大幅に改善された。現在、次の3つの空路が利用されている。

①サーラヴァン――ヴィエンチャン――パークセー　週2便中型飛行機

②アッタプー――パークセー――ヴィエンチャン　週2便20人乗り小型飛行機

③パークセー――ムアンコーン　週2便小型飛行機

❼文化

ラオス南部にはモーン・クメール系民族とラーオ・タイ系民族が多く住んでいる。ラーオ・タイ系民族はメコン川、およびその支流のセー・ドーン、セー・コーン、セー・カマンの流域に多い。彼らは仏教を中心とする古くからの伝統・習慣を堅持しているので、ラーオ・タイ系民族は南部の北から南まで、すなわちサーラヴァン県、セーコーン県、アッタプー県、チャムパーサック県にかけて、密接につながっている。これらの県では、どこへ行ってもヒート・シップソーン［12ヵ月の年中行事］の習慣がきちんと守られている。ラーオ・タイ系民族は昔からの伝統を大切にし、移住を嫌う定住民族なのである。

ラーオ・タイ系民族は硬い木を使って、堅牢な家を作る。100年以上たった家も少なくない。美術も非常に豊かで、彼らは自分の家や寺院にその特徴をふんだんに残している。

さらに、日用品や装飾品、衣服にもその特徴は発揮され、たとえばチャムパーサック県のパトゥムポーン郡、サナソムブーン郡、パークセー郡のサパーイ村、ポーントーン郡のサマン村などの織物マット・ミーの技術にもそれは継承されている。

チャムパーサック県の遺跡、パサート・ヒン・ワット・プー［ワット・

プー石造寺院］は、ラーオ・タイ系民族の宗教的・精神的な中心となっている。毎年３月になると、全国から多くの人々がやってきて、南部ラオスのシンボルでもあるこの寺院の祭礼に参加する。昔は国家の行事として、祭礼は７日７晩続き、楽隊がさまざまな楽器を演奏し、数万人が参加して祝ったものである。パサート・ヒン・ワット・プーの背後にあるプー・カオ山の山頂には、コームの信仰に則って東向きに作られたコーム時代の美術遺跡がある。

パサート・ヒン・ワット・プーのような遺跡は、トモ村、タート村、ナーサムリアン村など、チャムパーサック県には数多く残っている。そのほかにも、サモーニョーン村のノーン・ソムバット遺跡、サックムアン村のノーン・ヴィット遺跡、マイ・ナコーンシン村のティン・プー・イーダーン遺跡、サパーイ村のワット・ポーシー遺跡などがある。

アッタプー地方のラーオ・タイ系民族は、セー・ス川流域のケーンサイファイとサイセーター郡［サイセーターはアッタプーの反乱を鎮圧に行って客死したヴィエンチャンのラーンサーン王朝の王］のサケ村まで広がった。一方、モーン・クメール系民族は約20の民族が、サーラヴァン、セーコーン、アッタプーの各県に多く住んでいる。彼らは歴史的に移動する民族である。

民族の住環境は、山、高原、川とそれぞれに異なる。美術、文化、伝統、習慣は住環境の影響を受けるので、そこに各民族固有のものが生まれてくるのである。

モーン・クメール系には次のような民族がいる。

カターン
スウェイ
マコーン
チャリー
パコ
タオーイ

カセーン
チャトン
タリュー
ラヴェー
ラヴィー
タリアン
クリアン（ンゲェ）
カトゥ
ラヴェン
ニャフーン
オイ
アラック
イェ
チェン
サラン

モーン・クメール系民族は、サーラヴァン県のサムオイ郡から南部のラオス・カンボジア国境に至る高い山または高原の東側に住んでいる。この地域の中心にあるボーラヴェン高原にはラヴェン族、ニャフーン族が多く住んでいる。そのほか、いくつかの民族がこの高原に移住してきた。

たとえばアッタプーのオイ族は何世代もかかって定住し、農業を営んでいる。彼らは基本的に田を自らの生活の糧を得る場として選んだ。田はルアン山脈の麓の平地に作られ、セー・コーンの西側流域から南、セー・ピアンの保護林地域に続いている。

チャムパーサック県のスクマー郡にかなり多く住むスウェイ族も、モーン・クメール系民族の１つである。彼らは古くから、スクマー郡の平原の一部に移住し、定住した。この平原が米作に適しているからである。彼らの生活は、伝統的農業［焼畑］に従事している他の民族より豊かである。

パサート・ヒン・ワット・プー。2002年12月25日、ユネスコ世界文化遺産に指定された。
チャムパーサック県チャムパーサック郡（めこん）

このオイ族とスウェイ族の生活はラーオ・タイ系民族に似ている。

カターン族はチャムパーサック王朝の時代にサーラヴァンの北部から移住させられた。18世紀にチャムパーサック王朝からタイに奪われたパ・ケーオ［エメラルド仏］のいわれから、現在、カターン族のことをまわりの人々はパ・ケーオ族と呼ぶ。

モーン・クメール系民族は全般的には、主に山や森に畑を作り、狩猟生活をしながら移動する。彼らも昔からの伝統行事を守っている。たとえば祖先の供養や祖先信仰、聖廟の建設、伝統儀礼における呪術や生贄などである。しかし、ラオスが解放され、ラオス人民民主共和国の設立が宣言されたあとは、このような伝統・習慣の盲目的信仰は現代の社会・経済状況とは合わないということで、徐々に減少してきた。そして、新しい時代、新しい社会に適合した精神を身につけ、「節約」を実施しつつある。

チャムパーサック県にはワット・プーと同じヒンドゥー寺院の遺跡がいくつか打ち棄てられたままになっている。これはメコン川の対岸にあるトモ村のワット・シーダ（島崎一幸）

❽観光

ラオス南部の観光も徐々に拡大してきた。それは自然環境がすばらしい上に、古代からラオ人の祖先が建設し守ってきた遺跡があるからである。

たとえばボーラヴェン高原などの高原は、以前からリゾート地として国家の大切な財源だった。高原は空気が冷涼で新鮮（ジェン・サバーイ）だからである。前世紀のはじめにラオスへ入ってきた西洋人の間でも、ボーラヴェン高原は大変人気があった。彼らは多数ここに住み、彼らの需要に応じて、ボーラヴェンでは西洋でできるいくつかの植物が新しく栽培されるようになった。

メコンの最南端、シーパーン・ドーン地域のコーン郡なども大切な観光地の１つである。ここには、コーン・パペーン、コーン・ソムパミットなどたくさんの滝があって、美しい自然が人を引きつけるからである。シーパーン・ドーンは食べるものも豊富だ。あらゆる種類の川魚がいて、毎年数千トンも全ラオスの他の地域に輸出されている。この地域に住む民族はさまざまな生活様式を持っており、それも観光の重要な要素となっている。

南部観光の文化の面で忘れていけないのはチャムパーサック県のパサート・ヒン・ワット・プーである。パサート・ヒン・ワット・プーは古来ラオスの人々の尊崇の対象となっている。毎年３月の満月の時には、ラオスの各地から多数の人々が集まってくる。ラオスに滞在する外国人もラオ人といっしょに観光し、祭りを楽しむのである。パサート・ヒン・ワット・プーの位置も、山の東側の麓にあって、写真を撮るのに最適である。

さらに現在では、南部観光はメコン左岸にも拡大した。この地域には多数の遺跡があるからだ。たとえばトモ村のフアンヒン[石造建築物]、ムアン・カオ［古都］の城壁、キアットゴーン村のプー・アーサー［アーサー山］などである。

ブン・パポー地域には沼が多く、年中湿度が高い。ここもラオスの最も美しい観光地の１つになった。この地域の移動あるいは商品運搬の手段はほとんどがゾウである。それほどここにはゾウが多い。これも南部の売りものの１つである。

ラオス南部の観光は今どんどん拡大している最中である。そのため、県と県を結ぶ道路の整備も観光拡大の大切な要素となる。幹線道路の国道13号が北から南に走り、それにタイのウボンラーチャターニー県から来る10号がパークセーでつながっている。この10号はパークソーンからボーラヴェン高原に登り、さらにセーコーン、アッタプーに至る。そしてほどなく、国道18号でヴェトナムに通じることになる。チャムパーサックからサーラヴァンまではすでに標準的な道路ができている。

このようにラオス南部の観光は順調に拡大しているが、セーコーン県とアッタプー県の東の地域だけは、自然環境の条件は揃っているが、県の行政の机上に乗るまでにはまだ時間がかかるかもしれない。[竹原茂訳]

第 4 章

政治

瀬戸裕之

扉写真・国会議事堂。ヴィエンチャン市。

❶党の基本政策および憲法

◆ラオス人民革命党の基本政策

ヴェトナム民主共和国（北ヴェトナム）の支援を得ながら革命闘争を行なってきたラオス愛国戦線と背後で指導を行なってきたラオス人民革命党は、1975年4月にサイゴンが陥落した影響を受けて、1975年8月23日に全国の統治を掌握し、11月に各県で地方人民議会、地方行政委員会を選出した後に、1975年12月1日、2日にヴィエンチャンで全国人民代表大会を開催し、王制の廃止とラオス人民民主共和国の樹立を宣言した。これによって、ラオスは従来の王制からラオス人民革命党（以下、党）を政治的中核とする社会主義型の一党支配体制へと移行し、現在に至っている。

政権獲得後の党の政策変化を見ると、1976年から1981年までは、党が支配体制を確立するために、国民統合を重視しながら社会主義へと漸進する基礎条件を築くことが目標とされた時期である。本来は、第2回党大会(1972年2月)の党規約により、1976年に党大会が開催されなければならないが、新体制が建設されたばかりであったために開催が見送られた。

第2期党中央執行委員会第3回総会の決議では、革命の方針として、党による指導の下、労農同盟に基づき国民全体の団結と全民族の団結を増大させることを重視し、資本主義の発展を経ずに社会主義へと移行するための基礎を建設することが定められた。第4回総会（1977年2月）では、ラオスが「東南アジアでの社会主義の前線基地」であるという認識が示され、農林業を工業拡大のための基礎とし、集団的主人体制を建設することが定められた。この時期は国境を越えて反政府勢力が侵入し、国内でも反体制勢力が活動していたため、再教育セミナーの強化が指示されるなど、党にとって治安の維持が最も重要とされていた。さらに、農業協同組合（サハコーン）の組織が試みられ、民間銀行、あるいは外国へ逃亡した資本家の大規模工場に対する国有化が行なわれた。

第2期党中央執行委員会第7回総会（1979年11月）では、経済管理での経済法則の適用、市場の利用に対する認識、商品経済の開放、外国との関係の開放、事業生産基層（企業）に関する予算均衡と利潤獲得、行政的な財政補塡の廃止などが示され、後の党の改革路線の基となったとされる。一方で、同年に中越戦争が発生し、1980年にタイとの間で国境の緊張が高まったことから、第8回総会（1980年12月）ではインドシナ3国、ソ連など社会主義陣営との関係の重要性が強調されることになった。

政権獲得後に初めて開催された第3回党大会（1982年3月）では、最も基本的で決定的な職務は、社会主義建設の任務であると定められ、政策の重点は国民統合から社会主義建設へと移行し、ヴェトナム、カンボジア、ラオスが「社会主義体制の東南アジア前線基地」であることが強調された。また、農林業の発展により社会主義的大規模生産を実現する目標が示されたため、農業協同組合の設立も全国で断続的ながら継続された。

しかし、1986年11月に開催された第4回党大会において、改革路線（ネオターン・ピアンペーンマイ）が採択され、市場経済メカニズムの導入が既定路線となった。政治報告では、従来の党の政策路線について、社会主義への改造、工場の国有化、農民の集団化などが急進的で、事業生産における統制的な中央集権的管理メカニズムの改善が遅れていることが、人々の生活に困難を生じさせていると指摘された。さらに経済管理メカニズムについては、中央集権的配給制度の廃止、計画での商品・貨幣関係の活用、外国との経済協力、計画策定での需要と供給の均衡、地方への経済管理に関する権限分散など、経済改革の基本方針が示された。

その後、党第4期中央執行委員会第7回総会（1989年1月）では、ソ連から対ラオス援助の削減が通告され、西側諸国および国際機関から援助を得る必要が生じたことを受けて、経済社会開発に必要な資金と技術を獲得するために外交関係を開放する方針が示された。さらに、中国の天安門事件後に開催された第8回総会（1989年10月）では、ヴェトナム共産党に追随する形で、党の政治思想について、①社会主義の目標の堅持、②マルクス・レーニン主義を思想の基本とする、③党の指導を革命の条件とする、④民主集中原則の拡大、⑤人民民主独裁の強化、⑥愛国主義とプロレタリア国際主義の結合、の6つの原則を定め、社会主義の目標と党の指導原則を維持することが強調された。

1991年3月に開催された第5回党大会では、政治制度面での改革路線が示された。その中で、ラオスの政治制度改革は、現在の政治体制を他の政治体制に改めることを意味するのではなく、各構成機関の職責・任務を明確に定め、党の指導的役割を確実にし、国家機関による行政の権威を高め、大衆団体の役割を拡大することにより人民民主主義政治制度の組織を改善することである、とする見解が示され、ラオス人民革命党を中核とする一党支配体制の枠組みが変更されないことが明示された。

1996年3月に開催された第6回党大会では、過去10年間の党の改革路線からの教訓として、①党内と人民の団結、②人民の利益の重視、③政治と治安の安定、④党の指導的役割と国家行政の権威の強化、⑤国際的援助の獲得、の5点の重要性が指摘された。そして、翌年の東南アジア諸国連合(ASEAN)への加盟を控えて、2020年までに低開発国の地位から脱却するという開発目標が示された。

2001年3月に開催された第7回党大会では、1990年代後半のアジア通貨危機とアジア各国の政治的動揺を踏まえ、政治報告の中で、党の路線実施のための教訓として、①マルクス・レーニン主義と社会主義の目標の堅持、②党建設の強化と党内団結の増大、③各レベルの指導幹部の育成、④基層レベルでの人民の指導、⑤党の路線の実施のための国内・国外の環境づくり、の5つに総括された。さらに、2005年までに貧困世帯数を半分以下にする目標が掲げられた。

2006年3月に開催された第8回党大会では、2004年にASEAN議長国として活動した成果を踏まえて、地域・国際社会との経済交流の強化が示された。政治報告では、過去20年間の改革路線の実施の成果として、改革路

ラオス人民革命党第９回大会

線が経済社会に適合し、開発に貢献し、政治制度改革の方針を示した点を評価し、今後の改革路線の基本方針として、①党内と国民の団結、和平演変の防止、②地域と国際社会の結びつきの中での競争力の増大、③農林業、加工業、電力（ダム）、輸送サービス、観光、鉱業に重点を置いた工業化、④家族経済の奨励、⑤教育、保健、文化の開発への配慮、⑥法律に基づく行政、⑦基層建設の強化、という７つの方針が示された。

2011年３月に開催された第９回党大会では、2015年のASEAN共同体の形成など地域の変化に対応するため、党を中心とする政治体制の安定を維持しながら急速な経済成長を実現し、2015年までに貧困を削減し、地域・国際社会への統合に主体的に参加する、という課題を実現するために、①頑固で極端な思考を避け、創造性を持つように思考面で改善し、②開発の必要性に適した知識と能力を持った職員を育成するために人的資源を開発し、③ビジネス・生産の妨げになる行政規則を改善し、④資金、人材を投入し、インフラストラクチャーを建設することによって貧困を解決する、という「4つの奮闘」が目標に掲げられた。

以上、党の政策は、新体制発足後の国家統合と冷戦下のイデオロギーに重点を置いた政策、1990年代初頭の社会主義体制の危機への対応に重点を置いた政策を経て、1990年代半ば以降は、政治体制の安定を維持しつつ、地域統合、経済統合への参加に重点を置いた政策へと変化してきたと言える。

◇ 憲法の特徴と法整備

現在ラオスでは、党の指導下での法治国家建設を政策目標の1つに定めている。第9回党大会では、人民民主主義国家を改良し、人民の、人民による、人民のための法治国家へと改善しなければならない、と定めている。

ラオスにおいて国家の基本法である憲法は、1991年に制定され（以下、1991年憲法）、2003年に改正された（以下、憲法）。1991年憲法は、ラオス人民民主共和国の建国から16年を経て初めて制定された憲法である。1975年12月に現体制が成立する以前には、ラオス王国憲法（1947年制定）が存在していたが、現体制の成立とともに旧体制の憲法と法律が廃止され、その後、主に党の決議と行政命令によって行政・裁判が行なわれていた。しかし、1986年の第4回党大会において改革路線が採択され、具体的な法制度の整備が進められるようになった。特に、1989年に憲法制定を目的とする第2期最高人民議会が選出されて以降、憲法起草作業が本格化し、1991年8月15日に1991年憲法が公布された。

1991年憲法では、前文で、ラオス人民革命党がインドシナ共産党に起源を有すること、並びに党が祖国解放を行なった業績が記され、ラオスが人民民主主義国家であると定められている。「第1章　政治制度」では、ラオス人民革命党が政治制度の指導的中核であると定められ（第3条）、党の指導的役割が憲法に明記された。また、国会とすべての国家機関が民主集中原則に従って組織し、活動することが定められており（第5条）、社会主義型政治制度の基本原則が規定されている。

その一方で、「第２章　経済・社会体制」では、ラオスの経済体制が多様な部門から構成されると定められ（第13条）、所有の形態として、国家的所有、集団的所有、個人的所有の他に、国内の資本家の私的所有、ラオスに投資する外国人の所有、の５つが認められている（第14条）。ただし、土地に関しては、国民全体の所有に属すると定めており、国家的所有である（第15条）。経済管理については、国家による調整を伴う市場経済メカニズムに従って実施すること（第16条）、外国との経済関係を促進すること（第18条）が定められているなど、改革路線が明示されている。

その後、ラオスは、1997年７月に東南アジア諸国連合（ASEAN）に加盟し、2008年にASEAN自由貿易地域（AFTA）、2010年に世界貿易機関（WTO）に加盟することが新たな目標となった（その後、2013年に加盟）。この目標に合わせて、1998年から憲法改正が準備されるようになり、2003年５月６日、第５期国会第３回会議において改正憲法が採択され、５月28日に公布された。

2003年憲法の改正点を見ると、経済体制と社会体制に関する章、司法機関に関する章が多く変更され、新たに国防＝治安に関する章（第３章）が追加された。

経済体制については、工業化・近代化の促進、地域経済と世界経済との結合の強化が新たに規定された（第13条第１項）。また、外国からの投資を奨励し、投資家の財産と資本を国有化しない点が明記された（第15条第１項）。さらに、知的財産権の保護が規定されるなど（第24条）、AFTA、WTOへの加盟を見据えて、経済発展の加速と外国からの投資の奨励・保護に重点を置いていることが窺える。

国家機関では、司法関係機関について多くの変更が行なわれている。裁判所組織では、新たに高等裁判所が設置された他に（第79条第１項）、最高人民裁判所がすべての級の人民裁判所と軍事裁判所の司法行政権を有することになった（第80条第２項）。この結果、裁判制度は従来の二審制（第一審、破毀審）から三審制（第一審、控訴審、破毀審）に変更され、さらに従来は司法省に属していた地方人民裁判所の司法行政権が最高人民裁判所に属することになった。この改革によって、裁判の迅速性と司法機関の独立について改善が試みられた。

一方、2003年の改正により、1991年憲法では明記されていなかった、「社会主義」というイデオロギーが明記された。前文では、現在の改革事業の実施が社会主義体制へと移行する基本条件を建設するためであることが規定され、経済体制に関する条文においても市場経済メカニズムが社会主義の方向に従った調整のもとに行なわれることが規定された（第13条第2項）。さらに、憲法に、新たに国防＝治安の章（第3章）を設け、国民の国防義務（第31条）、軍・警察の強化（第32条）、軍・警察の生活保障（第33条）が新たに規定された。加えて、1991年憲法に定められていた党の指導的役割など政治体制に関する条文、市民の権利と義務に関する規定は、ほとんど変更されなかった。

以上の点から、2003年憲法の改正は、国際的な経済統合の動きに合わせて市場経済化を加速し、紛争解決のために司法機関の改善を進める一方で、現在の一党支配の政治体制を維持・擁護することを意図した改正であり、民主化、あるいは人権保護の進展という側面は小さい。2014年3月現在、ラオスでは全部で108の法律が制定されている。2009年には国連開発計画（UNDP）の支援により法・司法分野の発展に関するマスタープランが制定され、諸外国から法整備支援を得ながら、立法、司法に関する制度整備、法・司法分野の人材育成を進める過程にある。

❷ラオス人民革命党

◆党の基本理念と指導者

第9回党大会（2011年）の党規約によれば、ラオス人民革命党は、組織を有する前衛部隊であり、ラオス労働者階級の最高政治機関であり、祖国を敬愛するラオス労働者階級、勤労者階級、ラオス全国民の権利と利益に対して忠誠心を有する代表である、と定められている。

党の目的は、全国ラオス人民を指導して祖国と革命の成果を堅固に防衛し、党の原則を保持した全面的な刷新路線に従って祖国を建設し、社会主義の目標に従って人民民主主義体制を引き続き建設し、拡大することにより、人民を幸福にし、祖国を強化し、社会に団結、融和、民主主義、正義、文明化をもたらすことである、と示されている。

党の政治思想については、マルクス・レーニン主義と党の美しき精神を思想の基本とし、複数政党制、利己主義、あらゆる形態の機会主義に抵抗する、と定められている。「党の美しき精神」について規約内に明確な説明がないが、愛国心とマルクス・レーニン主義の堅持、党内の団結、マルクス・レーニン主義のラオスの現状への創造的適用、人民の利益への奉仕、国際社会との団結（特に中国とベトナム）を指しているとされる。

ラオス人民革命党は、1930年に設立されたインドシナ共産党に起源を有する。1934年９月、ヴィエンチャンにラオス区域党委員会が設置されたが、フランス植民地下では党の活動と党員数を拡大できなかった。第２次世界大戦後、ラオスにフランスが再侵略した際に、1946年10月にサヴァンナケート、カムムアン、シエンクアン、サムヌアの党幹部がヴェトナムのヴィンに招集され、ヌーハック・プームサヴァンをリーダーとするラオス東部抵抗委員会が設立された。一方で、1949年１月20日にインドシナ共産党の決議に従って、ホアパン県シエンコー郡ラーオフン区にカイソーン・ポムヴィハーンを司令官とするラーサヴォン部隊（現在のラオス国軍）が設立され、1949年中ごろまでに、ラオス北部、中部、南部、東部の４つの党支部が設立された。インドシナ共産党中央委員会の決議により、1950年８月13日から15日までヴェトナム北部のトゥエンクアンで開催されたラオス抵抗戦線全国大会において、自由ラオス戦線中央委員会が選出され、ラオス抵抗政府が任命された。

1951年2月11日から19日にインドシナ共産党第2回党大会が開催され、党を解散してヴェトナム、ラオス、カンボジアに各国の革命党を建設することが決定された。ラオス人インドシナ共産党員も自国の党建設の準備を行ない、1954年のジュネーブ会議によってホアパン県とポンサーリー県が抵抗政府側の集結地として認められた後に、1955年3月22日から4月6日にラオスのホアパン県で結党大会が開催され、ラオス人民党（ラオス人民革命党の前身）が結党された。

カイソーン・ポムヴィハーン

1972年2月には第2回党大会がホアパン県で開催され、侵略帝国主義（アメリカ）と封建階級を打倒して民族民主革命を行なうことが革命の目標として定められた。この大会において、現在の名称であるラオス人民革命党へと改称され、組織面では、党書記局と党政治局が新たに設置された。1975年12月2日にラオス人民民主共和国が建国されると共に、党は政権党となり、活動を公然化して、現在に至っている。

党指導部の変化を見ると、結党以来、党最高指導者は、2回交替している。1955年3月の結党時に党書記長に選出されたのは、カイソーン・ポムヴィハーンである。カイソーンは、中部サヴァンナケート県の出身で、ヴェトナム人の父とラオス人の母の間に生まれた。ヴェトナムで高校を卒業後、ハノイ大学法学部に入学したが、そこで革命活動に参加し、1949年にインドシナ共産党員になった。1950年の抵抗政府では国防大臣に就任し、1960年までは軍最高司令長官を務め、1975年の新体制の発足後は首相を務めた。1991年の憲法制定後に国家主席に就任したが、1992年11月21日に死

チュームマリー・サイニャソーン

去した。カイソーンは、30年間の革命闘争を指導して現体制を樹立しただけでなく、1980年代後半に改革路線を主導した指導者として国内で評価されており、各省庁、各地方行政機関に胸像が設置されている。

次に党の最高指導者となったのは、カムタイ・シーパンドーンである。南部チャムパーサック県の出身で、南部の革命闘争に参加し、1952年に南部軍区参謀に就任し、1960年に軍最高司令官に就任した。1972年の第2回党大会で政治局員になり、1975年の新体制では国防大臣に就任した。1991年に首相に就任し、カイソーンの死去後に党最高指導者に就任した。1998年には、国家主席に就任し、2006年3月の第8回党大会で引退した。しかし、後任にチュームマリーを抜擢し、2010年のブアソーン首相の解任を主導するなど、現在も大きな政治的影響力を保持しているとされている。

3人目は、チュームマリー・サイニャソーンである。南部アッタプー県の出身で、1954年に革命闘争に参加して以降、軍人として活動を行なってきた。内戦期は、シエンクアン県でラオス王国軍との戦闘に従事した。革命後は、 1982年の第3回党大会で党中央委員、国防副大臣に就任し、1991年の第5回党大会で政治局員に選出され、カムタイの後を継いで国防大臣に就任した。1998年に副首相に就任し、2001年の第7回党大会後に国家副主席に就任した。そして、2006年の第8回党大会において党書記長になり、国家主席を兼任して現在に至っている。

このように、ラオスの党最高指導者は、いずれも軍最高司令官の経験を持ち、カムタイ以降は軍人が就任している。したがって、現在も、革命闘争・内戦期の戦争功労者が政治を主導する体制が継続していると言える。

◆党員と党組織

ラオス人民革命党の党員数は、2011年3月の第9回党大会の時点で19万1780人である。入党の条件は、①大衆（団体）の運動で訓練を受けた18歳から55歳までのラオス国民であり、②党の理想に従う政治的自覚を持ち、③経歴が明確で、革命道徳を有し、④自発的に入党の意思があり、規約を遵守し、党費を支払う者である。35歳以下は、ラオス人民革命青年団に所属していたことが要件となる。

入党を希望する者は、申請書と履歴書を自らが所属する機関の党組に提出する。党組は候補者を決定し、党員歴2年以上の正党員で候補者と1年以上共に働いたことがあるものが候補者を1年間養成し、入党の推薦者となる。党組指導部が入党を審査し、党組会議で承認された後に、上級の党委員会によって入党を承認される。入党後1年間は準党員として研修を受け、党組による審査・承認を経た後に、上級の党委員会の承認により正党員となる。

党の最高機関は全国代表者大会（党大会）であり5年に1度開催される。大会には全国から党の幹部が集まり、4～5日間の日程で、党書記長による政治報告、国家経済社会開発5ヵ年計画の指針の提示、党規約の改正について採択が行なわれ、新期の党中央執行委員が選出される。

党中央執行委員会は、党大会で選出され、党大会が開催されていない期間に党のすべての業務を指導し、全国代表者大会の決議を実施し、国内・外交の戦略的重要問題、国防・治安業務を指導し、党建設・党財務について決定する。2011年の第9回党大会では61名の委員が選出された。第1回会議において党政治局員、党書記長、党書記局員、党中央検査委員長・副委員長が選出され、年に2回全体会議が開かれる。

党政治局は、党中央執行委員会を代表して、党大会、党中央執行委員会の決議の実施を指導・検査し、党と国家の政策路線、計画、国防・治安・

外交業務、党建設・職員業務、国家機関・大衆団体の組織改革に関する問題を決定する。通常は３ヵ月に１度会議が行なわれる。第９回党大会では、11名が選出され、国家主席、首相、副首相、外務大臣など、国家機関の要職を兼任している。

党書記長は、事実上の党最高位であり、党中央執行委員会、党政治局、党書記局の業務を指揮し、これらの会議の議長を務め、内政・外交、国防・治安、組織・職員の業務に関する党の戦略計画を策定する。現在は、第８回党大会に続いてチュームマリー・サイニャソーンが就任している。

党書記局は、1991年に一時廃止された後、2006年に党政治局常務委員に代わって再設置された。党書記長、党政治局を補佐して、党政治局決議、党書記長命令の実施の指揮、党中央執行委員会、党政治局会議の準備、党の路線・政策に関する研究の指揮、思想・党建設業務の指揮、政治制度の活動の指導、人事異動の検討、各レベルの党大会の指揮等、広範な職権を有している。通常は１ヵ月に１度会議が行なわれる。第９回党大会では９名が選出され、党検査委員長、国防大臣、党組織委員長など、政府、党、国防・治安など各分野の長を兼任している。党書記局には常務員が置かれ、国家副主席を兼任するブンニャン・ヴォーラチットが就任している。

党中央に付属する機関として、党中央事務局、党中央組織委員会、党中央宣伝訓練委員会、党中央検査委員会、党中央外交委員会、国家政治行政学院等の機関が置かれている。

地方レベルの党組織は、県レベルに県党委員会、中央直轄市党委員会、郡レベルに郡党委員会が設置され、各党大会は、５年に１度開催される。各レベルの党大会は、各レベルの政治報告と経済社会開発５ヵ年計画の指針を決定し、党執行委員会、党常務委員会を選出する。党執行委員会は、各レベルの党委員会の計画と重要業務を決定し、地方行政機関による経済・社会計画の実施を監督する等の職務を有している。第１回会議において、各レベル党常務委員、党書記・副書記、党検査委員長・副委員長が選出される。通常は、３ヵ月に１回会議が開催される。常務委員会は、党委員会の活動・計画の方針を決定し、組織・党建設について決定する権限を有しており、１ヵ月に１回会議が開催される。各レベル党書記は、常務委員会の議長を務め、地方党委員会の意思決定を行なう。

基層レベル党組織は、党の末端組織であり、３名以上の正党員が所属する村、村グループ（クム・バーン）、官庁、学校、病院、企業、部隊に組織される。正党員数が30名に満たないときは党組を設置し、30名以上のときは、複数の党組が付属する基層党委員会を設置することができる。例えば、全国の村グループには、所属する各村党組の書記によって構成される村グループ基層党委員会が設置されている。基層レベル党組織は、３年に１度大会を開催し、書記、副書記、常務委員会（正党員９名以上の場合）が設置されている。

政治制度の中における党の役割

党は、戦略的路線・政策を定め、各国家機関・大衆団体に設置された党組織がそれらの路線・政策を法令、各機関の事業計画に転換して実施し、各機関の活動・政策実施を検査することによって、国家機関・大衆団体を指導する。したがって、党は条件を満たした職員・党員を選抜し、選挙に立候補させ、あるいは各機関の中に配属させる。

ラオスでは、党指導部と国家機関の要職の多くが重複している。特に、1986年の第４回党大会の決議に従って、各党組織の長と国家・行政機関の長を同一人物が担当する兼任体制が実施されており、各省庁党委員会、県レベル党委員会、郡レベル党委員会の書記が、各省大臣、県知事、郡長を兼任している点が特徴である。したがって、党と国家の関係は一元的で、党機関に意思決定権が集中していると言える。

2014年８月の時点（要人の飛行機事故後）において、国家主席、国家副主席、国会議長、首相、副首相５名（うち２名は外務大臣、教育大臣を兼務）は党政治局員が兼任し、国防大臣は党書記局員が兼任し、その他、各省大臣（工業通商大臣、公共事業運輸大臣、科学技術テクノロジー大臣、

ラオスの政治制度および党の組織構成（2014年）

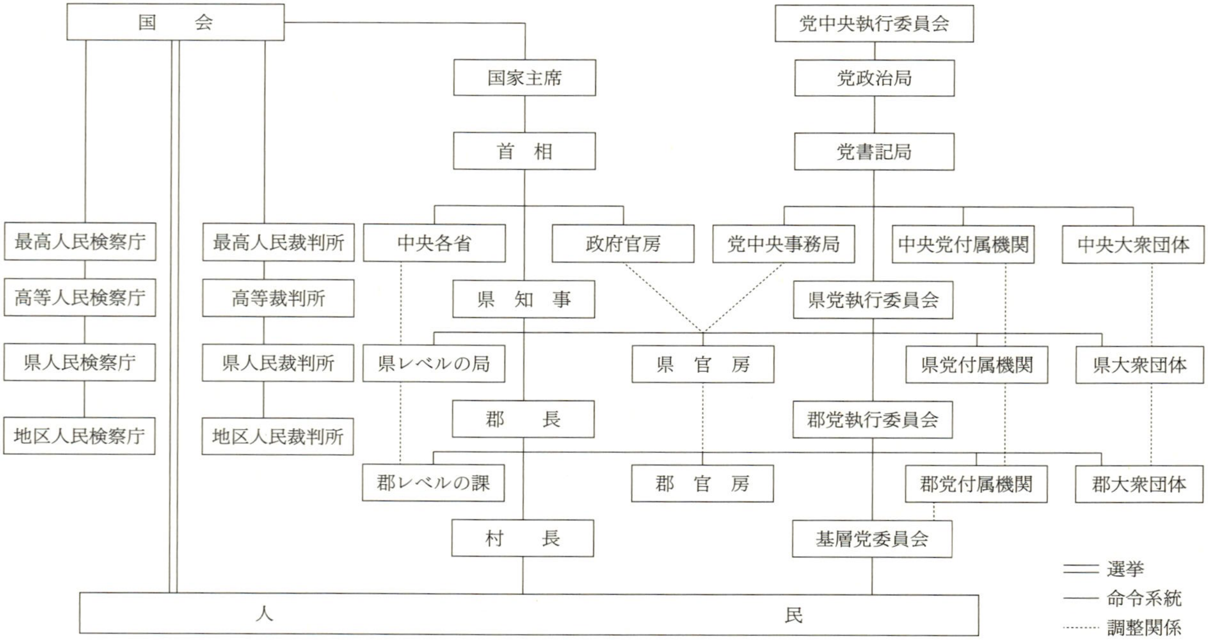

（現在の党の規則、法令を基に筆者作成、2014年５月）

注）図で示した命令系統は、2011年に発布された「県を戦略単位とし、郡を全面的に強固な単位とし、村を開発単位として建設することに関する政治局指導通達第03号」（通称：３つの建設）により、県知事、郡長に地方の部局の職員の任免権が与えられている県・郡の場合に基づきます。

天然資源環境大臣、郵便通信メディア大臣、ラオス銀行総裁を除く)、司法関係機関の長、各県知事（サイニャブーリー県、サヴァンナケート県、チャムパーサック県を除く）は、党中央執行委員が兼任し、ラオス国家建設戦線議長、大衆団体議長についても中央執行委員が兼任している（ラオス人民革命青年団、ラオス国家退役軍人同盟を除く)。

さらに、中央各省庁、国会、最高人民裁判所、最高人民検察庁には、各機関の党委員会が設置されている。これら党委員会では、5年に1度党大会を開催して党執行委員会が選出され、党執行委員会第1回会議において、書記、副書記、検査委員長が選出される。各機関の党委員会は、各機関の職員・党員を管理し、各機関の活動を監督する。

党は、軍・警察に対して直接的、全面的に指導を行なうと定められている。中央レベルには、党書記長を委員長とし、党政治局、党書記局、党中央執行委員会の一部の委員によって構成される中央国防治安委員会が設置され、党政治局、党書記局の直接の指揮下で国防治安に関する戦略的問題を党中央執行委員会に提案し、武装勢力（国軍）の業務を指揮する。県レベルには、県（中央直轄市）党書記を委員長とし、県（中央直轄市）党執行委員数名、県軍司令官によって構成される県（中央直轄市）国防治安委員会が設置されており、地方での国防・治安政策を実施する。その他に、国防省内と各部隊に党委員会が設置されている。

❸ 国家機構

◇ 立法機関

ラオスの国家機構では、他の社会主義型の政治制度と同様に三権分立の概念がなく、理論上は国会に権力が集中している。国会は立法機関であり、諸民族人民の権力・利益の代表機関として、祖国の根本的な問題を解決し、各機関の憲法・法令の執行を監督する。国会の権限は、憲法・法律の採択・改正、国家経済社会開発計画・予算計画の審議・採択、大赦の決定、条約の批准、戦争・平和に関する問題の決定、憲法・法律の遵守の監督、憲法・法律に反する政府の法規範文書の廃止等である。また、国会の総議員の4分の1以上の発議に基づき、政府、政府の構成員に対する不信任決議を採択する権限を有する。

国会の会議は、第1回会議、通常会議、臨時会議がある。第1回会議は、選挙後60日以内に開催され、新期の国会議長・副議長、国会常務委員、各専門委員、国家主席・副主席、最高人民裁判所長官、人民検事総長を選出し、首相と政府閣僚の任免を承認し、経済社会開発5ヵ年計画を審議する。通常会議は年2回開催され、6・7月の会議では、法律の採択・改正、年次経済社会開発計画、国家予算計画が審議・採択される。11・12月の会議では、法律の制定・改正、半期（6ヵ月）経済社会開発計画、国家予算修正案が審議・採択される。国会の議決は、出席議員の過半数の賛成票により可決される。

国会に対して立法発議権を持つ機関は、国家主席、国会常務委員会、政府、最高人民裁判所、最高人民検察庁、中央レベルのラオス国家建設戦線・大衆団体である。議員個人に立法発議権はなく、多くの法案が政府による提案である。

国会議長は、国会の活動を指導し、検査する権限を有する。2011年に選出された第7期国会議長は、初めての女性、モン族の党政治局員であるパーニー・ヤートートゥー（党内序列第4位）である。その他に副議長が2名置かれている。

国会常務委員会は、国会の常務機関であり、委員長は国会議長が兼任し、副委員長は国会副議長が兼任する。国会の閉会中に国会を代行する職責を有し、国会会期の準備、国会の招集、憲法・法律の解釈、法案の審査、国会議員選挙の準備、憲法・法律の執行の監督、国籍に関する問題の決定、人民裁判所の裁判官の任免、市民からの不服申立の検討など、広範な権限を有する。国会常務委員会の会議は、1ヵ月に1度開催される。現在、議長、副議長、各専門委員会委員長、事務局長など10名により構成されている。

国会の専門委員会は、国会、国会常務委員会を補佐する機関であり、法務委員会、経済計画財務委員会、文化社会委員会、諸民族委員会、国防治安委員会、外交委員会の6つの委員会が設置されている。

国会議員は、国会の審議への参加と議決での投票、国家主席、首相、政府閣僚などへの質問権、市民への不服申立に対する助言等の職責を有し、不逮捕特権を有する。

国会議員選挙は、普通・平等・直接・秘密投票の原則に基づいて行なわれ、各県を選挙区とする。年齢18歳以上のラオス国民は選挙権を有し、年齢21歳以上は被選挙権を有する。議員候補者の要件として、愛国心を持ち、人民民主主義体制を敬愛し、党の改革路線に忠実であること等が定められている。党組織、国家機関、大衆団体は、各機関の候補者名簿を地方レベル選挙委員会（県副知事、県党検査委員長、県党組織委員長、県レベル国家建設戦線議長等から構成）に提出し、選挙委員会による書類審査と地方での予備審査（2～3回）を経たのちに、投票日の2ヵ月前までに候補者が公表される。投票は村を単位とし、有権者名簿は各村長によって作成される。現在の第7期国会議員は、2011年4月30日の選挙によって190名の候補者から132名が選出された(投票率99.65%)。議員の多くが党機関、行政機関からの推薦だが、4名は民間企業からの代表である。

ラオスでは、1991年の憲法制定以前には、地方人民議会が設置されていたが、1991年憲法の制定により廃止された。したがって、各選挙区（県）には選挙区内で選出された議員による選挙区国会議員団が設置され、主に市民からの不服申し立ての受理等の職務を行なってきた。しかし、現在、新たに地方議会（県レベル）を設置する計画が進められている。既に2010年の改正国会法では、地方で策定される経済社会開発計画案、国家予算案は、年に2回開催される選挙区国会議員団全体会議での審議を経ることが定められ、地方行政機関の活動を監督できるように、地方から選出された国会議員のうち、地方行政機関の役職を兼任しない議員が設けられるなど、設立に向けた準備が行なわれている。

◇行政機関

ラオス人民民主共和国の国家元首は国家主席であり、国会において国会出席議員の3分の2以上の賛成票により選任される。任期は国会の任期と同じである。国家主席は、国会が採択した法律の公布、国家主席令・国家主席布告の公布、条約の批准・破棄の宣言、全権大使の派遣・接受、勲章・称号の授与について決定する権限を有する。国会に対して立法発議権を有し、国会が採択した法案の再審議、国会による政府不信任決議の再審議を求める権限を有する。人事権は、首相・政府閣僚の任免、県知事・中央直轄市長の任免、最高人民裁判所副長官・人民次長検事の任免を行なう権限を有している。さらに、国防・治安については、軍の最高司令官を務め、軍・警察の将官の昇進・降格を決定し、総動員・戒厳令に関する決定権を有するなど、行政と国防治安に関して大きな権限を有している。現在、国家主席は、チュームマリー・サイニャソーン（党書記長）、副主席は、ブンニャン・ヴォーラチット（党内序列第3位：党政治局員）である。

政府は、国家の行政（執行）機関であり、首相、副首相、各省大臣および省と同格の機関の長官によって構成され、首相の提案に基づき、国会の承認を経て国家主席により任命される。任期は国会の任期と同じである。政府は、憲法・法律・命令の実施、国会への法案の提出、国家経済社会開発計画案・国家予算計画案の策定、政令の公布、各省庁・地方行政機関の指揮・監督、軍・警察の活動の組織・監督、条約・協定の調印・履行、行政機関による法律に反する決定・命令の廃止、等の権限を有する。政府閣議は閣僚の3分の2以上の参加により、月に1度開催される。

首相は、国家主席の提案に基づき、国会の承認を経て国家主席により任免される。政府の長として政府の業務を指揮・統制し、各省と県・中央直

トーンシン・タムマヴォン

轄市の業務を指揮する権限を有し、首相令を公布する権限を有する。人事権は、各省副大臣、各庁副長官、各県副知事・中央直轄市副市長を任免し、国防軍・警察の佐官の昇進・降格を決定する権限を有する。現在、首相は、トーンシン・タムマヴォン（党内序列第2位：党政治局員）である。北部ホアパン県出身で、革命以降は、教育省勤務、情報文化大臣、党中央組織委員会委員長、首都ヴィエンチャン市市長、国会議長を歴任し、2011年に首相に就任した。副首相は、現在5名置かれている。

政府には、政府官房、16の省、政府検査機構、ラオス銀行が置かれている。以前は、首相府の他に、中国をモデルに首相と政府を補佐する機関として2006年に政府書記局が設置されたが、2010年に家族問題、不正などを理由にブアソーン・ブッパーヴァン前首相が解任された後、2011年に廃止された。また、首相府は政府官房に組織が変更され、かつて首相府に属していた庁レベルの機関（行政公務員管理庁、国家水資源環境庁、国家科学技術機構、国家郵便通信機構）が省に格上げされた。したがって、首相直属の機関が減少し、閣議による集団指導体制が強化された。

ラオスの地方行政は、県レベル（各県・中央直轄市）、郡レベル（各郡）、村レベル（各村）の3つのレベルから構成されている。2012年の時点で全国に16の県と1つの中央直轄市（首都ヴィエンチャン市）、145の郡と8600の村が設置されていたが、2013年12月に新たにサイソムブーン県が設置された。ラオスの地方行政の特徴は、1991年憲法により地方人民議会と地方行政委員会が廃止され、中央から任命される県知事、郡長が地方行政を担当する中央集権的な制度が形成された点である。特に、県知事は、党中央執行委員が中央から派遣されて就任し、県党書記、県国防治安委員長の職を兼任するなど、地方で党、行政、国防治安に関する意思決定権を保持しているため、地方の中で大きな影響力を有している。

県知事・中央直轄市長は、首相の提案に基づき国家主席によって任免され、郡長は県知事・中央直轄市長の提案に基づき首相によって任命される。地方行政機関の首長は、憲法・法律・上級機関の命令を執行し、地方の行政機関の活動を指揮し、法令に抵触する下級機関の命令の執行を廃止し、人民の不服申立・請願を審査・解決する権限を有する。2003年憲法では都市部に市（テーッサバーン）を設置することが定められたが、現在も設置されていない。村長は、村の会議において選出された後に郡長から承認を受けて就任し、任期は３年である。村長は、法令・命令を実施し、村の治安を維持し、村を開発する職責を有している。2004年に党の通達によって、複数の村を統括する村グループ（クム・バーン）が設置されたが、行政機関ではなく、各村の党書記によって構成される党基層委員会が置かれているのみである。

◇ 司法関係機関

ラオス人民民主共和国には、人民裁判所と人民検察庁が設置されており、いずれも国会に直属している。

人民裁判所は、最高人民裁判所、高等人民裁判所、県（中央直轄市）人民裁判所、地区人民裁判所、軍事裁判所により構成されている。最高人民裁判所長官は、国家主席の提案に基づき国会によって任免され、副長官は、最高人民裁判所長官の提案に基づき国家主席によって任命され、それ以下の裁判官は、最高人民裁判所長官の提案に基づき国会常務委員会によって任免される。最高人民裁判所は、地方裁判所に対し条文の説明を行なう権限を有するが、憲法・法律の解釈については国会常務委員会の権限に属する。高等人民裁判所は、全国で３ヵ所（ルアンパバーン、ヴィエンチャン、パークセー）に設置され、県人民裁判所は、全国の県・中央直轄市に１ヵ所ずつ設置されている。2009年の司法制度改革により、従来の郡人民裁判所が統合されて地区人民裁判所が設置された。2011年時点で全国に39の地区人民裁判所が設置されている。

人民検察庁は、最高人民検察庁、高等人民検察庁、県（中央直轄市）人民検察庁、地区人民検察庁、軍事検察庁により構成されている。人民検事総長は、国家主席の提案に基づき国会によって任免され、人民次長検事は、人民検事総長の提案に基づき国家主席によって任免される。その他の検察官は、人民検事総長によって任免される。人民検察庁は、公訴権を行使する他に、省庁、地方行政機関、大衆団体、市民による法令遵守を監督する一般監督権を有している。

ラオス弁護士会は、組織・人事について司法省の監督下に置かれており、弁護士資格認定書は司法省によって発行される。2014年７月の時点で、全国で129名の弁護士が登録されている。また、弁護士法（2011年採択）により外国人による法律事務所の開設が認められ、現在９の事務所が登録されている。

裁判制度は三審制であり、訴訟額が３億キープに満たない事件、夫婦関係、夫婦の共有財産・債務、子に関する民事事件、３年未満の禁固刑に該当する刑事事件については地区人民裁判所が第１審裁判所となり、それ以外は県人民裁判所が第１審裁判所となる。地区人民裁判所が第１審裁判所となった事件については、県人民裁判所が控訴審を担当し、高等人民裁判所が破棄審を担当する。一方、県人民裁判所が第１審裁判所となった事件については、高等裁判所が控訴審を担当し、最高人民裁判所が破棄審を担当する。2004年以前は裁判所の確定判決を再審する監督審制度が存在したが、判決の執行を遅らせる原因になっていたため、2004年の訴訟法の改正により廃止された。裁判は合議制であり、法廷では３名の裁判官により審理が行なわれ判決が下される。

❹ 戦線および大衆団体

◆ ラオス国家建設戦線

憲法では、戦線、各大衆団体は、人々を祖国の防衛・建設の事業に参加させ、人民の主人たる権利を伸長し、並びに団体の構成員の正当な権利と利益を保護するために、すべての民族の団結を統合し、すべての民族の諸階層を動員する機関であると定められている（第7条)。

ラオス国家建設戦線は、1950年8月に設立された自由ラオス戦線に起源を有し、1956年1月にラオス愛国戦線と名称を変更し、現体制の樹立後の1979年2月に現在の名称へと変更された。2011年7月に開催された第9回全国大会の規約によれば、ラオス国家建設戦線は政治的連帯組織であり、各階層、民族、宗教、外国で暮らすラオス人を代表する各政治社会団体、および個人の自発的参加による連盟団体である。加盟団体には、ラオス人民革命党と各大衆団体も含まれている。国家建設戦線法によれば、戦線の役割は、諸民族人民の団結の中心となり、諸民族人民を国家の防衛・開発事業に参加するように動員し、諸民族の文化、習慣、権利を保護し、人々の願望・意見を集約し、加盟団体の調整の中心となることである。

戦線の組織は、中央レベル、県（首都）レベル、郡レベル、村レベルより構成されており、中央レベル、県レベル、郡レベルの代表者大会は、5年に1度開催されるが、村レベルは3年に1度開催される。各レベルの戦線の大会において各レベルの戦線委員会が選出され、委員会第1回会議において議長・副議長が選出される。中央レベルでは、加盟団体の長・代表者、下級の戦線議長、民族・階層・宗教および外国に居住するラオス人の代表者によって構成され、地方レベルでは、地方レベルの加盟団体の長、下級の戦線議長の他に、政府の大規模工場、国営企業の労働組合の代表者、地方の経済団体の代表者によって構成されている。

2011年7月に選出された第9期ラオス国家建設戦線中央委員会は161名で構成され、大衆団体の代表者、各民族の代表者、知識人・専門家の代表者、仏教僧、経済団体代表者のほか、外国のラオス人代表者3名（フランス、アメリカ、オーストラリア）が含まれている。現在の議長は、パンドゥアンチット・ヴォンサー（党内序列第25位：党中央執行委員）である。

◇大衆団体

ラオスには、ラオス人民革命青年団、ラオス女性同盟、ラオス労働組合連盟、ラオス国家退役軍人同盟の4つの大衆団体が存在している。

ラオス人民革命青年団は、1955年4月14日に設立された。2011年8月の第6回全国大会での規約によれば、ラオス革命青年団は、ラオス諸民族青年の政治・社会団体であり、ラオス人民革命党から信頼を受けた後継部隊であり、革命の突撃隊であり、政治的資質を身につける学校であり、青年たちを動員して党の政策路線を実施させ、青年たちの正当な利益を代表する機関であると定められている。青年団には、1975年12月2日に設立された12月児童・少年隊という少年部が付属しており、小学校、中学校ごとに設置されている。

青年団の入団資格は、15歳から35歳までのラオス市民であり、愛国心を持ち、将来、国家の良き市民・良き後継者となるために自らを鍛錬したいという目標を有し、自発的に入団を求める者である。2011年8月の時点で全国に46万7181人の団員が所属している。

ラオス女性同盟は、1955年7月20日に設立された。2011年1月の第6回全国大会での規約によれば、ラオス女性同盟は、ラオス諸民族女性と児童の正当な利益を代表し、男女の権利平等を促進し、女性を動員して祖国の防衛と建設に参加させ、女性に対して党の路線、国家の法律、女性の権利に関する条約について教育し、国民と女性の美しき文化と習慣を保護する役割を果たす機関であると定められている。

女性同盟の加入資格は、ラオス国籍を有する15歳以上の女性で、業務に積極的に取り組み、ラオス女性同盟の規約に従うことに合意する者である。2011年1月において全国に95万6779人のメンバーが所属している。

ラオス労働組合連盟は、1956年2月1日に設立された。2010年12月の第6回全国大会での規約によれば、ラオス労働組合連盟は、ラオスのすべての部門と職種の労働者、知識人、勤労者による政治社会組織であり、労働組合、労働者、勤労者の正当な権利を代表し、労働者の団結を拡大し、勤労者の就労を促進するために、雇用者に対して勤労者への技術研修を行ない、職場の安全を確保し、被雇用者の健康診断を実施することを促進し、労働紛争に関する助言の提供と調停を行なう職務を有している。特に、民間企業、外国からの投資により設立された会社に設置された組合は、経営部が法律を順守するように促進し、労働者に労働雇用に関する団体契約を経営部と締結するように助言する役割を有する。

基層労働組合は、行政機関、部隊、企業に従って組織される。労働組合員になる資格要件は、18歳以上の職員、労働者、学生で、各業務・生産活動で訓練され、労働組合の規約に従うことに合意し、自発的に労働組合の活動に参加する者である。2011年において全国に15万5108人のメンバーが所属している。

ラオス国家退役軍人同盟は、2002年9月9日に設立された。2010年2月の第2回全国大会の規約によれば、ラオス国家退役軍人同盟は、革命退役軍人の権利を擁護する代表機関であり、退役軍人に対する謀略を阻止し、退役軍人の間での団結を高め、困難・疾病に際して相互に支援し、若い世代への愛国教育に貢献し、負傷軍人・革命功績者に対する扶助を実施することを目的としている。

会員になるための資格要件は、①1954年以前に革命武装勢力の将官であった者、②1955年以降にラオスの革命武装勢力において5年以上職務を行なった経験があり、公務員に転職した、または退職した将官・警察官幹部、③国の防衛・建設事業において負傷した負傷将官・警察官幹部である。2010年において全国で5万595人の会員が所属している。

むすび

現在、ラオスの政治情勢が急速に変化して、複数政党制に移行するという展望は見られない。しかし、党の政策と党の支配構造は、ラオスが置かれた国際情勢から影響を受けて変化してきた。

1945年から1975年まで30年間の革命闘争を経て現体制が成立し、内戦期の革命・戦争功労者が政治指導者となった。しかし国内の治安が安定せず、憲法・法律ではなく党の命令により行政が行なわれた。また、冷戦下においてラオスが東南アジアの社会主義前線基地として位置づけられ、1970年代末、1980年代はじめに中国、タイとの国境紛争に直面したことから、ソ連、ヴェトナムと協調した政策を選択せざるを得なかった。

1980年代後半から1990年代初頭に市場経済化と法整備が始まったが、冷戦の終焉に伴う社会主義体制の危機の中で、一党支配体制を維持することが党の最大の課題となった。その結果、新たな憲法に党の指導的役割が明記され、地方人民議会を廃止して県知事を中心とする中央集権的な地方行政が導入され、党組織と国家機関の長が兼任する体制を採用することで党による国家機関と地方の掌握が強化された。

1990年代から東南アジア地域の地域統合が進み、ラオスもASEANに加盟し、WTOなど経済統合に参加する中で、域内各国との格差解消、地域・国際的な基準に適合した経済運営と法整備が必要になっている。2003年憲法に見られるように、党にとって、経済統合による経済発展と体制維持のための社会の安定とのバランスが大きな課題となっている。ASEAN共同体への参加が進む中で、党の指導者層の交替、地方議会の設立による地方分権化と中央の統制、外国との交流の増加に伴う紛争解決のための法制度整備など、今後も一党支配体制下での制度改革が継続するものと考える。

◆ラオス人民民主共和国　党・国家要職表（2014年8月現在）

❶党中央要職表

党政治局

序列	氏名	職務
1	チュームマリー・サイニャソーン	国家主席
2	トーンシン・タムマヴォン	首相
3	ブンニャン・ヴォーラチット	国家副主席
4	パーニー・ヤートートゥー	国会議長
5	アーサーン・ラーオリー	副首相
6	トーンルン・シースリット	副首相：外務大臣
7	ドゥアンチャイ・ピチット	死亡（飛行機事故）
8	ソムサヴァート・レンサヴァット	副首相
9	ブントーン・チットマニー	党中央検査委員長：政府検査機構長官
10	ブンポーン・ブッタナヴォン	副首相
11	パンカム・ヴィパーヴァン	副首相：教育スポーツ大臣

党書記局

序列	氏名	職務
1	チュームマリー・サイニャソーン	党書記長：国家主席
3	ブンニャン・ヴォーラチット	党書記局常務委員：国家副主席
9	ブントーン・チッマニー	党中央検査委員長：政府検査機構長官
10	ブンポーン・ブッタナヴォン	副首相
12	トーンバン・セーンアーポーン	死亡（飛行機事故）
13	チャンシー・ポーシーカム	党中央組織委員長
14	スカン・マハーラート	死亡（飛行機事故）
15	セーンヌアン・サイニャラート	国防大臣
16	チューアン・ソムブーンカン	死亡（飛行機事故）

党中央執行委員会（二重線より上は、政治局員）

序列	氏名	職務
1	チュームマリー・サイニャソーン	国家主席
2	トーンシン・タムマヴォン	首相
3	ブンニャン・ヴォーラチット	国家副主席
4	パーニー・ヤートートゥー	国会議長
5	アーサーン・ラーオリー	副首相
6	トーンルン・シースリット	副首相：外務大臣
7	ドゥアンチャイ・ピチット	死亡（飛行機事故）
8	ソムサヴァート・レンサヴァット	副首相
9	ブントーン・チッマニー	党中央検査委員長：政府検査機構長官
10	ブンポーン・ブッタナヴォン	副首相
11	パンカム・ヴィパーヴァン	副首相：教育スポーツ大臣
12	トーンバン・セーンアーポーン	死亡（飛行機事故）
13	チャンシー・ポーシーカム	党中央組織委員長
14	スカン・マハーラート	死亡（飛行機事故）
15	セーンヌアン・サイニャラート	国防大臣

16	チューアン・ソムブーンカン	死亡（飛行機事故）
17	サイソムポーン・ポムヴィハーン	国会副議長
18	ソムパン・ペーンカムミー	国会副議長
19	オーンチャン・タムマヴォン	労働福祉大臣
20	ピムマソーン・ルーアンカムマー	ルアンナムター県知事
21	カムマン・スーンヴィルート	ボーケーオ県知事
22	チャルーン・イーアパーオフー	国家社会科学院長
23	スリヴォン・ダーラーヴォン	エネルギー鉱業大臣
24	ブンペン・ムーンポーサイ	政府官房付大臣
25	パンドゥアンチット・ヴォンサー	ラオス国家建設戦線議長
26	カムブン・ドゥアンパンニャー	サーラヴァン県知事
27	チャンサモーン・チャンニャーラート	国防副大臣
28	カムプーイ・パーンマライトーン	国会議員
29	ヴィライヴァン・ポンケー	農林大臣
30	カムサーン・スヴォン	人民検事総長
31	シンラヴォン・クッパイトゥーン	首都ヴィエンチャン市長
32	カムパン・ポムマタット	党中央事務局長
33	ソムコット・マンノーメーク	シエンクアン県知事
34	ソーンサイ・シーパンドーン	政府官房長
35	ナーム・ヴィニャケート	アッタプー県知事
36	トンユートー	ラオス国家建設戦線副議長常務委員
37	シーサイ・ルーデートムーンソーン	ラオス女性同盟議長
38	サンニャーハック・ポムヴィハーン	死亡
39	キケーオ・カイカムピトゥーン	党中央宣伝訓練委員長
40	カムバイ・ダムラット	カムムアン県知事
41	ソムマート・ポンセーナー	政府官房付大臣
42	ソムディー・ドゥアンディー	計画投資大臣
43	プーペット・カムプーンヴォン	政府官房付大臣
44	ボーセーンカム・ヴォンダーラー	情報文化観光大臣
45	リアン・ティケーオ	財務大臣
46	エークサヴァーン・ヴォンヴィチット	保健大臣
47	カムラー・ローローンシー	ラオス労働組合連盟議長
48	サイシー・サンティヴォン	内務大臣
49	カムペーン・サイソムペーン	ルアンパバーン県知事
50	カムフン・フーアンヴォンシー	ホアパン県知事
51	スヴォーン・ルアンブンミー	軍参謀総局長
52	カムムーン・ポンタディー	ヴィエンチャン県知事
53	ソムケーオ・シーラーヴォン	治安大臣（代行）
54	カムチェーン・ヴォンポーシー	ポンサーリー県知事
55	パーン・ノーイマニー	ボーリカムサイ県知事
56	スッコンセーン・サイニャルート	ラオス国立大学総長
57	カムパン・シッティダムパー	最高人民裁判所長官
58	カムラー・リンナソーン	ウドムサイ県知事
59	カムプーイ・ブッダーヴィエン	セーコーン県知事
60	スーントーン・サイニャチャック	外務副大臣
61	トーンローイ・シーリヴォン	カイソーン・ポムヴィハーン軍事学校長

❷ラオス国家機関・要職表

国家元首

職務	氏名
国家主席	チュームマリー・サイニャソーン
国家副主席	ブンニャン・ヴォーラチット

政府閣僚（二重線より下は、政府官房付大臣）

職務	氏名
首相	トーンシン・タムマヴォン
副首相（行政指導担当）	アーサーン・ラーオリー
副首相：外務大臣	トーンルン・シースリット
副首相（生産流通経済指導担当）	ソムサヴァート・レンサヴァット
副首相（マクロ経済指導担当）	ブンポーン・ブッタナヴォン
副首相：教育スポーツ大臣	パンカム・ヴィパーヴァン
政府検査機構長官	ブントーン・チットマニー
治安大臣（代行）	ソムケーオ・シーラーヴォン
労働社会福祉大臣	オーンチャン・タムマヴォン
司法大臣	ブンクート・サンソムサック
エネルギー鉱業大臣	スリヴォン・ダーラーヴォン
農林大臣	ヴィライヴァン・ポンケー
工業通商大臣	ケムマニー・ポンセーナー
公共事業運輸大臣	ブンチャン・シンターヴォーン
計画投資大臣	ソムディー・ドゥアンディー
財務大臣	リアン・ティケーオ
情報文化観光大臣	ボーセーンカム・ヴォンダーラー
保健大臣	エークサヴァーン・ヴォンヴィチット
科学技術テクノロジー大臣	ボーヴィエンカム・ヴォンダーラー
天然資源環境大臣	ヌーリン・シンバンディット
郵便通信メディア大臣	ヒエム・ポムマチャン
政府官房長	ソーンサイ・シーパンドーン
ラオス銀行総裁	ソムパーオ・ファイシット
政府官房付大臣：農村開発貧困撲滅指導委員長	ブンフーアン・ドゥアンパチャン
政府官房付大臣：政府報道官	ブンペン・ムーンポーサイ
政府官房付大臣：法・司法分野マスタープラン担当	ドゥアンサヴァト・スパーヌヴォン
政府官房付大臣：女性の発展委員長	ケンペーン・ポンセーナー
政府官房付大臣	ソムマート・ポンセーナー
政府官房付大臣	プーペット・カムプーンヴォン

その他の機関

国家主席府官房長	ポンサヴァット・ブッパー
国家監査機構長官	ヴィエントーン・シーパンドーン

国会（国会常務委員）

役職	氏名
国会議長	パーニー・ヤートートゥー
国会副議長	サイソムポーン・ポムヴィハーン
国会副議長	ソムパン・ペーンカムミー
法務委員長	ダーヴォーン・ヴァーンヴィチット
文化社会委員長	ポーンテープ・ポンセーナー
経済計画財務委員長	スヴァンペン・ブッパーヌヴォン
諸民族委員長	ドゥアンディー・ウッタチャック
国防治安委員長	ヴィライ・ドゥアンマニー
外交委員長	クケーオ・アッカモンティー
国会事務局長	ウンケーオ・ウティラート

司法関係機関

役職	氏名
最高人民裁判所長官	カムパン・シッティダムパー
人民検事総長	カムサーン・スヴォン

県知事・県党書記

県名	氏名
首都ヴィエンチャン市	シンラヴォン・クッパイトゥーン
ポンサーリー県	カムチェーン・ヴォンポーシー
ルアンナムター県	ピムマソーン・ルーアンカムマー
ウドムサイ県	カムラー・リンナソーン
ボーケーオ県	カムマン・スーンヴィルート
ルアンパバーン県	カムペーン・サイソムペーン
ホアパン県	カムフン・フーアンヴォンシー
サイニャブーリー県	ポーンサヴァン・シッティヴォン＊
シエンクアン県	ソムコット・マンノーメーク
ヴィエンチャン県	カムムーン・ポンタディー
サイソムブーン県	ソムバット・イーアリーフー
ボーリカムサイ県	パーン・ノーイマニー
カムムアン県	カムバイ・ダムラット
サヴァンナケート県	スパン・ケーオミーサイ＊
サーラヴァン県	カムブン・ドゥアンパンニャー
セーコーン県	カムプーイ・ブッダーヴィエン
チャムパーサック県	ブントーン・デーッヴィサイ＊
アッタプー県	ナーム・ヴィニャケート

＊は、党中央執行委員ではない。

❸戦線および大衆団体

役職	氏名
ラオス建国戦線議長	パンドゥアンチット・ヴォンサー
ラオス労働組合連盟議長	カムラー・ローローンシー
ラオス女性同盟議長	シーサイ・ルーデートムーンソーン
ラオス人民革命青年団議長	ヴィライヴォン・ブッダーカム
ラオス国家退役軍人連盟議長	ソムポーン・ケーオミーサイ

【参考文献】

青山利勝『ラオス―インドシナ緩衝国家の肖像』中央公論社、1995年。
天川直子・山田紀彦編『ラオス　一党支配体制下の市場経済化』アジア経済研究所、2005年。
綾部恒雄・石井米雄編『もっと知りたいラオス』弘文堂、1996年。
瀬戸裕之『現代ラオスの中央地方関係―県知事制を通じたラオス人民革命党の地方支配―』京都大学学術出版会、2015年。
――――「ラオス1991年憲法体制における県党・行政制度に関する一考察―ヴィェンチャン県を事例に―」名古屋大学大学院国際開発研究科『国際開発研究フォーラム』28、 2005年、181-199頁。
――――「ラオス人民民主共和国」萩野芳夫・畑博行・畑中和夫編『アジア憲法集（第2版）』明石書店、2007年、345-388頁。
――――「ラオスの中央地方関係における県知事および県党委員会の権限に関する一考察―ヴィエンチャン県工業局の事業形成過程を中心に―」京都大学東南アジア研究所『東南アジア研究』Vol.46、 No.1、 2008年、 62-100頁。
――――「ラオス」鮎京正訓編『アジア法ガイドブック』名古屋大学出版会、2009年、267-293頁。
山田紀彦編『ラオスにおける国民国家建設』アジア経済研究所、2011年。
――――編『ラオス人民革命党第9回大会と今後の発展計画』アジア経済研究所、2012年。
マーチン・スチュアート-フォックス（菊池陽子訳）『ラオス史』めこん、2010年。
Savada, Andrea Matles, eds., *Laos: A Country Study*, Washington: Federal Research Division, Libbrary of Congress, 1995.
Stuart-Fox, Marin, *A History of Laos*, Cambridge: Cambridge Univ. Press, 1997.
――――*Laos: Politics, Economics and Society*, London: Frances Pinter, 1986.

《ラオ語》
国会『国会法（改正）』2011年。
国会『国会議員選挙法（改正）』2011年。
国会『政府法（改正）』2003年。
国会『地方行政法』2003年。
国会『ラオス人民民主共和国憲法（改正）』2003年。
国家社会科学院『ラオス人民革命党史（概説）』2010年。
ラオス人民革命党『党第6回全国代表者大会資料』1996年。
ラオス人民革命党『党第7回全国代表者大会資料』2001年。
ラオス人民革命党『党第8回全国代表者大会資料』2006年。
ラオス人民革命党『党第9回全国代表者大会資料』2011年。
ラオス人民革命党『第9期ラオス人民革命党規約』2011年。
ラオス建国戦線『ラオス建国戦線規約』2011年。
ラオス建国戦線『ラオス建国戦線第9回全国代表者大会』2011年。
ラオス国家退役軍人同盟『ラオス国家退役軍人同盟規約』2010年。
ラオス人民革命青年団『ラオス人民革命青年団規約』2011年。
ラオス人民革命青年団『ラオス人民革命青年団第6回大会』2011年。
ラオス女性同盟『ラオス女性同盟規約』2011年。
ラオス女性同盟『第5回全国ラオス女性代表者大会資料』2011年。
ラオス労働組合連盟『ラオス労働組合連盟規約』2011年。
ラオス労働組合連盟『ラオス労働組合連盟第6回大会』2011年。

第 5 章

『正史』による前近代の歴史

飯島明子

扉写真・象に乗って戦闘を指揮するチャオ・アヌ（『正史』より）

> ラオ文明は、世界の他の諸文明と同じく、大河沿いに居住する人々から生み出された。われわれラオ人は、北から南へと流れるメコン川をラオ文明の揺籃の地と考える。(『正史』、１ページ)

今日の歴史教育の課題は「『国民の正史』への欲望と闘うことである」[1]と、日本では論じられている。そして歴史学は、国民国家の枠組みに収斂する歴史、すなわち“ネーションの物語”を批判的に分析し、乗り超えられるべき対象と見なすようになっている[2]。他方では「国民の歴史」の復権を企てる人々がいるが、いずれにせよ、国民国家が内外から揺すぶられるグローバル化時代の今日、「国民国家が国史をその手に握りしめておくことも、いよいよ困難になりつつある」[3]ことは間違いないだろう。しかし、新たな国民国家として出発してから四半世紀と日が浅く、現在も「国民国家建設の途上にある」[4]と言うべきラオスにおける「歴史」の現状は、そうした趨勢とはいささか様子が異なる。ラオス国家（ラオス人民民主共和国）が、その目標とする「平和、独立、民主、統一、繁栄」を維持し発展するために、説得力のある“ネーションの物語”が依然として求められ[5]、そして現に書かれつつあるからだ。

書かれつつある“ネーションの物語”として小論が取り上げるのは、西暦2000年12月に、建国25周年を祝ってラオス情報文化省より刊行された、『ラオ史（太古―現在）』*Pawatsat Lao* (*Dukdamban-Pacuban*)[6]である。全１巻1310ページに及ぶこの書物は、「ラオ文明」の揺籃期から1999年までを扱う文字通りの通史で、大学生および一般の人々の歴史理解の「基準」[7]として用いられることを目指して編まれた。同書の編纂から出版に至る過程はまだ詳らかにしえないが[8]、それが多くの時間を費やし、関係者の総力を挙げた事業であったことは疑いない。また15万部と公称される印刷部数からしても、同書の刊行は国家レベルにおいて画期的な出来事だと言えよう。同書は新生ラオス国家によって初めて体系的に提示された、いわば「正史（official history）」と位置付けられるものと考えて差し支えないだろう

(以下では同書を『正史』と呼ぶ)。

『正史』が現れる以前にラオ語で書かれたラオスの通史として知られていたのは、1957年に当時のラオス王国政府教育省のお墨付きで刊行された『ラオ史』 *Phongsawadan Lao*(9)である。編著者は教育省文学局文学委員会事務長の任にあったマハー・シーラー・ヴィーラヴォン(1905〜86年)。そこでは、ラオ民族の起源から1893年にメコン川左岸地域がフランス領となるまで(これをさしあたり、「前近代」と呼ぶことにする(10))の歴史が扱われていた。このマハー・シーラー版『ラオ史』は1959年にアメリカで英訳され、米国議会図書館所蔵マイクロフィルムに基づくリプリント版(11)がラオス国外で出回り、広く利用された。国外では近年、さらに幾つかのラオス通史が刊行されている(12)。しかし、それらの外国語で書かれた歴史書がラオス国内で繙(ひもと)かれる機会は、決して多くはあるまい。したがって、向後ラオス国民の大多数が学び、歴史の「基準」として記憶されていくのは、まずもってこの『正史』に書かれた事柄となると考えても大きな誤りはなかろう。

ラオスの人々はどんな歴史を学ぶのだろうか? それを『正史』から読み取ろうというのが、この小論の目的である。とはいえ、大部の『正史』の内容を「事実」に則して個別に逐一検証することは、小論で到底なしうることではない。そこでここでは、マハー・シーラー版『ラオ史』との比較も視野に入れて「前近代」に限り、『正史』がどのような方法と枠組みによって、何をラオス国民の公共の記憶となすべく記しているのかを、『正史』が扱う幾つかのトピックを通じて紹介する。併せて、『正史』の性格、『正史』の持つ意味を探ることにしたい。

❶時代区分

はじめに、『正史』の構成を見ておこう。『正史』は全体が６つの章から成り、各章はさらに細かく、合計18の部に分けられている。第１章から第３章まで（第１部から第８部）が「前近代」をカバーし、ページ数では全巻の半分弱を占める。目次を整理して示せば、次のようである（第４章以降は章のタイトルのみを記す）。

第１章　古代ラオ史（石器時代からパニャー・ファーグム以前の時代まで）
　第１部　古代ラオ国家の発展
　第２部　古代ラオ全ムアンの統一ラーンサーン王国への統合
第２章　拡大と繁栄の時代のラーンサーン王国（1357～1695年）
　第３部　統合後のラーンサーン王国（1357～1481年）
　第４部　繁栄と、異民族の侵略に抗して戦った時代のラーンサーン王国
　第５部　17世紀（1600～95年）の最高に繁栄した時代のラーンサーン王国
第３章　ラオ封建制の分裂とラオ民衆の独立獲得を目指した闘争
　第６部　ラーンサーン・ラオ封建制集団の分裂とシャム封建制の侵略、占領（1695～1779年）
　第７部　ラオ民衆のシャム封建制に抗する不屈の闘争（1779～1829年）
　第８部　シャム封建制のラオ支配と、フランス植民地主義の侵略（1829～93年）
第４章　フランス植民地主義に抗するラオス民衆の闘争（1893～1954年）

第５章　ラオス人民革命党の知恵能力に長け且つ聡明な指導の下にアメリカの新植民地主義に抗した闘争　民族民主主義および社会主義の方途に従い前進するための革命の成功(1954～75年)
第６章　ラオス国家――平和、独立、統一および恒久の繁栄――建設の道程（1975～95年）

以上の構成が過去から現在への時間の流れに沿っていることは明白だが、本書の「緒言」〈註(4)を参照〉によって理解するならば、これは「マルクス・レーニン主義の唯物史観に忠実に」、「経済を［社会の］土台に置くマルクスによる歴史の発展法則に従った、ラオ史の前進的発展の法則」を示す構成となっている。すなわち「歴史の発展法則」に従い、ラオ社会が、古代社会から部族社会、都市国家社会、王国を経て、ラオス人民民主共和国に至る５つの段階的変化の過程をたどっていることを示しているのである。「序文」では、５つの段階が「大きな時代区分」と言い換えられて、この時代区分の採用が「本書の最も秀でた点」であり、それはマルクス・レーニンの理論ならびに党の決定と党指導者の言に導かれたものであると述べられている。

５段階の時代区分を目次と対照させて見ると、古代社会から都市国家社会までが第１章第１部で扱われ、続く王国時代は第１章第２部から第５章第17部までを占め、残りの第18部がラオス人民民主共和国成立後にあたる。したがって、小論が「前近代」と「近現代」の分かれ目とみなす第３章と第４章の間には発展段階を異にするほどの変化を認めず、連続する王国時代の歴史の中の変遷にとどまると理解されていることになる。それでは、第３章と第４章の境目となる1893年について、『正史』はどのように書いているのだろうか？

❷ 1893年10月3日の条約

フランス領植民地「ラオス」[13]が創出される発端となった1893年の出来事は、マハー・シラー版『ラオ史』では、18世紀始めに分裂した後のラーンサーン王国の一翼を担ったルアンパバーン王国の歴史を叙述する中で、ルアンパバーン王国がシャムの支配下に入り「独立を失った時代」の記事の最後、チャオ・カムスック（サッカリン王）の治世に起こった事件として極めて簡略に記されている。

> サッカリン王が王位に就かれてから3年経った1892年[原文のまま]になると、タイはラオスの領土の一部であるメコン川の左岸の土地をフランスに献上した。そこでフランスはラオスのこの部分をその時以来、統治した。[14]

このように、各王の治世ごとに事件を淡々と記録するのが、マハー・シーラー版の基本的スタイルである。しかし、後の引用例に見るように、事件の意味を説くコメントが付される場合もある。

『正史』における1893年の事件は、「フランスとシャムがラオの地において勢力を分け合った」過程として、同年3月にフランスがサイゴンからバンコクへ戦艦を派遣して、メコン川左岸地域におけるフランスの主権の承認をシャム政府に求めた時点から、10月3日に両国が当該地域のフランスへの帰属を決定した条約を締結するまでの詳細が記述されている。同条約がもたらしたのは、「不幸な結果」[15]だった。『正史』はそれを第3章末で、次のようにまとめている。

> 条約はフランス帝国主義とシャム封建主義とイギリス帝国主義に満

> 足を与えた。一方、最悪の不運に遭遇したのはもちろん、メコン川両岸のラオ人民だった。[中略]ラオ人民にとっては、各人の心臓に雷が落ちたようなものだった。なぜならこの条約は、かつて広大であったラーンサーン王国の領域を２つに分割したのだ。この条約によって、遙かな昔から同じ血縁、宗族、命運によって結ばれ、慣習規則、言語、文化を共通にするラオ人が互いに背を向け合うことを命じられ、メコン川の右岸のラオ人はシャムの奴隷に、左岸のラオ人はフランスの奴隷の境遇に貶（おとし）められた。

このフランス領植民地「ラオス」の成立が、現在のラオスまで引き継がれる国家領域を形作る結果となったことから、これを「近代ラオス史の第１章」[16]の始まりとする歴史記述が従来行なわれてきた。けれども既に注意したように、『正史』はこの事件をもって「前近代」と「近代」とを分かつ見方を採らない。『正史』は1893年の条約を「ラオ民族（サート）の歴史に対する悪辣な犯罪」であり、「帝国主義者の長期にわたる計略」であったとしながら、２つの「事実」を指摘する。

> この条約は、ラオ人民がシャムの領土拡張主義者たちから独立を奪回する闘争を正に進めている最中に起こった。

> この条約の調印には、ラオ人の全種族、全階級のただの１人も参加しておらず、そしてラオ人はどこにいた者であれ、この条約の調印に承服はしなかった。

つまり、ラオ人民は帝国主義者たちの計略の罠に陥ることなく、「直ちに」、それまでの敵であったシャムに加えて、新たな敵フランスに抗する闘争を進めていったのだ、と『正史』は主張する。ラオ人民の闘争、それが「前近代」から受け継がれ、「近代」の扉をも突き抜けて継続していく『正史』のテーマである[17]。

❸ 全民族より成るラオ人民

14世紀から17世紀まで、ラーンサーン王国は封建制（サクディナー）権力が中央から統一的な支配を行ない、広大で豊かな領域を維持していたとされる。しかし17世紀末になると分裂状況が生じ、衰退した。その原因として『正史』が挙げるのは、封建制支配階級内部の権力闘争と、この時代から台頭する西洋資本主義の東南アジアにおける封建制への影響であるが[18]、後者については具体的な記述はなく、直接的にはシャムの侵略が引き金になったと解される叙述となっている。

1713年までにラーンサーン王国はルアンパバーン、ヴィエンチャン、チャムパーサックの３つの王国に分裂し、これら３王国はすべて、1779年までにシャムへの従属を余儀なくされた。『正史』は、従属に至る過程においても、ヴィエンチャンではシャム軍の攻撃に対し、兵士と人民が「愛国心と独立を愛する心」のゆえに抵抗したことを記す。王が家族や側近だけを連れて密かに逃亡してしまった後も、しばらくは持ちこたえた。が、遂に都が陥落すると、シャム軍は略奪を欲しいままにした。名高いエメラルド仏を含む多くの財宝がシャムへ運ばれると共に、全民族より成るラオ人民[19]の数千家族――その中には、ルアンパバーン王がシャムに命じられて、ヴェトナムとの境界地帯から連行した黒タイ人たちもいた――がシャム領内に強制移住させられ、残った王族たちは全員が身柄をバンコクに拘束された[20]。

マハー・シーラー版は黒タイ人には全く触れず、シャムへの従属を招いた主因は、ラオ３国間の不正と内紛であったと述べる。そして、メコン川沿岸地域に移住して以来1000年余りにわたって国を営んできたラオ民衆がタイ国に降って「独立を失った」とコメントすることにより[21]、1779年を大きな画期と位置づけている。

『正史』は上述のように封建制支配集団間の争いを分裂•衰退の原因と見て、そのために人民は苦難を強いられ、国家＝「パテート•サート」（今日のラオ語で、「パテート•サート」は国民国家を意味する）が衰微したと書く。この文脈において、1779年のシャムへの従属は「パテート・サートの独立と統一のための闘争が、いっそう強靱となった」[22]契機と見なされ、むしろ人民の闘争の連続性とその後の発展が強調される。

1779年以降の人民の闘争としてまず始めに語られるのは、1780年から2年間にわたって続いたアッタプーにおける闘いである[23]。シャムに従属したチャムパーサック王から離反して、アッタプーに拠ったチャオ・オー、チャオ・イン兄弟が率いた抵抗勢力の主体はタイ系のラーオ・ルム（低地ラオ）ではなく、モーン•クメール系のラーオ•トゥン（丘陵地ラオ）[24]の人々であったと特記されている。彼らは槍や刀や弓を持って果敢に闘ったが、チャムパーサック王の軍とナコーンラーチャシーマーから派遣されたシャムの援軍が使用した銃砲の前に敗北した。これについて、『正史』は次のように書く。

> 敗れたとはいえ、ラオ人民の愛国（ハック・サート）心と不撓不屈の伝統を示した。とりわけ、勇猛果敢に生命までも捧げたチャオ・オー、チャオ・インはラオ人民の愛国の心情の1つの模範である…。

アッタプーには、戦死したチャオ・オーの遺骨を納めた今に残る塔が建立され、アッタプー人民の闘争の記憶は民話として、今日まで土地の人々の間で語り継がれているという。

マハー・シーラー版にはチャオ・オー、チャオ・イン兄弟の名は現れない。アッタプーの闘争を鎮圧した当時のチャムパーサック王サイニャクマーンの治世は、やはり簡略に、「タイの属国になって後も、チャオ•サイニャクマーンは統治を続けた。従前通り、チャオ・タンマテーヴォー（弟）が副王であった［以下略］」と書かれている。『正史』によれば、副王チャオ・タンマテーヴォーこそ、兄弟の父だったのである。サイニャクマーン王の晩年には再び、シアンケーオと呼ばれた呪術師に率いられたラオ人民の反シャム・チャムパーサック闘争（マハー・シーラー版では「反乱」）が起こる(25)。『正史』は人民側の敗因を、バンコクから来た多勢の討伐軍が用いた新式の武器と「ヨーロッパ式の戦術」に求めている。

❹チャオ・アヌ

1782年にヴィエンチャン王となったチャオ・ナンタセーンの治世には、ヴィエンチャンの勢力が拡大した。しかしこれを脅威と見たシャムによって、ナンタセーン王は「反乱」の策謀を企てたと咎められ、1794年に鎮圧されて潰（つい）えた。『正史』はナンタセーン王の企てを、ラーンサーン王国の再統一によって「民族（サート）」の独立を回復しようとした運動として描く(26)。「敗れたとはいえ、」という言葉で始まる『正史』の総括のくだりは、上述のアッタプーの場合とほぼ同じ文言であるが、加えてここでは、ヴィエンチャン王の盟友がメコン川の右岸に位置するナコーンパノムの国主（チャオ・ムアン）であったことの意義が次のように説かれる。

> …ヴィエンチャンの王とナコーンパノムの王の指揮の下、ラオ民族の独立のために肩を並べて闘ったメコン川両岸のラオ人民…。この時の闘いは、メコン川両岸のラオ人民の意識を高め、愛国の心情と憤怒を発展継承させ、敵すなわち侵略者でありラオを占領支配するシャム封建制の輩（やから）と闘わしめた。この憤怒の力こそが、ついに勝利を得るまで、絶えず継承され発展していくである。

現在のシーサケート寺

ナンタセーン王の統一と独立への企ては、1779年には僅か11歳であったチャオ・アヌ（ヴォン）により継承され、最も大規模に展開することになる。1804年から1829年までヴィエンチャンの王であったチャオ・アヌの時代を、『正史』は「解放－独立のためのシャムとの闘争にラオ人民が蹶起（けっき）したこと」と題し、約70ページにわたって扱う(27)。そのクライマックスはいうまでもなく、1825年末に始まる軍事行動であるが、そこに至る20年余りの治世の事績はことごとく「ラオの統一とサートの独立宣言」という目標に向かう周到な準備の過程であったとされ、詳細な記述がある。準備は「国家の復興建設、軍事、行政、政治、経済－社会－文化」の多方面にわたり、いずれの面においても繁栄と強化と進歩がもたらされ、愛国心の高揚につながったと解されているのである。一例を挙げれば、大衆の集う「公共の場」として盛んに建立された寺院のうちでも、サタサタットサーラーム寺（現シーサケート寺）の場合には隠された政治的使途があった。チャオ・アヌは毎年、ここに諸国（ムアン）の長を召集して忠誠を誓わせ、独立奪回闘争への意思統一を図る機会としたのだという。そのようにして糾合されたムアンはメコン川の両岸の広域に分布し、その数は蹶起の時には165に及んだとされる。

長年の計画と準備の末、機が熟したと判断したチャオ・アヌは、1825年末に「独立を宣言」した。王宮で開かれた会議に列席していた上下の官僚たちは満場一致で支持を表明し、「ラオの土地からシャムの輩たちを完全に駆逐する」闘いが開始された。その帰趨は周知のようにラオ側の大敗であり、アヌ王は「反逆」者の汚名を着せられ、シャムの都バンコクにおいて屈辱的な死を迎えねばならなかった。

マハー・シーラー版は、次のように書く。

> アヌ王は、「中略」1829年に62歳でご薨去(こうきょ)あそばされた。これすなわちヴィエンチャン王国の最期。アヌ王のお命とともに王国の命運も尽き、ヴィエンチャン王家の系統はこの時にすっかり絶えた。数十万のヴィエンチャンのラオ人民衆は強制的にタイへ連行され、その後今日までタイの国民となっている。(28)

この帰結を『正史』はどう見るか？　『正史』は「敗北の原因」を述べてから、既にお馴染みの「敗れたとはいえ、」という言葉で始まる「歴史上の意味」を説いている。

『正史』がまず敗因とするのは、戦力の違いである。海港を有するシャムは「西洋の資本家たち」から新式の兵器を購入し、また外国人を雇うこともできたのに対し、内陸のラオ側にはそれが叶わなかったばかりでなく、科学技術の発達に遅れたがために、敵の力を侮りさえしていたこと。さらに国際情勢も味方しなかった。唯一の拠り所としたヴェトナム封建制の一部勢力もそれ自体の問題を抱えていた。しかし最も根本的な要因であり、敗北を決定づけたのは、戦術上の失敗もさることながら、内部の団結力の未熟さ、なかんずくラオ封建制同士間の仲違いだった。敗色が濃くなると、

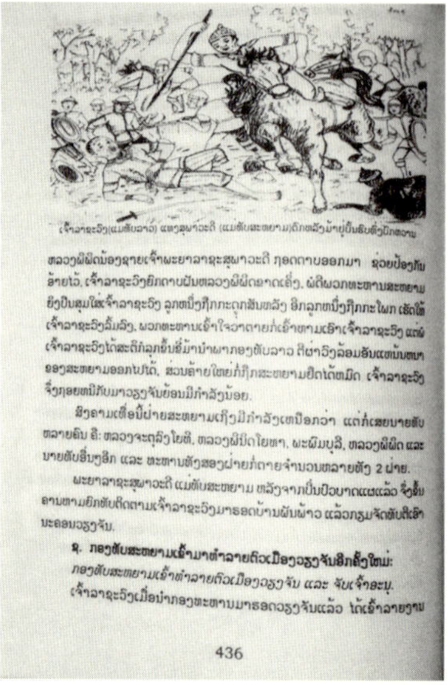

ボクヴァーンの戦いでシャムの総大将スパーヴァディーを槍で突き刺すチャオ・ラーサヴォン（『正史』より）

ルアンパバーン、チャムパーサック、さらにヴィエンチャンからもシャム側に寝返る者がいた。その他の裏切り諸国として、ムアンプアン（シエンクアン）とともに、ナーン、プレーなどの北タイ地域も挙げられている。これを『正史』は、「封建制度の利己的な本性、すなわち自己の利益をサートのそれよりも重んじるがゆえに、闘争は敗北した」と結論している。

『正史』が説く重要な「歴史上の意味」とは何か？　それはまず第1に、「愛国主義」精神の深化が、ラオ人民の団結を強化し、「今日まで続く美しい伝統」となったこと。そして、「多面において愛国的心情の模範となった」チャオ・アヌを始めとして、辺境の人民に至るまでが示した勇猛果敢な英雄的行為は「鑑」として子孫に伝えられ、「闘争の伝統」が決して消滅することなく、継承されたこと。

「闘争の伝統」の継承を象徴するのは、シャムの大将との一騎打ちで勇名を馳せ、やがて戦闘の中で行方知れずになったチャオ・アヌの息子、ラーサヴォンの名前である。人々はラーサヴォンがチャオ・アヌの死後も数十年間にわたって闘い続けたと信じて、ラーサヴォンの物語を記し、語り継いだ(29)。そして1949年にインドシナ共産党がラオス人民軍の創設を決定した時、人民軍は勇者ラーサヴォンにちなんで、「ラーサヴォン隊」と名づけられた。この「ラーサヴォン隊」こそが、今日のラオス人民軍の前身とされているのである。

『正史』が指摘するもう1つの「歴史上の意味」は、ヴェトナムとの関係である。蜂起後にいったんヴェトナムのゲアンに逃れたチャオ・アヌを、ヴェトナム人の一派が助けたことが特筆され、当時の支援は限界があったものの、彼らのラオ人民に対する誠実さは「今日のラオス・ヴェトナム関係」において結実していると述べられる。

以上のように、「歴史上の意味」は、「愛国心の伝統」にせよ、「闘争の伝統」にせよ、さらにはヴェトナムとの関係も含めて、いずれも現在のラオス人民民主共和国の時代まで継承されているがためにこそ意味を持ち、重要なのであろう。チャオ・アヌの率いた闘争は、かかる観点から、今日のラオスの原点と見なされていると言ってよいかもしれない。

チャオ・アヌ時代に関する『正史』の結語は次のように断定して、「伝統」の正当化を図っている。

> 戦争は、独立のための闘争であり、正義(タム)の戦争であった。なぜなら、侵略・抑圧・搾取者たるシャム封建制に抗する戦争であったからだ。[省略した部分がある]

❺ファーグム大王

『正史』がラオ史を貫くテーマとする人民の闘争は、常に「独立(エーカラート)」と独立を可能にするサートの「統一(エーカパープ)」を目標とした。19世紀において「独立」が回復されるべきものだったとしたら、ラオ国家の独立と統一の起源はどこにあるのだろうか? 『正史』は11世紀から統一への動きが始まり、最初の統一ラオ国家の独立は14世紀に達成されたとする。したがって、14世紀が「歴史の発展における最も重要な転換期」[30]と見なされる。

『正史』によれば、独立と統一は14世紀半ば、ムアンサワー(後のルアンパバーン)の王族として生まれたファーグムによって実現した[31]。ファーグムは、13世紀後半にムアンテーン（今日のディエンビエンフー）から来てムアンサワーを治めた“タイ・ラーオ”族の王クン・ローの血を引くとされる。ファーグムはメコン川中流域に割拠していた多数の弱小な古代ラオ諸国家を統合して、ラーンサーンと呼ばれる統一国家を建設した。そこにはさまざまな民族、さまざまな職種の人々が住み、その領域は今日のタイ国東北部の大半を含んだだけでなく、タイ国北部とビルマや中国の一部にまで及んだと『正史』は述べる。チャオプラヤー川下流域のタイ人国家シャムとは、クン・ローの父たるクン・ブーロム以来の「兄弟関係の絆」[32]を復活させて、領土を分け合った。東側のヴェトナム国家大越とは、「地理上の事実に正しく即して」境界を定めたという。

ファーグムに関する『正史』の記述は次のように始まる。

> ファーグムは1316年、クン・ピーファーの長男として生まれ、養祖父であるアイ・ヴィエンパーから教育を受けた。ファーグムが生まれたのは、ムアンサワーにおける封建制集団間の抗争が激しさを増し、事態が混迷している時期だった。[中略]ファーグムは33人の仲間と従者たちとともに、未だ散在しているラオ諸国を統一して、中央に権力を集中する好機と見て、1339年に［ムアンサワーを］出奔して南方へ赴いた。

ファーグムの誕生前の状況から続くファーグム時代の『正史』の記述は、編纂委員の１人であるスネートの学位論文[33]に主として拠っていることが、注記からわかる。オーストラリアの大学に提出されたスネートの学位論文は、「クン・ブーロム年代記」と通称されるラオ語年代記の39のバージョンを用いて、同年代記の英訳を行ない、注釈を付した労作である。スネートの研究の性格は、同じく「クン・ブーロム年代記」に拠ったマハー・シーラー版と比較してみると、おおよそ見当がつくだろう。

マハー・シーラー版はファーグムの誕生から出奔までを概略次のように書く。

> ファーグム王子は1316年に、クン・ピーファーのご子息としてご誕生になった。ご誕生の時、33本の御歯すべてが備わってお生まれになったので、大臣官僚たちは畏れ、国を滅ぼす悪霊に違いないと、父王に川流しにされるよう挙って奏上した。父王はそれに逆らえず、11人の養父・乳母・使用人と33人の従者と共に王子を筏に乗せて、川に流させた。

ほぼ同じ史料を用いた『正史』とマハー・シーラー版の記述内容の相違は、史料の扱い方の違いによる。すなわち『正史』は、スネートが「序文」で述べているように、「いずれの史料にも、各々それ自体の中に限界があるので、批判的に分析し、他の証拠と比較した上で使用しなければならないという前提に立っている」[34]のである。たとえば、ファーグムの誕生時の異形や筏流しのエピソードが『正史』では省かれている理由は、このような方法にあろう。

ところで、上のスネートの「序文」からの引用部分は、実は史料についてだけではなく、「考え方や理論」についても共通の前提として述べた文である。「考え方や理論」の例としては、「地方主義者（Localist）」、「伝統主義者（Traditionalist）」、「勤王主義者（Royalist）」、「ナショナリスト（Nationalist）」、「マルクス主義者（Marxist）」、「近代主義者（Modernist）」の名を挙げ、「不偏不党」が説かれている。しかし、次のようなファーグムに関する『正史』の評価を読む時、そこにはおのずから、『正史』が重視する思想があり、『正史』編纂の原動力とも言うべき精神が滲み出ていることに気づかないわけにはいかない。

> 1349年にファーグムはラオの土地の統一に着手した。ラオ諸民族か

> らなる人民が暮らす地域の諸国の国主たちを戦争で打ち負かすことによって、1353年に統一を達成した。その後、37歳の時、ラーンサーン・ラオ王国の最初の王に推戴された。最高の指導者となったファーグムは、国事の規律を打ちたてた。それにより、ラオ人民の暮らしは、ラオ民族に固有の法律・慣習を有する社会の生活様式に則って向上した。また、ラオ人民に、中心への統一と独立と確かな領域を有する１つの独自のサートであること（クワーム・ペン・サート）を理解せしめた。

既述のように、「サート」は現代ラオ語では国民国家の「国民」を表す。かくして現在のラオス国民が維持・発展させるべき独立と統一の淵源は、諸民族から成るラオ人民の統一への希求を汲み取りえたために全幅の支持を得、当時のインドシナ半島の情勢を的確に把握して、強力なリーダーシップを発揮したファーグムその人に帰される。そして『正史』はファーグムを、「大王（マハーラート）」と呼ぶ。

ファーグム以後の展開を、『正史』は概略次のようにまとめている。

ファーグム王から16世紀のサイニャセーターティラート王（1548〜71年）の時代まで、ラーンサーン・ラオ王国は潜在的な分裂要因を抱えながらも、順調な発展を続けた。16世紀には、国土の防衛と経済の拡大により適合したヴィエンチャンへの遷都が行なわれ、外敵の侵入をことごとく退けることに成功して、やがて17世紀のスリニャヴォンサー王時代（1638〜95年）に経済・文化・芸術のあらゆる面で最高度の繁栄を見た[35]。

「正法王（タンミカラート）」という尊称が呈されるスリニャヴォンサー王治下のラーンサーン王国は、封建制支配階級と人民の間に身分差はあったが、国家の世俗法と仏教の戒律が相俟（あいま）って軋轢を緩和するしくみが有効に機能した法治国家として描かれる。しかしスリニャヴォンサーの死を契機として、王国の瓦解が始まる。それは、再三述べられているように、強力な指導者を欠くと必ず権力闘争に陥るという、封建制集団の「本性」ゆえの分裂・解体であったと『正史』は説くのである[36]。

おわりに

『正史』が、「国民（サート）の正史」たらんとする書物であるのは明らかである。しかし、これが実際に製作者たちの意図するような「全民族から成るラオ人民」が共有する歴史たりうるかどうかを、『正史』の叙述自体から判断することはできない。まず普及のための諸条件が整う必要があり、その上で読者が如何に受容するかが問題となる。また、既に1990年代後半には、「党の指図に支配されない歴史を書きたい」という声がラオスの高等教育機関で聞かれており(37)、今後ラオス国内でも複数の異なった歴史が書かれ始めるであろうからだ。

『正史』には、「自分たちの国の歴史を美化し、あるいは自分たちの独自性を強調」する自国中心の歴史の性格を隠そうとはしていない。「その分だけ他国の歴史をゆがめ」、「国際性とは程遠い」(38)と見える部分もないとは言えない。しかし、たとえばシャムとの戦争を「正義」の戦争と断じる「『抵抗のナショナリズム』を、支配の側のナショナリズムと等しなみに論じることができるだろうか？」(39)という問いに答えるのは容易ではない。

ラオスとタイとの間では、近年歴史をめぐる問題が浮上している。最も頻繁に焦点となるのは、『正史』が今日のラオスの原点と位置付けているチャオ・アヌ時代の戦争である。2001年にタイで、アヌ戦争にまつわるタイ側の英雄的ヒロインであるターオ・スラーナリー(40)をモデルとする映画製作の計画が持ち上がると、タイ駐在ラオス大使から両国の関係を損なうものとして、公的に懸念が表明された。タイ外務省はラオス側の意見を関係者に通知はするが、民間の映画製作を規制することはできないとの態度を採った。それに関連して、ラオスとタイとは体制が異なり、タイ側にはラオスでタイをいかに非難するテキストが書かれようとも許容する自由があるいうタイの識者のコメントがあった(41)。この経緯から知られるように、よりセンシティブなのはラオス側のようであり、これに対しタイではラオスを含む近隣諸国に配慮して、歴史教科書を書きかえるプロジェクトが進行している(42)。

けれども、歴史をたえず見直そうとする自己批判の精神において、ラオスの歴史著述者たちも決して引けを取るわけではない。先に言及した『正史』の編纂者であるスネートは、筆者とのインタビューで、『正史』が今後幾度も改訂されるべきものであると明言し、『正史』の役割を問うた筆者の意見までも求められた(43)。

『正史』は、これからも当分の間、書かれつつある歴史であり続けるのだろう。

【註・参考文献】

(1) 佐藤学「個の身体の記憶からの出発」、小森陽一・高橋哲哉編『ナショナル・ヒストリーを超えて』東京大学出版会、1998年、314ページ。

(2) Prasenjit Duara, *Rescuing History from the Nation: Questioning Narratives of Modern China,* Chicago and London: The University of Chicago Press, 1995. 小森陽一・高橋哲哉編前掲書、歴史学研究会編『戦後歴史学再考「国民史」を超えて』(シリーズ歴史学の現在3)、青木書店、2000年などを参照。

(3) テッサ・モーリス=スズキ「グローバルな記憶・ナショナルな記述」、『批判的想像力のために――グローバル化時代の日本』平凡社、2002年、198ページ。

(4) 菊池陽子「ラオスの国民国家形成―― 一九四〇年代を中心に」、『第8巻 国民国家形成の時代』(岩波講座 『東南アジア史』第8巻)、岩波書店、2002年、150ページ。

(5) Evans, Grant, *The Politics of Ritual and Rememberance: Laos since 1975,* Honolulu: University of Hawaii Press, 1998, p.188.

(6) Kasuang Thalaeng Khao lae Watthanatham, *Pawatsat Lao* (*Dukdamban-Pacuban*), Vientiane, 2000. [*PL*と略記]

(7) 『正史』編纂委員の1人である、スネート・ポーティサーンSouneth Phothisanによる (2002年3月2日、ヴィエンチャンにおけるインタビュー)。

(8) 「ラオ史製作プロジェクト」リーダーであるオーサカン・タンマテーヴァーOsakan Thammathewa (ラオス人民革命党中央政治局委員兼党中央宣伝教化委員長) の「緒言」によれば、1997年に2度のセミナーが開催され、50名以上の意見が徴された後、最終検討委員会を経て、刊行にこぎつけた (*PL*: e)。また、スネートの「序文」では、プーミー・ヴォンヴィチットPhumi Wongwicitが率いたラオ史修史委員会による『ラオ史草稿第1冊〜第3冊』(第3冊のみ1987年に刊行) の内容が総合されたと述べられている (*PL*: j)。スネートは別の所で、彼自身は修史のための本格的研究を1982年に開始したと述べている (Souneth Phothisan, "A New Trend in Researching the Ancient History of Laos," Sarasawadi Ongsakun and Yoshiyuki Masuhara ed., *Studies of History and Literature of Tai Ethnic Groups* [in Thai], Bangkok, 2002: 58)。これらの経緯と、1985年以降社会科学研究所所長 (当時) シーサナ・シーサーンSisana Sisanに委嘱されていたと言われる修史事業との関連や、1980年に謄写印刷版として作成された『ラオ史』との関係などが解明されるべきであろう。

(9) Phrarasa-anacak Lao, Kasuang Suksathikan, *Phongsawadan Lao,* Vientiane, 1957. [*PhL*と略記]

(10) 飯島明子「『前近代ラオスの歴史』とは何だろうか?」、綾部恒雄・石井米雄編『もっと知りたいラオス』弘文堂、1996年、10−13ページを参照。

(11) Maha Sila Viravong, *History of Laos,* Translated from the Laotian by the U.S. Joint Publications Research Service, New York: Paragon Book Reprint Corp., 1964.

(12) Stuart-Fox, Martin, *A History of Laos,* Cambridge University Press, 1997. Stuart-Fox, Martin, *The Lao Kingdom of LānXāng: Rise and Decline,* Bangkok: White Lotus, 1998. Savèngh Phinith, Phou Ngeun Souk-Aloun, Vannida Thongchanh, *Histoire du Pays Lao de la préhistoire à la république,* Paris: L'Harmattan,

1998. Peter and Sanda Simms, *The Kingdom of Laos: Six Hundred Years of History*, Richmond: Curzon Press, 1999. Grant Evans, *A Short History of Laos : The Land In Between*, Allen & Unwin and Chiang Mai: Silkworm Books, 2002. なお、マハー・シーラーは1985年に『ラオ史』の改訂増補原稿を完成させた。改訂増補版はラオス国内では未刊だが、原稿に基づくタイ語訳がタイで刊行されている(Sommai Premcit trans., *Prawattisat Lao*, Bangkok: Matichon, 1996.)。

(13) 植民地「ラオス」の成立については、飯島明子「植民地下の『ラオス』」、石井米雄・桜井由躬雄編『東南アジア史Ⅰ　大陸部』(『世界各国史5』)、山川出版社、1999年、347ページ以下を参照。

(14) *PhL*: 295.

(15) *PL*: 501-5.

(16) Stuart-Fox, Martin, 1997, *op.cit.*: 19.

(17) フランスによる植民地支配体制を扱う第4章第9部の冒頭では､「封建制時代とは多くの面で明瞭に異なる資本主義時代」において、フランスが明確な境界線によって画定される支配領域の確立を進めたことが述べられ(*PL*: 506-7)、「封建制から資本主義へ」の移行と、近代的領域統治への転換がこの時点で起こったという認識が示されている。

(18) *PL*: 293-4.

(19) ここで用いられる「全民族より成るラオ人民pasason Lao banda phao」という表現は、ラオス人民民主共和国において「国民」を表す際の常用語である。

(20) *PL*: 326-9.

(21) *PhL*: 226.

(22) *PL*: 1189.

(23) *PL*: 337-341.

(24) 「ラーオ・ルム」､「ラーオ・トゥン」は､「ラーオ・スーン」(高地ラオ) と共に、ラオス国民を構成するラオ人である。『正史』では、それぞれに､「タイ・ラーオ」､「モーン・クメール」､「モン・ヤオ」と付記している。

(25) *PL*: 358-363.

(26) *PL*: 341-358.

(27) *PL*: 379-447.

(28) *PhL*: 282.

(29) 前掲『もっと知りたいラオス』24ページの「プーン・ウィエン」の項を参照。

(30) *PL*: 1186.

(31) *PL*: 76-131.

(32) 「クン・ブーロム年代記」によれば、クン・ブーロムの7人の息子は、今日タイ系の諸族が居住する各地へ遣わされて、その地を治めたとされる。バージョンによって違いがあるが、『正史』が挙げる地名は、ルアンパバーン、シエンフン (ツエンフン)、ピマーイ、シエンセーン (チエンセーン)、アユタヤー、シーコータボーン、シエンクアンである (*PL*: 40)。『正史』はこの伝承に関連して、現在はラオス、タイ、ヴェトナム、中国、インドに跨る地域に散在しているタイ系諸族が、かつては1つの地域にまとまって居住していたという仮説を提示している (*PL*: 40-41)。

(33) Souneth Phothisane, “The Nidan Khun Borom: Annotated Translation and

Analysis," Ph.D. Thesis, The University of Queensland, 1996. この論文を含む『正史』の文献目録は、I一次史料、IIラオ語の本および論文、IIIタイ語の本および論文、IVヴェトナム語、ロシア語、フランス語、英語の本および論文に分けて、合計369点の文献を載せる。

(34) *PL*: h.

(35) *PL*: 229-291.

(36) *PL*: 295.

(37) Grant Evans, *op.cit.* : 189.

(38) 入江昭「国際的な視野から」、小森陽一・坂本義和・安丸良夫『歴史教科書 何が問題か——徹底検証Q&A——』岩波書店、2001年、212ページ。

(39) 小森陽一・高橋哲哉編前掲書、iii頁。

(40) ターオ・スラーナリーについては、次を参照。Keyes, Charles F., "National Heroine or Local Spirit? The Struggle over Memory in the Case of Thao Suranari of Nakhon Ratchasima," Shigeharu Tanabe and Charles F. Keyes ed., *Cultural-Crisis and Social Memory: Modernity and Identity in Thailand and Laos,* London : Routledge Curzon, 2002 : 113-136.

(41) *Matichon,* 2001年7月19日。

(42) *Bangkok Post,* 2002年8月26日。

(43) 2002年3月2日、ヴィエンチャンにおけるインタビュー。

第6章

現代の歴史

菊池陽子

扉写真・カイソーン・ポムヴィハーン像。ヴィエンチャン市ラックホック。

現在のラオス、ラオス人民民主共和国は1975年12月に誕生した新しい国家である。この章では、現在のラオスに直接つながる国家の領域が形成された19世紀末、フランス植民地の時代から、現在、1990年代までのラオスの歴史をたどる。

❶フランス植民地下のラオス

◘ラオス植民地化の過程

19世紀半ば以降、インドシナの植民地化を進めていたフランスは、1863年のカンボジア保護国化、1867年のコーチシナ併合に続き、1883年、フエ条約により安南を保護国化すると、インドシナ半島の中心部であり、インドシナ支配のために戦略的に重要な位置にある現在のラオスにあたる地域の植民地化を進めていく。当時、その地域には統一された支配勢力はなく、かつてのラーンサーン王国の後継諸国であるルアンパバーン王国がヴェトナムとシャムの両方に朝貢しながら何とか自律性を保っている状態で、ヴェトナムとの国境地域はヴェトナムの支配下に、南部のチャムパーサック王国は属国としてシャムの支配下に置かれていた。

既にヴェトナムを植民地化していたフランスは、ヴェトナムがこの地域に行使していたすべての権利はフランスに移行して当然であると主張し、植民地化のきっかけをつかんだ。1885年11月、フランスは、ルアンパバーンへの副領事館設置をシャムに認めさせた。

初代副領事に就任したのはオーギュスト・パヴィで、彼がフランスのラオス植民地化の基礎を固めた立役者である。パヴィは、1887年、ホー族がルアンパバーンを襲撃した際、ウン・カム王とその家族を救出しルアンパバーン王家の信頼を得た。1891年、バンコクの総領事に就任すると、シャムとの外交交渉により、その地域におけるシャムの宗主権を法的に奪うことに力を注いだが、最後は軍事的圧力をかけ、1893年、フランス・シャム条約を締結させた。この条約で、シャムはフランスのメコン川左岸（川中島も含む）の権利を認めることとなり、メコン川左岸がフランスの保護領となった。ここにおいて、メコン川は、シャムとフランス領との間の国境線とされ、フランスによって「ラオス」の領域が創り出された。

1899年にはラオスがインドシナ連邦に編入され、さらにフランスはシャムとの間に条約を締結し、フランス領ラオスを拡大することに成功した。ここに、現在のラオスとほぼ同じ領域がフランス領ラオスとして定められた。シャムとの間に条約を結ぶことでフランスはラオスを植民地化したのである。

◆ フランスのラオス統治

1900年以降、ヴィエンチャンをラオス全土を統治する上での首都に定めたフランスは、ラオス全土を10省に分けた。省はさらに県、郡、村の行政区画に分けられ、各省にはフランス人理事が派遣され、彼らを統括する理事長官がラオス全土を統治した。ただ、ルアンパバーン省はルアンパバーン王国領として保護国とされたために、形式的な国王による統治体制が残された。しかし、実質的にはその他の地域と変わりはなく、国王はなんら実権を持っていなかった。

実権はヴィエンチャンの理事長官が握っていた。しかしフランス人官僚はラオス全土でも数百人しかおらず、その不足を補ったのは、ヴェトナム人官吏であった。これは、ラオスの慢性的な人口不足を解消するという量的理由だけでなく、フランスにとって科挙官僚制という高度の官僚制の伝統を持つヴェトナム人はラオス統治において即戦力となる存在であった。

こうして行政組織を作り上げる一方で、フランスはラオスをできるだけ早く儲かる植民地に作り上げようとした。そのため、ラオスの主要都市をヴェトナムの港と結びつける道路の建設やスズ鉱山の開発等を行なった。そして、これらの公共事業、開発の資金にはラオスの住民からの税金が充てられ、労働力の多くはヴェトナム人であった。

フランスは住民に対して人頭税と賦役を課し、さらに通行税、輸入品への関税、牛や馬等の家畜に対しての税などを課した。ラオスの住民にとっては決して軽い税ではなかった。しかしながら、ラオスの人口は極度に少なく、これらの税だけでは開発の費用は到底足りるものではなく、その分当然フランスが補充せざるを得なかった。さらに、慢性的な人手不足により経済発展のスピードは遅く、ラオスはフランスが当初期待したようには儲かる植民地へと素早い変貌を遂げなかった。ラオス開発のためのヴェトナムとラオスを結ぶ道路や鉄道の建設計画も、多くは計画倒れに終わった。したがってラオスにおいては、フランスは次第に経費をかけずに植民地を単に維持していくという方向に姿勢を変化させていった。

このようなフランスの姿勢は、特に教育の分野では愚民政策となって現れ、フランスはラオ人の教育に対しては関心を持たなかった。フランスはラオスには中・高等教育機関を設けず、近代教育を受ける機会は王族や高級官僚の子息などごく限られた人にのみ与えられたに過ぎなかった。

こういったフランスのラオス統治は、ラオスの人々にとっては安穏と受け入れられるものではなく、それがこの時代の少数民族の反乱となって噴出した。

◇ 少数民族の反乱

少数民族による反乱はすでに1896年から起こり、1910年から1916年にかけてそのピークに達し、最終的に反乱が終息したのは1930年代後半である。

1901年、カー族の１グループがメコン川を越えてシャムからラオスに入ってこようとしたのをフランス軍が武力でシャム側へ追い返したことに端を発するカー族の反乱は、実に35年も続く大規模なものであった。オン・ケーオに率いられたこの反乱は、コムマダムが合流することで南部のボーラヴェン高原一帯に広がった。1910年、フランスの陰謀によりオン・ケーオが射殺されるとこの反乱は衰えを見せたが、コムマダムは小規模ながらもフランスへの抵抗を続けた。1934年、再び勢いを盛り返したが、1936年、フランスの鎮圧軍にコムマダムが捕らえられ、射殺されるに至って、35年に及ぶカー族の反乱に終止符が打たれた。

さらに大規模なものとしては、ラオス北部シエンクアンを中心としたモン族の反乱が挙げられる。パッチャイに率いられフランスへの納税拒否に結び付いていったこの反乱は、1920年にはディエンビエンフーを中心に東西150kmにも及ぶ範囲に広がった。しかし、1922年、パッチャイが殺されるに及んでこの反乱は終息した。

これらの反乱はいずれもフランスに鎮圧されたが、フランスのラオス支配によってもたらされた変化を原因として生じた反乱であった。

❷第２次世界大戦期のラオス

◘ ラオス刷新運動

第２次世界大戦の勃発はフランスのラオス統治に変化をもたらした。1940年６月、ヨーロッパにおいてフランスがドイツに降伏し、親独のヴィシー政権が成立すると、日本はフランス領インドシナに軍隊の駐留を認めさせ、影響力を及ぼすようになった。ヴィシー政権にとってみれば日本との協力がインドシナにおいてフランスの主権を維持する唯一の手段であり、名目的にフランスの主権は維持されるが実質的には日本軍がフランス領インドシナを支配するという枠組み、いわゆる日仏共同支配が成立した。

さらに、こうしたフランスの弱体化は、当時ピブン政権の下で膨張主義的な民族主義政策、いわゆる大タイ主義政策を押し進めていたタイ（1939年、国名をシャムからタイへと変更）にとっては、失地回復（かつてシャムが支配していたと観念されている地域を取り戻そうとすること）の絶好の機会であった。そこで、1940年９月、タイはフランスにメコン川の国境線の修正やメコン川右岸のタイへの返却を要求した。しかしフランスはこれを拒否、1940年11月、宣戦布告なしの軍事衝突、タイ・フランス国境紛争が起こった。この紛争はタイ優勢のうちに、1941年5月、日本の仲介で東京条約が締結され、決着がつけられた。この結果、ラオスに関しては、チャムパーサックとメコン川右岸のルアンパバーン領がタイ領となった。

フランスがタイの要求を受け入れることになったこの結果は、ラオスの人々にフランスの弱体化を知らしめた。そればかりではなく、ルアンパバーン王家にとっては領土が削られ、そのうえ王家の墓陵のある大切な土地がタイ領となったことを意味した。

そこでフランスは、ルアンパバーン王国の領土的、精神的な損害を補償することによってフランスへの不信感を抑え、協力関係を維持させようと、ルアンパバーン王国の改革を行なった。

まず、1941年8月、フランスはこれ以降のタイの領土的要求に対処するため、ルアンパバーン王国との間に初めて正式な保護条約を結びルアンパバーン王国の法的地位を確定した。そしてこの条約で、ヴィエンチャン以北をルアンパバーン王国領に編入すること、王国内に内閣組織を作ることを定めた。これにより、副王の家系のペッサラートが首相となった。こうしてルアンパバーン王国は一応王国としての体裁を整え、フランスは国王の領土を失った精神的打撃を補おうとした。しかし、ルアンパバーン王国の実態は以前と全く変わっていなかった。

さらにフランスは、大タイ主義にもとづいて反フランスの宣伝活動を強めるタイに対抗するために、「ラオス刷新運動」（または、ラーオ・ニャイ〈大ラオス〉運動）と呼ばれる一連の文教政策を実施した。フランスは『勤勉、家族、祖国』のスローガンを掲げ、母なる祖国フランスを尊び、タイの領土拡張欲からラオスを守っているのはフランスであると、フランスへの感謝の念を増大させるようにラオ人を仕向けようとした。

この運動をラオスで実行したのは、当時の教育長官シャルル・ロシェであった。彼の主導の下にこの運動は実行に移され、1941年にはラジオ局が開設され、初のラオ語紙『ラーオ・ニャイ』が発刊されるに至った。さらに、彼は青年層の教育を重視しており、この期間、それまでのフランス統治期間に建設された学校の総数より多くの学校が建設された。

こうしてフランスは親フランス的な意識をラオ人に植え付けようとしたのであるが、フランスの期待通りにはならなかった。それどころかこの期間は、ラオ人の間に反フランス、ラオス独立といった意識が芽生え、独立へむけての活動が内密に開始されるようになる時期であった。タークークでは青年層を中心に救国組織が作られていた。東北タイではフランスの支配を嫌ってタイへ亡命したラオ人によって「ラーオ・ペン・ラーオ（ラオ人のためのラオス）」という組織が作られていた。ヴェトナムではヴェトミン（ヴェトナム独立同盟の略称。1941年、インドシナ共産党により設立された統一戦線組織）の影響を受け反フランスの意識を高めているラオ人がいた。これら反フランス的志向を持つラオ人が、この後の民族運動を指導していく主体となった。

◘ フランス領インドシナにおける日本軍のクーデター

第２次世界大戦中ほぼ東南アジア全域を占領していた日本は、フランス領インドシナに関しては日仏共同支配の形をとって統治していたが、戦況が日本に不利になってくるとその見直しを図った。特に、1943年のガダルカナル撤退以来、アジアにおける日本軍の優勢は急速に崩壊しつつあり、それを立て直す１つの選択肢として、フランス領インドシナから武力でフランスを追い出し日本が単独で支配するという可能性が検討されるようになった。

1944年になると、米英軍によるノルマンディー上陸作戦の成功により、ドイツの敗北が色濃くなった。それに伴い、フランスではヴィシー政権が崩壊し、ドゴールを主席とするフランス臨時政府が組織された。ヴィシー政権の下で日本に協力していたフランスの変化は当然で、フランスは非協力的態度を日本に対して取るようになった。一方、日本軍はマリアナ海戦での敗北、サイパン島の陥落、インパール作戦の失敗と次々と敗北を重ねていた。さらに1944年10月にはフィリピンでの戦いに敗れ、フィリピンにアメリカ軍が上陸した。ここにおいて、連合国がインドシナに上陸する可能性が現実味を帯びてきた。そのため、インドシナの軍備強化と連合国側に付くであろうフランスをインドシナから追い出すことが日本軍にとっての急務となった。

こうして、1945年1月、それまでのインドシナ駐屯軍に3個師団が付け加えられ、軍備の増強が図られた。それまで軍を駐屯させていなかったラオスにもサヴァンナケート、シエンクアンの2ヵ所に軍を駐屯させた。そして、1945年3月9日、フランスをインドシナから追い出し日本が単独でインドシナを支配するというクーデター計画、いわゆる明号作戦が実施された。

3月9日夜半、第38軍司令官土橋勇逸の指令の下に、インドシナ全域でこのクーデターは開始された。ラオスにおいては、タイに待機していた日本軍がヴィエンチャン、ターケーク、サヴァンナケートなどのメコン川に沿った都市に攻撃を開始した。そして、ほとんど戦闘のないままメコン川沿いの都市を占領した。日本軍はさらにラオス奥地へ軍を進めたが、交通の便の悪さから、ラオスの主要都市をほぼ占領したのは4月中旬であった。とはいえ、日本軍によるクーデターは一応の成功を治め、ここに約半世紀にわたるフランスによるラオス植民地支配が途切れることになった。

このクーデターがフランスに抑圧されていた民族の解放であることを強調するためにインドシナ3国に独立を与えることを決定していた日本軍は、1945年4月8日、ルアンパバーン国王にルアンパバーン王国の独立を宣言させた。日本軍から顧問が派遣されていたとはいえ、ここにおいてルアンパバーン王国の内閣組織が初めて実質的に機能し、フランスの植民地下では得られたことない統治上の責任をラオ人が持つことになった。

しかし、独立したのはルアンパバーン王国のみであって、その他の地域は直接日本軍の支配下に置かれた。したがって、その他の地域では単に日本人がフランス人に代わっただけで、大きな変化はなかった。この時期の日本軍によるラオス統治の方針は、日本にとって悪くなる一方の戦況をこれ以上悪化させない、つまり現状維持だけであった。

ただ１つ、日本軍がラオスで新たに始めたことはサムヌアからパークサンに至る自動車道路の建設であった。日本軍は、アメリカ軍による海上封鎖に備え陸路による輸送路を確保しようとしたのである。日本の敗戦で、この道路は開通に至らなかったが、北部ラオスの人々の中には労働者として道路建設にあたったことを記憶している人々がいる。

日本によるラオス統治は、日本の敗戦により僅か５ヵ月余りで終わりを迎える。この間、フランスによるラオス支配がいったん途絶えたことで、独立を志すラオ人の活動が容易になった。この活動が日本降伏後、反フランス独立運動となって歴史の表に現れてくる。

❸ラオス独立への道

◘ ラーオ・イッサラ運動

1945年８月15日、日本の降伏によってラオスに政治的空白期が生じることとなった。同年７月のポツダム会談での決定に従って、ラオスにおいてはサヴァンナケート以北は中国国民党軍、以南はイギリス軍によって日本軍の武装解除が行なわれることになっていた。しかし、両軍の到着より早く、この機をとらえて、それまで表面下で活動を行なっていたラオス独立を目指すラオ人たちが一斉に歴史の表舞台へ出て活動を開始した。これがラオス初の民族主義運動、ラーオ・イッサラ（自由ラオス）運動と呼ばれるようになる動きである。

まず、この当時ルアンパバーン王国の首相であったペッサラートは、日本によって与えられた独立を既成事実としてラオスの独立を維持することに力を注いだ。彼は、フランスはルアンパバーン王国を保護し続けることができなかった以上、フランスが締結したラオスに関する保護条約は無効である、との立場をとり、それをラオス独立の正当性を訴える拠り所としていた。そして、ラオスの独立はもはやフランスとの交渉を必要とする問題ではないとし、9月1日、フランスとの関係を断絶して、ルアンパバーン王国の独立を維持することを宣言した。さらに、9月15日にはヴィエンチャン以南をルアンパバーン王国に合併し、ラオスを1つの王国として統一することを宣言した。こうして、連合国側にラオスの統一と独立を認めてもらおうとしたのである。

そして、東北タイから帰国し、反フランス、ラオスの独立を掲げて活動を開始した「ラーオ・ペン・ラーオ」や、越僑の救国組織と協力してフランスの再植民地化に備えていたラオ人青年より構成されていたターケークの救国組織が、ペッサラートの動きを支援した。さらに、ラオスでのこのような動きを察知したスパーヌヴォンもヴェトミンとの協力を取り付けるとヴェトナムからラオスへ帰国し、この動きに加わった。

こうして、活動の背景や立場を異にする人々が、反フランス、ラオスの独立を目標として集まり、幅広い民族主義運動となっていった。一方、ラオス再植民地化を狙うフランスは、このような反フランスの動きを押さえようと、ルアンパバーン国王を懐柔してペッサラートに対抗させた。フランスは国王に命じペッサラートを首相から解任させ、後の動きを抑えようとした。

これに対し、ペッサラートを中心とするラオ人の独立勢力（ラーオ・イッサラ勢力）は、10月12日、自分たちこそラオ人民を代表しているとして、ラオス臨時人民政府（ラーオ・イッサラ政府）を樹立し、ラーオ・イッサラ臨時政府暫定憲法を採択した。これはラオ人による初の政府で、ここにおいて、ラーオ・イッサラ勢力は初めて自らの統一的な指導部を持つことになった。この政府はそれまでフランスとの間に結ばれた条約を改めて無効であると宣言し、ラオスの統一、完全独立、近代的政治の実践を政治課題として掲げた。閣僚のメンバーには、その後ラオス政治の表舞台で活躍するスパーヌヴォン、プーマ等が含まれていた。

こうしたラーオ・イッサラ政府樹立の動きに対し、フランスはあくまでラオスはフランスの植民地であるという態度をとり続けていた。親フランスのルアンパバーン国王、シーサヴァンヴォンもフランスと同様、政府の存在を否定し続けていたが、ラーオ・イッサラ勢力の強硬姿勢を前に、11月4日、正式にラーオ・イッサラ政府を認め、退位した。

しかし、この間にもフランスは軍事的にラオス再植民地化を進めていた。9月にはすでに降下部隊の一部をルアンパバーンに派遣していたフランスは、1946年2月、協定を結び、サヴァンナケート以北において日本軍の武装解除にあたっており、結果的にフランスのラオスにおける軍事行動を阻んでいた中国国民党軍を撤退させることに成功した。こうしてフランスは本格的に再植民地化のための軍事行動を開始することができるようになった。

近代的武器で完全武装したフランス軍は、親フランス派ラオ人の助けによりすでに支配を回復していたパークセーから北上を開始した。そして、3月21日、ターケークを占領した。ターケークではラーオ・イッサラ勢力とフランス軍との間で激しい戦いが繰り広げられたが、ラーオ・イッサラは圧倒的に軍事力で勝っていたフランス軍の前に破れ、この戦いで前線に立って指揮をしていたスパーヌヴォンは負傷して、タイへ逃れた。

さらに北上を続けるフランス軍に対し、ヴィエンチャンのラーオ・イッサラ政府は国王を復位させ、国王に政府の正当性を認めさせることによってフランス軍の動きを阻止しようとした。4月24日、ラーオ・イッサラ政府はルアンパバーンに代表を送り、復位を要請した。しかし、時すでに遅く、この間にフランス軍はヴィエンチャンを攻撃していた。軍事力で到底フランスに対抗することは無理であったラーオ・イッサラ政府は、タイへ亡命し、そこで政府の正当性を主張していくことを決意する。翌4月25日、ヴィエンチャンを占領したフランスは、5月13日にはルアンパバーンを占領し、国王にラオスはフランスの保護下にあることを確認させた。こうしてフランスはラオスの再植民地化を完了したのである。

再植民地化を完了したフランスは、同年８月、ルアンパバーン国王との間に暫定協定を結んだ。この協定ではラオスの統一、立憲君主国となること、フランス連合内にとどまることなどが規定された。この間、フランスに協力し、チャムパーサック王家の復活を望んでいたブン・ウムにとって、この協定は納得のいくものではなかったが、見返りとして王国政府内に特別の地位を与えられたことによって承知した。さらにフランスは国王のフランスへの信頼を増幅させるため、1946年末、1941年にタイ領となった地域をタイの国連加盟を承認することを条件に取り戻した。1947年には、立憲君主国家であることを内外に印象付けるため、ラオス王国憲法を制定した。こうしてフランスは、内実は植民地時代と同じであったが対外的にはラオ人によって王国が統治されているかのように見える体制を確立していった。

1949年７月に批准されたラオス・フランス独立協定では、ラオス王国はフランス連合内での独立が承認された。しかし、外交、防衛権はフランスに握られ、経済の分野でもラオスの主権は制限されており、独立とはいえ実体を伴っていなかった。そのため、アメリカ等の西側諸国はこの独立を承認したが、一部の国は承認を留保した。ただ、この協定がタイのラーオ・イッサラ亡命政府を直接解体に導くこととなった。

タイのバンコクで亡命政府を樹立していたラーオ・イッサラ政府は、ラオスの完全独立を掲げ亡命政府の正当性を主張していた。彼らはフランスとの間に独立交渉を行なっていたが、彼らの提示する独立と、暫定協定などで示されたフランスの対ラオス姿勢との間には、大きな隔たりがあり、交渉はなかなか進展しなかった。その一方で、軍事力の必要性を痛感していた亡命政府は、スパーヌヴォンを中心に系統立った軍事組織を作ることに着手した。

しかし、この間に、亡命政府内でラオスの独立をめぐる意見の相違が顕著になってきた。ヴェトミンとの関係を深めていこうとするスパーヌヴォン、フランスとの交渉を重視していこうとするその他のメンバー、そしてペッサラートはヴェトミンもフランスも頼りにしたくないと考えていた。

こうした意見の対立が決定的になったのが、先のラオス・フランス独立協定の解釈をめぐってであった。あくまで完全独立を目指すスパーヌヴォンやペッサラートはこの協定で定められた独立を受け入れることはできないとしたのに対し、プーマやカターイ・ドーン・サソリットらその他のメンバーは、この協定により亡命政府の目指していた独立は一応達成されたとした。ここにおいて亡命政府の分裂は避けられなくなり、すでに5月に亡命政府の外相、軍司令官を辞任していたスパーヌヴォンはヴェトナムとの国境付近でのラオ人による抵抗組織に合流した。この時、ヴェトナムのヴェトミン支配区ではカイソーン・ポムヴィハーン、ヌーハック・プームサヴァンを中心にラオ人によるフランスへの抵抗組織がヴェトミンの支援を受けて設立されており、1949年初頭にはゲリラ闘争を展開していた。

1949年10月24日、ラーオ・イッサラ亡命政府は解散を宣言した。プーマら亡命政府の主要メンバーはラオスに帰国し、フランスに協力することを良しとしないペッサラートはバンコクに残った。フランスは反フランスの民族主義運動を切り崩し、反フランスであったラオ人エリートの多くを抱き込むことに成功した。こうして、ラオス初の民族主義運動であるラーオ・イッサラ運動は幕を閉じることになった。しかし、この運動は形を変えてスパーヌヴォン、カイソーンなどによって引き継がれていく。

◘ ネーオ・ラーオ・イッサラの結成

ラーオ・イッサラ亡命政府解散後、ヴェトナムのラオ人抵抗勢力と合流したスパーヌヴォンは新たな抗戦組織作りに着手した。彼はラーオ・イッサラ運動時代からの仲間や少数民族を結集し、1950年8月、ヴェトミン軍支配区でラーオ・イッサラ全国大会を開催した。そして、この大会で新組織ネーオ・ラーオ・イッサラ（自由ラオス戦線）の樹立と抗戦政府の樹立を決定した。スパーヌヴォンはこの抗戦政府の議長兼外相に選ばれ、プーミ・ヴォンヴィチットが副議長、カイソーンが国防相、ヌーハックが蔵相に選ばれた。

さらに、この大会ではフランス植民地主義とラオス傀儡政府の打倒、ラオスの統一と独立、連立政府の樹立、すべての民族の平等など、12の綱目からなるネーオ・ラーオ・イッサラの綱領が採択された。この綱領が、この後、ラオス解放の基本方針となっていった。

こうして新組織を樹立したラオ人抵抗勢力は、ゲリラ戦を展開し、ヴェトナムとの国境付近から解放区を建設することに着手した。まず、サムヌアに解放区を建設し、そこをネーオ・ラーオ・イッサラの本拠地とし、続いてシエンクアン、ポンサーリーも解放区とした。ネーオ・ラーオ・イッサラがヴェトナムと接する北部ラオスを解放区としたことは、1954年のディエンビエンフーの勝利を可能とする大きな要因ともなった。

一方、ヴィエンチャンの王国政府では、1951年11月からネーオ・ラーオ・イッサラとの和解を目的として、プーマが首相となっていた。フランスは、解放区が建設されつつあった北部ラオスを支配下におき、激しくなりつつあったヴェトミンとの戦いを有利に運ぼうとしたのである。そこでフランスは1953年10月、ラオス王国政府との間にフランス・ラオス連合友好条約を調印し、それまでフランスの持っていた権利をラオス王国に移譲することを認めた。ここにおいてラオスの完全独立が法的に認められたが、ラオスはフランスとヴェトミンとの戦いにより深く巻き込まれることになった。

ラオス王国の完全独立が認められたものの、ネーオ・ラーオ・イッサラの武装勢力は、ラオス王国を依然として傀儡政権と非難しており、解放区建設を続けていた。1953年になると、ヴェトミン軍の助けを借りて、王都ルアンパバーンやメコン川沿いの地域にまで進出し、フランス軍・王国政府軍を脅かすようになっていた。

このような状況の中、1954年5月のディエンビエンフー陥落により、インドシナ和平のためのジュネーブ会議が開催されたのである。

❹ 内戦時のラオス

◇ ジュネーブ会議と第１次連合政府

インドシナ和平問題の解決のため、関係諸国を招集してジュネーブ会議が開催されたが、ヴェトミン側の再三の要求にもかかわらず、ラオス、カンボジアの抗戦政府の参加は認められなかった。ラオスに関しては王国政府側の参加が認められただけであり、ネーオ・ラーオ・イッサラ側の主張はヴェトミンによって代弁された。

こうして調印されたラオスに関する協定では、停戦、ラオス領内からの外国軍の撤退、国際監視委員会の設置、国内統一のための総選挙の実施、ポンサーリー、サムヌアの２省へのネーオ・ラーオ・イッサラの再結集などが定められた。

国土が二分されたヴェトナムとは異なり、ラオスでは王国政府の支配権が優位に残されるという結果になった。なぜなら、王国政府が停戦から総選挙までの間、北部２省の統治権をネーオ・ラーオ・イッサラの抗戦政府に約束するという形がとられたからである。とはいえ、合法的に北部２省への再結集が認められたネーオ・ラーオ・イッサラ側にとっても、この結果はかなり満足のいくものであった。

しかし、ジュネーブ会議で到達したこの協定の弱点はすぐに明白となった。この協定をいかに実施していくのかは王国政府側とネーオ・ラーオ・イッサラ側による後の交渉に委ねられており、協定をめぐる両者の見解には大きな相違があったからである。王国政府側は、ラオス全土を統治する主権がある以上、北部２省への統治権もあり、王国軍の北部２省への駐留も可能であるとしていた。それに対し、ネーオ・ラーオ・イッサラ側は、両者からなる統一政権が誕生するまでは、北部２省の統治権を行使できるのは唯一ネーオ・ラーオ・イッサラ側であると主張した。さらに、1955年に予定されている総選挙に関しても、現行法によって実施すると主張する王国政府側に対し、新しい選挙法によるべきであるとするネーオ・ラーオ・イッサラ側の主張が対立した。

その上、激化しつつある東西両陣営の対立が影を落とし、アメリカは東南アジア条約機構を発足させて、王国政府への軍事援助を開始、その対立が持ち込まれた国際監視委員会は機能せず、ヴェトミン軍のラオスからの撤退も確認されなかった。

このような状況の中、1955年12月の総選挙をネーオ・ラーオ・イッサラ側はボイコットし、両者の交渉はなかなかまとまる気配を見せなかった。

1956年にはネーオ・ラーオ・イッサラはネーオ・ラーオ・ハックサート（ラオス愛国戦線）と改称し（一般にこれら左派勢力をパテート・ラーオと呼ぶ）、さらに対決姿勢を明確に打ち出した。しかし、両者の交渉は途切れることなく続けられており、1957年11月、両者の合意によりようやく連合政府が成立した。

連合政府の内閣にはスパーヌヴォンとプーミ・ヴォンヴィチットがネーオ・ラーオ・ハックサート側から参加し、1958年5月にはこの連合政権下、国会議員の補欠選挙が行なわれた。この選挙では、ラオスの国家規模に対しては多すぎるアメリカの援助やそれにまつわる汚職が大きな問題になったため、ネーオ・ラーオ・ハックサート側に有利で、勝利をおさめた。

この結果に危機感を覚えたのは、王国政府内の右派だった。アメリカの援助への批判が高まることで援助を中止されることを恐れたのである。そこで、右派は中立を掲げていたプーマに代わって、親米派のプーイ・サナニコーン内閣を成立させた。そのため、やっとまとまった連合政府も8ヵ月で崩壊するに至った。

さらに、プーイ内閣はパテート・ラーオが北ヴェトナムと共謀していると批判し、1959年5月にはスパーヌヴォンらネーオ・ラーオ・ハックサート側の代表者を逮捕した。こうして、パテート・ラーオと王国政府との間で再び戦闘が開始されることになった。

◆ラオス内戦

内戦が始まると、東西両陣営の対立が、よりラオスに色濃く反映されるようになった。王国政府の中では、若手軍人を主体に組織された反共を掲げる国益擁護委員会がアメリカの援助を背景に台頭した。一方、パテート・ラーオは北ヴェトナムとの関係をいっそう緊密化させた。

1960年になると、逮捕されていたネーオ・ラーオ・ハックサートの代表者が看守の協力で脱獄し北部の根拠地に戻るという事件が起こった。これはネーオ・ラーオ・ハックサートに協力的な勢力が王国政府内にもいることを示していた。

さらに、8月には極端な右傾化を危惧した王国政府軍のコン・レー将軍がクーデターを起こし、中立を掲げるプーマ内閣を成立させた。プーマ内閣はネーオ・ラーオ・ハックサートと連立を組み、中立・左派連合政府が成立した。

これに危機感を深めたアメリカは、ラオスへの援助を停止し、代わって国益擁護委員会のメンバーを中心とする右派に、一層、軍事面、資金面での支援を行なうようになった。その結果、1960年末には、力を盛り返した右派のノーサヴァン将軍がコン・レー軍を破って、首都ヴィエンチャンを奪回、ラオス王国は再び親米右派政権となった。

このように政治状況が目まぐるしく変化する一方で、中立派と組んだパテート・ラーオは北部2省を根拠地に、王国政府軍に対し激しい攻撃を加えた。アメリカからの支援にもかかわらず北部に解放区が拡大していくと、3派の間に停戦の気運が生まれ、1961年から1962年にかけて停戦交渉が繰り返された。

1962年、3派による停戦が成り、第2次連合政府が成立、7月にはラオスの中立を定めたジュネーブ協定も調印された。

しかし、その中立、停戦状態も長くは続かなかった。中立派要人の暗殺事件が続くと、中立派が左派、右派に分裂、ネーオ・ラーオ・ハックサート側は政府から閣僚を引き上げるという措置に出た。そのため第2次連合内閣も事実上10ヵ月で崩壊し、再び内戦が始まった。

政治的混乱と同様、戦況も一進一退を繰り返していた。村落レベルから解放区を建設していったパテート・ラーオは、着実に支配領域を広げていったが、1964年にはアメリカ軍による解放区への爆撃も開始され、その営みは困難を極めた。1973年、爆撃が停止されるまでに約209万2900トンの爆弾がラオスに投下されたと言われており、そのトン数は第2次世界大戦中欧州と太平洋戦線の両方でアメリカ空軍が投下した量に匹敵した。爆撃が激しくなってくると、北部ラオスの住民は各地へ疎開することを余儀なくされた。

しかしながら、1969年頃になるとパテート・ラーオの軍事的な優勢は明らかになっていった。また、ヴェトナムで和平交渉が進みつつあったことも影響し、パテート・ラーオ側から王国政府に対して和平交渉の呼び掛けを行なうようになった。アメリカ軍による爆撃中止や停戦を盛り込んだパテート・ラーオによる和平交渉の申し出に、王国政府はなかなか応じなかったが、1972年、ヴェトナムでの和平会談が進展を見せると、それにともなってラオスでも和平会談が実施された。

◘ ラオス人民民主共和国の成立

1972年末に王国政府とネーオ・ラーオ・ハックサートの間で重ねられた和平会談の結果、1973年2月、ラオス和平協定が調印された。この協定では現状位置での停戦、ラオス全土からの外国軍の撤退と基地の撤去、ヴィエンチャン、ルアンパバーン両市の中立化、暫定国民連合政府と全国政治協議会の設置、和平協定実施委員会の設置などが取り決められ、長い政治的な膠着状態がやっと終息した。

この協定では、軍事的な優位を背景にネーオ・ラーオ・ハックサート側の主張が大幅に取り入れられたため、ネーオ・ラーオ・ハックサートは協定の実施に熱心に取り組んだ。また、この時期頻発した右派政権の腐敗や高官の汚職を追及する住民のデモも利用し、1974年4月に第3次連合政府が成立すると、政府からの右派勢力の追い出しに力を注いだ。王国政府の高官や軍人には国外に脱出を図る者が増えはじめ、もはや王国政府の自壊は明らかとなっていた。

1975年6月にはほぼラオス全土を制圧したパテート・ラーオは、新体制へ移行する準備を進めた。同年12月2日、全国人民代表者大会が開催され、ラオス国王の退位が決定、ラオス人民民主共和国が成立した。軍事衝突なしにネーオ・ラーオ・ハックサートへの権力の移譲が行なわれた。そのため、ラオスにおける革命は「静かな革命」と呼ばれている。

ネーオ・ラーオ・ハックサートすなわちパテート・ラーオを指導してきたのはインドシナ共産党のラオス委員会から発展した共産主義者による人民革命党であり、大統領にはスパーヌヴォン、首相にはカイソーンが選出された。

ラオス人民民主共和国の成立は、第2次世界大戦後活発化したラオス独立を求める民族運動の1つの帰結であった。ここに至って、第2次世界大戦後、初めてラオス全土が統一政権の下に置かれるようになった。

❺ラオス人民民主共和国

◘ 社会主義国家の建設

1975年12月、ラオス全土を掌握した人民革命党は、社会主義国家建設へ向けて新しい政策を実施した。人民革命党は、農業生産に基礎を置くラオスでは資本主義的段階を通らず直接社会主義建設へ移行するとの理想を唱え、農業生産の拡大と経済システムの改革の2つを基本政策に掲げた。農業の協同組合化、集団化が推進され、企業や工場などが国有化された。

しかし、西側諸国からの援助の全面的な停止で物不足・インフレが進行し、右派要人を中心とした難民の流出も後を絶たない状況の中で（当時の

カイソーン博物館前の像

人口の約１割に当たる30万人が難民となり国外へ流出したと言われている)、ラオスの国状を無視した急激な社会主義化政策の実施は、ただでさえ脆弱な内政・経済を混乱させた。物不足と激しいインフレは続き、農業の集団化も所期の目的を達成することはできなかった。新政権はこれまでの西側諸国に代わって、ソ連・東欧の社会主義諸国からの援助を受け、内戦をともに闘ってきたヴェトナムとの間に全面的な協力関係を結ぶことでこの状況を打開しようとしたが、状況は改善されなかった。

1979年、社会主義イデオロギー追求よりも社会・経済の安定を優先させるため、政府はこれまでの急激な社会主義化政策の見直しを決定した。農業の集団化は中止し、自由経済原理を取り入れた諸改革によって経済を安定させようとした。しかし、同年のヴェトナム軍のカンボジア侵攻、それに伴う中越関係の悪化とヴェトナムの国際的な孤立が強まる中で、ヴェトナム支持を表明していたラオスも国際的に孤立を深め、改革は成果を上げることができなかった。西側諸国にとって、ラオスは閉ざされた社会主義国になっていった。

チンタナカーン・マイ政策

ラオスの経済的な停滞状況は続いていたが、ソ連でゴルバチョフによるペレストロイカ政策が開始されると、ラオスでもその可能性が模索されるようになった。1986年、人民革命党第４回党大会において、カイソーン書記長は「チンタナカーン・マイ」（新思考）という改革・開放路線を採択することを決定した。新経済メカニズムと呼ばれる市場経済の原理を導入して、経済面での自由化を促し、経済の停滞を打破しようとしたのである。この決定はすぐ実際の政策に反映された。外国投資法が制定され、価格統制も廃止された。国営企業は民営化され、流通も自由化された。

さらに、この動きは経済面だけではなく、政治・社会面での開放化、対外関係の改善にも及んだ。1988年には人民民主共和国成立以来、初めて地方レベルでの普通選挙が行なわれ、1989年には最高人民議会議員選挙も行なわれた。1991年には憲法も制定され、カイソーン首相が大統領に選出された。

対外関係では、国境紛争が続いていたタイとの関係や中越関係の悪化により悪化していた中国との関係が改善された。また、1989年には西側諸国との関係改善のため、カイソーン首相が日本、フランスを訪問した。この成果はすぐには現れなかったが、自由化、開放化を示し、全方位外交を進めることで、西側諸国や国際機関からのラオスへの援助が増大しはじめた。

1990年代に入ると、その動きは加速し、外国からの援助や投資が増大、少しずつ経済発展をとげるようになっていった。1992年、チンタナカーン・マイ政策の音頭をとったカイソーン大統領が72歳で死去したが、彼の死後も現在まで、改革・開放政策は引き継がれている。1997年のアジア通貨危機以後、経済発展の速度は鈍ってはいるものの、同年、ASEANにも加盟したラオスは東南アジアの一員としての立場を明確にし、これまでの改革・開放路線を維持している。

第７章
民族

安井清子

扉写真・モン・カーオの女性たち。シエンクアン県の山あいの村の朝市で。

❶多民族国家ラオス

◘ 民族の数

「ラオスには、いったいいくつの民族がいるのか？」――それを確定することは難しい。2000年８月に、ラオス政府は49民族であると発表したばかりだが、それで正式に確定されたわけではなく、今後も、分類や名称がさらに補正されていく可能性も大きい。

ラオス政府の国勢調査においても、これまで、調査年によって発表される民族数が異なってきた。そのことも、ラオスにいかに多くの民族が住み、その民族を確定する作業がいかに難しいかということを物語っている。

1985年の国勢調査は、68民族、自称による民族名は177という分類のもとに行なわれたが、実際に調査を行なってみると、800以上もの自称による民族名が記録されたという。しかし、その中には、「○○川に住む人」「○○地方に住む人」「○○という木の下に住む人」といったような、住んでいる村、川、山などによって自らを呼ぶ名称が多く含まれていたそうである。

1995年の国勢調査は47民族という分類のもとに行なわれたが、実際にはそれ以外の民族名を持つ人や、また自分の民族名を知らないという人も報告された。また、蔑称などが民族名として使われている場合もあった。

それらの結果を踏まえて、今回2000年に、民族名の改定を含めて49民族と発表されたわけであるが、前述したように正式に確定されたものではない。実際にはこの49民族とは大きな分け方に過ぎず、さらに100以上のサブグループに分かれる。研究者によっても数は異なっていて、Laurent Chazéeは、著書*The Peoples of Laos*で、132の民族グループとしている。

いずれにしても、国土面積は日本の本州くらいだという小さい国に、こんなにたくさんの民族が、それぞれ独自の言葉や文化を持って、共に暮らしているのである。これは島国に住む日本人には想像し難いことだが、ま

ラオスの民族

民族名			人数（2005年の国勢調査による）
①Lao-Tai語族（8）（ラーオ・タイ）語族			
1	Lao	ラーオ	306万7005
2	Tai	タイ	21万5254
3	Phuthai	プータイ	18万7391
4	Lue	ルー	12万3054
5	Nyuan	ニュアン	2万9442
6	Yang	ヤン	6160
7	Saek	セーク	3733
8	Thai Neua	タイ・ヌア	1万4799
②Mon-Khmer（モーン・クメール）語族（32）			
9	Khmu	クム	61万3893
10	Prai	プライ	2万1922
11	Singmun	シンムン	8565
12	Phong	ポーン	2万6314
13	Then	テーン	514
14	Idou	イドゥ	649
15	Bit	ビット	1964
16	Lamet	ラメート	1万9827
17	Samtao	サームターオ	3533
18	Katang	カターン	11万8276
19	Makong	マコーン	11万7842
20	Tri	トゥリー	2万6680
21	Yru	ユル	4万7175
22	Trieng	トゥリアン	2万9134
23	Taoy	タオーイ	3万2177
24	Yae	イェ	1万 570
25	Brao	ブラオ	2万2772
26	Katu	カトゥ	2万2759
27	Alak	アラック	2万1280
28	Oy	オイ	2万2458
29	Kalieng	カリアン	1万2879
30	Cheng	チェン	7559
31	Sadang	サダーン	938
32	Soy	ソーイ	4万2834
33	Nyahuen	ニャフーン	6785
34	Lavi	ラヴィー	1193
35	Pako	パコ	1万6750
36	Khame	カメー（クメール）	5825

37	Tum	トゥム	4458
38	Nguan	グアン	722
39	Moy	モイ	534
40	Kri	クリー	495
③Tibet-Burmese（チベット・ビルマ）語族			
41	Akha	アカ	9万 698
42	Singsiri	シンシリ	3万7447
43	Lahu	ラフー	1万5238
44	Sila	シーラー	2939
45	Hayi	ハーイー	848
46	Lolo	ロロ	1691
47	Ho	ホー	1万 437
④Hmong-Mien（モン・ミエン）語族			
48	Hmong	モン（フモン）	45万1946
49	Iu-Mien	イウ・ミエン	2万7449
その他			1万2532
答えず			5万4643
計			562万1982

出所：下記の3つをもとに作成し、2005年の国勢調査をもとに改訂。
Ministry of Information and Culture, *Lao P. D. R. 1975-2000.*
National Statistical Centre, *Results from the Population Census 1995.*
Frank Proschan, *Lao People's Democratic Republic 1995 Classfication of Ethnic Groups Compared with Previous Classifications.*

わりを全部他の国に囲まれた内陸国ラオスでは、たくさんの民族が長い時間の中で行き交い、住み着き、そして影響されあいながらも、その多様性をもって共存してきたのである。ラオスはまさに多民族国家である。

時代によって民族政策は変わる

ラオスでは、1950年以降、全民族を、その居住地域の高低によって大きく3グループに分ける方法が広く使われてきた。

①ラーオ・ルム（低地ラオ）——低地、川の流域の平野に住む人々。海抜200m～400mの地域。

②ラーオ・トゥン（山腹ラオ）——山地の中腹に住む人々。300m～900m。

③ラーオ・スーン（高地ラオ）——山の高地、頂上近くに住む人々。800m～1600m。

「ラーオ・ルム」には主に平野に住むことの多いラオ族をはじめとするタイ系語族の民族、「ラーオ・トゥン」には山の中腹に住む主にモーン・クメール語族の民族、「ラーオ・スーン」には、山の高い所に住むモン・ミエン語族およびチベット・ビルマ語族の民族が含まれている。だが実際には、ラーオ・スーンの中にも平地に住んでいる人がいたり、ラーオ・トゥンの中にも高地に住んでいる人がいたりと、居住地の高低が厳密に当てはまるわけではなく、例外は多い。

1995年の国勢調査以降は、この３つの呼称は使用されていないが、現在でも便宜上よく使われ、ラオスの1000キープ札や政府の国策を示す看板にも、この３民族の姿が、ラオスに住む多民族を象徴するかのように描かれている。

この呼称は、1950年代の、民族の別をなくして協力し革命を闘い、国家を作りあげていこうという気運の中で生まれたものである。特に当時は、「メオ」（モンを指し、猫という意味）や「カー」（クムなどラーオ・トゥンを指し、奴隷の意）などという蔑称がまだまだ一般に使われていたため、大きく民族を居住地の高低でくくってまとめてしまうことで、そのような個々の蔑称を使わないようにする意図もあったと思われる。蔑称は、必ずしも蔑意はなくとも、知らないという無関心から生ずる場合も多いであろう。よほど意識を持っていない限りは、他の民族の呼称などわからない。だから、この大きく居住地域でくくったグループ分けはそれなりに便利であったのだろう。

それ以来、この３大グループ名は広く普及浸透して、今でも「あなたの民族名は何ですか？」と聞くと、「ラーオ・スーン」「ラーオ・トゥン」などと答える人も多い。しかし、現在はこの居住地の高低で呼ぶ３大グループ分けは現状にそぐわないとして、もう公式には使われていない。

1991年には「民族文化保護政策」が提唱され、８月に採択された憲法には、「全民族は、自身および国家の文化習慣を保存振興する権利を有する」そして「政府は、あらゆる民族の経済社会的レベルを徐々に伸長向上させるために尽力する」[1]とある。しかし、一般にアクセスの悪い山奥や遠方の地に暮らす民族は、各々独自の豊かな文化を残していると同時に、現在の社会経済の発展からは取り残されがちである。そのような個々の民族に社会発展の恩恵が届くようにするためにも、大きく民族をくくってしまうことよりも、それぞれが異なる言語、文化を持つ民族であるということを考慮しなくてはいけない、ということだろう。

ラオスでは、主要民族と少数民族という捉え方はしていない。それぞれがラオスを構成する民族である、と言う。ラオスは多様なる民族で構成されている多民族国家である、という認識を前面に打ち出す方向で進んでいる。

民族とは流動するもの

多くの民族の中には、数十名しか確認されていない「ユムブリー」や、1つの村しか残っていない「サプアン」など、民族消失に面している民族のサブグループも報告されている[2]。また、ラオ族への同化が進み、元々の自分の民族の言葉や民族名すらも知らない人々がいるという。現に2005年の調査では、自分の所属する民族名を知らない人が、5万4643人報告されている。特に、ヴィエンチャンなどの大きな町に多かったという。

ラオ族への同化傾向は、特にラーオ・トゥンと呼ばれてきたモーン・クメール語系の民族に強いが、ラーオ・トゥンの人々の中には、社会環境の影響、または自分の意志から、ラーオ・ルムへと民族を変える人々がいる。

ラーオ・トゥンのラオ化について詳しい虫明悦生氏（京都大学大学院農学研究科、熱帯農学専攻博士課程在学中）から聞いた話をまとめてみる。

ラオス南部のサヴァンナケート県アートサポーン郡のセー・チャムポーン川流域に、モン・クメール語系のブルの人々が住んでいる。政府の分類ではマコーン族なる人々であるが、自称ブルと言う。セー・チャムポーン支流の上流には、ブルの村があり、その下流域にはラオ族の村がある。そのラオ族の村の人々は、当然自らをラオ族だと名乗っているが、実は元々はブルなのだそうだ。しかも「私は5年前にラオになった」という人もいて、自らの意志で民族名を変えたらしい。既に彼らは日常生活の中でラオ語を話し、特に若い人や子供たちには、元々の民族の言葉を話せない人も多くなってきている。自らを取り巻く環境の中で生きていく有利さを考えた上でとった選択なのだろうか？　こうして、もう既に何世代か前にラオへと鞍替えした人々の中には、自分たちの先祖が元々は何族だったのかすらもわからない人が多くいるという。

ラーオ・トゥン、つまりモーン・クメール語系の民族の中で、特に平野の多い南部に住んでいる人々は、水田をやっている人も多い。水田を生業とし、仏教を信じ、そしてラオ語を話していると、その生活様式はラオ族のそれとほとんど変わらない。そのような村では、民族衣装もほとんど残っていない。こうなると、一見して彼らがどの民族なのかはわからなくなってしまう。これまで民族を見分ける大きな目安として考えられてきた言葉や服装、そして生業などというものは、案外と簡単に変わってしまうものらしい。

民族というものは、必ずしも、「確固として変わらないもの」ではない。案外と流動性のあるものなのだろう。現状では、多民族の存在を肯定する政策があろうがなかろうが、経済発展が進み、教育、情報が普及していく中で、各民族のラオへの同化のスピードはますます速まってくるだろう。

ラオスには、約560万人（2005年現在）の人々が住んでいるが、そのうちラオ族が半数以上を占める。だから、ラオスはラオ族の国であると言えるかというと、そうでもない。ラオスはたくさんの民族が住む多民族国家である。特に南部や北部には、ラオ族が少数派で、ラーオ・トゥンやラーオ・スーンにあたる民族が多数を占める地域も多い。

実際、ラオスは憲法で、各民族が平等な対等な立場であり、自身の文化習慣を保存する権利があることを謳っている。しかし、一方、ラオ族の言葉、ラオ語が国語で、学校ではラオ語が教育され、役所などでもラオ語が使われている。ラオ族がラオスという国の中心を担ってきたこともまた動かしようがない事実である。

❷民族の歴史

◆ラーンサーン王国を建国したラオ族

ラオスの歴史は、14世紀半ばの「ラーンサーン王国」の建国から語られる。それ以前に、ラオスの地を広く支配した国はなかったのである。

「ラーンサーン王国」を建国したのはラオ族である。しかし、ラオ族はラオスの地の先住民ではない。ラオ族はどこから、どうしてやってきたのだろうか？

タイ（Tai, Thai）と自称する南西タイ諸語（言語学者・李方桂の分類による）を話す人々（ラオスのラオ族をはじめ、ラーオ・ルムと呼ばれるタイ語系の人々が含まれる）の祖先と思われる人々が、歴史書に登場してくるのは、漢代（紀元1世紀頃）である(3)。彼らは「史書」に「西南夷」として記述されている。中国・雲南省、四川省の山地から貴州省などの一帯と、その地域に住む諸民族は「西南夷」と呼ばれたのである(4)。これはタイ族だけを指したものではなく、チベット・ビルマ系、モーン・クメール系の人々も含まれていた。後漢の時代、歴史書には、中国雲南西部に「哀牢」と呼ばれた地があり、哀牢王の記述がある(5)が、はたして「アイラーオ」が現在のラオ族に直接つながるのか、タイ族の祖先なのかは不明である(6)。

いずれにしても、紀元の初めの頃には、中国西南部の西南夷と呼ばれた地域にタイ族の祖先たちは住んでいたのである。そして14世紀末の『百夷伝』には、「小百夷」と呼ばれたタイ族の人々が、サルウィン川以東からメコン川流域に住んでいたことが記されている(7)。

タイ族のインドシナ半島への移動と広がりが、いつごろからどのように行なわれたかは明らかではないが、8～9世紀には、タイ北部のチエンセーンに、タイ族のムアン（くに）が作られていたという。タイ族は、小規模な集団で時間をかけて、先住民族のモーン・クメール系の人々との交流や混血を繰り返しながら、灌漑設備を作り、水田を開墾し、定住して、ムアンをあちこちに作った。川沿いの開けた土地は、より大きなムアンとなり、交通や経済交流の場となっていったのであろう。彼らは、高い山々の上や深い森に住みつくことはなかった。メコン川沿いに開けたルアンパバーン、ヴィエンチャン、サヴァンナケート、そしてチャムパーサックなどの平野、また、シエンクアンやカムムアンの高原などに、次第にその人口を増やしていったのである(8)。

13世紀半ば、モンゴル帝国（元）は雲南の地へ南進し、大理国、そしてパガンを滅ぼした。その頃南方ではすでにモーン系、クメール系の力は衰退しはじめていたという状況を背景に、雲南から東南アジア北部に複数のタイ系民族王国が成立したのであった。

ラオスの地で、ラオ族たちの諸ムアンを統合し、「ラーンサーン王国」を建国したのが、ファーグム王（1353～72年）であった。

ラーンサーン王国の来歴を伝える現存する最古の文書、『クン・ブーロム年代記』によると、天界から下界の地に支配者としてくだされたクン・ブーロムをタイ系民族諸王国の王たちの祖とみなし、ラーンサーン王国の起源は、クン・ブーロムの長男クン・ローが天命によりムアンサワー（ルアンパバーン）の支配に赴き、そこでモーン・クメール系と見られる先住民一族を破って山地へ追いやり、ラオの王として即位したことだという(9)。

後から入ってきたラオ族をはじめ、ラーオ・ルムと呼ばれるタイ系民族はいわば川（水）の民族である。川沿いの低地、平野に住み、川の交通、水利を制し、灌漑技術を持ち、水田耕作を行なう。水田は1度作れば毎年コメを作ることができ、定住性が高い。一方、先住民であるモーン・クメール系の人々は山（森）の民族。焼畑を行なってきたが、焼畑は、同じ土地を繰り返し使うことのできない農法である。数年ごとに畑の移動をしなくてはいけない。移動性が高く、また、限られた地域に人口が集中すると、焼畑自体が成り立たないために、ある一定の人口以上の人々が一緒に住むことができない[(10)] (Chazée によると、1km四方に 20人を越えると、自然との均衡が崩れる[(11)] という)。農業のやりかただけを比べても、より生産性の高いラオ族が平地での勢力を伸ばし、先住民が山の森の方へと追いやられていった姿が想像される。

現在、ラオ族のほとんどの人々は上座仏教を信仰しているが、仏教伝来の起源はファーグム王であると伝説は伝える。つまり、それ以前ラオ族は仏教を受容していなかった。ラーンサーン王国をはじめラーンナー王国などタイ系民族の王国では、王権の安定と強化のために、上座仏教が受け入れられ、広まったのである[(12)]。タイ系民族の中でも、タイ・ダムやタイ・カーオの人々は、比較的早く他のタイ民族と分かれたために、上座仏教を受容していない[(13)]。

ラオ族以外のタイ系民族も、北部ラオスを中心として各地に住んでいる。その歴史の詳細はわからないが、それぞれの歴史を経てラオスの地に住むようになり、ラーンサーン王国の傘下に入るようになったのだろう。

Treasure from Laos[(14)] では、19世紀末から20世紀初頭にフランス人によって撮影された各民族の写真とともに、歴史が紹介されているが、その頃までは、各民族の独自性、多様性が強く継続されていたことがわかる。

他のタイ系民族については次のような記述がある。

「ラオス北部に住むタイ・ヌアは伝統的に、ヒンドゥーと仏教が混じった信仰を信奉している。ビルマの文字を使い、精霊を信仰している。彼らは9世紀〜12世紀頃、雲南からのタイ族移動の初期段階に、ラオスへ入ったといわれる。最初はポンサーリーへ、そしてホアパン県に移り住んだという。タイ・ヌアはファーグム王に征服され、セーターティラート王の時、ラーンサーン王国に吸収されたと考えられている。彼らは、ルアンパバーン、ヴィエンチャンの両王国に税を納めなくてはいけなかった。1833年〜75年の間は、安南とルアンパバーンに税を納めていた」[15]

「現在のルアンナムター県のムアンシンは、雲南のシップソンパンナー王国の12の公国の1つであり、ルーの王によって治められていた。ラーンサーン王国とは婚姻関係を通じ、緊密な関係が作られていた」[16]

同じタイ系民族とはいえ、それぞれの歴史を歩んできていることがわかる。今後、ラーンサーン王国の歴史だけでは語り尽くされない各民族の歴史が掘り下げられていけば、多民族国家ラオスの歴史をより多角的に、より豊かに見ることができるのではないかと思う。

◘ ラオスの先住民族

太古の昔、現在のラオスの地にはどのような人々が暮らしていたのだろうか。ホアパン県、ルアンパバーン県の洞穴からは、紀元前6000年ころからのバクソン文化の遺跡が、人骨とともに見つかっているという。その人骨はパプア人や原ネグリト人に似ていると言われるが、氷河時代に地続きだったメラネシアの島嶼部との人々のつながりがあったのかもしれない[17]。ラオス南部に住むモーン・クメール系の人々の作るロングハウスが、東南アジア島嶼部のそれとよく似ていることなどと考えあわせると、ラオス先住民族の祖先たちが、いったいどこからやってきたのか、どんな広がりをもっていたのか、興味がつきない。

ラオスの先住民族は、ラーオ・トゥン、モーン・クメール語族の民族と言われる。ラオスの49民族のうちの半分以上をモーン・クメールの人々が占めるが、文字がなく記録がないので、歴史の詳細はわかっていない。しかし、モーン・クメール語系の人々の文化的象徴とも言える銅鼓の紀元前のものが、メコン川の流域から発掘されていることなどからも、彼らがラオ族が来る以前のラオスの地に古くから住んでいたことは、確かだと言ってよいだろう。

ラオスに住むモーン・クメール語族の中で一番人数の多いのがクム族であるが、クムの研究書*Khmu's livelihood: Farming the forest*によると、ルアンパバーンはクム族起源の場所だと言われ、ラオ族が統治する前はクムが治めていた。他にもたくさんクムの町があったが、ラオ族が統治し始めると、クムは力を失って山住みの一民族となったという[18]。

モーン・クメール語系の人々が先住民であるということは、ラオスに住む多くの民族の民話にも語られている。クム族の民話は次のように伝える。

「昔、洪水が起こり、唯一生き残った兄妹が夫婦になった。妹は身ごもったが、３年間子供は生まれなかった。そして丸く赤いかぼちゃを生んだ。鉄の棒を刺すと、黒く焦げた穴からクムが最初に出てきた。そして、その後ナイフで切り裂いた穴から、ラオ人、ヴェトナム人、中国人、それから他の民族が出てきた。クムは最初に黒く焦げた穴をすり抜けてきたから、他の人より黒い肌をしていて、そして兄貴分なのである」[19]

ラオ族の民話では、かぼちゃが生まれるまでの経緯は異なるのだが、かぼちゃの穴を潜り抜けて最初に出てくるのはクム、その次にラオが登場し、同様の順番となっている。

クムは兄貴分であったのだが、弟のラオと知恵比べをして、負けてしまったそうである。

「兄のクムと弟のラオは、メコン川のタム・ティン洞窟（ルアンパバーンの上流）に来て、弓を競った。対岸の岩壁に矢がつき刺さった者が勝ちで統治者となるということであった。兄の矢は岩には刺さらず落ちてしまったが、弟は賢いので、矢に糊をつけて放った。矢は見事に岩盤にくっつき、そして弟が王となった。それからラオは低地に、クムは山に住むことになった」[20]

このラオとクムの関係は、ラオスが社会主義政権になる以前のルアンパバーンで行なわれていたラオスの伝統的な新年の儀式でもうかがえる。

カサック（ルアンパバーンの近くに住むクムの人々）は、王様の新年の儀礼には必ず出席する義務があったという。新年の国王の即位儀礼には、ラオの王が登極する直前にカサックの長が５分間だけ王の装いをし、先端に金を付けた籐製の王冠をかぶって王座に座るという儀式があった。その後、カサックの「王」は王座から降り、真の王に向かって、「弟よ登位せよ」と言い、王が即位したのだという[21]。

これは、先住民クムと、その後ラーンサーン王国を築き支配したラオとの関係を表していると言えよう。

先住民のモーン・クメール語系の人々がそれ以前にどんな暮らしをしていたのか？　ラオ族が入植してきた時にどんな争いがあったのか？　それ以前には平野に住んでいたのか？　水田を行なっていたのか？　いずれもよくわからない。彼ら自身の記録は残念ながら残っていない。彼らは文字を持っていないのである。

クムの研究書にも「クムは森で生きてきた人々であり、民族の記憶の限りにおいては、焼畑を行なっていた」[22]と書いてある。争いがあったということはあまり語られてはいない。灌漑技術を持ち水田耕作を行なってきたラオ族と、焼畑を行なってきた先住民は、耕地の奪い合いにはならなかったのかもしれない。また、圧倒的な技術、力の差に先住民の人々は森に移らざるをえなかったのかもしれない。

ラオスに長く住んできた先住民は、それ以降、ラオ族からは「カー（奴隷）」などと呼ばれ、社会の低い地位に甘んじることとなった。『東南アジアの少数民族』の中で岩田慶治は、調査の中で出会ったクム（1960年頃当時は、カーではなく、プーテン族と呼ばれていた）のことを次のように報告している。

「プーテン族は、北部ラオスという多民族地域社会における、自らの地位をよく自覚しているようである。ラオ族と一緒に山道を歩いていて、プーテン族に会うことがある。その時、道をゆずり傍らの草むらに入っていくのは、必ずプーテン族である……ラオ族にたいする社会的反応なのである。それが習性となっているのである。……プーテン族の男は生まれ育った村を棄てて他郷、他民族の社会へ流れてゆくものが多い。……かれらはプーテン族という自らの出自を忘れて、正直で勤勉で、安価な下級労働者となっているのである。……プーテン族は徐々にラオ族社会にとけこんでゆく状勢にある。村落として生き残ってはいても、伝統的な文化を多くを失っている。そしてもちろん、ラオ族社会へのとけこみ方は、上からではなく下から、社会の底辺からである(23)」

同じモーン・クメール系語族でも、ラオ族の割合の多い北部にいるクムなどと、少なかった南部では文化変容や同化の度合が違うが、やはり、何世代にも渡ってのラオへの同化、そして、自らの文化や言葉の喪失の方向は否めない。

◆山頂に住むラーオ・スーン

山の山頂付近に住むラーオ・スーン――モン・ヤオ語族とチベット・ビルマ語族の民族が中国の雲南省または四川省、チベットなどからヴェトナム、ビルマ経由でラオスに移り住んできたのはもっと新しく18世紀に入ってからである。中国の少数民族に対する圧政や虐殺、重税などが移住の原因だという。モンの場合は、次のようである。

中国では清の時代になると、清朝は少数民族を直接支配しようと、徹底した弾圧政策をとった。抵抗するミャオ族（中国ではモンはミャオ族と呼ばれる）に対して、徹底した皆殺し作戦をとった。村を焼き払った上、清朝官吏と軍を送りこみ、重税をしぼりたてた。耐えかねたミャオ族はあちこちで蜂起したが、結局は清朝の大軍に敗れる結果となった。多くが殺され土地を奪われた上に、さらに重税をかけられ、納められないと墓をあばかれ、副葬品まで奪われたという。清朝末期のミャオ族の大蜂起は、太平天国の乱とも連合して一時は清軍を大破する勢いだったが、結局は敗れ、100万ものミャオ族が殺され､残った人々も細々と悲惨な状況で生き延びるしかなくなった。そこで、中国を離れ、新天地を求めて、ヴェトナム、そしてラオスへと移動した人々がいたのである(24)。

このような中国との抗争の歴史は、彼らの風習の１つともなって残っている。一部の地方のモンの人々は、今も死者を葬る時に、男でも女のスカートを死装束として身につけ、新品の装束に裂け目を入れる。その昔中国から逃走する時、男は見つかると殺され、死体になっても痛めつけられたという。だから、男も髪を長く伸ばし、スカートをはいて、女装をして逃げ、ラオスへとやってきたと伝えられている。また、モンは土葬であるが、墓をあばかれた時にも、女であれば手出しされない。だから女の衣裳を身につけ、また、新品の服は盗まれるので、わざと裂け目を入れておくのだという。

このようにして、モンは中国からラオスへとやってきた。19世紀半ば以降からモンのラオスへの流入が多い。ミエン（ヤオ）も同じ頃、ラオスに移住してきている。そして、おそらく誰も住んでいなかったであろう、ラーオ・トゥンの人々が住む山腹よりももっと高い山地に住み着いた。

ラーオ・スーンの民族はすべて、ラオスの中部以北に住む。ボーリカムサイより以南に移動していない(帰還難民定住地を除く)。モン、ミエンはヴェトナム経由でラオス北東部、シエンクアンやホアパンに住み着いたグループと、雲南省から直接ルアンナムター、ウドムサイ、ルアンパバーンなどのラオス北西部に入ったグループとがいる。チベット・ビルマ語族のシンシリ(プーノーイ)、アカ、ロロをはじめ多くの民族が、ポンサーリーをはじめ、ルアンナムター、ウドムサイなどの北西部に、雲南省から、またはビルマ経由で移り住んでいる(25)。

このようにして、ラオスには、昔からモーン・クメール語族の人々が先住民として暮らしていた。その後、中国から南下してきて勢力を広げたタイ語族が平野に、さらにその後にモン・ヤオ語族、チベット・ビルマ語族の人々が南下してきて山の山頂部に住み着いた。その数多くの民族が互いに共存し、大変に多様性に富んだ、民族地図を繰り広げている。

❸モン族の暮らし

ラオスの山に住む多くの民族は、低地に住むラオ族をはじめとするラーオ・ルムとは異なった文化を持ち、異なった生活を営んでいる。ここでは、山の高地に住むラーオ・スーンの中で一番人口の多いモン族の生活を、現在変化しつつある状況を含めて紹介することにしよう。

◘お正月は１年の節目

モンのお正月は、収穫の後の新月の日に始まる。その年によって、そして地域によっても、正月の日が違ってくる。ヴィエンチャンのモンの村では11月に正月を迎えても、北のサムヌアのモンの村はずっと気候が寒いので、その頃はまだ稲の収穫が終わっていない。正月は稲刈りの後の１月から２月に迎えることとなる。

毎年、実際に稲刈りが始まらないと、正月の時期がわからない。既存のカレンダーで１年が回るのではなく、モンの暦は、土と空を中心に回っている。１年の収穫後のお祝いが正月なのである。

「いつがお正月なの？」と聞くと、西暦で何月何日という言葉は返ってこない。

「えーっと、今日が何日目の月だから、あといくつ寝ればお正月だよ」と、月齢を指折り数えて教えてくれる。お正月のことを、モン語で「ノォ・ベッチャオ」と言うのだが、ノォ＝食べる。ベッチャオ＝30なので、30日目の月（つまり新月）に食べるという意味になる。新月の日が、日本で言えば元日にあたるわけである。

モンのお正月といえば、餅がなくては始まらない。大晦日かその前日、人々は朝早くから木の幹をくりぬいた大きなせいろでモチ米を蒸し、餅をつく。臼は木を縦半分に切ってくりぬいた舟形の横長の臼で、両側から男

モチをついて正月の準備をする。ホアパン県シエンコー郡のモン・ダムの村。

が２人でつく。ペッタンペッタンなどではなく、バシンバシンバシバシと男が勢いよく杵を交互に振り降ろして餅をつく、なかなか豪快なものである。日本のように水をつけたりはしない。つきあがった餅は、女たちが手際よく丸めて平たくし、バナナの葉に包む。囲炉裏端で焼くと香ばしい。

餅つきをしている家を訪ねようものなら、「やぁ、餅がつけたところだ、持っておいき」とつきたての餅をくれる。私は「わぁ、うれしい、ありがとう」とすぐ手を出してしまうが、モンの人はそうはしない。「いやいや、いらないよ」「そう言わずに。どうぞ」「いやいや、いらない」「どうぞ」「いらない」……を10回くらい繰り返して、最後に渋々、押し付けられたように受け取る。これが礼儀である。モンの人は遠慮深いのである。だから、モンの人に物を差し上げる時には、「いらないよ」と言われても、「あっそう」と、すぐ引っ込めてはいけない。

大晦日の日は、すす払い。日本の神社のすす払いのように、竹を束ねたもので家中を払って清める。モンの家の壁には必ず「スカ」という家の守り神である紙が貼ってあるのだが、そのスカを１年に１度張り替えるのもこの日だ。鶏を捧げ、祈りを捧げたあと、鶏の血と羽根を新しい紙に付ける。スカの横には、１年間使ってきた鎌、鍬などの農具類、刃物やのこぎり、ふいごなどの道具類を納める。そして家のあちこちにお札のように切った紙を貼って歩く。かまど、家の入り口の横、各柱、外にある米倉まで、紙を貼ってはその下に線香を立て祈る。ゆく年に感謝し、来る年の家内安全を祈っているのであろう。

そして、戸口に卵と線香と鶏を供えて、家長、または親族の長老が銅鑼を鳴らしながら言葉を唱えて、新しい良い魂を家の中に呼び込む。そのような一連の儀式を終えると、後は食べるのである。

ごはんに鶏や豆腐の汁といった質素な食事であるが、「ごはんができたから食べにおいで」と村中の家が次々とごはんに呼びあう。ごはんのハシゴというのもなかなか辛いものであるが、一緒に食べることが何よりもお祝いなのだ、と食べられることへの感謝を感じさせられる。

シャーマンの儀式。モンの人は魂が正常な位置にないと病気になると考える。魂を正しく呼び戻すのがシャーマンの役目。シエンクアン県ペーク郡。

さて、一夜あけ、元日の朝となれば、娘たち若者たちはきれいな民族衣装を着飾って、「ボーポー（まりなげ）」に興じる。男女が分かれて列となり、野球ボール大のまりを投げ合うのである。「グゥツィア」という即興の歌を歌い交わしながら投げる。他の村からも遊びにやってくるので、いいお見合いの機会なのであろう。

男の子たちは、こま回しに一生懸命。手で握りきれないほどの大きな木のこまを投げて回し、ぶつけあって遊ぶ。大の大人も正月ばかりは、子どもに負けじとこまを投げている。

また、羽根つきは、鶏の羽根をトウモロコシの芯などに刺したものを、大振りの羽子板でつく、まさに羽根つきである。そして、あちこちの家で牛や豚、水牛をしめ、ごちそうの連続。

モンの正月の3日間は、働いてはいけないと言われ、人々は食べ、遊び、楽しむ。正月が終わるとまもなく、新しい農作業に向けて準備を始めるのだから、正月はモンの人々にとって1年の節目となる大切な、そしてほっと一息つける一番楽しい時である。

◆ 焼畑

正月が終わると、人々は家の修理、農具を打ち直す鍛冶仕事などをしながら、その年に畑とすべき森を決めて木を切り倒す。切り倒された木は、乾季の熱い太陽の下でカラカラに乾く。そして、雨季が始まる前、4月の一番暑い日の一番暑い時間、ちょうど太陽が頭上に輝く頃、山に火を入れて焼くのである。

おそろしいほどの煙をあげ、炎がメラメラと山肌をなめるように走って行く。このまま燃え広がってしまうのか……と心配になるが、焼け広がらないような防火線が作ってあるので、森の手前で火は収まり、線を引いたように焼け分かれる。もちろん、きちんとした処置がとられていないと、山火事となってしまう。

山焼きの後、トウモロコシをすぐ蒔き、一雨降った後、陸稲の種籾蒔きが始まる。焼畑での陸稲作りは、苗代で苗を作り、田植えをするという水稲とは違う。直接、土に種籾を植え付ける。まず、男たちが横1列に立ち、「ムゥ」と呼ばれる穴あけ棒――先のとがった背の丈ほどもある棒――で土を刺し穴をあけていく。女たちはその後に、前かがみで続き、穴の中に種籾を10粒くらいずつ入れていく。蒔いた種籾の上に土はかぶせない。「種籾は、自分から勝手に土にもぐって隠れてくれるのだよ」という。土に隠れた種籾は、雨が降れば4日、降らなくても7日で芽が出るそうだ。畑の土によっては、直接、土地に種をばらまきにする場合もある。

種蒔きは、労働交換をすることが多い。今日はここの家の畑、明日はあちらの家の畑……という具合に、みんなで協力して順番に1家族ずつの畑を蒔いていく。そして、草取りなどの作業を経て、10月～12月は、稲刈り。よく育った黄金色の稲穂が山の斜面を覆う。そして収穫の後、人々はまた正月を迎える。

焼畑。焼いたあと土に穴をあけ、種籾を蒔く。ホアパン県サムヌア郡。

こうして、モンだけではなく、山住みの民族、ラーオ・スーンやラーオ・トゥンのほとんどの民族が、焼畑をやって暮らしてきた。書くと簡単だが、実際には本当に大変な作業である。

灌漑技術を持ち水田を作るラーオ・ルムの人々が、平野で勢力を延ばしていき、先住民のラーオ・トゥンは山腹へ移って行ったと言われるが、深い森が延々と広がって人口が少なかった昔は、平野よりも森の方が豊かであったに違いない。平野では米の耕作しかできないが、森ではさまざまな自然の恵みを享受することができる。先住民の人々は、だんだん山の山腹へと移っていっても焼畑をやって十分食べていけたのであろうし、だから争いも起こらなかったのではなかろうか。

そして、19世紀半ば以降からは、ラーオ・トゥンも住まない山の高い地域へラーオ・スーンが移り住み、また焼畑をやって暮らしてきた。人々の生活を支えてきた山の豊かな森林、自然があり、少ない人口で、このような住みわけがあったからこそ、ラオスの多様な民族の共生が可能になり、多様な文化が育まれてきたのであろう。

焼畑を行なう民族は、往々にして「森林破壊の元凶で、困ったものだ」という見方をされてしまうが、焼畑は、元々は自然の生態系のリズムをこわすものではないという。樹木を切って燃やすことでできた灰が天然の肥料となり、雑草の種が焼けるので雑草を防ぐという効果が大きく、肥料や薬を使わずに畑を作れるという。森の基盤があって成り立つ農法で、森と共生した生活があったからこそ焼畑が成り立ってきたのである。

本来は収穫が終わった後の畑は10年、場所によっては20年以上放っておき、再び木が生え大きくなって十分に森林が回復した頃、また同じ土地に戻ってきて、再び焼いたという。焼畑を行なう人々は、自然とのバランスを守る方法を守ってきたのだ。

だが、焼畑は豊かな森とその森が包容しうる人間の数の限りにおいて成立する。前述したように、1km四方に20人以上の人口となると、森の自然回復へのサイクルの均衡が崩れるそうであるが、これまでは人口が増えて森林が足りなくなると、新たな地へ移動し分散することによってバランスが保たれてきたのである。

ラーオ・スーンやラーオ・トゥンがこれまでの長い歴史の中で国を作れなかった理由は、焼畑は人口が増えると成り立たないから、焼畑民が大勢集まって町を作るということはできないというところにあるのではないだろうか。

現在、山に住む人々は、焼畑に将来を見出すことはできない。政府は焼畑を禁止する方向である。焼畑をやめて他の職業を探すように勧告している。しかし、低地に下りて水田を作ろうにも、もう土地はほとんど残っておらず、現金収入の道を見つけることも難しい。ラーオ・スーンやラオ・トゥンなど山の人々に残されている土地は山の斜面だけなのである。ほとんどの人々が自給自足の生活なので、自分の蒔いたコメが実れば食べられるし、ダメだったら飢える。山の人々は山の斜面を焼き、焼畑をして、自分でコメを作らなければどうしようもないのが現状なのである。しかし、森林の荒廃、人口の増加などによって、自然とのバランスを保った耕作ができなくなっていることも確かである。

現在、焼畑を生業としている人々の生活は、年々追いつめられてきているように見える。大きな森林は伐採禁止で、1つの村が使える土地の範囲は限られ、ある限定された範囲の山林の中で畑を巡回させているので、小さな林を焼き、3年～5年くらいたって、少し回復してきた林をまた焼く。

休閑期が短いので、森は十分に回復せず、土地は段々荒廃していってしまう。また、焼けが悪いので、雑草の種が残り、雑草がはびこる。この雑草抜きが一番の労働だ。日照りの山の斜面で毎日毎日雑草を抜く。手を抜くと雑草に負けて稲は実らない。

そのうちに、だんだんススキや茅が生え出す。すると、いくら焼いても、ススキなどがますますびっしりはびこって、もう稲は植えられなくなってしまう。ススキ野のことを、モン語でハータオと言うが、「ハータオになったら、もうどうしたらいいかわからない」と絶望的な表情で言う。ヴィエンチャンの郊外の村々には、既にススキの禿げ山が見られる。

「土地はあるけれど、焼畑にする森林がないんだよ」と、人々は口をそろえて言う。

「できれば水田を作りたいけど、そんな平野は残ってないよ」

「山で棚田を作ろうにも水がない」……

今、ヴィエンチャン郊外やルアンパバーンから北へ走る国道13号など、大きな国道沿いに、新しく移住してきてできたモンの村をたくさん見る。たいていが、山から下りてきた人々である。みな焼畑の将来に不安を持ち、「焼畑をやってはいけないと言われた」「もう焼畑をやる森林がない」「水田ができると聞いて下りてきた」「道路沿いに住んでいれば便利だから」などと言う。

しかし、そうは簡単に水田が手に入るわけもなく、元から住むラーオ・ルムの人々と問題が起きたりもしている。結局、再び遠くの山まで歩いて焼畑をする人もいるし、女性の作る刺繍などを売って暮らしを立てる人もいる。山と森というそれまでの生活基盤を離れ、自分たちの故郷を捨て、文化を失っても、将来食べていく方法を模索せざるをえない人々が最近目に見えて増えている。

今、山に住む人々は、外的な理由からも内的な理由からも、焼畑から水田へ、または他の生業への転換を迫られている。その方法いかんで、山国ラオスに住む、たくさんの山の民たちの将来の明暗が、大きく変わってく

モン・ダムの娘たち。モン・ダムはヴェトナム国境に住む。ホアパン県シエンコー郡。

るだろう。

◇女性の手仕事と民族衣装

ラオスのモンは３グループに分けられる。モン・カーオ（白モン）、モン・キアオ（青モン）、モン・ダム（黒モン）である。この名称は女性のスカートの色から来ているという。モン・カーオは麻の生成りの白いスカート、モン・キアオはろうけつで模様を入れ藍で染めたブルーのスカート、モン・ダムはほとんど黒に近い藍染めのスカート、というわけである。

現在では、モン・カーオの女性は白いスカートよりも黒いズボンをはくのが普通となっている。モン・カーオは戦闘の一番激しかったシエンクアン県に多く住んでいるが、戦時中、敵機の爆撃の的になりやすい白いスカートははくことができず、女性も男性と同様の黒いズボンをはいた。だから麻をつむいで白布を織ることもしなくなったという。しかし、今でもホアパン県などの山奥の村では、種を蒔いて麻を育て、その茎から糸を紡ぎ布を織り、山に生える藍から染料を作り、自然の材料から服を作っているところもまだ残っている。

どのグループでも、その民族衣装を美しく飾るのが刺繍であり、「モンの女は刺繍ができなければ嫁のもらい手はない」と言う。みな小さい頃から針と糸を持ち、お母さんの隣に座って見よう見まねで刺繍を始める。モン・カーオは刺繍の他に、重ねた布の上布に切り込みを入れ、下布の色を出して模様を縫いだすという、南米の「モラ」によく似たリバースアップリケの手法も使う。襟や帯、ポシェットなどを飾るのに使われるが、非常に繊細で難しい手法である。

モン・キアオは蜜蠟を溶かして模様を描き藍で染めるバティックの手法を持つ。モンの母から娘へと受け継がれてきたこれらの「手」は、ただ着る服を作るだけに必要なのではない。娘や嫁は親に美しく刺繡をほどこした死装束を作って贈ることで、死後の魂の昇天や再会を祈る。また母親は娘の嫁入りにはスカートを、そして子どもが生まれたらおぶいひもなどを作って贈る。

麻からとった繊維をつなげていく。女たちは歩きながらいつも手を動かしている。ホアパン県サムヌア郡のモン・キアオの村。

このように、日常生活の中の儀礼、冠婚葬祭に関しても、刺繡やアップリケなどで美しく模様をほどこした布が重要な意味を持っている。また、同じグループ内でも地域によって、微妙に刺繡の手法や衣装も異なってくる。モンの女性たちは、「刺繡を見れば、くに（郷里）がわかる」と言う。このように、女性が手から手へと受け継いできた手仕事によって作り出される衣装は、どのグループに属し、どこの出身であるかが一目でわかる、制服か身分証明書みたいな役目も果たしてきたのであろう。

これまでラオスの女性たちは、自分や家族が着るものを作ってきた。しかし、今、ラーオ・ルムやラーオ・トゥンの織物は、どんどんヴィエンチャンの市場に溢れ出している。女性たちの手仕事が売り物になりはじめているのである。モンの村でも同じで、山奥の村であっても、ハンディクラフト業者の買い付け人が着て、スカートまたは古い民族衣装などを買っていく。

「あんなボロ、買って何にするのかね？」と村の人々は不思議がるが、昔に作られた刺繡は確かに美しい。きっとそれは、自分自身のために、時間に追われず美しいものを作るために一針一針心をこめて縫いこんでいったものだからであろう。しかし、それらの古衣装は刺繡部分だけが切り取られたりして売られていくのである。

これからは、自分の民族衣装を作ることに費やされる時間はだんだん少なくなって、その代わり、現金収入を得る手段としての「手仕事」が増えてくるのだろう。もうじき、そうして得たお金で安価な既製服を買うようになるのだろうか？

モンに関して言うと、戦後、難民となってアメリカなどに定住した人が10万人以上いるために、アメリカなどへのハンディクラフト輸出が個人レベルでかなり行なわれていて、家計の助けとなっているようだ。アメリカに住むモンが着る民族衣装、装飾品などである。これは大変に細かい作業を必要とするものなので、アメリカで作っていては時間的に割が合わないのであろう。焼畑をやめ道沿いや低地に降りてきた人々は、水田もなくコメも作れない場合が多いので、そのハンディクラフトによる収入に頼って暮らしている場合が多いが、最近は供給が増えすぎて値が下がっていると聞く。

隣の国タイでの例を見ても、山岳で暮らす民族が現金収入を女性のハンディクラフトに頼っている率が非常に高い。ラオスでも、日々ますます現金が必要な時代になってきている。病院に行くにも文房具や服を買うにも現金が必要であるが、山で暮らす人々に現金収入の道はあまりない。女性の作るハンディクラフトがまず第１に、数少ない現金収入の道となる。女性が家計の中心となって、収入を得る力を持っていくのは頼もしいが、ハンディクラフトというのはいつまで売れるのかわからないという不安もある。しかし、外国人観光客も増えている今、女性の手仕事が自分を美しく飾るためから現金収入を得る手段になるという傾向はますます強くなっていくようだ。

◆ケシ

ラオス北西部のモンの村で、70過ぎのおばあさんが言った。

「私は２ヵ月の赤ん坊の時に、両親におぶわれて、中国から移ってきたんだよ。中国では、娘を餅と交換してしまうほど、貧しい暮らしをしていたんだって。ラオスでは１枚の花びらが両手のひらほどもある大きなケシが育つから、十分食べていける……という噂を聞いて、両親は移ってきたそうなんだよ。でも、実際来てみたら、そんなことはなかった。結局はそんなに楽々食べてこられたわけじゃなかったよ」

ラオス国内を飛行機で飛ぶと、まるで仙人が住んでいるかのような奇岩がゴツゴツと突き出た山々が連なっているのが見える。ラオスには石灰岩の山が多い。よくこんな所に人が住むものだと思うが、その石灰質の土壌の山はケシの栽培に適しているという。モンの人をはじめ山に住む人々が、石灰岩の高い山の近くに住む理由の１つはそこにあったのかもしれない。いや、もちろん、一番最後にラオスに入ってきた彼らには、そんな山の高地の土地しか空いていなかったのかもしれないけれど。

19世紀終わりからのフランス植民地時代、フランス植民地政府は資金調達源として、北ラオス、特にシエンクアンのケシ栽培を奨励した。ラオス北部に住むモンに対しては、高額な年間人頭税がかけられ、税を払えなければケシからとれる生アヘン３キロを納めなくてはいけなかったという。そのような状況で、人々はケシを増産するしかなかった。このアヘンの重税が、フランスへの反感につながった。

アヘン税は1946年、後にパテート・ラーオ政府高官となったモンのファイダーン・ローブリアヤオによって廃止されたが[26]、その後アメリカが介入した戦争中には、エア・アメリカのヘリコプターによる買い付け、空輸が1971年まで続いたという[27]。

そうしたことがなくても、どこからともなく中国人隊商などの買い付け人がきて、アヘンは必ず売れた。他の野菜などよりはずっと値がいい。また野菜などを作っても、市場に売りに行く運搬手段も保存方法もない。そのようなことから、近代の歴史の流れの中で、アヘンが山に住む人々の唯一の現金収入源になって来た。また、アヘンは病院や医者が身近にはいない彼らにとっては、痛み止めや腹などによく効く貴重な薬としても使われてきた。今でも、自分の薬用としてだけ栽培するお年寄りもいる。

アヘンは末端価格では大変な高額となるが、生産者の彼ら自身は、唯一の現金収入として、服や雑貨、食料費がまかなえるくらいのものである。一般の農民でケシ御殿を建てたなどという話は聞いたことがない。

もちろんケシ栽培は正当化されることではなく、禁止されるべきものである。現在ラオスでも、UNDCP（United Nations International Drug Control Programme）などの国連機関が入り、撲滅運動が展開されている。「ケシ栽培をやめたら、病院を建てる、学校を建てる。やめなかったら、援助を打ち切る」などという援助プロジェクトが入ってきている。しかし、これまでの長い間日々の糧を支えてきた生業を、そう簡単に代えられるものではないだろう。もちろんモンの人々自身、ケシには将来がないことを十分知っている。

「最近は、気候が変わったよ。前より暖かくなっているから、乾季に霧がかからないと、土が乾いて枯れてしまうこともある。ケシは難しいんだ。霧がかからなくてもだめ。寒すぎて霜が降りてもだめ。そして収穫の時期に雨が降ったらだめ。大変な作業の上に、全滅する年もある。それにもう、買い付けも少なくなった」と彼らは言う。

気候によって微妙に作用されるこの作物が、どんなに大変かを知っているのも彼ら自身である。しかし、石灰岩の岩がちの土地では、すぐに他の作物に転換することは難しい。「ケシは冷たい土を好む。トウモロコシも同じ土壌を好むけれど、稲は冷たい土にはできない」と言う。また山奥の地からの運搬、市場にも問題がある。

「モンはケシをずっと作り続けてきたんだ。山の上の、コメもよくできない土地に住んで、コメができない年には、それでコメを買って食べてきた。コメがとれた年には、子どもの服の１枚も買うことができる。今やめたらどうして暮らしていけばいいのか、わからないよ」これが、山の民の現状なのである。

元はといえば、西欧の大国の思惑、欲望が種を蒔き、山の民にケシ栽培を奨励し、増産に拍車をかけた。そんな悲しい歴史に翻弄され続けてきた民族の、唯一の換金作物となったケシ。今、その西欧が中心となる国際援助の介入に翻弄され、山の人々は、ケシを捨て、これから新たなる日々の糧を得る方法を探していかなくてはならない。

口承文化

ラーオ・スーンやラーオ・トゥンの他の多くの民族同様、モンは元々文字を持っていない。現在はモンラテンと呼ばれるアルファベットを使った表記法、また、モンラオフォンというラオ文字をベースに作られた表記法もあるが、どちらも数十年前に作られたもので、一部の人に使われているに過ぎない。いずれにしても、モン自身によって昔から記述されて残された記録や文章は一切ないと言ってよい。すべては、口承で語り継がれてきているのみである。

モンに語り伝えられている民話は、モン語で「ダネン」と言う。「ダ」は精霊や霊魂のことであり、「ネン」は人間である。つまり、人間の世界と人間をとりまく霊の世界の話である。話の中では、精霊、霊魂たちと人間たちは入り交じって生きている。人間は死ぬと、その人の生前の行ないによって虫けらに生まれ変わったり、または天上の人に生まれ変わったりしながら輪廻を繰り返していくというモンの世界観から見たら、この世はそういうものなのかもしれない。

一番ポピュラーで好んで語られるのが、「みなし子の話」である。貧しくて家族もない哀れな存在の代表であるみなし子（必ず男性）が、天上の人が姿を変えた美女を妻に迎え、その妻の知恵、助けを借りて権力者（地主とか、中国の王様が多い）に勝って、幸せになるというパターンの物語。モンに特有なのは、モンが一夫多妻制であるからか（現在は一夫一婦の方が普通)、助ける女性が複数現れ、最後には美しい妻を何人ももらってめでたしめでたし、となったりすることであるが……。

現実の生活において、みなし子のように貧しく日々身を粉にして働いても、なお生活が苦しい多くの人々の願い——天上から助けがあったらどんなにいいだろうという現実にはかなわぬ夢が、みなし子に托されて語られてきたのかもしれない。

またモンの話には、野生の動物、特に虎の出てくる話がとても多い。虎は人間の生まれ変わりや悪霊の化身として現れたりもするが、動物として登場する虎はしばしば、人間にこてんぱんにやっつけられてしまい可哀想になるほどである。ラオスには虎がとても多かった。今から約100年前1896年に、僧に身をやつしてラオスを踏破した岩本千綱の著書『三国探検実記』(28)の中にも、「虎が村を襲った」という記述が頻繁に出てくる。ましてや、山の森の近くに暮らすモンにとっては、虎は犬や猫と同じくらい身近であり、実際には人間が勝つことができない恐ろしい存在だったのであろう。それ故に、物語の中では痛快に虎をやっつけたいという気持ちもわかる気がする。

シエンクアン県のヴェトナム国境にほど近い、ある峠道に、空飛ぶ天馬の足跡がついているという岩がある。実際には、馬のひづめよりずっと大きいが、岩にそれらしき模様がついている。ある美しい娘が恋人と一緒に、中国の王様の追撃から逃れるために天馬に乗り空を飛んで逃げる途中で、降り立って休んだ場所だと、民話の中では語られている。実際には、その峠道では昔、山の下に住むクムと山の上に住むモンの争いがあり、モンが上から石をたくさん落として戦った場所なのだそうである。

このようにモンの民話は、民族どうしの軋轢または自然の脅威の中で、山に暮らす普通の人々が願いをこめ、または現実を風刺したり笑いに転化したり、悲しみを「話」というオブラートにくるんで語り出したりして、生まれてきたのだろう。また、実際の史実が世代を経て語られ語られするうちに、形を変え、いつのまにか民話になっている。夜、囲炉裏端で大人から子どもへと語られ、受け継がれることで、民族の過去と現在を包む世界が共有されてきたのである。

口承で伝えられてきたものは、民話だけではない。モンの結婚式では、「ジャー・チョン」という歌が、花婿花嫁双方の親戚同士で交わされるが、その歌には、結婚、家族に対しての責任、守るべき規律などの教えが歌われている。また、葬式の時に歌われる「ツィーサイ」には、人間の魂はどこから来たかというようなことが歌われていて、それを歌うことによって、魂はこの世を離れてあの世へ向かうことができるのだという。モンの人々は、折につけそれらの歌を耳にすることで、民族の世界観、価値観などを受け継いできているのであろう。

このような口承文化はまだ残ってはいるものの、だんだん少なくなりつつあることは確かである。村にはたいてい数人の語り手、歌い手がいる。彼らは、自身が小さい頃聞いた話を覚えている。すばらしい記憶力である。だが、それはその人の記憶の中にしかないので、語り手が亡くなるとその膨大な記憶も一緒に消えてしまう。

現在、ラオ語の教育の普及や、自分たちの村とは違う世界の情報が急激に多く入るようになったこと、生業の転換、移住など、民族を取り巻く環境が変化しつつある中で、その民族だけの文化を守り、次世代に伝えていくことは難しくなっている。また少しずつ変容していかなくては、社会から取り残されてしまい、生活が成り立たなくなってしまう。若い人々が口承文化などよりラジオやテレビなどで新しい情報を取り入れようとするのは当然である。だが一方で、文字がなく記録がない民族にとっては、今、口承文化がなくなってしまうということは、民族の文化が伝わらなくなってしまうことに等しい。口承文化を守り伝承しようということは、時代の流れとは逆行する努力ではあるが、なくしてしまってからでは、二度と戻らない。今、ラオスの数多くの民族の人々が、「ラオ人」として生きていくと同時に、自分たちの文化、アイデンティティを次の世代にどう残していくか、どのような形で伝えていくかを真剣に考える時が来ている。

◆低地に降りてくるラーオ・スーン

現在は正式に使われてはいない呼び方だが、「ラーオ・スーン（高地ラオ）」だからといって、山の上だけに住んでいるわけではない。山を下り、低地に住むラオ族の人々に交じって暮らすラーオ・スーンも多くなってきている。１つには、これは特に最近の傾向であるが、焼畑の項で述べたように、水田、または交通の便を求めて、山の暮らしに見切りをつけ下りてくる人々がいる。また一方、政府の役人などになって仕事をしている人々もいる。

モンだけではなく、少数民族（ここでは、ラオ族以外の民族を指す）の人々にも、地方の役所はもちろん、中央の各省庁で働いている人々も少なからずいる。県知事や政府の要職にもなっている。国会には７人～８人のモンの人がいるという。このように、隣の国のタイと比べても、ラオスの方が少数民族の人々の社会進出度は高いと言える。

「自分は２つの体制を見てきたけれど……」と、現在、国会で働いているN・ブリアポー氏は話してくれた。「以前、王政の体制だった頃は、われわれ山の貧しい農民出身者には、こんな社会進出の道は開かれていなかった。社会主義体制になる1975年以前は、モンはヴィエンチャンなどの町に出てきたら、『メオ、メオ』と呼ばれ馬鹿にされたもので、本当に嫌な思いをたくさんしたよ。ぼくたちのように山育ちの貧しい者には、学校教育は分不相応だと言われていた。モンの中では、ごく一部の右派政府や軍の高官の子弟でもない限りは、普通は上の学校に行けなかった。ぼくは勉強ができたから、どうしても進学したかった。ぼくの親は字も読めないけれど、その気持ちを理解してくれて、なんとか金をためてヴィエンチャンに出て学校に入ることができたんだ。当初は馬鹿にされたもんだよ。でも、体制が変わって、1975年以降は、たとえ普通の貧しい農民の子にも、勉強ができさえすれば、進学の道が開かれるようになった」

一般の少数民族の子供にとっては、体制が変わったゆえに、平等に勉強する道が開けたという。多くのモンの人が大学まで進み、海外に留学する人も出てきている。ブリアポー氏自身もドイツに留学している。ただ、一

モンの人は子だくさん。子供たちは小さいころから家の手伝いをする。ホアパン県サムヌア郡。

般的には、山奥にはたいがい小学校の１年生〜２年生までの分校があるだけで、３年生以上は遠くの麓の学校まで通わなくてはいけないので、村の大半の子供たちは小学校低学年だけで教育を終えてしまう。中学、高校へと進む子は、本当にごくわずかでしかない。勉強をしたくとも、下宿代、制服代などさまざまな出費が賄えず、進学をあきらめる人も多いのである。町の進学状況とは雲泥の差である。

それでも、ラオスが社会主義になったことで、家柄や経済状態にかかわらず高等教育を受けるチャンスができたことにより、以前より多くの人が社会進出できていることも確かなようだ。しかし、町に出てきて働いている人々の生活はラオ族社会の中にあり、故郷の村の生活からは遠く離れてしまっている。高等教育を受けて社会進出を果たした人が再び村に戻って生活するということはほとんどなく、村の生活の改善にはなかなかつながっていかない。

都会に出てきた彼らは、ラオ族と見かけは変わらないが、家の中ではモン語を話し、モンの祖先を奉り、モンの風習を続けている人も多い。しかし、ラオ族の子に混じって学校へ通い、ラオ語を話して育っていく子供たちの世代は、いったい自分自身をどう捉えて生きていくのであろうか？

【註・参考文献】

(1)　林行夫『ラオ人社会の宗教と文化変容：東北タイの地域・宗教社会誌』京都大学学術出版会、2000年、427ページ。
(2)　Chazée, Laurent, *The people of Laos: Rural and Ethnic Diversities* , Bangkok: White Lotus,1999, p.7.
(3)　飯島明子・石井米雄・伊東利勝「上座仏教世界」、石井米雄・桜井由躬雄編『東南アジア史I　大陸部』（世界各国史５）、山川出版社、1999年、138ページ。
(4)　司馬遼太郎『中国・蜀と雲南のみち』（街道をゆく20）朝日文芸文庫、1987年、133ページ。
(5)　林謙一郎「中国と東南アジアのはざまで」『岩波講座　東南アジア史１』岩波書店、2001年、151－152ページ。
(6)　Stuart-Fox, Martin, *A History of Laos*, Cambridge University Press, 1997, p.6.
(7)　飯島明子・石井米雄・伊東利勝、前掲書、139ページ。
(8)　Stuart-Fox, Martin, 1997, *op.cit.*: 8-9.
(9)　飯島明子・石井米雄・伊東利勝、前掲書、153ページ。
(10)　Chaẑee , Laurent ,1999, *op.cit.*: 20-25
(11)　*ibid.*:24.
(12)　クリスチャン・ダニエルス「タイ系民族の王国形成と物質文化」、新谷忠彦編『黄金の四角地帯――シャン文化圏の歴史・言語・民族』東京外国語大学アジア・アフリカ言語文化研究所　歴史・民俗叢書II、慶友社、1998年、153ページ。
(13)　飯島明子・石井米雄・伊東利勝、前掲書、137ページ。
(14)　Institut de Recherches sur la Culture Lao, *Treasure from Laos*, Association Culturelle des Poites de la Soie, 1997.
(15)　*ibid.*: 14-15.
(16)　*ibid.*: 14.
(17)　新田栄治「歴史的背景」、綾部恒雄・石井米雄編『もっと知りたいラオス』弘文堂、1996年、２ページ。
(18)　Simang, Suksavang and Preisig, Elisabeth, *Khmu's livelihood: Farming the forest*, Institutu for Cultural Research, 1997, p.6.(English Version)
(19)　*ibid.*: 3.
(20)　田村克己「ラオス、ルアン・パバーンの新年の儀礼と神話」『比較神話学の展望』青土社、1995年、169ページ。
(21)　同上、168ページ。
(22)　Simang, Suksavang and Preisig, Elisabeth, 1997, *op.cit.*: 11-12.
(23)　岩田慶治『東南アジアの少数民族』NHKブックス、1971年、140ページ。
(24)　村松一弥『苗族民話集』（東洋文庫260）平凡社、1974年、413－416ページ。
(25)　Institut de Recherches sur la Culture Lao, 1997, *op.cit.*: 17.
(26)　アルフレッド・マッコイ『ヘロイン』（上）サイマル出版会、1974年、101－103ページ。
(27)　アルフレッド・マッコイ『ヘロイン』（下）サイマル出版会、1974年、305ページ。
(28)　岩本千綱『三国探検実記』中公文庫、1989年、134－135 ページ。

第 8 章

宗教

林 行夫

扉写真・タートルアン祭に参列の僧たち。ヴィエンチャン市（鈴木基義）

はじめに

宗教には文字で記された教義を持つものとそうでないものがある。教義はそれ自体、自律した知識の体系をなす。自律しているとは、書き手の意図を離れて読む者がいかようにも解釈できるということである。一般に世界宗教、制度宗教とよばれるキリスト教、仏教、イスラーム教などにはそれぞれの聖典と別におびただしい注釈書が存在するが、そのことが示すように教義は一人歩きする。他方の文字なき宗教は、人類史の中でもっとも息の長い形態を持つ。それは特定・具体の個人を離れて自らの存在を表明することがない。定められた儀礼や語り、舞踊を通して身体に埋め込まれた宗教である。いずれの宗教も、当人が背負う人生や他者とともにある社会生活、精神生活を透明にしてくれる方途であることに変わりはない。そして、教義を持つ宗教さえも、それが生きた形で展開する場合は、無文字の宗教のように身体化される過程を経る。この意味で、宗教はそれぞれの社会で「生きられる文化」の一様式をなしている。

したがって、宗教はその実践的側面に着目すれば、担い手が存在する限り、つまり人々の生きる多様な社会生活を基盤として展開されている以上、教義と寸分違わぬ純粋形態をとるどころかむしろ雑多な混成物として顕れる。不純こそ生きられる文化のあり方である。ある民族や国民が特定の宗教を持つというような一枚岩的な宗教と社会の見方は、たとえば、タイ仏教をその教義の側面だけから捉えるのと同様に誤っている。スリランカの民族紛争を、タミール人（ヒンドゥー）、シンハラ人（仏教）という図式で抗争の了解を与えようとする説明は、その紛争が自己の日々のくらしとは無関係であるとする限りにおいて都合がよくても、逆にスリランカの現状の理解を遠く突き放すやりかたとさえなる。

その「実践」に着目するとは、まず誰がそれを現実に担っているかを問うことである。とすれば、国で括れる「ラオスの宗教」というものがあるのだろうか。

観光者の視点でラオスの宗教を見れば、現首都ヴィエンチャンのタートルアンをはじめとする仏教寺院、朝の托鉢風景が見えるであろう。ラオスでまず目に飛びこんでくる宗教は、14世紀半ばにカンボジア経由で招来したとされる仏教である。タイ、カンボジア、ミャンマーと同じく、スリランカ大寺派系の上座仏教である。戒律を遵守し出家による自己救済(涅槃)を本義とするが、人々は積徳行（ヘットブン）、すなわち三宝（仏法僧）に帰依し、来世でのよりよき再生、近未来時間での自身の地位向上や安寧を実現することに救済目標をおき、そのための功徳を積む喜捨が実践の中心となっている。出家すること、布施、儀礼への参加、瞑想行さえも積徳行である。個人が得た功徳は他界した霊にも転送される。功徳は個人を他者および死者と結びつける力であり、そのための仏教儀礼はこうした身体開放系のドクサの中で綿々と実践されてきた。生涯に１度は仏門に入るという男子の出家慣行は、自ら功徳の源泉となることでもあり、還俗後も僧籍年数に応じた呼称が与えられてきた(1)。

また、現地で歓待されることになれば、祝福の言葉とともに１人１人が手首に綿糸を巻いてくれる儀礼を経験するであろう。生きている人間の身体には男女とも32の魂（クワン）が宿る。それはショックや病気で弱る。逆に言えば身体の変調は魂の活性力で認知される。弱まった魂は当人の関係者が集って強化してやらなくてはならない。さらに、長旅に出るとか結婚して新生活に入るという場合、つまりある境界を越えようとする機会にも予防儀礼として施される。これがバーシー（バシー）とよばれる魂の強化儀礼である。この経験は、自己が人々と共にあることを体感させる。バーシーは国家行事や外国人を迎える「正式」なる儀典としても、都市・農村を問わず広く行なわれている(2)。

魂の観念に基づく儀礼は仏教起源ではないとされるが(3)、儀礼はモー・クワンとよばれる司祭が三宝帰依することから始まる。ラオ人が著すガイド本は、仏教と並ぶラオスの伝統的宗教として紹介する。しかし、ラオスの実践宗教はこの2つにとどまらない。表向きには影が薄いが、ピーとよばれる土着の精霊祭祀がある。集落のはずれに小さな祠が見える。特定の集落や区画を守護する精霊（ホーバーン）を祀る家である。災禍をもたらすとされる悪霊を退け、その境界内の住民や家畜を限定的に守護する。同時に、正しい扱いを怠れば懲罰としての災いをもたらして成員に注意喚起を促すという、道徳規範のごとき精霊である[4]。この精霊の起源は個々の集落、居住区の歴史や住民が継承する集合的な記憶に基づいている。儀礼は言語集団、集落ごとの異同にかかわらず精霊への供犠を基本とし、人々の最も基底的な実践宗教を伝えている。

ところで、ラオスは多民族国家である。今日、ラオスではタイで頻用される「少数民族」「山岳民族」という周辺的な民族カテゴリーを使わない。あるのは､山国ラオスにそれぞれの高度に応じて住み分かれている同じ「ラオ国民」という範疇である。公的には3分類される。低地平野部でモチ米を主とする水稲耕作を営むラーオ・ルム（低地ラオ）はタイ系諸族のラオ人を主とする。全人口の約半数を占める。他の2つは山麓部で焼畑移動耕作に従事するモーン・クメール系諸語族を主とするラーオ・トゥン（山腹民)、高冷地の常畑耕作者でチベット･ビルマ語系諸族（モン、ヤオ）を主とするラーオ・スーン（山頂民）である。個人の履歴やID票にはどのラオかが記入されている。建て前上、居住地のおおまかな高度差を基準とした垂直分布による分類は、ラオという名のもとに国民統合を主張するものになっている。重要な点は、これら多様なる言語集団が、ラオ語を国語として、歴史的に為政者でありつづけた今日のラーオ・ルム同様、国民議会、県、郡、行政区レベルの人民代表議会委員、行政委員会行政委員、人民代表委員となっていることである[5]。

現行憲法（1991年8月公布発令）は信教の自由を認める。それぞれの「ラオ国民」が信奉する宗教を大別すれば次のようになる。ラーオ・ルムは一部（黒タイ）を除いてほとんどが仏教徒である。ラーオ・トゥンは精霊信仰および仏教を信奉する。ラーオ・スーンはほとんど仏教と縁がない。多くがキリスト教か精霊信仰である(6)。したがって、たとえば統計で宗教人口などを示す際には仏教のほか、キリスト教、イスラーム教等の世界宗教とともに「精霊信仰」という項目にであう。英語ではアニミズムと表記されるが、ラオ語では「サーサナ・ピー」である。もともと仏教のみを意味したサーサナが、隣国タイでも一般的な「宗教」として拡大された意味を持った経緯については知られているが、精霊祭祀、信仰についてサーサナを冠することはない。タイでは精霊信仰は宗教とみなされていない。ラオスではまさしく複数の民族の「伝統文化」を尊重する建て前がとられているといえよう。

多数派の宗教は仏教である。ラーオ・トゥンは同国地域では先住者であり、かつてラーオ・ルムからカー（下僕）という蔑称で総称されていたが、土着の精霊祭祀の練達者として仏教徒を自称するラーオ・ルムにその領土安寧のための儀礼的役割を与えられていた。そういう経緯が一方にありながら、ラーオ・ルムの為政者は仏教擁護者を標榜し、精霊祭祀をあたかも未開民族の古代宗教のようにして扱ってもきた。

他方、ラーオ・トゥンの側でも長らくラーオ・ルムと接触しその文化に傾斜してきた経緯を持つ北部のクム、ルア人や南部のスウェイ人は村に仏教寺院を建立し、客人をバーシーでもてなして久しい。家屋の形状もラーオ・ルムの高床式となっている集落がある。

すなわち、仏教と精霊祭祀には、民族間関係を通して付かず離れずの動態的な関係が見られる。精霊祭祀は前述したようにもっとも裾野の広い実践宗教であり、現実にはどの「ラオ国民」もそれぞれの歴史的時間を刻む身体、共同体、日常生活の時空間を基盤として、それぞれの境界の概念と深く関わる儀礼を実施している。「ラオスの宗教」の通奏低音をなす両者の関係に注目しつつ、以下ではラーオ・ルムとラーオ・トゥンの２つのグループを中心にその実践を略述してみよう。

表1　ラオス宗教関連年譜

1356/58　［ラーンサーン王国］クメール帝国より仏教使節派遣（『公伝』）
1520　［ラーンサーン］ポーティサラの治世（～1547/48年）
プラテープモンコンテーラを長とする僧侶団および北タイに住むシンハラ森林僧からのパーリ聖典がタイへ送られる
1527　［ラーンサーン］ポーティサラ王、精霊祭祀の禁止勅令（布告）
1547　［ラーンサーン］セーターティラート王、チエンマイのエメラルド仏をルアンパバーンへ
1563/55　［ラーンサーン］セーターティラート王、アユタヤー18代王チャクラパット、対ビルマ戦協同の証として現ルーイ県ダンサーイにタートシーソーンハック建立
1563　［ラーンサーン］セーターティラート王、ヴィエンチャンに遷都（のちタートルアン寺、パ・ケーオ寺建立、エメラルド仏安置）
1566　［ラーンサーン］セーターティラート王、新首都ヴィエンチャンにタートルアン建立
1633［1637］［ラーンサーン］スリニャヴォンサー王即位（～1690［1694年］）。仏教文化、民族文芸隆盛、王国最後の円熟期
1642　［ラーンサーン］最初のカソリック・ミッション来訪
1776　ヴィエンチャン王国軍シャム軍と交戦（～78年）
1778　タイのタークシン、ラオス、カンボジアへの侵攻。ヴィエンチャン襲撃。エメラルド仏、パバーン仏をトンブリに持ち帰りワット・プラケオ建立
1782　［タイ］ラーマ1世、パバーン仏をヴィエンチャンに返還
1808　ヴィエンチャン王宮建立
1817　［タイ］サラブリ出身の頭陀行僧・呪術僧アーイサーのチャムパーサック領内での反乱。ラオのアヌ・ヴォン（チャオ・アヌ）が鎮圧
1826　アヌ・ヴォン、シャム宗主権からの離脱はかり挙兵、失敗
1827　シャム軍ヴィエンチャン破壊、アヌ・ヴォン王安南に避難。シャム軍はパバーン仏を再度奪取（～1867年までタイが保有）
1828　ヴィエンチャン奪回のアヌ・ヴォン王逮捕、バンコクで晒し者刑死、ヴィエンチャン王国滅亡。タートルアン寺損傷
1836　［タイ］ラーマ4世、復古主義的改革派タマユットを創始
1837　チャムパーサックに大火
1840　ラオスへモン（メオ）族がディエンビエンフーより移住開始（1920年代以降急増）
阿片戦争（～42年）。中国開国により華僑急増
1853　ウボンに最初のタマユット寺スパット・ワン・ウィハーン（ラーマ4世寄進）
1865　ラーマ4世（モンクット）王首都バンコクからモーラムなどラオ芸能の上演、実践を禁じることの布告
1872　ヴェトナムよりホー族による侵入、シャムが援護
1876　ムアン・ゴーイにおける「カー族」の反乱
1878　カトリック宣教師、定着開始
1887　ホー族がルアンパバーン襲撃、
1888　チャムパーサックに初のタマユット派寺院。東北タイ出身のタマユット僧ウバリー師、同地のワット・マハーアーマータヤーラームにて教授
1890　［タイ・ラオス］ウバリー師、ムアン・ナコーン・チャムパーサックのチャオカナヤイに赴任、チャムパーサックにパーリ語・タイ語学校設立
1890年代　［ラオス］フランスによるカトリック宣教師流入
1892　［ラオス］ミッション・パヴィ（第3次：～95年）

1893 ［タイ］「フランス・シャム条約」。仏はラオ３王国の大部分につき宗主権獲得。メコン川左岸と中の島嶼部の権利放棄、ラオスに対する仏保護権認可→東北タイの内政改革の外圧的契機
1898 仏保護政府、奴隷の収奪・売買を公式に廃止（1920年代まで完遂せず）
1899 仏政府、ラオ３王国領域をインドシナ連邦に編入「ラオス」と呼称
1901 ［ラオス］この頃、仏政府にたいする「カー族」の反乱続出
1944 ［ラオス］父系姓名を名乗ることを義務づけ
1947 ５月、王国憲法(〜1975年)。仏教国教化。民族呼称統一、ヴィエンチャンに仏教研究所、他各県に支所設置
1950年代 ラオスにアメリカ人宣教師によるプロテスタント流入
ルアンパバーン周辺村に守護霊祭祀を禁じる頭陀行僧
1951 ［ラオス］サンガ法（サンガ規則を制定する勅令・第62号）制定
1954〜56 パテート・ラーオ、「ラオス仏教協会」設立（事実上の第１回全国仏教僧代表者大会〈1956年〉）
1957 仏暦2500年。ルアンパバーンで僧侶による水牛供犠の禁止説法
1959 勅令でサンガ組織改正。世俗権の介入、寺院建立許可制
1963 パテート・ラーオ、「ラオス仏教徒協会」を「国家ラオス仏教徒協会National Association of Lao Buddhists」に
1963 パテート・ラーオ、「ラオス仏教協会」を「国家ラオス仏教協会」へ
1964 仏教寺院総数＝2174、比丘＋沙彌総数＝１万6000、1960年代半ば頃、全国にパーリ初等学校が150校
1965 ヴィエンチャンに青年仏教徒協会（Young Buddhists Association）
1970 ［ラオス］サンガ法改正の勅令を改正
仏教寺院数1833、比丘＋沙彌＝4316（減少理由不明、パテート・ラーオを除外？）
1975 ２月、ヴィエンチャン協定、社会主義化に伴い統一ラオス仏教協会発足、12月王制撤廃
1976 第２回全国仏教僧代表者大会。「国家ラオス仏教徒協会」を「ラオス統一仏教徒協会Lao United Buddhist Association」へ。在来派とタマユット両派の撤廃、世俗権力傘下に。サンガの社会的役割を強調（綱要、６月出版）
1985 ８月現在、寺院2812、僧侶6897、沙彌9415
革命10周年。タートルアン祭で18歳以下の若者による民族文化舞踊、音楽、民芸品コンテスト。アッタプー優勝、セーコーン準優勝
1986 第４回党大会（11.13）対外経済市場開放政策導入宣言。西側諸国、中国、タイとの関係改善謳う。チンタナカーン・マイ（新思考）、ラボップ・マイ（新制度）による自由主義経済原理の導入。タイ・ラオス貿易交渉（11.28）
キリスト教人口（カトリック約３万、プロテスタント約1.5万）
1989 住民直接投票による初の最高人民議会議員選挙実施（３月）。同議会79議席（ラーオ・ルム66、ラーオ・トゥン９、ラーオ・スーン４）
３月 ラオス人民革命党第５回大会で「民族保護政策」を採択
８月、憲法採択。「社会主義」消える。全少数民族が同様の人権を持つと宣言。国章に槌・鎌からタートルアン寺を採用
1993 ラオス国会議員選挙・85議席（ラーオ・ルム52、ラーオ・トゥン16、ラーオ・スーン17） 154名候補者より。１月25日。
1993 第３回全国仏教僧代表者大会。「ラオス仏教連合協会」が正式発足
タイ・ラーオ・アソシエーション設立（於ヴィエンチャン、９月）
1994 「タイ・ラオス友好橋」開通（４月８日）
1998 第４回全国仏教僧代表者大会（３月31日）。「ラオス・サンガ統治法」

❶ 多数派宗教としての仏教

歴史的に見ればラオスの仏教は王の庇護の下に栄えてきた。とはいえ、ヴィエンチャン、ルアンパバーン、チャムパーサックなど旧王国があった地域を除けば、国民の9割以上が仏教徒というタイ仏教のような遍在性が希薄である。また、同じ仏教とはいえ、ヴィエンチャンを基点にして、その南部（パークセー）と北部（ルアンパバーン）方面では随分と印象が異なる。仏教は、目だつけれども国全体を覆う天蓋とは言いがたい。多様な言語、慣習を持つ住人が地域を多彩に展開させ、小さな内陸国を奥深いものにしている背景もある。事実、地方を経巡りながら本当にここは「国」であろうかという感覚にとらわれる。そしてかつて仏教は国教であると宣言された時（1947年）があったが、それは一体何を意味したのかという思いに駆られる。ところが、80年代以降ラオスはその数年前までの方針を転換し、国家レベルで仏教を国民の社会・文化的なアイデンティティの柱としようとしている。出家主義の仏教は、新しい世俗権力と二人三脚することで、再び幻想のような遍在性を創出する試みに出ている。

仏領植民地、社会主義の時代を通じて、ラオス仏教は儀礼の開催を自粛したり、人民革命党の綱要を喧伝するような教義の解釈を強要されたりはしても、大躍進・文化大革命下の中国西双版納（シーサンパンナー）タイ族自治州やポル・ポト下のカンボジアのように自らの手で寺院を破壊したり、強制還俗という経験をすることなく今日まで存続してきた。1991年現在時点での全国の仏教寺院は1723、僧侶は7293、見習い僧は9096、在家戒を把持し白衣を纏って寺院内に起居する俗人女性修行者（メーカーオー）298、同男性修業者（ポーカーオ）96、寺院に起居する者(サンカリー)622である[7]。全国の仏教徒人口比は公称で75%、東南アジア大陸部の上座仏教文化圏では最少である。

ラオスの仏教は制度的には1779年に旧3王国が当時のシャム宗主権下に

置かれて以来、タイ国の影響を強く受けてきた。特に教法、パーリ語学習の面ではチャムパーサックを中心とする南部が前世紀後半からバンコクとの結びつきをいっそう強めてきた。現在役職にある高僧は、ほとんどがバンコクや東北タイのウボンで学んだり、タイ国各地を歩いた経験を持っている。

ただし、1975年以来そうした往来は表向きには閉ざされた。19世紀にタイ国から受容された王室擁護の改革派タマユットと在来派マハーニカイのかつての区別も同年より撤廃された。タイ同様、結界（セーマー）の有無により①僧の止住域、②結界を持たない＝得度できる浄域を欠く＝サムナックソン、③通常寺院（ワット）の区別はなされている。

1975年、ラオスは社会主義国として統一された。出家者集団は通常、自律的かつ位階的構造を持つサンガ組織を作るが、これが解体されて仏教が人民革命党のイデオロギーに従属することになった。その後の数年間の動きが、現在の仏教教義や実践の解釈に与え続けているインパクトは少なくない。

理論的なレベルでは、仏教と社会主義は同じ目的を達成するものと主張された。男女の平等、財産の共有をうたう。さらに社会生活上に生じる苦悩を克服しようとする。統一直後、ある僧侶は、歴史的にさまざまな社会・政治制度と併存してきた仏教は社会主義とも共存可能とし、社会主義の受容にあたりラオス仏教は人民の無知故に旧体制に温存されていた迷信（精霊祭祀）を排除すべしと主張した。極楽と地獄をはじめとする通俗仏教世界観や精霊の観念が混成して成り立つ仏教儀礼やその実践は、批判されるべき対象となった。

人民革命党は、積徳行として布施に供される余剰物があるなら、欠乏を補い社会を発展させるためにそれを効率よく運用する国家へ供出せよという方針を打ち出した。サンガが従来果たした社会的役割を党が代替するという構想である。僧侶の活動も、それを支援し相同するものでなければならない。寺院は社会主義喧伝の場となる。講堂の内陣にはマルクス、レーニンの像が置かれ、僧侶は党の綱要を仏陀の教えに沿ったものとして住民がそれに従うべく説法するよう迫られた。1976年に組織されたラオス統一仏教徒協会は、旧体制下の仏教サンガの位階組織を排除し、党の下に再編成されたサンガの姿である。世事に関わらない僧侶こそ、清浄なるサンガ、功徳の源泉としての伝統を持ってきたわけで、それまでの実践を知る人々には奇異に映ったことであろう。僧侶は自分の食べ物は自分で生産し、在家の布施のみを頼みとする生活を捨てることになる。

そうした国是を拒絶した僧侶もいる。タイ国側へ亡命した僧侶は少なくない。還俗しない場合、「再教育」のセミナーに参加させられた。党の方針に従ったものだけがラオスに残った。托鉢の慣行や年中行事的な儀礼が禁止されたわけではないが、党関係の集会には僧侶が演説し、簡素化されかつ短期間のみ実施される仏教儀礼には党員関係者の監視の眼が光るというわけで、僧俗の従来の関係は著しく弱められた(8)。

1980年からこの規制は大幅に弱まる。前年の第7回党大会で打ち出された自由化政策により、仏教が国家の文化的アイデンティティとして再浮上する。出家活動も盛んになり見習い僧の数も激増した。出家の動機は、生家が貧しく、家計を助ける口減らしになり、教育も受けられるという実際的なものが多い。出家者が増し、各地で仏教儀礼も少しずつ過去の伝統を再現するものになる(9)。

86年以降は海外への留学も公的に可能となった。国語としてのラオ語の普及、さらに伝統医療を通じて社会福祉に貢献することが僧侶に課せられた。こうした背景には、仏教を文化的求心力として国内の多民族状況を何とか統合しようとする意図が見える。ここに、社会主義国というよりも自前の多民族国家への一歩を読むこともできる。憲法が発布された1991年、国章から槌・鎌が消え、ヴィエンチャンの古刹タートルアン寺が採用されたことはその流れを示すように思われる。この試みはきわめてナイーブな問題として現在も進行中である。

各県の議長級の僧侶は、異口同音にラオス仏教は旧体制時代に戻り、寺院数も増加する傾向にあると語る。こうした説明も近年の党方針には適うようだが、現実は必ずしもそうではない。社会主義化に伴い、王制と直結した仏教のあり方はすでに終わっている。全国で最大数461の寺院を擁するチャムパーサックには僧侶不在の寺院が30もある(1992年時点)。王制の代わりに、党が仏教と国民を結ぶ定見、仏教実践についての権威ある「注釈」を繰り出す。その結果、仏教秩序は空洞化し、出家者は社会開発を国是とする俗事に大きく関与している。

現在の県レベルでの僧侶組織は、基本的に４つの職位――①統括長（フアナー・ポッコーン）１、②伝道部（クム・パエーイペー）２、③教育部（クム・スクサー）２、④社会福祉部（伝統医療）（クム・サータラナスック）２――を担う７名の僧侶が指導層として活動する。この構成は全県同じである。①と②は寺院の修復、拡充に関わる。1993年以来、僧侶の全国規模の集会（仏教僧代表者大会）は党の大会が終了してから行なわれている。年次例会は年末12月頃に実施されて各県の状況が報告されるが、扱われるのは教育の問題が最も多い。

世俗教育と合体し、スポーツ以外はなんでもあるというのが現在の僧侶教育の実状である。僧侶は俗人よりも熱心に勉強すると言われる。僧侶の教育に世俗教育を組み入れる傾向は既に旧体制時より始まっていた。旧体制では、タイ国サンガで行なわれるナックタム、プラヨークという仏教教義、パーリ語の段位試験があったが、現在は初等（パトム）、中等（マタヨム）、高等（ウドム）の３種に分け、各３年を上限としている。僧侶の宗教関係の勉強は、タイ国で編纂されたナワコワート（初版1899年）を使用、仏法、パーリ語を混在させてカリキュラムとしている。他に仏教日曜学校のような「青少年のための学校」がある。瞑想実践や「森の寺」がタイ同様にあるが、盛んではない。学僧（カンタトゥラ）が多い。仏教が現世にどこまで貢献するか。現代ラオスの仏教本義はここにある。因果応報の論理は科学的ではないが、人生や社会生活に役立つものであることを喧伝しようとしている。

仏教は戒律の実践を通して「清潔、清廉さ」をめざす。この態度は、現在でもコミュニストのそれと同じであるという。僧侶は説法（＝教育、教化）して聞く人の生活を向上させる。仏教が喧伝するのは、党の綱要と同じく人々間の「連帯（サマキー）」である。日常会話のクリシェーとなった連帯は、社会関係、制度運営の重要な基本である。連帯なきところには社会のみならず仏教の存続・発展もない、人々の幸せも安寧もないという勢いである。党員のみならず、村落の役職者、僧侶まで、ラオスは小国で貧しく、連帯を掲げての相互協同がないとやってゆけないのだと認識している。この論理は、集落や地域社会での寺院を中心とする仏教の伝統的な社会的役割の論理と重なる。

連帯のために、村、ムアン（郡）の各行政レベルで社会生活の向上、仏教活動においても党（政府）との媒介役を果たす役職者としてネオホームがある。その村レベルでの役割をネオホーム・バーンを例に見ておこう（**表2**）。

表2　ネオホーム・バーンの役割（ルアンパバーン県ナーン郡S村）

①生産、食糧事情、教育、宗教について、村の全成員を統括
②幼児が罹病した際の処理
③精霊祭祀（トウー・ピー、トウー・サーン）の放棄。幼児教育から促進
④保険衛生：月１度村内の清掃
⑤トイレ造成の奨励、助言
⑥老人扶養の精神、幼児健康の相互看護の奨励
⑦12の規律（ヒート・シップソーン：年中行事）関連の支援
　仏教僧、見習い僧の食事確保、調達
　寺院の修復、儀礼のアレンジ、指示
　仏像の保存＝盗難を防ぐ
　寄付金の管理、使用途の指示
　家族世帯主がなくなった時、少額でも寄付して経済援助指揮
⑧ネオホーム・バーンとネオホーム・ムアンとの月１度の集会で活動報告
　村長と村ネオホームの根回し→村ネオホームとムアン・ネオホームの集会へ
⑨衛生面での指導・管理
　蚊帳を持つこと、煮沸した水を飲むことの奨励
　生喰いの禁止（儀礼でのラープ料理の生血は必要として黙認）

ネオホーム・バーンは党が認知する名誉職と言えばいいだろう。村内の長老、村の事情、習慣文化に通じ、その社会で非公式の指導者的立場にある人々の意見をまとめ、それに基づいて村民全体を教化する役割を持つ。彼らは村長ナーイ・バーンと異なり報酬の類は一切ない。村長、副村長が政府の政治単位の役職者とすれば、彼は村民の代表者と言えようか。田植え、稲刈りなど、公務で多忙な村長らを助ける。村落社会のあらゆる生活局面に目を配り、住民の活動を把握し、党（政府）と村落そのものを媒介する役割を果たす。

ネオホーム・バーンは選出される。次の諸点をあわせもつ候補者を４人、村人側の代表として知事に推挙し、首長１、補佐役２の計３名が選抜される。資格者は、①民族国家愛を持つ、②人民に対して潔癖、清浄である、③頑健、④利益を求めない、かつ有力者であること。推挙する段取りは、村長が人々の意見を聞いて候補者をリストアップし、寺院で選挙をして４人に絞られる。18歳以上の男女がこの選挙権を持つ。

村人のあいだでは、かつての在家総代（カラワート・パチャム・バーン、タマカーン、サーラーワット）的な役割を果たすリーダーとして認知されている。ただし、宗教儀礼そのものに関してはプー・ソン・クンナウティとよばれる在家長老（元出家者）のほうが地位は高く見られている。寺院の造営、管理に直接携わるのは彼である。ネオホームはこうした在地のインフォーマルリーダーを統括する媒介者的立場にある。彼の報告はその上位者ネオホーム・ムアンへ伝達され、ネオホーム・ムアンはさらにその上位者レベルでの会議に出席する。上位に行くほどに具体の問題は消えて「連帯」のみが強調される。

ネオホーム・バーンは仏教儀礼の開催と深く関わる。仏教儀礼（**表３**）は、若干の地方差が見られるものの、東北タイのラオ人集落で見られるものとほぼ同じである[10]。

ルアンパバーン周辺では戒律を把持して小さな僧坊にこもる儀礼カオ・カムがある。かつては儀礼の次第が省略されたり、実施期間が短縮され盛

表3　ルアンパバーンでの年中仏教行事（1992年の例）（第9章参照）

陰暦1月	ブン・コン・カーオ（ブン・クム・カオ）（初穂献上祭）
陰暦2月	ブン・カオ・カム（チャム・シン）シップ・ムー（瞑想・頭陀行祭）
陰暦3月	ブン・カオ・チー（焼米祭）
陰暦4月	ブン・パヴェート（大生経祭）
陰暦5月	ブン・クート・ソンカーン（ラオス正月）
陰暦6月	ブン・ヴィサーカブーサー（仏誕節）
陰暦7月	ブン・バンファイ（ロケット祭）
陰暦8月	ブン・カオパンサー（入安居祭）
陰暦9月	ブン・ホーカオパダップディン（飾地飯供養祭）
陰暦10月	ブン・ホーカオサラーク（くじ飯供養祭）
陰暦11月	ブン・オークパンサー（出安居祭）
陰暦12月	ブン・タートルアン（タートルアン祭）

大な寄進も自粛されていたが、徐々に規制は緩み、いずれの儀礼も村境や地域を越えて人々を集めて積徳行が実施されている。この機会にネオホームおよび出家経験を持つ在家者はカナ・ブンという組織を作り、儀礼の開催通知から寄金を公表管理する義務を持つ。

国内で最大の仏教年中行事といえば、全国から1000人近い僧侶が集い、3日にわたって実施されるタートルアン祭である。これは年中行事でも国家行事的な催しでもある。1992年には11月の7日〜9日にわたり実施された。仏日を最終日にあて、点灯したろうそくを手にして仏塔を3周する。この日には、功徳を積もうとする大群衆が境内に殺到する。入場者の所持品を改める人員を集めて配置し、出店やアトラクション舞台の借地料や寄金額を管理するのも、大規模なカナ・ブン（タートルアン祭中央実行委員会）である。

しかし、その制度的あり方に変節を重ねてはいるが、儀礼に参加する人々を見る限り、実践宗教としての仏教は、注意深く積徳行に専念することのみを変わらぬ本義としているところがある。そこに小賢しい注釈や建て前がいかようにも並びまた変わろうとも、個人が他者とともに功徳を積むことの思いが伝わってくる。それは、制度が政策や時代の影響を受けながら

タートルアン寺。ヴィエンチャン

変化するのに対して、実践の舞台が濃密な対面関係によって構成される社会関係の束としての日常生活世界そのものを基盤としているためである。

シエンクアンのプアン人の集落には、一見そこが寺院には見えないような建物がある。米軍の爆撃でかつての寺院が破壊されたためにごく普通の民家を寺院にしている。だが、みてくれはどうであっても、人々はそれを寺院として了解し、境界を超越する場に仕立てあげる。このような想像力にこそ、仏教実践を支える根源的なもの、つまりあらゆる生類を含めた他者とともにある自己、という人々の哲理を見る思いがする。行為の仏教はまさにそこに関わる。

❷ 精霊祭祀と境界

さまざまなレベルの境界を越える仏教に対して、精霊祭祀は身体、家屋、集落を境界づけ、その境界を確認しつつ居住者を含む内部世界を保守しようとする点で対照をなす。上座仏教文化圏では、領域の拡張支配を試みる為政者がローカルなカミガミを従属させる上位のカミを持ち出し、それを祀ることで既存の集落や都邑を統治する技術が見られた。同時に、精霊祭祀の禁止令もしばしば出された。そうした国策を反映するように、たとえば東北タイのラオ人集落では遊行する頭陀僧が在地の精霊祭祀を調伏している(11)。

ラオスでは16世紀初頭にポーティサラ王が精霊祭祀を禁じる布告を出した。1950年代のルアンパバーン周辺では、東北タイに輩出したような遊行の僧侶が幾多の集落の精霊祭祀を法力で破棄させたという語りが伝わる。また、60年代にはラーオ・トゥンのクム出身の仏教僧らがラーオ・トゥンの宗教を精霊祭祀から仏教に改宗させるべく活動した。実践においては相互に矛盾することがない仏教と精霊祭祀は、為政者が領域拡張を企てたり国内の統合を強化する場合、対照的なものとして扱われ、とどのつまりは仏教優位を説くかたちで精霊祭祀を排除してきた。しかしながら、そのような「抑圧」にもかかわらず、精霊祭祀は仏教徒においてさえ長らく強力な実践宗教として存続してきた。

イジコヴィッツは、第2次世界大戦をはさんで行なった北ラオスのルアンナムター周辺での調査をまとめた『ラメット』において、ラメット人の文化的推進力を生みだす最たるものは「祖霊」とそれに対する供犠にあるとした。厳格に村境を区切り、そこを小宇宙として実施する祖霊への儀礼は、農耕における豊饒や住民の安寧祈願と深く結びついている。供犠に使われる水牛、銅鼓、銅鑼などが社会的権勢、地位を示す物品である。それ

集会所と水牛を供儀する柱。ボーラヴェン高原のンゲェ（クリアン）の集落。サーラヴァン県ラオガーム郡Ｓ村

は単に宗教という領域を超越して、彼らの経済、社会生活全体に影響を与えている[12]。

この古典的民族誌を再現するようなラーオ・トゥンの集落は、南部ボーラヴェン高原とその周辺にも今日まだ見ることができる。印象的なロングハウスよりなる環状集落の真ん中には集会所があり、水牛を供犠する柱がいたるところに建つ。

水牛供犠を伴う儀礼の間、村の門を閉じて境界を強調することは、モーン・クメール系諸語族のみならず、ラオを含む一部のタイ系諸族の村の守護霊祭祀においても見られる。儀礼境界を示す呪標を立て、他所者や来訪者を閉め出して儀礼を行なう。集落によっては、村の出身者でさえ儀礼の日に外部からもどった場合は入村を許さなかったという。これには、呪標が意味するように、外部からの精霊を排除して内なる儀礼空間を完結させるという宗教的意味とともに、文字どおり外敵の侵入を防ぐ意味があった。集落は儀礼のある時期から飲み喰いだけの酒宴の空間と化すからである。

集落とその成員を守護する祖霊とは何か。まず、ラーオ・トゥンの境界の概念に着目しよう。現在、人々が語る個々の集落の過去は、彼らが了解する現在の境遇と切り離せない。連帯を前提とする現在状況からの回顧では、過去は闘争と略奪・収奪の時代として語られる。この見方は自己の集団の創世記を有力者に追い立てられた一派と見る人々にほど強いが、その周辺地域をかつて一網打尽にした英雄譚を残す集団にも同様に見ることができる。言いかえると、まだ名もなき「民族」が隣人との間に自他らを区別する集落の境界を造りかつ壊しあう時代であった。古老たちの語りの中ではタイ(サヤーム)、そしてフランス植民地政府や後の米軍は、招かざる外部者としてのネガティブな色調を失うことはないものの、かつての民族と集落の境界を有名無実化し、今日の協調共存をもたらした連中ともみなされることもある。

かつての集落の境界は、弱小民族として自他ともに格づけされてきた集団においても、非常に厳格な世界の分割指標であった。セーコーン県のカルーム郡のラーオ・トゥンの一集団チャトンの古老が言う。

「フランス領になる前まで、民族（ソンパオ）はそれぞれ互いに収奪しあった。〈文字どおり〉けんかを売るのである。借金〈婚資など一定期限内に後払いを許されることが多い負債〉を返さない、と言ってはつけこむ理由にした。また、それぞれの民族が規範としているさまざまなカラム（タブー）を犯したと言っては人を殺傷した。〈幼少時に聞いた話では〉チャトンのカラムを犯したあるアラックの男を、当時影響力があったわれわれの『首長タコン・リエイ』が闘いを挑んで殺し、その生首を持ち帰った。〈当時の〉慣習に倣って集落の境界から約10m外にある木（チャトン語でチリー）で、眼高より少し高い２m程の枝にそれを１つさらした。それはすぐそばにある集落の『境界タノール』を意味する木ということで、チリー・タノールとよばれた［註：セーコーン県のカトゥ人集落に見る集会所前の供犠柱はチャノールとよばれる］。よそ者はそこから入ることはできない。首長を持つ１集落ごとに、異なる民族の男の生首が１つずつさらされる。後に他の集落を襲撃する時には、男たちはこの首に守護力を乞うて村を出た。村長がいても『首長』がいない集落にはこの首さらしの慣習はなかった。自分がこの話を聞いたころにはすでに首をさらす光景を見ることはなかったが、その木と周辺の場所に対する信仰は続いていた」

この語りは、ラーオ・トゥンの祖霊一般について述べたものではない。しかし、内部に関わる境界の確定と維持は、逆説的にも「殺傷」＝供犠＝された外部の他者を持ちこむことでことで成立することを示している。ラーオ・ルムのホーバーンも、決して自生的かつ具体的な先祖霊でない。その正体は森の霊であったり、非業の死を遂げたよそ者であったりする。たとえそれが集落の創始者、部族の祖先として語られたとしても、それは記憶の中の幻想の他者とさえ言える。

ラーオ・ルムのある集落では、自村の守護霊と併存する形でこの種の守護霊が祀られている。マヘーサックとよばれる霊である。村の守護霊に対する儀礼は、例年農作業に入る直前の陰暦６月頃、収穫を終えてからの陰暦２月の２回実施する。司祭（チャム）の指示のもとに水牛や鶏を供犠する。さらに、３年に１度の割合であるがマヘーサック霊への儀礼を仏教儀礼と習合するかたちで実施する。それは、非業の死を経たよそ者が、個々の集落を越え複数村落を集めて境界づける例でもある。

サヴァンナケートはチャムポーン郡に、約230戸よりなるラーオ・ルムの集落Ｓがある。伝承では、かつて３人の宰相が現在のＳ村から北西へ約10km離れたＤ村にいた。そのうち１人はヴェトナム人だった。シャム（タイ）軍を迎え撃つラオ人の救援にかけつけていた。だが、シャム軍が来るとラオ人はおそれをなして森中へ逃げ込んでしまい、そのヴェトナム人宰相は誰の援護をも得ないままにセー・チャムポーン川で非業の死を遂げた。人々は彼が白い鰐になると信じてＤ村に祠を建て、聖なるマヘーサック霊として祀ることにした。同村で陰暦７月に実施されるマハーサート祭（ジャータカ本生祭）では、パヴェート行列をする前に、必ずこのマヘーサックへの巡礼を行なうようになった。村々を統括していたラオの地方国主は、村人に大きなスキを作らせて祠の側に置かせ、儀礼の時に謝罪と畏敬を表明すべくこの巨大なスキを村民に引かせた。

S村では集落の安寧と招福のために2種類の守護霊儀礼を実施する。1つは村内で行なうホーバーン（ピー・ラックバーンともよぶ）の儀礼である。村の守護霊への儀礼だが、村人は仏教儀礼だと言う。いま1つは、毎年の巡礼とは別に行なうマヘーサック霊への供犠である。これは3年に1度、陰暦7月にジャータカ本生祭の際に実施される。マヘーサックを祀る祠はD村の森中にあるが、S村を含む同行政区の集落あわせて9村の信奉者が参加する。その場合、黒と白の水牛計2頭を供犠する。ほかに塩、鶏を捧げる。水牛は参加者が世帯当たり100キープを出して調達する。金が余れば酒、蜜、花、パー・デーク（醱酵塩辛）などを買う。

この儀礼で重要な役割を演じるのがメー・ナーン・モーンとよばれる年配女性である。ナーン・ティアム、ナーン・スーンともいう。彼女はマヘーサック霊の「近親」とされる。マヘーサック霊が選ぶからである。女性なら誰でもよいとされるが、従来この役割を担った女性はすべて同一の系譜に連なる。

メー・ナーン・モーンはまるで王のようなあるいは法曹のような衣装をつけて、精一杯豪奢に着飾る。衣装は霊を招請して彼女に憑依する前に人々が準備する。霊に直接供物（花、ろうそく、線香を対にしたカンハー、カンペット）を捧げるのはチャム（あるいはクワン・チャム）とよばれるD村の男性である。助手が2人いる。チャムに特別な知識は必要でない。チャムを選ぶのもマヘーサック霊である。

マヘーサック霊はまずメー・ナーン・モーンに憑依し、その身体を借りて後継者を指さして伝える。助手は誰でもよい。現在のチャムは4代目であるが全員が同系譜内の者である。にもかかわらず、人々は誰が選ばれてもいいのだという。

マヘーサック霊は一般住人とも交信する。メー・ナーンモーンに憑依してから、住民が何を欲しているか、どうしてほしいかと問答する機会がある。これを行なう（通訳する）のがピアンとよばれる女性に限られる役である。すべて交信が終了して必要なものをチャムがそろえる。そして供物献上の儀が終わるとメー・ナーン・モーンから霊は離れる。マヘーサック霊はさまざまな現世利益をもたらす。願い事をしてそれが実現すれば、返礼（カン・バー）する。返礼は、チャムと一緒に祠がある森へ入ってするか、あるいはチャム自身の家で行なう。

❸残された「儀礼言語」

供犠を中心とする精霊祭祀こそがラオスにおいて遍在する実践宗教であった。だが、現在では以前のように華々しく実施されていない。人民革命党が今日でこそ迷信とまで糾弾しなくなったものの、社会開発の文脈でこれを排除する方針をとっているせいもある。村のネオホームは、水牛供犠をして暮らしの安寧を求めるのなら、その水牛を売って薬や物品を買うほうが賢明かつ合理的であると住民に説く。だが、祖霊への供犠を主要な実践宗教としてきたラーオ・トゥンの諸集落において精霊祭祀が減少したのは、「30年戦争」で被った物理的な暴力によるところも大きい。

たとえば、セーコーン県ラマーム郡はアラック人の集落Kでも、かつて陰暦１月には森林伐採のための儀礼、同２月には１年の安寧を祈って集会所を拠点に７夜にわたる水牛供犠（ヤーン・チャナール）を実施した。現在も同村の住人は特徴的なロングハウスに住んでいるが、1964年を最後に精霊祭祀をしていない。米軍による爆撃が激しくなり、集会所はもちろん銅鑼や酒壺などの儀礼道具が破壊された。統一後の1978年、儀礼を永遠に放棄することの許しを守護霊に乞うたとされている。

森中を逃げまどったラーオ・トゥンは、統一後もさらに別の問題に直面する。彼らは移動焼畑を生業としてきたが、土地を無制限に移動することが許されなくなった。ヒキガエルをトーテムとするセーコーン県カルーム郡のンゲェ(クリアン)の集落Tでは1991年以来、それぞれの世帯に7つに区切られた耕地区画が配当された。毎年それぞれ1区画を耕作して移動し、7年を経て元へ戻る。家族成員数により異なるが、この集落では3人家族で60m²、7人家族で70m²、11人家族の村長宅では150m²が与えられている。土地を周期的に回復させるという政策の目的は了解されてはいるが、選択場所が自由でないため、コメがまずくなっても同じ所にとどまざるをえない。生産向上のために低地に降り、水田耕作するラーオ・トゥンが増加している事態をも考えると、焼畑作業に入る前に行なった伝統儀礼さえ再現できる道理がない。

しかし、供犠は治療儀礼（ヒート）としては存続している。ロングハウスの前に木製の供犠柱がぱらぱらと1本から数本立つ。これは治療儀礼のために水牛を供犠した証である。3本あれば3回実施したことになる。供犠にふされた水牛の頭は、家屋内の大黒柱か中央の集会所の梁、あるいは米倉の前にずらりと並べられる。彼らの間では、水牛の重要性は変わらない。セーコーン県ラマーム郡のラヴィー人集落Pの村長が言う。

「水牛は欠かせない家畜である。病気を治す儀礼や年中儀礼（リー・タメット）のために必要だ。薬を買うために売るのも水牛である。水牛は質の落ちるものでも1頭7万キープ〜8万キープ（1992年当時5万円〜6万円)、いいものは15万キープはする。村（153人28世帯）では、水田耕作を始めた世帯がラーオ・ルムと同じように耕起用として水牛を1991年から使ってこなせないでいる」

この集落では、ヤー・モンとよばれる男性の専門家が治療儀礼を司式する。かつては女性のヤー・モンもおり、最近まで3人がいたが、現在では1人の壮年男性のみである。ヤー・モンは普通の村人と何ら変わらぬ格好で日々を暮らしているが、儀礼で使う槍を自宅に保管する。彼は言う。

「死んだ叔父が夢の中に出てきた。そして、槍と精米を受け取れ、受け取らないとおまえは死ぬ、と伝えた。それでヤー・モンになった。その後叔

槍を両手に持ったヤー・モン。セーコーン県ラマーム郡Ｐ村

父の霊が出たことはない」

初回の診断儀礼では病人の親族が17m〜18cm径の碗に精米した陸稲（モチ種）を盛ってヤー・モンの家を訪れる。コメの碗を前にしたヤー・モンは、両手を拡げて先の槍を横に持ち、あぐらをかくように座る。右手の方に剣先が位置する。そこへ顔を寄せ、唾を吹きつける。そして、碗中のコメに剣先をいったん付けては離す。次に上半身をかがめながら真横にした槍を両手で握りこむ。この間、病の原因となる霊を頭の中に思い浮かべる。握りこむように持っていた槍がぐーっと彼の胸先のほうにせり上がってくると、思い描いた精霊の仕業ということになる。上がらなければ何度もこれを繰り返す。当たれば、その精霊が何を欲しいのかを同じやり方で問う。そして同じ道理で答えを知る。

ヤー・モンによれば、人を苦しめる精霊は大別して２種類ある。彼はラオ語でピー・ノーイとピー・ニャイと区別する。前者は主に森の霊、木の霊、水の霊、山の霊などの草木虫魚の類の村をとりまく自然霊である。後者は逆に村内に関するもので家屋の精霊（ピー•フアン）、他界した近親の霊（ピー・シア）が代表する。病因がピー・ニャイならば例外なく供犠獣が必要である。たとえば、家屋の霊による病で軽度のものであれば豚、重度の場合は水牛を供犠しなければならない。自然霊（ピー・ノーイ）へは黒米、赤米、鶏を献上すればよい。たとえば、木の精霊によるものであれば黒米、水の霊であれば黒もしくは赤米である。森の霊（ピー・パー）であれば鶏を供犠する。

発熱がひどく重病のケースで、その原因が他界した近親の祖霊とされた時がもっともおおがかりな供犠となる。ヤー・モンの回答が出た時点で、病人の親族は酒をつくり食事の準備にかかる。同時に病人の家屋の前に木柱を立てる。陽射しが落ちる時刻を見はからって水牛を木柱につなぐ。足かせは付けず、首から綱でくくりつける。闇がすっかり周囲をおおうころになると、水牛を殺す段階に入る。これがいささか混みいっている。

水牛供犠とその宴の単位をなすのは、病人の住む家屋の者（仮にAとする）と、他の3つの家屋の人々（B、C、Dとする）の計4戸である。水牛を殺すのはAの人々である。絶命した水牛をばらすのはB～Dの人々である。

また、供犠する前に水牛をつないだ木柱のまわりを踊る。この踊りのメンバーは、ラヴィーのＰ村では男性７人、女性２人の計９人と決まっている。男性７人と女性の１人はすべてＢ～Ｄの家屋に住む者である。女性２人のうち１人は病人の家屋に住む者でなければならない。これら９人の人々は白い鉢巻をし、女性は赤い模様がある腰布を身につける。男女とも上衣は白もしくは黒以外の色ならなんでもよい。さらに、男女を問わず、シンバルに似た、彼らやアラックが持つ楽器（ケーン）を全体で少なくとも１個、多くて７個を持つ。そして、踊る女性２人を従えた男性７人が先頭に立って、木柱を中心に時計回り逆方向に７回まわるのである。これがすむと全員が病人の家屋に入ってあがる。

次に屠殺の段階が来る。水牛をしとめる槍は病人の家屋成員全員によって持たれる。剣先に近い先頭部を持つのはその家屋の家長か、もしくは病人の母親と決まっている。その背後に年齢順に弟妹が続く。病人が参加できる状態であれば、その年齢順に従う位置に立って槍に手を添える。家屋のメンバーの中に稚児がいれば、それを背負って並ぶ。そして、病人を始めとする全員が水牛をしとめる剣先に唾を付ける。稚児の唾も取って付ける。これは、「同じ家屋の全成員にある悪いことをすべて水牛に託して殺してしまう」ためであるという説明が、ヤー・モンのみならず、これを解説した村人によって与えられた。

槍で最初にねらうべき個所は右わき腹である。次に首の真上から同じ槍で一撃を加える。流れでる血も、桶でくまなく汲み取ることができる姿勢で水牛が絶命するのがよい。左肩のほうから下へ倒れるか、真下に崩れ落ちることは良い兆候である。いずれでもなく、右肩から倒れたりひっくりかえった場合、さらなる供犠の必要が懸念される。

肉を切り裂き分配するのは家屋を異にするB〜Dの男性である。ただし、彼らは水牛の後足の部分については分配を許されていない。それはそのままAの人々に委託される。この場面にはヤー・モンは直接参加せずに見守るだけである。

供犠が成功すれば、病人はほとんど回復する。回復しなければ再び同じことをくりかえす。患者の関係者がヤー・モンの家を２度目に訪ねる時は、背負い籠一杯の籾米、その半分の量の精米、花とろうそくをカーイ（供え物）として持ってこなければならない。ヤー・モンはこれを診断料として受け取る。

患者の多くは体全体に熱を感じ、売薬を飲んでも回復せずしまいに労働できなくなってしまってから訪ねてくる。現在のヤー・モンがこれまで扱った患者の年齢は４ヵ月の幼児から60歳の老人まで、ほとんど年齢男女差がない。ラオ人社会で教員をしている村の若者にも彼の診断と供犠によって一命をとりとめた者がおり、ヤー・モンの社会的地位、信頼度はきわめて高い。

水牛の解体と肉の分配。セーコーン県カルーム郡

治療儀礼としての水牛供犠にはその目的（病気治療）に加え、食肉の分配という潜在機能がある。同じセーコーン県カルーム郡のカトゥとンゲェの混成村で、連日のように患者の家屋前の木柱に供犠される水牛が繋がれるのを見た。朝方殺された水牛の肉は、治療のためにその儀礼を執行した親族の間で注意深く分配されるとともに、半分近くが村内で売られる。水牛はややこぶりの1年オスである。

患者は気分が悪くなって体力がなくなった。売薬を飲んでみるが治らない。とうとうまる3日3晩さっぱり寝つけなくなった。供犠を決めたのはその息子である。ヤー・モンには伺いをたてていない。家にある4頭のオス水牛のうち、1頭を選んだのも息子である。昨夕から木柱に繋がれていた水牛は、特別な衣装を着ることもなく、誦唱する呪文もなく手順もなく、患者の親族にあたる男たち2人でばらばらと牛の頭とわき腹に斧でたたきつけにかかり、数分で絶命した。倒れこんだ方角や格好にはまったく無頓着である。

水牛をくくりつけていた木柱(カトゥ語でクロッ、ンゲェ語でタニャム)と家屋の間で解体作業に入る。手際よく肉と内蔵を２つのグループに分ける。一方はブリキのバケツに無造作にほうりこまれる。他方は大きなバナナの葉にこぎれいに並べられていく。後者はさらに手のひら大の肉片を２、３枚にした包みへと細分される。ブリキの中に入った肉は、今回の儀礼をした人々のものである。包みのほうは１つ1000キープ（調査当時約200円）で村内で売られた。水牛を屠殺することはすでに周辺村民にも伝わっているので、あらかじめ予約が入っている。バナナの包みはそれである。

作業は６時50分に終わった。儀礼という言葉の持つ厳粛さはみじんもなく、まるで肉屋の野外厨房での作業が終えられたかのごとくだった。これも水牛供犠の１つのあり方である。

治療儀礼は、村のネオホームの口上を無視して実施されている。ラーオ・ルムにも見たように、水牛供犠それ自体はラーオ・トゥンとラーオ・ルムをつなぐ共通の儀礼言語[(13)]であり続けている。

むすびにかえて

多様な言語集団を括るラーオ・トゥンの人々はかつて自他の差異を示す要素を物質文化や言語に持ちあわせてきた。葬制もその１つである。一般にモーン・クメール系諸語族の通常葬は、ラオ語でピー・パサーパへーオとよばれる埋葬用の森（アラックでチャナン、カトゥでピン・カモイッ、ンゲェでロール・ピン、ラヴィーでタノック・ジュオッ）での土葬を基本とする。仏教徒のラーオ・ルムが火葬を原則としているのに対し、彼らが火葬するのはレプラや伝染病で死亡したと判断される場合のみである。

集団により死に装束、棺桶の形状、埋葬方法などが異なる。同時に、集落によっては社会的地位の格差、性差を表現するやりかたが示される。死

カトゥの棺。セーコーン県カルーム郡Ｔ村

に装束で重要なものは糸（ラヴィーでは赤、ンゲェは白）である。左右の足のおや指をくくりつけるほか、顎から頭頂にかけてまきつける。棺桶は、丸太をくりぬいて作るのが広く見られる基本型である。通常は２つに割った丸太をそれぞれくりぬき、桶と蓋とする。ラヴィーでは１つの棺桶に上から何体も重ねることがある。ンゲェでは蓋は作らない。顔だけが見えるようにして遺品を重ねてゆき、最後に土をかぶせる。

最もこみいった葬制を実践するのはカトゥの人々である(14)。その家の経済的社会的力に応じて３種類の葬制が棺桶タイプとともに区別されている。丸太をくりぬいた蓋つきの棺とする型は、中流の人用である。貧者は桶なしでござに丸めたまま、土中に埋める。首長、その血統の者には蓋の上には水牛、鶏、牛などの彫刻像がレリーフではなく立体像として付けられる。これらの桶は死ぬ前に用意され、村外にある米倉の下に置かれている。そして死者が出ると盛大に水牛供犠を行なう。その後、棺に死者を移すが、地中に埋めるというよりは、高く盛られた土まんじゅうの上に乗せるようにして2ヵ所を縛ったこの棺を埋め込む。装飾部ははっきり見える（見せる）ままとなる。

しかし、そうした特徴的な葬制もロングハウスとともに急速に姿を消しつつある。かつて収奪の原因とされたさまざまなタブーの多くは、家屋構造と婚姻形態にかかわっており、ラーオ・ルムの社会と接触する機会が増えた若者の間では、外部世界との通交を拒否するものとして、過去の遺物とされつつある。先述のラヴィー人集落Pでは、ロングハウスに代わるラーオ・ルムの高床式家屋が最近になって現れた。その若い世帯主は、友人を泊めることもできない、複雑なタブーがあるロングハウスは、互いのために考えものだ、ということで「快適な」ラオ式を選んだと言う。

奥深いところに環状集落を構えるラーオ・トゥンの人々は今日、分岐点に立っている。1つの道は、ラヴィーの若者がそうであるように、外部世界でもっとも近く支配的なラーオ・ルムの慣習や行為を模倣することである。

北ラオスの多くのクム人たちは早くからラーオ・ルムの娘と結婚することを当然のこととし、仏教徒になることも常態化している。ここでは仏教に改宗することには何等の障碍もない。その結果、伝統的な儀礼も大きく変わる。

早くから仏教を受容したチャムパーサックのスクマー郡のスウェイ人集落Lでの守護霊への儀礼は、ほとんど仏教とラオ文化とのパッチワークのごとくである。

彼らによれば、かつて低地に住んでいたが、後発のラーオ・ルムが高地へ追いたてたのがスウェイの祖先である。現在また彼らは低地へ降りてきて、ラーオ・ルム同様に水田耕作をしモチ米を食べる。

「村の守護霊ピー・ラックバーン（ニャー・チュア）」への儀礼は籾蒔きをする前（陰暦6月）、収穫後（陰暦2月）の2度実施する。陰暦6月のほうでは鶏の首を切り、声帯を見て季節を占う。実施のための予算は村民が集める。3万キープほど集まればできる。このあたり、ラオとほとんど同

アラックの米倉。セーコーン県ラマーム郡Ｋ村

じである。収穫後の儀礼では鶏を捧げる。鶏は1982年あたりから使っている。以前は水牛と亀であった。豚は使わない。ほかに欠かせない供物は、酒、煙草、キンマ、花とろうそくである。司祭はラオ同様、男性の司祭チャムが儀礼をリードする。彼は憑依しない。精霊に祈願する時の言葉はスウェイ語である。だが最近ではラオ語でもよくなった。

祠は村内にある。祠での儀礼は午前中にすむ。そのあと夕方に僧侶の読経で儀礼で締めくくる。読経するのは僧侶２、見習い僧２という合計４人の数にする。多くても少なくてもいけない。自分たちの寺院から招請できなければ、他所の寺院から招請する。そして、読経のあと、他界した霊に功徳の転送（ヤートナーム）をして供養とする。

彼らの長は表向きには「スウェイ語を話さなくなって40年以上だ」とか言う。しかし、村内ではスウェイ語で話している。スクマー郡L村の場合、仏教寺院があり僧侶も見習い僧も土地の者である。寺院は、もともとは村の守護霊の祠のところにあったが、200年ほど前に現在地に寺院を移した。

若い僧侶は親のすすめで出家している。朝には托鉢に出ている。

ラーオ・トゥンにとって、仏教を担うラーオ・ルムの文化的求心力は、このように決して弱いものではない。連帯のスローガンと相まってラオスの多民族状況は克服されるかに見える。他方、ここ数年の諸民族の伝統文化の保護政策により、政府は特定民族の儀礼を記録し復興させる意欲を見せてもいる(15)。だが、治療儀礼をめぐる政策と実践の乖離に見るように、政府は積極的な関与を特に見せず、現在のところ土地問題を除いて「放任」を正当化するものでしかない。

首長のリネージを継承するものは、ネオホームという民間代表者の意見統轄者としての権限を与えられることでその威信を、半減とまではゆかぬとも保っている。しかし、ソンパオ＝「民族」それ自体の問題を国民統合へ向けていかに扱うか、その具体策が未だ明確でないため、彼らは主体的な立場を未だ形成せずにいるように見える。

公衆衛生の近代化を謳う政府が廃止をよびかける治療儀礼が多くの集落に保持されているという事実に、仏教を連帯達成のための文化的装置へと適用することの困難も窺われる。

しかし、宗教を始めとするラオスの多様な文化の特徴はその点にこそあると言える。近代の発明品である国民国家という器の脆弱さ、幻想性を顕わにし文化というものが記述されることの内にあるのではなく、具体の人が担うものであり、それを生かすのも終息させるのも、人々自身がまきこまれた時代と歴史、そして自らの決定によるものであることを教えている。われわれが明「文」化して窒息させている宗教、文化、民族が実はこういうものなのだということを、現況において雄弁に示している国である。地理的にも文化的にも歴史的にも、狭間の狭間に置かれてきたという点では、ある意味で、ラオスは異種混淆のモザイク文化とそのダイナミズムを表現するもっとも東南アジア的な「場」の１つである。(1995年脱稿)

【註・参考文献】

(1) 10年から20年までの僧侶経験者はティット、20年以上におよぶ長期経験者はチャンという呼称を名前の前に付される。

(2) Zago, Marcel, *Rites et Ceremonies en Milieu bouddhiste Lao*, Rome: Universita Gregoriana Editrice, 1972.
Zago, Marcel, "Khouan et Ceremonies du Soukhouan," *Bulletin des Amis du Royaume Lao* 9: 156-200, 1973.

(3) Mayoury Ngaosyvathn, "Individual Soul, National Identity: The Baci-Sou Khuan of the Lao," *Sojourn* 5(2): 283-307, 1990.

(4) Condominas, Georges, "Phiban Cults in Rural Laos," in G. William Skinner and A. Thomas Kirsch eds., *Change and Persistence in Thai Society: Essays in Honor of Lauriston Sharp*, Ithaca: Cornell University Press, pp.252-273, 1975.
Condominas, Georges, "The Lao," in N. S. Adams and A. W. McCoy eds., *Laos: War and Revolution*, New York: Harper and Row, 1970.

(5) 憲法発布後の国民議会員85名の内訳で言うと、ラーオ・ルム52、ラーオ・トゥン16、ラーオ・スーン17（1993年1月25日）。

(6) ラオスにおけるキリスト教の伝播はカトリックが先行し、後々にプロテスタントが入っている（**表1**）。

(7) ラオス情報文化省博物館考古局副局長B氏との私信（1992年4月28日）。(2001年現在、仏教寺院数＝4123、僧侶＝8709、見習い僧＝1万3276、メーカーオ＝450、ポーカーオ＝2、サンカリー＝562。ネーオラーオ・サーンサートでの聞き取りと内部資料による)

(8) Stuart-Fox, Martin, *Laos: Politics, Economics and Society*, London: Frances Pinter Publishers, 1986.

(9) Somboon Suksamran, *Buddhism and Political Legitimacy*, Bangkok: Chulalonkongkorn University, 1993.

(10) 林行夫「仏教儀礼の民族誌」石井米雄編『講座 仏教の受容と変容2』佼成出版社、127-161ページ、1991年。

(11) 林行夫「ダルマの力と帰依者たち――東北タイにおける仏教とモータム」『国立民族学博物館研究報告』14(1)：1-116ページ、1989年。
Taylor, J. L., *Forest Monks and the Nation-State: An Anthropological and Historical Study in Northeastern Thailand*, Singapore: Institute of Southeast Asian Studies, 1993.

(12) Izikowitz, Karl Gustav , *Lamet: Hill Peasants in French Indochina*, Goteborg: Elanders Boktr, 1951 (1979).

(13) Leach, Edmund R., *Political Systems of Highland Burma*, London: The London School of Economics and Political Science, 1954.（関本照夫訳『高地ビルマの政治体系』弘文堂、1987年）

(14) Costello, Nancy A, "Death and Burial in Katu Culture," in Greger son, Marilyn and Dorothy Thomas eds., *Notes from Indochina: On ethnic minority cultures*, Dallas: Sil Museum of Anthropology, pp.99-106, 1980.

(15) Institute of Research on Lao Culture and Society, Ministry of Information and

Culture, and Nancy A. Costero, *Katu Folktales and Society: Nooq Taruuth Katu* (Katu-Lao-English), Vientiane: Institute of Research on Lao Culture and Society, Ministry of Information and Culture, 1993.

第9章
文化

増原善之

扉写真・ルアンパバーン・マイ寺本堂正面の浮彫装飾

❶文化

◆美術

年代記によれば、14世紀半ば、ラオ族はルアンパバーンを中心に政治統合を成しとげ、いわゆるラーンサーン王国を樹立したとされている。ラオスの美術史を考える場合も、同王国の成立前後で大きく２つの時代に分けることができる。１つはラオ族がこの地においていまだ実質的支配者の地位を占めるにいたっておらず、先住民族もしくは近隣他民族の美術が卓越していた時代であり、もう１つはラーンサーン王国の成立後、周辺諸民族の文化を受容しつつもラオス独自の美術様式を育んできた時代である。

「前ラーンサーン期」の代表的な遺跡としては、シエンクアン県のジャール平原に広がる巨大な石壺群をあげることができる。石壺総数は500基以上、最も大きな石壺は高さ3.5m、直径３mに及んでいる。石壺が作られた目的については、食糧の貯蔵用あるいは酒の醸造用などさまざまな伝承があるが、これまでの発掘調査の結果から石壺は遺体を埋葬する棺として使われていたことが明らかになっている。同遺跡の成立年代はまだはっきりとわかっていないが、石壺とともに発見された遺物には紀元前から紀元後1000年にわたるさまざまな時代のものが含まれているという。

また、ラオス南部のチャムパーサック県に残るワット・プー（山寺）も忘れてはなるまい。これはメコン川の西岸約４kmのところにあるバサック山のふもとから中腹にかけて続くヒンドゥー寺院の遺跡である。寺院の最も古い部分はチャムパー様式によっていることから、まずチャム族がこの地に入って祠堂を立て（７世紀頃）、その後この地に支配をおよぼしたクメール族によって現在の姿に建造されたのであろう。参道に並ぶ南殿および北殿、中央の石段を上ったところに位置する主祠堂などは10世紀～11世紀頃の建造と考えられている。

一方、同時代を代表する仏教美術として、ヴィエンチャン県ターラート村で発見された石仏像をあげておきたい。これはタワーラーワディー（ドヴァーラーヴァティー）様式の流れをくむ6世紀〜7世紀頃の作品と見られている。タワーラーワディーとは、6世紀〜10世紀頃、現在のタイ中央部を中心に栄えた古代文化であり、その担い手はモーン族と考えられていることから、この頃ラオス中央部にもモーン文化の影響がおよんでいたことが推測できる。なお、この石仏像はヴィエンチャンのホー・パケーオ寺博物館に納められている。

さて、ラーンサーン王国が成立するとラオス美術にも大きな変化が見られるようになる。年代記によれば、初代国王ファーグム（在位1353〜73年）は王妃の懇請を受け入れ、カンボジアから上座仏教を導入し、スリランカで鋳造されたパバーン仏もこのとき招来されたと伝えられている。歴代の国王は国家統合の拠り所として上座仏教を利用する一方、仏教の最大の庇護者であることを示すため、積極的に僧団への寄進を行なった。こうした傾向は、16世紀に入るといっそう顕著となり、特に、ポーティサーララート王（在位1520〜48年）はピー（精霊）信仰の禁止を命じ、全国の祠を廃してその代わりに仏教寺院の建立を進めたと言われている。したがって、「ラーンサーン期（14世紀半ば〜19世紀末）」のラオス美術とは、仏像および仏教建築物そのものであり、その多くが現在でも人々の信仰の対象となっている点に特徴がある。

まず、ルアンパバーンの初期仏教美術の代表作としてマノーロム寺に安置されている青銅仏をあげておきたい。これは1372年に鋳造され、タイのスコータイ様式の流れをくんでいるという。このことからもラーンサーン王国成立直後の仏教が近隣諸国の強い影響下にあったことがうかがえよう。16世紀に入ってラオス仏教はかつてない隆盛期を迎えるが、1560年建立と伝えられるルアンパバーンのシエントーン寺は同時期の最も注目すべき仏教建築物の1つである。特に、地面近くまで流れ落ちるような三重の屋根を有する本堂は、ラオ族が培ってきた造形美の極みと言えるだろう。

ルアンパバーンの美術――シエントーン寺本堂

一方、1560年にシエントーン（ルアンパバーンの旧称）からヴィエンチャンへの遷都を行なったセーターティラート王（在位1548～71年）は、同地にタートルアン（大塔）を建立して王国の守護寺院とした。その内部には仏舎利（仏陀の遺骨の一部）が納められているとされ、そのラオス独特の建築様式とあいまって、ラオ人から最大の尊崇を集めてきた。中央に高さ45mに及ぶ大塔がそびえ立ち、その周囲に30基の小塔が並ぶ姿は、須弥山（しゅみせん）（仏教の世界観に基づく世界の中心にあるという高山）を表現しているとも言われる。また、同王の時代には青銅製の大仏が４体造られ、そのうちの１体がヴィエンチャンのオンテゥー寺に安置されている。これらは中期仏教美術の代表作と言えよう。

ところで、ラーンサーン王国は18世紀初めにルアンパバーン、ヴィエンチャン、およびチャムパーサックの３王国に分裂するが、ラオスの仏教美術はそれぞれの王国内で継承されていった。たとえば、ルアンパバーンでは18世紀以降も多数の寺院が建立され、マイ寺（1796年建立）の本堂正面

ヴィエンチャンの美術――タートルアン

入口は「ヴェートサンドーン本生経」を描いた黄金色の豪華な浮き彫り装飾として特に有名である。また、ヴィエンチャンのシーサケート寺（1818年建立）は、1827〜28年のラオス・シャム戦争（当時のヴィエンチャン王国アヌ王の名をとって「アヌ戦争」とも呼ばれる）の際、ヴィエンチャンで焼失・破壊を免れた唯一の仏教建築物であり、ラーンサーン後期の建築様式を今に伝える貴重な文化財となっている。

◇機織

ラオスを訪れた外国人が最初に目にするラオス的光景といえば、伝統衣装シン（絹製巻スカート）をはいた女性たちの姿ではないだろうか。ヴィエンチャンの中心タラート・サーオ（朝市）に所狭しと並べられた絹織物は、今日でもこれらが日常生活の中で生き続けていることを物語っている。

ところで、ラオ族がいつごろから絹を織る技術を持っていたかについては、まだはっきりとわかっていない。年代記には、14世紀半ばにラーンサ

絹織物——鳥の模様

龍の模様

ーン王国を樹立したファーグム王が地方領主に対して金、象、奴隷などとともに綿や絹の貢納を命じた記事が見られることから、少なくともそれ以前にはそうした技術が広く普及していたのではないかと考えられている。

ともかく、比較的近年に至るまでラオ人家庭の高床式住居の床下には女性１人に１機ずつ織機があり、農作業の合間をみて自分や家族が使用する布地をすべて自給していた。機織の技術は母から娘、娘から孫へと引き継がれ、その優劣は女性を評価する際の基準の１つになっていたという。つまり、優れた機織技術を持つ女性は、忍耐強く勤勉であるとみなされていたのである。

模様、配色は地方ごとに特色があるが、一般的に用いられる模様としては龍、獅子、象、鳥、花などがある。また、ラオスの織物の良さは天然素材を用いた染色にあると言ってもよい。今でこそ化学染料が用いられるようになったが、つい最近まで、自分で採取した草木の葉、皮、幹、根などを煮立てて染料として使用していた。現在、特にヴィエンチャン近郊の村々では現金収入の手段としての機織が盛んになっており、そこでは量産を行なう必要から化学染料の使用が一般化しているという。

◘ 芸能

ラオスに古来から伝わり、現在も生活の中で生き続けている大衆芸能として「カップ」あるいは「ラム」と呼ばれる歌謡をあげることができる。これらの起源については不明な点が多いが、各地に古くから伝えられてきた「カム・パニャー」と呼ばれる韻文形式の文学作品が、後世の人々によって改作され調子をつけて吟ぜられるようになったのがその始まりと言われる。通常、ケーン（笙、竹製の管楽器）またはクイ（たて笛）、ソー（胡弓、擦弦楽器）などによる伴奏がつけられることから、文学と音楽の中間に位置する芸能と言えるかもしれない。

歌の内容は多岐にわたるが、大自然の中で育まれてきた日常生活の喜びや悲しみ、若い男女の求愛などに関するものが多い。村の祭りや結婚式など人々が大勢集まるところで演じられることが多く、「モーラム」と呼ばれる熟練した歌い手は、時に即興を交えつつその場を盛り上げるのに一役かう。また、これらは地域ごとに独自の言葉（方言）とリズムで語られる点に特徴があり、お国自慢の民謡として人々に愛されている。

カップとラムは、基本的には同じジャンルに属するものと言ってよいが、カップはラオス中央部および北部、ラムはラオス南部の歌謡を指す。両者の相違点として、ラムは歌と伴奏のほかに踊りを伴う場合の多いことが指摘できよう。また、これらはそれぞれ独唱する場合と男女２人で掛け合いを演じる場合の２種類の形態がある。

次に、舞踊には、民衆が自ら踊って楽しむためのものともっぱら王宮の中で継承されてきたものの２つの系統が認められる。前者の「大衆文化」としての舞踊を「ラムヴォン（輪踊り）」というが、二重の輪の内側に男性、外側に女性が立ち、男女が向かい合って踊るところからこの名がついた。その由来について、前述のラムから生まれたのではないかとす

伝統楽器――ケーン

ソー

コーンヴォン

ラナート

る説がある。つまり、１組の男女が伴奏にあわせて踊りながらラムの掛け合いを演じていたのが、いつのまにかそれを見に来た人々も一緒になって踊って楽しむようになり、後にラムヴォンとして定着したというのである。

ラムヴォンには手足の動かし方など動作に基づいて分類すると32種類におよぶ踊り方があると言われ、演奏される曲はカップやラムといった伝統的歌謡もしくはそれらをもとに編曲したものが多い。ラムヴォンは現在でも結婚披露宴や各種パーティーにおいて絶対に欠かすことができないほど人々の生活に密着している。

一方、「王宮文化」としての舞踊であるが、非常に興味深いことに前述のラムヴォンとはまったく別の系統に属する芸能であり、同じ国の中で育まれてきたにもかかわらず、両者の間には何の関連も認められない。この起源も定かではないが、クメール族とラオス北部に分布するルー族の影響が濃厚に認められるという。これらはもっぱら王族のために演じられたもので、その内容は「パラック・パラーム（インドの叙事詩『ラーマーヤナ』をもとに作られたもの）」や「ナーン・ケーオ」などの古典文学から題材をとったものが多く、舞踊劇と言えるものである。なお、王制が廃止された現在ではラオス中央歌舞団、ヴィエンチャン芸術学校によって保存、継承されている。

◘ 文化財保存

1980年代の後半から始められた経済開放化・自由化政策は、単に経済分野の変革にとどまらず、人々の意識や考え方にまで大きな影響を与えつつある。文化的な面についても例外ではなく、急速な外国文化の流入に対して、伝統文化をどのように保存、継承していくかが大きな問題になっている。ここでは、ラオス政府が取り組んでいるバイラーン保存事業を取り上げ、ラオスにおける文化財保存について考えてみたい。

まず、バイラーンそのものについて若干説明しておこう。これはヤシ科の１種パルミラヤシ——ラオ語で「ラーン」という——の葉を長さ60cmな

バイラーンとその一片（バイラーンは仏教の経典文字であるタム文字を使って書かれることが多い）

いし40cmほどに切り揃え、鉄筆で文字を刻んだもので、一般に「貝多羅葉（ばいたらよう）」または「貝葉（ばいよう）」などと呼ばれている。本来、僧侶が仏教経典を書き記すのに用いたものだが、このほか民話、歴史、法律、占星術、呪術、民間医療、風俗習慣などに関する文書も含まれている。このことはバイラーンの書き手だった僧侶が、宗教のみならず、文化全体において指導的地位を占めていたことを示している。

なお、バイラーンの耐久年数には限りがあるため、その内容は書写されることによって次の時代へ伝えられていく。新たな写本が作られる際、単純な写し違いや脱落のみならず、意図的な加筆、修正、削除が行なわれる可能性も排除できず、これを歴史史料として用いる場合には注意が必要である。ただ、ラオス全土の寺院に膨大な量が保存されているバイラーンがラオス文化研究における最も重要な文献資料群であることは疑う余地のない事実であり、今後の研究の進展が期待されている。

このようにバイラーンは、ラオス固有の文化を保存、継承するのに大きな役割を果たしてきたが、紙や印刷技術の普及および市民生活の変化にともなってその重要性が薄れ、人々の関心を引かない存在となっていた。寺院の書庫に埋もれたまま雨に濡れて腐ったり、ねずみにかじられたりして判読不能になったものも多いという。

ところが皮肉なことに、冒頭で述べたような外国文化の流入が、かえって伝統的文化財の見直しを促すこととなり、その一環として「バイラーン保存プロジェクト」が1988年から始められることになった。これは日本のトヨタ財団の資金援助を受けたラオス情報文化省が中心となり、6年の歳月をかけて行なったもので、ヴィエンチャン市、ルアンパバーン県を含む7県で12万7 000点余りのバイラーンが整理、登録された。1994年からは、ドイツ政府がバイラーン保存事業を引き続き支援し、ラオス全県のバイラーンを登録するとともに重要な写本をマイクロフィルムに撮影した（バイラーンの製作過程は第19章497ページ～500ページ参照)。

ラオ人自身による文化財保存事業はその端緒についたばかりだが、こうした事業が長期的に継続され、大きな成果をあげていくためには、資金面での手当てとともに高度な専門知識を有する人材の育成を早急に進めることが緊要であろう。

❷風俗習慣

◇バーシー

ラオスの風俗習慣の中で最もラオスらしいものといえば、「バーシー」の儀式であろう。これは、新年、子供の誕生、結婚、親族・友人などの送別および歓迎、家の新築、さらに病気・傷害が治癒した時などに、親族をはじめ友人、近所の人々などが集まって幸福と繁栄を祈願する儀式である。バーシーは「バーシー・スー・クワン」とも呼ばれる。古来よりラオスで

結婚式のバーシー

は、クワン（魂）が体内にある時、人間は健康で幸福な生活を送ることができるが、反対にこれが体外に飛び出してしまうと、健康を損ねたり、不幸なことが起きたりすると信じられてきた。したがって、クワンを常に体内につなぎとめておくこと、またクワンが体外に飛び出してしまった場合には、すぐに体内に呼び戻すことが必要となる。それで人々は、人生の節目や特別な行事に際して、クワンを体内に招き入れる——これを「スー・クワン」と言う——ためにバーシーを行なうのである。

まず、会場の中央にはパー・クワンと呼ばれる飾り付けが用意される。これはバナナの葉で作られた円錐形の本体に花、ろうそく、竹ひごに結わえられた木綿糸が取り付けられたものである。正式には、儀式に先立ってこの木綿糸を寺院へ持っていき、僧侶の呪法によって聖性を付与してもらうことになっている。これをダーイ・サーイ・シン（聖糸）と呼ぶ。さらに、パー・クワンの周囲には菓子、ゆで卵、バナナなどとともにモチ米とラオス酒が供えられる。

儀式の参加者は、パー・ビアンと呼ばれる肩かけを着用し、パー・クワンの周囲に着席する。準備が整うとモー・ポーン（祈禱師）が、参加者の幸福と繁栄を祈念しつつ呪文を唱える。その後、参加者はクワンを体内に招き入れるために、パー・クワンに取り付けてあった木綿糸を取り外して他の参加者の手首に結び付け、お互いの健康と繁栄を祈念し合うのである。結び付けられた糸には、それを結び付けた人の祈りが込められているので、少なくとも３日間は外すべきではないとされている。

ところでこの儀式の起源は、古来からの民間信仰とヒンドゥー教に求められるが、仏教の関与も認められるという。つまり、ラオ人が古くから有していたクワンに関する諸観念が、ヒンドゥー教の影響により儀礼化されたが、本来バラモン僧によって執行されるべき役割がモー・ポーンと仏教の僧侶によって取って代わられ、現在の姿になったのだと言われている。いずれにせよ、バーシー・スー・クワンは、現代ラオスにおいても人々の生活にとって欠かすことのできない、最も重要な儀式として生き続けているのである。

続いて、ラオスの人々が生まれてから死ぬまでの間に経験する諸儀礼のいくつかを見てみよう。

◆誕生

子供が誕生すると、村の長老がその家を訪れ、出産が行なわれた場所（部屋もしくは家全体）のまわりを木綿糸で張り巡らして呪文を唱え、そこにピー（精霊）が入って来て母子に危害を与えたりしないようにする。その上でバーシー・スー・クワンを執り行ない、母と子のクワンが体内に留まるよう、それぞれの手首に木綿糸を結び付ける。これら一連の儀式は「カオ・カム」と呼ばれる。

その後、母親は家事を家族に任せ、常にベッドの上で過ごさなければならない。この時、かたわらで薪を燃やして１日中体を温めるとともに、原

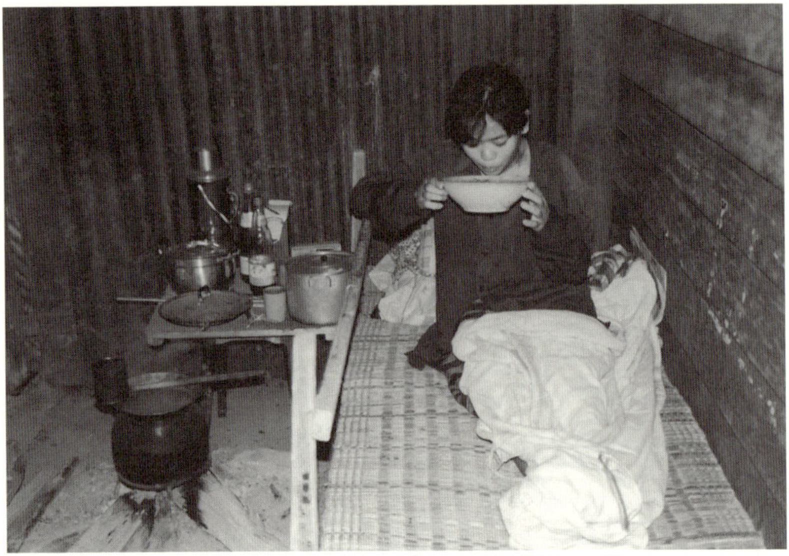

出産後のユー・カム（ベッドの左で１日中薪が燃えている）

則として樹皮や草木の根を煎じた薬、モチ米、塩以外は口にしないという厳しい食事制限が課せられる。これらは出産により傷ついた母体の回復を早める効果があると信じられている。もっとも、今日では近代医学の影響もあり、特に食事制限についてはいくぶん緩やかなものになっている。

こうした生活を「ユー・カム」と言い、かつては産後１ヵ月にわたって行なうのが慣わしだったが、最近では人々の考え方も変化し、１週間程度しか行なわない場合が増えている。そして、こうした生活を終えることを「オーク・カム」と言い、村の長老が再びその家を訪れ、カオ・カムの時に張り巡らした木綿糸や、ユー・カムの期間中に使用した薪、ベッドなど出産に関する物品を片付ける。最後に、オーク・カムの日以降で都合のよい日を選び、モー・ポーンを招いて再びバーシー・スー・クワンを行ない、母子の健康を祈願する。

このように誕生にまつわる慣習は、ラオス古来の出産観に基づいているが、近代医学の普及によって、今後大きく変化していくことも予想される。

◆出家

国民の多くが上座仏教を信奉するラオスにおいて少年僧（20歳未満）および成年僧（20歳以上）になることは男性にとって最も大切な通過儀礼とされてきた。たとえば一昔前までは出家経験のないものは一人前の男性とはみなされず、結婚に際し、出家経験の有無はもちろんその時期（少年僧として出家したか、それとも成年僧として出家したか）や出家期間の長さが男性の価値を図る尺度として重要視されていたという。ただ今日では出家経験のない若者が増えてきており、一般社会において同経験の有無が云々されることはない。

その一方で興味深いのは、1975年の社会体制の変革期の前後に海外に移り住んだ（もしくはその後海外で生まれた）人々の中に、里帰りの機会をとらえて、一時出家をする（または自分の息子に一時出家させる）ケースが少なからず見受けられることである。つまり出家は現代においても――それが非日常的行為であるがゆえによりいっそう――ラオ人としてのアイデンティティーを再確認するための最も有効な文化的行為として存在しているのである。

出家は純然たる仏教儀礼であるが、寺院での儀式に先立ち、自宅にモー・ポーンを招いてバーシー・スー・クワンを行なう。その後寺院に赴き、出家志願者の資格について審査する寺院の儀式――得度式――を経なければならない。得度式の問答はすべてパーリ語で行なわれ、志願者は僧侶から戒律を授かるとともに、男子であるか、親の同意を得ているかなどの質問に答えなければならない。僧侶は合議の上、志願者の受け入れ可否を決定する。得度式が終わると在家信者たちは新僧ならびに先輩僧に食事を供して功徳を積むのが慣わしになっている。

◆結婚

適齢期を迎えた男性は好意を寄せる女性の家を訪れ、女性の家族を交えて会話を楽しむ。これを毎日のように繰り返し、女性の両親が2人の交際を認めるようになると、家族は気を使って２人の会話の席から退き、２人だけで話ができるようになる。このように男性が特定の女性のもとに通いつめることを「チープ・サーオ」と呼び、結婚に至る過程の中で必ず通過するステップとなっている。ただ、このような求婚の過程において主導権は常に男性の側にあり、ある女性にたとえ意中の男性がいたとしても女性の側からアプローチすることは一般的でない。

ラオ人の結婚は大きく分けて３つの段階を経て成立する。まず、新郎側・新婦側双方による話し合いの場を設け、結婚式の日取り、式次第および費用分担などが細かく決められる。ここで最大の問題は、式の当日に新郎側から新婦側へ渡される贈り物である。通常この贈り物には２種類あり、１つは新郎が新婦に対して渡す結婚金、もう１つは新郎が新婦の両親に渡す養育御礼としての現金および貴金属などの物品である。前者は新婦個人の財産となるが、一般的な支出に充てるべきではなく、自分の子供に遺産として引き継ぐのがよいとされている。後者は長年にわたって新婦を養育してくれたことに対する御礼と考えられている。実際には、これらの贈り物をめぐって双方の話し合いがつかず、結局破談に至るケースもあり、特に新郎側にとって頭の痛い慣習である。

こうして、双方が結婚に合意すると、結婚式の前日または当日の午前に僧侶を新婦の家に招請し、その読経を聴聞した上で托鉢を行ない、功徳を積む。これは新郎新婦に祝福を贈るとともに、結婚によって新たに親戚となった相手側の先祖を供養することで、新郎側・新婦側の双方が同じ一族になったことを確認する意味があるという。元来、上座仏教の戒律は僧侶が結婚の仲介をすることを禁じているが、双方の家族は結婚に際して功徳を積むために僧侶を招請するだけであり、僧侶が結婚式そのものを主宰するわけではないと解釈されている。

さて、結婚式に先立ち、新郎は自宅でラオスの伝統的衣装を身につけた後、家族だけで小さなバーシー・スー・クワンを行なう。昔からラオスでは結婚後新郎は新婦の家で暮らすことが一般的だったため、新郎のクワンが自宅に留まるのではなく、新郎の体とともに新婦の家へ向かうようにするのが目的だという。その後、新郎は親族、仲人、友人などとともに新婦の家に向けヘークーイ（婿行列）を行なう。新婦の家に到着すると新郎側から新婦側に結婚金、養育御礼などの贈り物が手渡され、いよいよ結婚式が始まる。

式はモー・ポーンが主宰するバーシー・スー・クワンが中心をなすが、結婚式でしか行なわれない独特の儀式が１つある。これは「ポーン・カイ」と呼ばれ、モー・ポーンがゆで卵に木綿糸を巻きつけて半分に切り、新郎新婦が半分に切られた卵を相手の口に入れて食べさせ合うというものである。これからの人生においてどんな苦境に陥っても助け合って生きていくことを確認するための儀式だという。その後、結婚式の参加者が新郎新婦はもちろん、その家族や親戚の手首に木綿糸を結び合って祝福するのは他の儀礼と同様である。

ラオスの慣習では長女もしくは末女が両親の家を引き継ぐとされてきたが、最近は必ずしもそうとは言いきれない。結婚後どこに住むかは、むしろ双方の両親および新郎新婦の経済状態によって決まるケースが多いようである。

◇ 葬儀

ラオスでは昔から死亡原因によって２種類の埋葬法があった。１つは事故、自殺、伝染病など、周囲から見て突然亡くなったとされる「異常死」の場合、もう１つは一般的病気、老衰などで亡くなった「一般死」の場合である。

前者の場合、人々はこの突然訪れた死を恐れ、周囲に災厄が及ばないように遺体を自宅ではなく寺院に安置し、僧侶を招請して３日間死者を弔い、死後７日以内に土葬すべきとされた。この場合、死者の魂は体内に留まったままになっており、これを火葬すると死者の魂が悪霊となって人々に危害を加えると信じられていたからである（もっとも、今日ではほとんどの場合火葬されている)。

後者の場合、死者を3日間弔うのは「異常死」の場合と同様だが、遺体を自宅に安置することとその期間が3日、7日、21日と定められている点が異なる(21日以上安置する必要のある場合は寺院に移す)。その後、自宅から寺院境内または村の郊外にある屋外火葬場に移送し、火葬に付す。火葬後3日目に親族が遺骨を拾って骨壺に納めた後、墓地または寺院境内に塔または墓標を建てて、その下にこの骨壺を納めるのが一般的である。

❸年中行事

ラオスには古来より「ヒート・シップソーン」と呼ばれる伝統的年中行事があった。「ヒート」とは「慣習」、「シップソーン」は数字の「12」を意味するので、直訳すれば、「12の慣習」ということになる。つまり、これは旧暦の1月から12月までの各月にそれぞれ行なうべき行事を定めたものなのである。しかし、この中には近年ほとんど行なわれなくなったものがある一方、1975年の社会体制の変革や近年の外国文化の流入により、新たに年中行事として定着したものもある。ここではわれわれ外国人の目にもとまりやすい一般的な行事を取り上げ、ラオスの人々の1年を追いかけてみることにしよう。

なお、伝統的年中行事の中には仏教にその起源を持つものが多いが、それらの開催日は旧暦に基づいて決められているため、新暦で言うと開催日が毎年変わることになる。これらの行事については2003年の開催日(新暦)を〔　〕内に示しておいたので参考にしていただきたい。

【註】「旧暦」について
本稿では「旧暦」を「太陰太陽暦」の意味で用いている。1ヵ月は、月の満ちる前半(白(びゃく)

月）と欠ける後半（黒月）に分けられ、白月１日～15日および黒月１日～14日（または15日）の計29日（または30日）からなる（奇数月は29日、偶数月は30日）。１年は12ヵ月つまり354日からなり、年間約11日におよぶ新暦との差は19年に７回、８月を閏月として２回繰り返すことで調整している。なお、仏教では伝統的な行事を白月15日つまり満月の日に行なうことが多い。

ピーマイ・サーコン（国際正月）

１月１日

世界各地で一般的に行なわれている正月であるが、本来ラオスにはこの日を新年として祝う風習はなく、正月といえば４月中旬のラオス正月（後述）を指すのが一般的である。ただ、今日では１月１日も祝日に定められ、大晦日の夜に若者たちがディスコに繰り出して新年の到来を祝うなど、年を追うごとにその華やかさを増してきている。

ブン・マーカブーサー（万仏節）

旧暦３月白月15日〔2003年２月16日〕

現在でも盛大に行なわれている仏教儀礼の１つ。仏陀は悟りを開いてから９ヵ月たったある日、竹林精舎にて説法を行なったが、その時、偶然４つの事柄が重なったことに由来するという。その４つとは、

①旧暦３月の満月の日だった。

②事前に約束もしていないのに1250名の僧が集まった。

③その僧のすべてが阿羅漢(一切の煩悩を断ち切り修行を完成させた人)だった。

④さらにその僧たちが出家したとき、仏陀が自らその得度式を主宰した。

——とされている。

この夜、人々は寺に詣でて僧の説法を聴聞し、手に手にろうそく、線香、花を持って本堂や仏塔のまわりを３周する慣わしになっている。

◇ ブン・パヴェート（大生経祭）

旧暦４月〔新暦３月に相当。開催日は寺ごとに定める〕

仏陀は前生が10回あり、その最後の生がヴェートサンドーン(布施太子)としての一生であったという。その生涯においてヴェートサンドーンは自分の財産はもとより、身体の一部、最愛の妻子に至るまで布施してしまうという偉大な生き方を通した。この物語は「マハーサート（大生経)」と呼ばれ、仏陀の前生を描いた「サードック（本生経)」の中で、最も長大で文学的にすぐれた作品とされている。昔から、この物語の朗読を１日のうちに全部聞けば大きな功徳を積むことができると信じられてきた。この日、人々は朝から寺に出かけ、僧侶が代わる代わる読誦するのを拝聴する慣わしとなっている。

◇ ピーマイ・ラーオ（ラオス正月）

４月14〜16日

「ソンカーン」とも呼ばれ「水かけ祭」としてよく知られたラオスの正月である。４月中旬が正月にあたるというのは意外な感じがするが、これは太陽が双魚宮から白羊宮に移動する日をもって新年が始まるという考えに基づいている。通常、正月行事は３日間にわたって催され、初日がヴァン・サンカーンルアン（旧年最後の日)、２日目がヴァン・ナオ（旧年から新年へ移行する間の日)、そして３日目がヴァン・サンカーンクン（新年最初の日）である。ただ、2001年のようにヴァン・ナオが２日あり、「正月四箇日」となる年もある。

この時期ラオスは１年のうちで最も暑く過ごしにくいが、人々にとっては一番楽しい時期でもある。ラオス全土で新年の祝賀行事が繰り広げられるが、長く王都であったルアンパバーンの正月は、その華やかさで全国的に特に有名である。ここではルアンパバーンの正月三箇日の様子を紹介してみたい。

初日、人々は寺に集まり、安置されている仏像を取り出して洗い清める

ルアンパバーンの新年——行列（山車の先頭にカビンラポムの頭像が見える）

が、これは新年を迎えるにあたり、旧年中の悪い出来事を洗い流す意味がある。仏像のほか、村の長老や両親など敬愛すべき人に対しても水をかけるが、これは旧年中にあったかもしれぬ失礼な言動を詫び、年頭にあたって教えを乞うために行なうのだという。しかし、今日ではこのような意味合いは幾分薄れ、賑やかに楽しむための水かけとなっている。

同じ日、人々は寺の境内やメコン川の川原に出かけて、砂で小さな仏塔を作ったり、カニ、魚、小鳥などの小動物を放して功徳を積むのが慣わしになっている。

２日目の午後、ルアンパバーン名物の新年の行列が行なわれる。この行列はマハータート寺からシエントーン寺までの1.5kmの道のりを２時間以上かけてゆっくりと進んでいく。先頭は赤い面をかぶった伝説上の英雄プーニューとニャーニューで、これに伝統音楽を奏でる楽団、美しく着飾った少女たちが続く。

しかし、行列の主役は山車の上から沿道の見物客に花びらと笑顔を振り

砂の仏塔

まく7人の女性たちであろう。彼女たちはラオス正月の直前に行なわれるルアンパバーンのミス・コンテストで選ばれるが、これは単なる美人コンテストではない。実は、この女性たちこそ、ラオス正月の起源と深く関わりあっているのである。

昔、タンマパーラというどんな大学者もかなわぬ有名な知恵者がいた。ある時カビンラポムという大梵天が、タンマパーラにある問題を持ちかけた。そして、2人は「もしタンマパーラが7日以内に答えることができたら、カビンラポムが首をはねられ、タンマパーラが答えられなければ、タンマパーラが首をはねられる」と約束したのだった。タンマパーラはなかなか答えが浮かばなかったが、期限ぎりぎりで正しく答えることができた。一方、思いがけず賭けに敗れたカビンラポムは約束通り首をはねられることになった。自分の最期を目前にしてカビンラポムは7人の娘を呼び寄せこう言い渡した。「わしはもうすぐ首をはねられてしまうが、わしの首がもし地面に落ちると地上が火事になり、天上に上がると雨が降らず旱魃になり、海に落ちると海が干上がってしまう。だから、首がはねられたら、すぐ盆に載せて山の洞窟で保管しなければならない」

これ以降、7人の娘は交代でその首を保管し、毎年父親の命日――ラオス正月――になるとそれを取り出して水をかけて供養し、次の当番の姉妹に引き継ぐことになった。今日行なわれている行列では、山車の先頭に4面の顔を持つカビンラポムの頭像が置かれ、中央に腰かけるミス・ルアンパバーンがその年の当番にあたっている娘の役を、まわりを取りまく準ミスの6人がほかの娘の役を務めることになっている。

華やかな行列が終わるとルアンパバーンはいつも通りの静かな街にもどる。その日の夜、人々は寺に詣でて仏像の前にひざまずき、新年に幸多からんことを祈る。日中の賑やかさとは対照的に、静寂の中で仏像に水をかけて洗い清める姿は、神々しく感じられるほどである。

3日目の朝、人々は再び寺に詣でて托鉢を行なう。1年の始まりにまず功徳を積もうというわけである。さらにこの日は自宅でバーシーを行ない、家族、親戚そして友人たちと今後1年間の健康と幸福を祈り合うのである。

◘ ブン・バンファイ（ロケット祭）

旧暦6月〔新暦5月に相当。開催日は村ごとに定める〕

竹製ロケットを打ち上げるところから、俗に「ロケット祭」とも呼ばれる雨乞いを目的とした村祭である。旧暦6月つまり新暦5月頃といえば、前月までの酷暑も峠を過ぎて少しずつ雨が降り始め、雨季入りが間近に迫っている時期である。農民たちはこれから始まるコメ作りを前に、適度な降雨と豊作を神々に懇願する。

村人たちは田地の一角に高さ数メートルのやぐらを組み立て、竹に火薬を詰めた小型ロケットを天空に向けて発射する。その傍らでは、女装した男たちや男装した女たちが楽器の調べに合わせて踊る姿も見られる。ところで、この祭りの起源について、次のような伝承が残されている。

昔、あるところに1人の貧しい農夫がいた。毎年コメを作って生計を立てていたが、ある時、3年続きの旱魃となり、蓄えも底をついてしまった。困り果てた農夫は村のある老人を訪ね、どうすればこの窮状から脱することができるかと問い質した。この老人——実はヒンドゥーの神ブラフマーの化身なのだが——は次のように農夫に答えた。

「この村は、わざわいに取り付かれている。なぜならこの村の住民は毎年コメを作る時、天上の神々を十分供養していないからだ。この飢饉から村を救いたいのなら、コメを作る前に神々に供え物をして満足させなければならない」

この話を聞いた村人たちは、その年から毎年、雨季入り前の時期に食べ物や花を用意し、天上にいる神々にこのことを知らせるため、ロケットを打ち上げることにしたのだという。

◆ブン・ヴィサーカブーサー（仏誕節）

旧暦6月白月15日〔2003年5月15日〕

仏陀の生誕、成道（じょうどう）、入滅を記念する行事で旧暦6月の満月の日に行なわれる。先述したブン・マーカブーサーと同じように人々は寺に詣で、僧の説法を聴き、それぞれろうそく、線香、花を手にして本堂や仏塔のまわりを3周する。この日に積んだ功徳は特に大きな善果が期待できると信じられている。

◆ブン・カオパンサー（入安居祭（いりあんごさい））

旧暦8月白月15日〔2003年7月13日〕

安居（あんご）とは僧が雨季の3ヵ月の間（旧暦8月の満月の日から旧暦11月の満月の日まで）、旅行や遊行（ゆぎょう）をやめ、寺に定住し修行に専念することを言う。

一説によれば、仏陀在世当時、出家者は雨季乾季の別なく遊行していたが、農作物の新芽を踏んで歩かないよう、仏陀がこの季節の遊行を禁止したことから雨季の定住が始まったという。入安居の日、人々は寺を訪れ、僧に対して僧衣、食物、薬など安居の3ヵ月の生活に必要なものを寄進することになっている。

◘ブン・ホーカオパダップディン（飾地飯供養祭）

旧暦９月黒月14日〔2003年８月26日〕

これは祖先の供養を目的とした行事で、旧暦９月月末の午前３、４時ごろ、人々は用意しておいた食物の包みを自分の家のまわりや寺の境内各所に置いてまわる。さらに夜が明けると托鉢を行ない、最後に僧の説法を聴聞するというものである。地面に置いた食物は、祖先が取りに来るものと信じられている。また、食物で地面を装飾するように見えることからこの名がついたという。

伝承によれば、ピムピサーン王の親戚の１人が、僧の食事を無断で食べたため、来世で餓鬼に生まれ変わった。ある時、ピムピサーン王は僧に食事を献上した。しかし、かつて親戚だったその餓鬼に対しては何の供養も行なわなかった。餓鬼は供養してもらえないのを怒って、ある夜、王宮に忍び込み人々を恐れさせた。翌朝、王は仏陀にこれまでの経過を説明し、今後の対応を尋ねた。仏陀は、これまで王が餓鬼に対して供養をしなかったのが原因なので、今後は丁重に餓鬼を供養してその怒りを鎮めなければならないと忠告した。それからというもの、王は僧に食事を献上する時は、必ず餓鬼を供養するようになったという。ここから、祖先の供養を怠ってはいけないとの教訓が生まれ、年中行事として定着したものと思われる。

◘ブン・ホーカオサラーク（くじ飯供養祭）

旧暦10月白月15日〔2003年９月10日〕

ホーカオサラークとは直訳すれば「くじ飯」の意味であり、僧にくじを引いてもらい、これに当たった僧に献上する食物のことを言う。今日、村人は旧暦10月の満月の日になると寺に食物を持参する。村の世話役は村人が持参した食物に番号を振るとともにくじを作り、僧にひいてもらう。僧は自分がひき当てた番号のついた食物を受け取るというわけである。くじを引くことで、不特定の僧に対して布施を行なうことになるが、これは受け取る僧を特定する一般的な布施より、善果が大きいと考えられている。また、ブン・ホーカオサラークは人間同士が復讐心に燃えて傷つけあうことを戒め、互いに協力しあうことの大切さを教える行事であるという。そのことは次の起源伝承にも表れている。

ある裕福な家庭に1人の息子がいた。父親が亡くなってから、母親は女手1つで息子を育てあげた。その上母親はわが子にふさわしい女性を自ら探しだし、息子と結婚させた。しかし何年たっても子供を授かることができなかったので、母親はさらに他の女性を探してきて息子と結婚させたのだった。しばらくしてこの第2妻は妊娠した。正妻はこれを妬み、第2妻を亡きものにせんと毒薬を飲ませることに成功した。腹の中で苦しんで暴れた胎児は第2妻の心臓を圧迫し、結局母子ともに息絶えてしまった。第2妻はその命を閉じる時、来世で正妻に復讐することを誓った。

次の世で第2妻は猫に、正妻は鶏に生まれ変わった。猫は鶏とその卵を食い殺した。鶏は息絶える寸前に来世で猫に復讐することを誓った。次の世で鶏は虎に、猫は鹿に生まれ変わった。虎は鹿とその子を食い殺した。鹿は息絶える寸前に来世で虎に復讐することを誓った。鹿は鬼女に、虎は人間の女に生まれ変わった。女は結婚してほどなくして子供を生んだが、2度にわたって鬼女に子供を食べられてしまった。3人目の子供が生まれた時、女と夫は子供をつれて夫の実家へ逃げることにした。その途中、鬼女が3人に襲いかかったが、命からがら祇園精舎(ぎおんしょうじゃ)に逃げ込むことができた。ちょうどその時、祇園精舎の中では仏陀が大勢の信者の前で説法を行なっていた。3人はその中に飛び込み、仏陀に命乞いをした。仏陀は鬼女に今後復讐心を持たぬよう教え諭す一方、女には今後この鬼女を養ってやるよう言いつけた。

水田の一角に住みついた鬼女は、降雨や水まわりについての知識を持っていたので、今年はどの程度雨が降るのか、洪水は起こるのかなど、稲作を行なうために必要な情報を前もって女に告げることができた。鬼女のお陰で女は豊作に恵まれ、裕福になった。

女は鬼女の勧めもあって僧へ食事を献上することにしたが、祇園精舎には数百名という僧が生活しており、いったいどの僧に食事を献上すればよいのかわからなかった。この相談を受けた仏陀は、公平を期すために、あらかじめ僧にくじを引かせ、あたった僧に食事を献じてはどうかと答えたという。その後、村人たちも女の例にならって僧への布施を行なうようになったと言われている。

◆ブン・オークパンサー（出安居祭（であんごさい））

旧暦11月白月15日〔2003年10月10日〕

この日、僧は３ヵ月にわたる安居を終え、出安居の儀式を執り行なう。人々も安居を終えたこれらの僧に対して布施を行ない、功徳を積むのが慣わしとなっている。

出安居祭の日の夜、人々は川辺に降りて「ライ・フアファイ（火船流し）」を行なう。これは日本の灯籠流しに似た行事であり、ラオスの北部、中部地方では、直径20cm程度の円形の盆をバナナの幹および葉などで作り、花、ろうそくおよび線香を立てて川に流す。一方、チャムパーサック県を始めとする南部地方では、村ごとにバナナの幹や竹などを使って長さ10mにおよぶ細長い筏を作り、これに火を灯して川に流している。

一説によれば、これらの儀式は川の神であるパニャー・ナーク（龍神）に火を供え、洪水など河川災害が起きないように懇願したのがその起源だと言われている。この日、ヴィエンチャンではメコン川沿いの道路に夜店が所狭しと並び、大勢の見物客で身動きがとれないほどの混雑となる。

また、この時期、全国各地で「ブン・スアンフア（ボートレース）」も行なわれる。この由来については、火船流しと同様、川の神にまつわるものとする説や国王への奉納スポーツ大会として始められたとする説などいくつかの伝承がある。開催日は地域によって異なるが、最も盛大に行なわれるヴィエンチャン・ボートレースは旧暦11月黒月１日、つまり出安居祭の翌日に開催されている。村や職場ごとに35人～50人からなるチームを作り、選手たちは1200m先のゴールを目指して一心不乱にオールを漕ぐ。各地で繰り広げられるこの行事は、出安居祭や火船流しと同様、雨季明けの風物詩となっている。

◘ ブン・カティン（カティン衣献上祭）

旧暦11月黒月１日から12月白月15日の間〔新暦10月から11月に相当。開催日は寄進者と寺が定める〕

安居明けの旧暦11月黒月１日から１ヵ月間のみ仏陀が僧に対して着用を許された特別の僧衣をカティン衣と言う。この時期に僧へカティン衣を寄進することは、在家信者にとって大きな功徳を積む行為と考えられている。しかし、どの寺も寄進を受けるのは期間中１度だけと定められており、寄進を希望する者は、安居の期間中に寺側と相談の上、寄進する日を予約しなければならない。寄進者は、夫婦、家族といった小人数の場合から、主催者の呼び掛けに応じて参加した人々を含む多人数の団体となる場合までさまざまである。

当日、寺院内ではカティン衣を始め、僧の日用品、現金などを献上する儀式が行なわれる。元来、カティン衣の献上とは、特定の僧に単なる白い布を１組だけ献上する簡素な儀礼に過ぎず、これを受け取る資格とは

①３ヵ月の安居をなしおえ、

②受け取った布を１日のうちに自分で染色、裁断して僧衣にすることができ、

③戒律と付随する諸規定を正しく習得している

――という３条件を満たすこととされていた。しかし、今日ではすべての僧がカティン衣のほか、さまざまな金品を受け取ることが一般化している。

ブン・タートルアン——朝の托鉢

◘ ブン・タートルアン（タートルアン祭）

旧暦12月白月15日〔2003年11月８日〕

　ヴィエンチャンにそびえ立つタートルアン（大塔）は、1566年、ときの国王セーターティラートによって建立されたラオスの代表的仏教建築である。伝承によれば、タートルアンには仏舎利（仏陀の遺骨の一部）が納められていると言われ、ラオ民族統合の象徴でもあった。歴代の国王は毎年この時期になるとタートルアン祭を催し、自ら率先してタートルアンに詣でて功徳を積んだという。

　満月の日の朝、タートルアンと隣接する広場では、ヴィエンチャン中から集まった僧と市民によって大托鉢会が行なわれる。広大な広場が、黄衣に身をまとった僧侶と華やかに着飾った市民で埋め尽くされる光景は壮観である。

　また、タートルアン祭に先立って周辺の広場では「タラート・ナット」と呼ばれる見本市も開催され、内外の企業、個人商店などが出店するほか、地方公共団体、外国大使館なども展示会を催し、祭りをさらに盛り上げるのに一役買っている。この期間中、会場にはたくさんの夜店が軒を並べ、午前零時をまわっても野外ディスコから流れる音楽が会場に轟きわたる。ヴィエンチャンはもとより、近隣諸県からも見物客が訪れ、ラオスにもこんなに人がいたのかと驚かされるほどである。

◘ ヴァン・サート（建国記念日）

12月２日

1975年12月２日、全国人民代表大会は王制の廃止とラオス人民民主共和国の樹立を宣言した。以来、この日は建国記念日として祝日となり、全国各地で記念式典が行なわれている。５年ごとに国民議会前の広場で行なわれる式典は、雛段に党・政府指導者が勢揃いして、その前で記念パレードが行なわれるなど特に盛大である。

【参考文献】

Bunheng Buasisaengpasoet, *Pavatsat Silapa lae Sathapattanyakamsin Lao Laem*1（ラオス美術・建築史 第１巻）（ラオ語）, Vientiane, 1991.

————, *Pavat Silapa lae Sathapattanyakam Lao Laem*2 *Muang Luang Phabang*（ラオス美術・建築史 第２巻 ルアンパバーン）（ラオ語）, Vientiane, 1995.

Gosling, Betty, *Old Luang Prabang*, Kuala Lumpur: Oxford University Press, 1996.

Khambang Canninyavong, *Khanopthamniamlao: Hitsipsong lae Khongsipsi*（ラオスの風俗習慣：ヒートシップソーンとコーンシップシー）（ラオ語）, Vientiane: Rasabanditsapalao, 1974.

Sila Viravong lae Nuan Uthensakda, *Tamnan Khunboromrasathirat*（クン・ボーロム王年代記）（ラオ語）, Vientiane: Hosamuthaengsat, 1994.

綾部恒雄・石井米雄編『もっと知りたいラオス』弘文堂、1996年。

伊東照司『インド東南アジア古寺巡礼』雄山閣、1995年。

「文明のクロスロード・ふくおか」地域文化フォーラム実行委員会編『福岡からアジアへ２ かめ棺の源流を探る。』西日本新聞社、1995年。

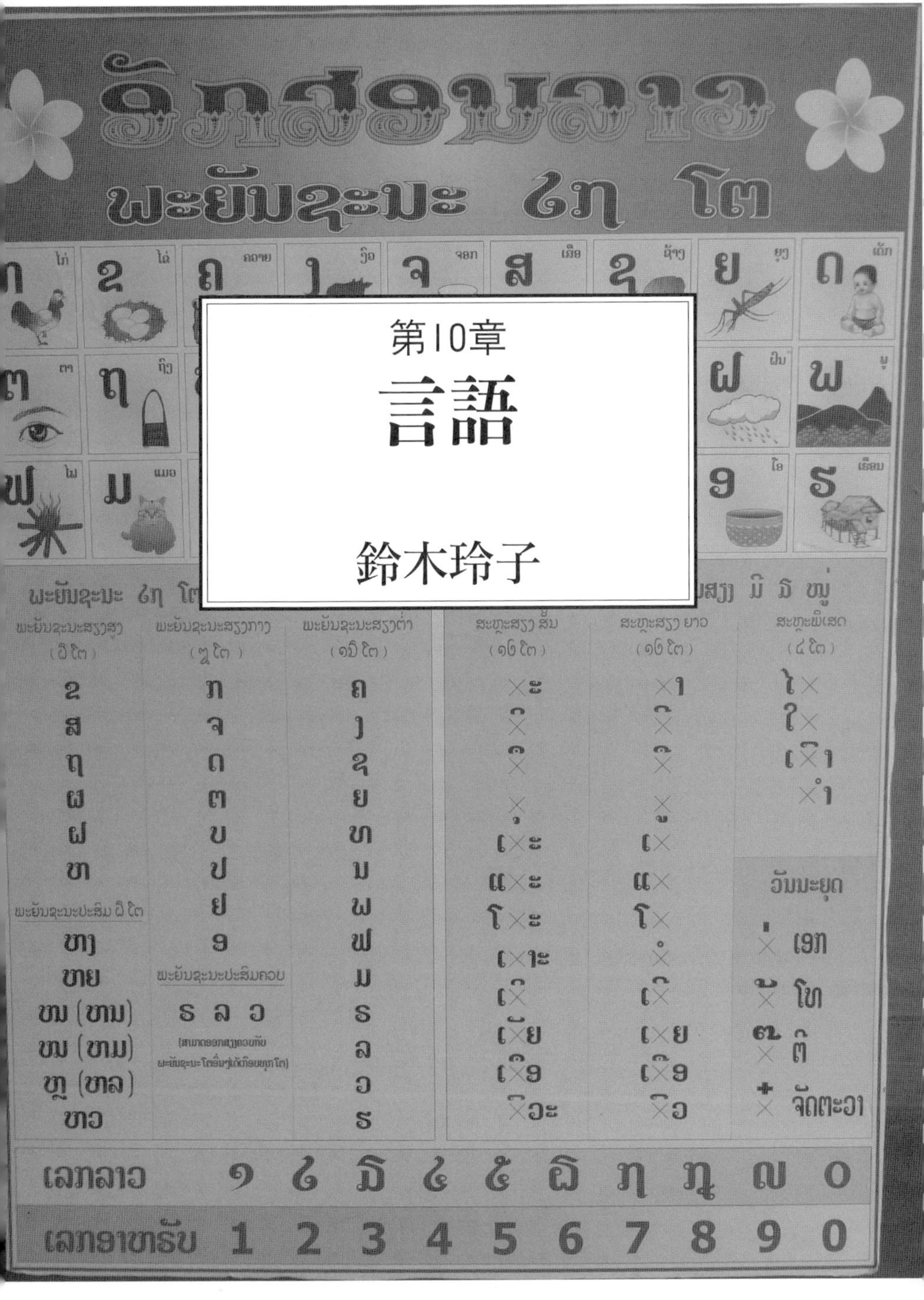

第10章
言語

鈴木玲子

❶ラオ語の概要

◇名称

雑誌の表紙

「ラオ語」は、ラオスの主要民族であるラオ族の言語で、ラオスの国語という観点から国名をとって「ラオス語」と言うこともある。1991年に制定されたラオス国憲法第9章第75条に「ラオ語及びラオ文字が公式に使用される言語及び文字である」と記載されているように、ラオスの公用語である。本書では言語学的観点から「ラオ語」と呼ぶことにする（写真：雑誌の表紙）。

◇使用人口と方言

コーラの看板「家族中がシュワッと爽やかおいしいのはコーラで決まり」

隣国の東北タイのラオ族居住地域で話されている言葉も「ラオ語」であるので、「ラオ語」の主な使用分布域は、ラオスと東北タイということになる。使用人口は、東北タイに約2400万人、ラオス国内に約600万人である。ただし、東北タイとラオスで話されているラオ語は全く同じではない。またラオス国内でも、発音、語彙ともに地域差、すなわち方言差が著しい（写

大学の模範学生を示すポスター

真：コーラの看板)。

各方言はラオス人同士でもわからないことがあるようで、同音異義語を利用した笑い話がある。たとえば「首都ヴィエンチャンの人が北の古都ルアンパバーンへ行った時のことである。市場へ行ってルアンパバーンの特産物を物色していたところ、盛んに/ʔǒm mɛ̂ɛ/「なめてみてよ」と言っている声が聞こえてきた。どれほどおいしいものなのだろうかと、その声のする方へ行ってみると靴売り場にたどり着いた。売り子は靴を指さしてその人に/ʔǒm mɛ̂ɛ/。ヴィエンチャンのその人は、ルアンパバーン人は、靴をなめるのかとびっくりした。あまりに盛んに薦めるので、仕方なく靴を口元へ持っていってなめようとしたところ、ルアンパバーン人は大笑い。実はルアンパバーンでは、/ʔǒm/は「値切る」という意味なのである(/mɛ̂ɛ/は勧言を表す文末詞)。それを知ったヴィエンチャン人も大笑い』という話である。(写真：大学の模範学生を示すポスター)

◇ 系統

系統は、現在のところ、タイ・カダイ（Tai-Kadai）語族タイ（Tai）諸語南西タイ（Southwestern Tai）語群に属するというところまで認められている。同じ語群に属する言語としてタイ語、黒タイ語などが挙げられる。ラオ語とタイ語は非常によく似ていると言われている（後述❺参照）。

❷ 発音

一般にラオ語は「単音節声調言語」であると言う。ラオ語の「口」「耳」や「水」などと言った基礎語彙でそれを見てみよう。

pàak（口）→「（頭子音/p/＋母音/aa/＋末子音/k/）×声調/ˋ/」：CVVC'/T
hǔu（耳）→「（頭子音/h/＋母音/uu/）×声調/ˇ/」：CVV/T
nâm（水）→「（頭子音/n/＋母音/a/＋末子音/m/）×声調/ˆ/」：CVC'/T

上の「pàak」を例にとると、音節初頭の頭子音C＝/p/、音節主核母音のうち長母音または二重母音VV、短母音をVとすると、この場合はVV＝/aa/、そして音節末の末子音C'＝/k/、音節全体にかぶさる声調Tは/ˋ/である。このようなラオ語の音節の塊は「CVV（C'）/T」か「CVC'/T」とまとめることができる。母音が「VV」のときは末子音「C'」は任意であるが、母音が「V」の時は必ず末子音「C'」を伴うという特徴がある。

上の例で示したようにラオ語における基礎語彙のほとんどは、一音節語であり、音節全体に声調がかぶさるというわけなので、発音上の特色として「ラオ語は単音節声調言語」と言うのである。

基本母音は、i，e，ɛ，ɯ，ə，a，u，o，ɔ の９つである。日本語は i，e，a，u，o の５母音体系であるので、このことからもカタカナでラオ語

を表すことは不可能に近いことがわかるであろう。また、9つの母音はそれぞれ長短の別がある。たとえば、

長母音	短母音
/lǎay/（多い）	/lǎy/（流れる）

9つの母音のうち、aは日本語の「ア」と同じであるが、i，e，u，oは日本語の「イ、エ、ウ、オ」よりも口の開きがやや狭く、ɛ，ɔは口の開きがやや広い「エ、オ」である。またɯは唇を丸めずに横に引く「ウ」、əは「ウ」と「オ」の間のような曖昧母音である。これら9つの基本母音の他にia，ɯa，uaの3つの二重母音がある。二重母音の発音は、初めの母音が後の母音よりもより長く、後ろのaは軽く添えて発音する。

子音は、p，t，c，k，ʔ，ph，th，kh，b，d，m，n，ɲ，ŋ，f，s，h，w，y，lの20である。これらのうち、p，t，k，ʔ，m，n，ŋ，w，yは音節末にも現れ、中でもp，t，k，ʔは閉鎖のみで破裂しない内破音である。たとえば先ほどの例「pàak（口）」の/k/は「ク」と発音せず、「ク」を言う直前で止める。「hap（受け取る）」の/p/は「プ」と発音せず、「プ」を言おうとして口を閉じるだけで止める。またp，t，kとph，th，khは、前者は、発音の際に後続母音との間に空気の漏れをほとんど伴わない無気音で、後者は空気の漏れをはっきり伴う有気音であるという違いがある。特にpとph，tとth，kとkhについては、無気・有気のみで意味が対立する例があるので注意が必要である。たとえば、

無気音	有気音
/pǎy/　（行く）	/phǎy/　（誰）
/tǎy/　（這う）	/thǎy/　（耕す）
/kay/　（ニワトリ）	/khay/　（タマゴ）

さて、日本人にとって発音が難しい、と感じる原因の１つに「声調」がある。「声調」とは、音節の全体にかぶさる音の高低の抑揚のことである。たとえば声調が「上がる」か「下がる」か、あるいは「上がりもせず下がりもしない」で意味が異なるのである。低いところから高く上がる「mǎa」は「犬」、高いところから下がる「mâa」は「馬」、ごく普通の高さでのばす「maa」は「米を浸す」、少し上がる「máa」は「来る」など。よく「どうすれば発音が上手になりますか」という質問を受けるが、上達の方法は「練習」しかない。ラオス人も日本人も同じ調音器官を持っているのであるから、練習を重ねればできるようになるはずである。日本人の子供がラオスで生まれ育つとラオス人のような発音ができるのは、またその逆もあり得るのは、そのことを証明していると言えよう。

ラオ語の声調は、地方によって５つ、あるいは６つである。首都ヴィエンチャンの場合、現在のところ、音韻論的には５つとしてよい。なぜならば、６つ目の声調は、語末以外というような特別な環境の時に現れるからである。ただ、音調は時間の経過とともに変化しており、特に下記③の出だしの高さが高くなりつつある。以下にヴィエンチャンの声調を紹介する(音韻表記を/　/で表し、音声表記を［　］で表す。最も低い音域を［１］、最も高い音域を［５］とした５段階表記により/　/で表された声調の調値を記す)。

①上昇調(/ˇ/[15])：低いところから始まって高いところまで十分に上がる

②中平調(/　/[33])：ごく普通の高さ、あるいはやや高をそのまま上がりも下がりもしない

③中降調(/ˋ/[31])：ごく普通の高さ、あるいはやや高から始まって、低いところまで下がる

④下降調(/ˆ/[52])：高いところから始まって低いところまで下がる

⑤中昇調(/ˊ/[34])：ごく普通の高さか始まって、さらに少し高く上がる

（⑥低平調（[11]）：低いところから始まってそのまま上がりきらない）

例を挙げると次のようになる。

①/khay/［$k^{h}aj$ 33］（タマゴ）
②/khay/［$k^{h}aj$ 31］（熱）
③/khay/［$k^{h}aj$ 52］（引き金）
④/khay/［$k^{h}aj$ 34］（回復する）
⑤/khay/［$k^{h}aj$ 15］（開ける）

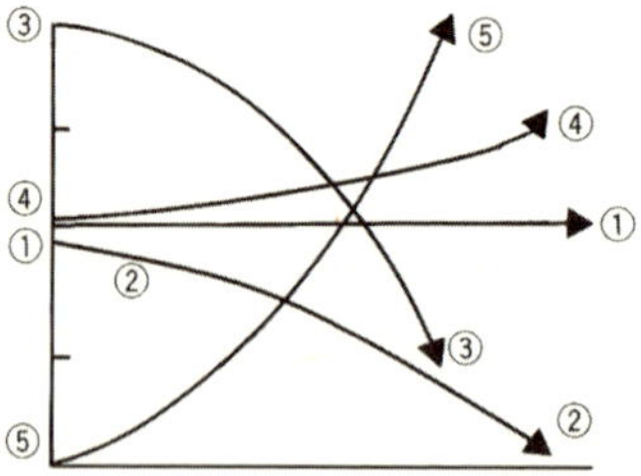

首都ヴィエンチャン発音の声調

音声学的に現れる⑥の声調は、後続音節がある時に、本来は上昇調である音節が上がりきらず、低平調として実現するものである。たとえば下線の部分がそうである。

/khǎy/（開ける）は［$k^{h}aj$ 15］だが、
/khǎykhúaŋ/（ドライバー）は［$k^{h}aj$ 11 $k^{h}uaŋ$ 34］

また「軽声音節」という音節がある。これは、多音節語の語末以外の音節においては、短母音であるにもかかわらず音節末にあるべき声門閉鎖音/ʔ/がなく、声調も中立的に中平調［3］となって軽く発音する音節のことである。たとえば下線の部分がそうである。

/ʔèekkalâat/　［ʔèek 31 ka 3 lâat 52］（独立）

❸ 文字

ラオ語の文字は、子音字、母音記号、声調符号を一定の規則に従って組み合わせ、左から右へ横書きに書く。音と文字の対応が原則として一対一の表音文字である。タイやカンボジアなどと同様に、インド系文字のテーヴァナーガリー文字からの流れを組むとされている。そのため、タイ文字やクメール文字と形が似ているが、その歴史の詳細はまだ明らかではない。その際にはかつてラオスで仏典や文学を表す手段として用いられたタム文字の影響も受けたと考えられ、字形はちょうどスコータイ文字とタム文字の中間的な丸みを帯びている。これらの文字の融合と弁別にこだわったラオス人の想いが凝縮された形がラオ文字なのであろう（写真：寺院の境内

寺院の境内にある石碑文

旧版新版を含む国語辞典

にある石碑文)。

マハー・シーラー・ヴィーラウォン氏(1905〜87年)は、1964年に「ラオ語文典」の第1巻「文字論」を、1973年には「ラオ文字の歴史」を出版した。この2冊には、一字再読文字や末子音字にパーリ語やサンスクリット語に語源を持つことがさかのぼれるような文字体系が紹介されている。その後、プーミ・ウォンヴィチット氏(1909〜94年)が1967年に「ラオ語文法」を出版し、その第1章「文字編」に「発音どおりに書くことが正しい正書法であり、外からの影響を排除し全国民に簡潔なラオ語を普及しよう」と記している。本書を契機に1975年の現体制以降、一音一文字主義が確立したようである。本書や上の写真にある国語辞典の巻頭のことばには、その時代に生きた筆者のラオ語に対する熱い想いが伝わってくる。一読に値する(写真:旧版新版を含む国語辞典)。

ラオ語では、子音字が文字のアルファベットとでも言うべき中心的存在

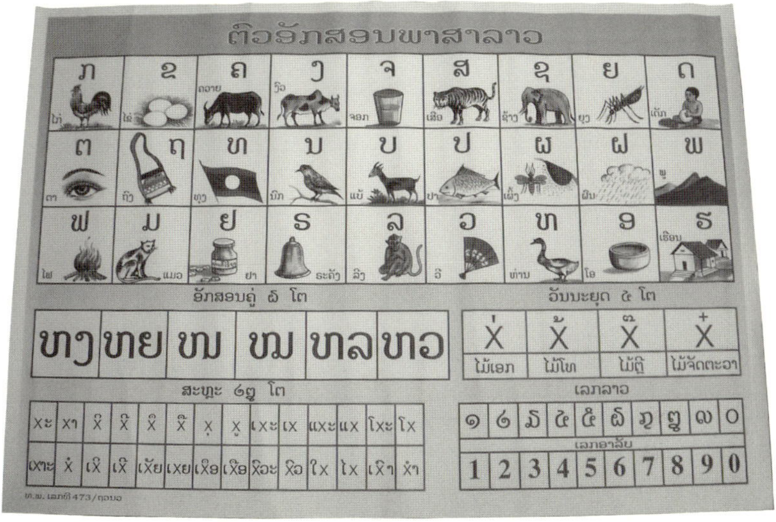

ラオ文字一覧表

で、よく語例と一緒になった一覧表をラオスで目にすることができる。辞書などもこの配列が基準になっている（写真：ラオ文字一覧表）。

語と語の分かち書きをすることはないが、長い句の後や文末にはスペースを置く。基本子音字は上記の27文字、基本母音字は28種、声調記号が4つある。子音字の「ຣ」は一時、不使用とされた文字だが、現在では外国名や外国人の名前でアルファベット表記「r」の当て字として正式に使用が認められている。

❹文法

ラオ語の文法については更なる詳細な検討を要するが、文は基本的には「主語＋述語動詞＋補語」の順である。ここで「補語」とは、目的語などを

含む動詞を補う不可欠成分をさす。たとえば、

khɔ̀y　　pǎy　　talàat

「私」＋「行く」＋「市場」→「私は市場へ行く」

「主語＋述語動詞＋補語」

句構造は、「被修飾語＋修飾語」の順で、日本語と逆である。

pháasǎa ＋ láaw　→ pháasǎaláaw

「言語」＋「ラオス」→「ラオ語」

また、複合語も同様の「被修飾語＋修飾語」の語順で、既に独立した意味を持つ一音節語動詞を組み合わせた形が多く見られる。たとえば、

kadǎan ＋ dǎm　→ kadǎan dǎm

「板」　＋　「黒い」　→「黒い板」　→「黒板」

ラオ語の語は、語形変化をしたり、接辞がついたりすることはない。したがって文の意味は、語順と文中において文法的機能を担うような語、いわゆる機能語によって表される。ここでいう語順とは、単に先に述べた「主語＋述語動詞＋補語」や「被修飾語＋修飾語」のことだけではない。話し手が何を伝えたいのか、さらには常識で判断できることや話し手の心理的描写などによってどのように語を並べて文をつくるのか、という談話機能的な観点からの語順も含む。たとえば、

(1)　明日行なうことは「ラオ語を勉強すること」であると伝えたい時

mɯ̂ɯɯʔɯɯn khɔ̀y si hían pháasǎaláaw

「明日」「私」〈未然〉「勉強する」「ラオ語」→「明日は、私はラオ語を勉強します」

(2) ラオ語を勉強するのは「明日」であると伝えたい時
khɔ̀y si hían pháasǎaláaw <u>mɯ̂ɯʔɯɯn</u>
「私」〈未然〉「勉強する」「ラオ語」「明日」→「私はラオ語を明日勉強します」

このように同じ語彙を使用しても、伝えたいことの内容で語順が異なるわけである。ここでは「～ことは」と主題として提示するものを文頭に置き、その叙述内容を後ろに置く。中でも話し手の伝えたいこと、即ち情報量の最も高いもの、いわゆる「焦点」は文末に置く（下線部）という特徴が見られる。言い換えれば、使用場面全体から見た文の語順決定の規則がラオ語の文法とでも言うべきものである。

品詞分類を英語または日本語を基準に考えがちであるが、言語が異なる以上、品詞分類が異なるのは当然のことである。たとえば、日本語では「動詞」と「形容詞」は、否定や疑問の形にする時に活用の種類が異なるなどということから両者を区別する必要があるが、ラオ語では「形容詞」に相当する語も「動詞」に相当する語も、否定はその語の前に否定辞「bɔɔ」を付せばよく、質問文はその語の後ろに疑問辞「bɔɔ」を付せばよい、という具合に同じ形式をとる。従って「動詞」という１つのグループに属すると考えてよい。ただし、それぞれの語の意味から互いの動詞間で語順に関する制約が生じる。たとえば、「動作がどのような状態にあるか」、という意味で、状態が動作を修飾することはできるので、「動作を表す動詞＋状態を表す動詞」という語順はとるが、「状態がどのような動作にあるか」は意味不明である。即ち動作が状態を修飾することはできないので、「状態を表す動詞＋動作を表す動詞」という語順はとらない。これは品詞の違いではなく、個々の語が持つ意味の違いから来る語順の制約である。ラオ語のように語形変化をしない言語では、個々の語の持つ意味が文法構造に関わっているのである。

❺ラオスの言語状況

◇言語の宝庫

ラオスは他章でも述べられているように、山の多い多民族国家である。このことは、ラオスが「言語の宝庫」であるという状況をごく自然に呈してくれる。地方へ行き、早朝市場へ行くと、山から降りてきて自然の恵みを売ろうとする美しい衣装を着た娘さんに出会う。確かに市場でのやりとりはラオ語であるが、同じ民族同士での会話は、彼ら特有の言語を使用している。朝もやの中に包まれた市場のあちらこちらでいろいろな言語が飛び交う不思議な光景は、自分が今どこにいるのかわからなくなるぐらい、一種幻想的な世界へ入り込む瞬間でもある。

残念ながら現在、ラオスのどこにどのような言語が分布しているかはまだよくわかっていない。現在の報告でも、下記の通り、実にたくさんの系統の言語が存在する。

タイ・カダイ系	ラオ語・タイヌア語・ルー語・黒タイ語・赤タイ語など
モン・クメール系	クム語・ラメット語・ンゲ語・アラック語・カトゥ語など
(フ)モン・ミエン系 (メオ・ヤオ系)	(フ)モン語・レンテン語など
シナ・チベット系	アカ語・ロロ語・ラフ語・シーダ語など
その他	ホー語など

ラオスに住む人々は、このラオスの多様な言語状況をごく当たり前のこととして自然に受け入れている。民族によっては、固有の文字を持っていたり、代々語り継がれている民話や唄などがあるが、その書き手や語り手は年々減ってきているという。政府は、教育はラオ語で行ない、公的な場所ではラオ語を話すことという姿勢をとっているが、各民族の言葉や文化・習慣についての保存対策は早急に考えるべきこととして、様々な試案

を模索中である。

変化するラオ語

近年、マスメディアや物資の流入と共にタイ語がどんどんラオスに入ってきており、「ラオ語は消滅するのでは」などという声も聞かれる。赤ん坊の頃からタイ語テレビ番組のアニメーションを見て育ち、年頃になるとタイのラジオFM放送を聴いて流行歌を口ずさみ、そのうち家族全員でタイのメロドラマに夢中になる、という光景を見れば、ラオスの知識人たちがラオ語の将来を心配し、新聞などに警鐘を鳴らすのも頷ける。しかし、固有の文字を持つ言語はそう簡単にはなくならないと考える。まして、ラオス人のラオ語を愛し、タイ語から守ろうとする強い心意気がある限り、ラオ語は変化はしても存在し続けると思われる。

ラオ語の変化が著しい例として、１つは単語が変化する例を借用語の様相とともに紹介したい。

ラオ語ではおおむね「パーリ語・サンスクリット語」「中古漢語」「フランス語」「英語」からの借用語が多い。また、多くはないが「ヴェトナム語」からの借用語もいくつかある。パーリ語・サンスクリット語の借用は、仏教の伝来とともに入ったと認識されているが、現在では仏教用語のみならず、技術用語や政治用語など、広範囲の分野にわたってそのとり込みが見られる。たとえば「タックバートゥ/tákbàat/（托鉢）」、「パーサーサートゥ/pháa sǎasàat/（言語学）」などがそうである。前者/tákbàat/と「托鉢」は、発音が似ていることからもわかるように実は日本語も同じ語源である。中古漢語にいたっては、とり込みの時期が古すぎて、ラオス人の中でも純ラオ語だと思っている語彙が多い。たとえば、「完了する」は「レーォ/lɛ̂ɛw/」で漢字の「了」に、「２」は/「ソーンsɔ̌ɔŋ/」で漢字の「双」に対応していると言えば日本人にはわかり易いであろう。フランス語からの借用語は、おそらく仏領インドシナ時代にたくさんとり込まれたはずである。意味を見るといずれも本来、ラオス社会では使われていないものである。たとえば

「ネクタイ」は「カラワット/kalawat/」、「運転手」は「ソファー/soofə̂ə/」、「ガム」は「シンンゴム/sinŋôm/」。

そして今は何と言っても英語。1990年代に入って、英語熱の高まりとともに、町では英会話学校や英語塾が乱立し、英語からの借用語も一気に増えた。たとえば「コンピューター」は「コームピウトゥー/khɔ́mphíwtə̂ə/」、「クリニック」は「キーニック/khíinik/」。中でも興味深いのは、もともとはフランス語からの借用語を使用していたが、今では英語からの借用語を使っているという変化を、年配層と若年層の間の世代差から来る語彙使用の差異として見ることができることである。たとえば、「リンゴ」は1990年台ではフランス語の「pomme」から以前は「マーク・ポーム/màak pôom/」と言ったが、2000年台以降は「apple」から借用して「マーク・エッププン/màak ʔɛ́pphə̂n/」(「マーク」は「果実」の意味)。「もしもし」は/ʔalŏo/から「ハロー/halŏo/」。「チョコレート」も/sóokhóoláa/から「ソッコレット/sokkholet/」。近年は、ラオ語固有の語彙があるにもかかわらず、テレビやラジオなどでも英語からの借用表現を使うことがよくある。たとえば「印刷する」は本来のラオ語「ピム/phím/」を使わず、「コンピューターで印刷する」と言う時は、「サイ・コム・ピン/sây khɔ́m phín/」と言う。これは「サイ/sây/(使う)+コム /khɔ́m/(「コンピューター」の略)+ピン/phín/(「プリント」の略)」から来ている。「お勘定をお願いします」もラオ語の「ライ・ングン/lay ŋə́n/(「計算する」+「お金」)からタイ語と同じ「ケップ・ングン/kə́p ŋə́n/(「しまう」+「お金」)、そして「セック・ビン/sek bín/(check「チェックする」+bill「領収書」)」へと変わりつつある。先日、ラオスの大学生がごく普通に「買い物に行く」を/pǎy sóppîŋ/(「行く」+shopping「ショッピング」)と言っていた。

このようにラオスにおける借用語のとり込みとその変化は、世界の情勢に揺れ動く一国の運命をかいまみるような様相を呈している。

変わるという と、正書法も想像以上の速さで変わっている。たとえば、「〜も」にあたる「ກໍ່」が近年では声調記号の「 ່ 」がとれて「ກໍ」と書かれ

ヴィエンチャン市内の国営本屋

るようになったり、「〜の上」の「ເລື່ອງ」が「ເລື້ອງ」に変わるなどが挙げられる。その理由は実際の発音がそのようになったので、とラオスの人々は答える。さらに発音が変われば表音文字であるラオ文字の正書法も変わるのは当たり前と言う。「ことばは変化する」という言語の核心をついたとても柔軟な考えである。

図書館で勉強をする僧侶

❻ラオス的な表現と言葉

ラオ語特有の修辞法に「カム・トントーイ/khám tǒoŋtǒoy/」というものがある。これは意味が似ている単語を組み合わせたり、同じ子音や母音、即ち同じ音を重ねて(「韻を踏む」あるいは「押韻」という)音の響きを美しくする表現上の技法である。たとえば次のようなものがある。

/khɔ̀ɔpʔók khɔ̀ɔpcǎy/コープオックコープチャイ「ありがとう」
(「ありがとう」は一般には後半の「khɔ̀ɔpcǎy」のみで十分だが、「khɔ̀ɔp」と2回同じ音を重ね、「ʔók」は「胸」、「cǎy」は「心」と同じ身体名称の似た意味の単語を重ねている)

ラオス的な言葉は、「**ຮັກແພງກັນ** /hakphɛ́ɛŋkǎn/ハックペーンカン（信頼し慈しみ合う)」「**ພີ່ນ້ອງກັນ** /phiinɔ̂ɔŋkǎn/ピーノーンカン（親戚同士)」「**ຊ່ອຍກັນ** /sɔɔykǎn/ソーイカン（助け合う)」に代表されよう。

たとえ血縁関係がなくても、ひとたび「ハックペーンカン（信頼し慈しみ合う)」になると、「ピーノーンカン（親戚同士)」という関係になり、精神的にも経済的にも何でも「ソーイカン（助け合う)」ということになる。この大切な「助ける」という言葉でさえも、若い人々を中心にタイ語と同じ「**ຊ່ວຍກັນ** /suaykǎn/スアイカン」という発音が使われ出してきている。

「この人と私はハックペーンカン（信頼し慈しみ合う）だから」と言えば、許されること、受け入れられることは確実で、その結果、血縁関係がなくても「ピーノーンカン（親戚同士)」という絆で結ばれることが可能となる。極端な話、いなかったはずの「兄」や「妹」が出現して、その日から同じ屋根の下で暮らしたりする。お正月や人生の節目ごとに親類縁者が一堂に会して行なうバーシの儀式では、回を追うごとに人数が増えたりする。「ピーノーン」が増えるからである。初対面の人に紹介する時も「私のピーノーン」と言って紹介するのである。その時に「どなたのどういう続柄ですか？」と聞くのはラオスでは野暮な質問である。

ラオス国内を廻れば、行く先々で出会う人々の親戚となり、最後には自分に親類が一体何人いるのかわからないという状況が発生するかもしれない。けれど、あそこへ行くとあのお父さん、ここへ行けばあの妹に会える、という関係ができる心優しいラオスの人々との出会いは、いつまでもラオスを想い続け、また訪れたい気持ちになる「もと」となろう。

最後によく使われる挨拶用語等を紹介しておく。

ສະບາຍດີ	/sabǎaydǐi/	「こんにちは」
ຂອບໃຈ	/khɔ̌ɔpcǎy/	「ありがとう」
ຂໍໂທດ	/khɔ̌ɔthôot/	「すみません」
ບໍ່ເປັນຫຍັງ	/bɔɔpěnɲǎŋ/	「どういたしまして・大丈夫です・気にしないで」
ໂຊກດີ	/sôokdǐi/	「お元気で（ご幸運を、の意味）」

【参考文献】

ラオ語

ICR (Institute for Cultural Research), *koongpasum to mon withanyaasaat kiawkap phaasaa law*, (Round table on Lao language policy), Vientiane: Institute for Cultural Research, Ministry of Information and Culture), 1995.

Vongvicit, Phoumi, *vaynyakoon laaw*, (Lao Grammar), Sam Neua: Central Education Department, 1967 (2nd Edition, 1991).

Veeravong, Sila, *lak phaasaalaaw*, (Lao Grammar), 4 vols., Vientiane: Lao Royal Academy, Ministry of Education. 1967.

———, *pawat nangsuu laaw*, (A History of Lao letters), reprinted from 1973 version, Vientiane: Phaynam Co.Ltd., 1995.

Vientiane Mai (Newspaper), Vientiane, 17-19 June 1996.

英語

Kingsada, Thongphet, *How should we research and utilise the Lao language?*, 1996, p.7.

Lao National Front for Construction, *The Ethnics Groups in Lao P.D.R*, 2005.

日本語

鈴木玲子、「ラオス語」石井米雄編『世界のことば・辞書の事典―アジア編―』三省堂、2008年、165-179頁。

———、「ラオス文字・ラオス語」町田和彦編『世界の文字とことば』河出書房、2009年、108-109頁。

———、「ラオス語」梶茂樹他編『世界のことば141』大修館書店、2009年、218-221頁。

———、『ニューエクスプレス　ラオス語』白水社、2010年。

第11章

経済

鈴木基義

扉写真・ジャパンテック（上）、着物のアンドウ（下）。ラオスに進出した日本企業。

❶社会主義計画経済から市場経済へ

◇社会主義革命成立後の混乱

1975年12月の社会主義革命の成立により、新政権は社会主義建設の主要手段として産業の国有化と集団化を推し進めたことから、資本家や経営者、技術者、前政権関係者等それまで国の政治経済を牽引してきた人材の大量流出を引き起こした。革命後の混乱と天候不順による農業不振は年率400％を超える激しいインフレを惹起した。こうした中、1978年には国民生活の安定化のために米自給の達成に最大の目標が据えられた暫定３ヵ年計画（1978〜80年）が実施された［鈴木 2003］。

◇初の５ヵ年計画

1981年より開始された第１次５ヵ年計画（1981〜85年）において、その資金配分の最大の優先順位は輸送・通信部門（41％）および農業部門（26％）に置かれたが、革命闘争のもとで低開発の状態から出発したため輸送・通信部門の改善には遠く及ばなかった。他方、農業投資は主にヴィエンチャン平野の灌漑事業を含む米の生産増大に向けられ、１人当たりの米生産（籾）は386kgへと1975年と比べて倍増した。また商業部門の発展（年率18.4％）も目を見張るものがあった（**図表１**）。財政赤字、貿易赤字、不効率な国営企業体質、未整備なインフラストラクチャー、外国援助依存体質など根本的な問題は、第２次５ヵ年計画（1986〜90年）に持ち越された。しかし旱魃と洪水による天候不順が続いたため、期待されていた農業ですら年平均成長わずか3.6％という残念な結果に終わった。

◇ペレストロイカが「チンタナカーン・マイ」を生んだ

ラオス人民革命党書記長で初代ラオス国家主席（大統領）となったカイ

図表1　第1次・第2次5ヵ年計画の部門別成長率比較

（単位：%）

部門	第1次	第2次
農業	7.2	3.6
工業	7.5	8.7
輸送・通信	6.1	15.6
建設	7.1	11.8
商業	18.4	7.3
その他のサービス	N.A.	6.4
平均	7.6	5.2

出所：[鈴木 2003]

ソーン・ポムヴィハーンは1970年代末には社会主義の経済発展に及ぼす効力に限界を感じており、経済の構造改革の必要性を唱えていた。カイソーン書記長の構造改革の考えは、1986年11月に開催された第4回党大会において、「チンタナカーン・マイ」（新思考）というスローガンとして現れた。このスローガンを経済分野に当てはめたものが「新経済管理メカニズム」（New Economic and Management Mechanism＝NEM）である。現在のラオスのグローバル化現象の功罪はすべてこの新経済管理メカニズムを端緒としているので、その内容について見ておく必要がある。

新経済管理メカニズム（NEM）の主な骨子は、①公共料金を除く完全な価格自由化、②米流通の国家独占の終了を含む農業自由化、③国有企業改革、④2大税制改革、すなわち政府職員の賃金・給与を除く支出優先事項の再整理および中央・地方予算の一般予算への統合、⑤貿易自由化および関税分類の簡素化、数量制限と輸出入特別許可制度の撤廃、⑥複数為替レート制の一本化、⑦中央銀行と商業銀行の分離、⑧法整備の拡充、⑨外国直接投資の誘致等であった［鈴木 2002］。新経済メカニズム（NEM）は社会主義下で発生する構造的な不効率性を改善するための施策と捉えられていたが、その実情は社会主義計画経済から商品市場経済への転換、すなわち移行経済戦略を推進するための施策であったことに他ならない。

旧ソ連邦の崩壊による移行経済戦略への転換

この背景には、1986年2月の旧ソ連邦によるペレストロイカの導入以降、旧ソ連邦による開発途上国への経済援助が急減したことがある。1991年の旧ソ連邦の崩壊により対ラオス援助は消滅した。ラオス政府は旧ソ連邦離れを加速し、西側諸国・国際機関へ急接近するという外交戦略の転換を余儀なくされた。一方、西側諸国による二国間援助ならびに多国間援助は1988年以降増大したため、旧ソ連邦による援助削減分を十分にカバーするものであった［鈴木 1993］。日本はフランスを抜いて援助供与国第1位に躍り出た。

第7次国家社会経済開発5ヵ年計画

2011年6月、国会において承認された第7次国家社会経済開発5ヵ年計画（Seventh National Socio-Economic Development Plan 2011～2015＝7th NSEDP）は、①安定的な経済成長の確保（GDP成長率年8％、1人当たりGDP1700米ドル）、②2015年までにMDGs（Millennium Development Goals＝ミレニアム開発目標：国連ミレニアム宣言をもとにまとめられた、貧困と飢餓の撲滅、初等教育の完全普及、ジェンダー平等と女性の地位向上など8つの目標）を達成、2020年までのLDC（Least Developed Country＝後発開発途上国）から脱却、③文化・社会の発展、天然資源の保全、環境保全を伴う持続的な経済成長の確保、④政治的安定、平和および社会秩序の維持、国際社会における役割向上、の4つを目標に掲げている［Laos' Ministry of Planning and Investment 2010］。

現在、2015年に開始される第8次国家社会経済開発5ヵ年計画がラオス計画投資省（MPI）において準備されている。その基軸として、リソースセクターからノンリソースセクターへの転換、産業人材育成、中小企業育成、アグロビジネス、投資環境整備を取り入れている。

❷ 経済構造と経済成長

◘ 農業の縮小と工業の拡大

ラオスの経済成長率は、ASEAN10ヵ国の中で最も高く、年８％前後の成長を遂げている(**図表２**)。１人当たりのGDPは、2000年の304ドルから2012年には1380ドルへと上昇（**図表３**）している。

2000年のラオスの産業構造は、GDPのおよそ半分近い48.5％を農業が占めていたが、2012年には、農業は27.6％まで低下する一方、サービスと工業が農業を追い越し、それぞれ39.3％、33.1％にまで増大した（**図表４**)。経済の発展につれて、農業部門が縮小し、サービスと工業が拡大するという「ペティー＝クラークの法則」がラオスにおいても当てはまる。

高い経済成長と産業構造の工業へのシフトは、鉱物資源開発と水力発電事業に牽引されてきた。ランサンミネラル社が開発するセーポーン鉱山では約6000人が雇用されている。パンオーストラリア社が開発するプー・ビア鉱山においても5500人が雇用され、同じく金と銅の露天掘りが行なわれている。

2012年末で、ラオスの水力発電所は、17基が稼働し、2167メガワットが発電されている［橋本 2013］。ラオスには２万3000メガワットの潜在発電能力があると言われているので、9.4％が利用されているに過ぎない。現在14基の発電所が建設中で、これらがすべて稼働すると3053メガワットの発電が得られることになる。建設中の14基の発電所のうち、13基は水力、１基（Hongsa Lignite）は火力発電所である。既存の17基と建設中の14基を合わせると5840メガワットの電力が、2016年以降、発電されることになる。

図表 2　GDP成長率の推移（%）

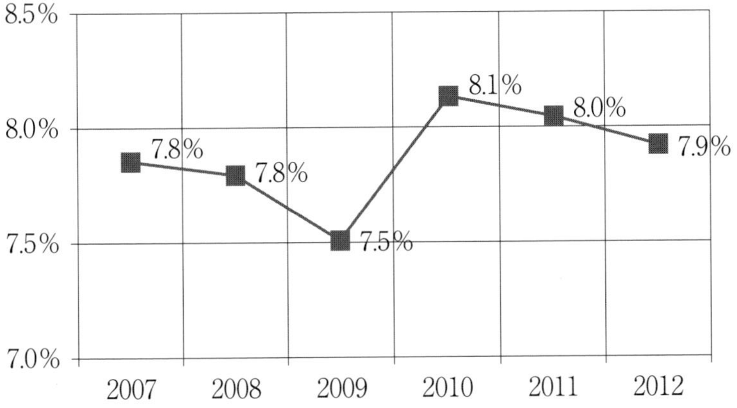

出所：[Asian Development Bank 2014] をもとに筆者作成。

図表 3　1人当たりGDPの推移（US$）

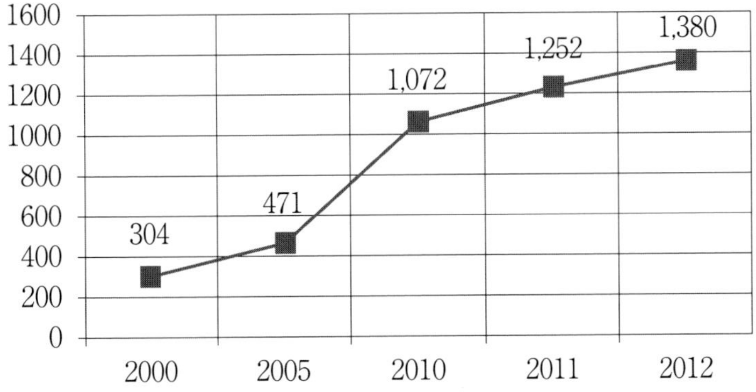

出所：[Asian Development Bank 2014] をもとに筆者作成。

図表 4　ラオスの産業構造とGDP

年	農業	工業	サービス	GDP 10億キープ	GDP 成長率%	1人当り GDP $
2000	48.5	19.1	32.4	15,815	6.3%	304
2001	45.5	18.3	36.2	16,546	4.6%	306
2002	42.7	19.5	37.8	17,682	6.9%	317
2003	41.0	21.3	37.7	18,780	6.2%	360
2004	39.0	20.5	40.5	20,099	7.0%	417
2005	36.7	23.5	39.8	21,459	6.8%	471
2006	32.4	29.8	37.7	23,314	8.6%	604
2007	33.4	28.3	38.3	25,142	7.8%	703
2008	32.2	27.7	40.1	27,099	7.8%	862
2009	32.5	26.2	41.3	29,132	7.5%	893
2010	30.6	29.8	39.6	31,501	8.1%	1,072
2011	28.9	32.4	38.7	34,034	8.0%	1,252
2012	27.6	33.1	39.3	36,732	7.9%	1,380

出所：[Asian Development Bank 2014] をもとに筆者作成。

図表 5　産業構造の変遷（%）：2000年と2012年の比較

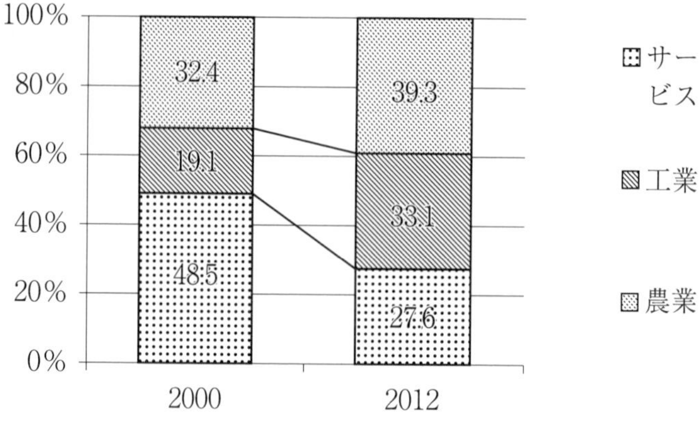

出所：[Asian Development Bank 2014] をもとに筆者作成。

❸財政

ラオスの財政年度は、10月～翌年９月である。2012年度の歳入は、15兆6660億キープ（＄１＝8000キープ換算で19億5825万ドル）、歳出が20兆8750億キープ（26億938万ドル）、財政赤字は５兆2090億キープ（６億5113万ドル）であった。歳入に占める税収の割合は2009年の76.7％から79.7％に増大している（**図表６**）。2009年と比べて、所得税収の税収に占める割合が6.2％から7.6％に、利潤税収は15.0％から17.0％に、付加価値税収が24.9％から25.6％に、ロイヤリティー収入も増大している。税収に占める割合が減少したのは、物品税収だけである。

アセアン経済共同体（ASEAN Economic Community＝AEC）の開始が2015年末に控えており、アセアン各国は輸入関税を撤廃しなくてはならない。ラオスは2009年の時点で、総数8300品数のうち99％に当たる8214品目を「適用品目」（Inclusion List）として関税を５％以下にした。このうち5844品目すなわち70％の品目は既に関税率０％である。つまり輸入関税収入が入らないことになる。そこでラオスは付加価値税を2010年から導入し、輸入関税収入を補っている。にもかかわらず2009年度に比べて2012年度の輸入関税収入が増大しているわけは、石油と自動車の輸入が大幅に増えているためである。

歳出では、賃金・給与に対する支出が2009年の54.1％から2012年度には65.7％に増大、一方、資本支出の割合が減少している（実額では増大）。2013年に公務員給与が引き上げられたことと、放漫なインフラ投資の増大が財政赤字の原因である。公務員の給与が１年以上未払いの県がいくつか存在することも懸念される。

図表6　ラオスの財政

（単位：10億キープ）

	2009/10	2010/11	2011/12	2012/13 暫定値	2013/14 暫定値	2009/10 (%)		2012/13 (%)	
1. 歳入 (=1.1+1.2+1.3)	9,779	11,571	13,960	15,666	18,787	100.0%		100.0%	
1.1　税収	7,503	9,109	10,915	12,490	15,313	76.7%	100.0%	79.7%	100.0%
(1) 所得税	462	543	744	949	1,294		6.2%		7.6%
(2) 利潤税	1,125	1,592	2,196	2,123	2,879		15.0%		17.0%
鉱物資源開発	487	888	1,287	1,069	1,513		6.5%		8.6%
その他	638	705	909	1,054	1,366		8.5%		8.4%
(3) 付加価値税	1,869	2,403	2,827	3,201	3,663		24.9%		25.6%
(4) 物品税	1,687	1,948	2,344	2,554	2,965		22.5%		20.4%
(5) 輸入税	832	965	1,047	1,546	2,155		11.1%		12.4%
(6) ロイヤリティー	560	722	884	946	1,024		7.5%		7.6%
(7) その他の税	968	936	872	1,172	1,332		12.9%		9.4%
1.2　税外収入	1,035	1,073	1,513	1,738	1,932	10.6%		11.1%	
1.3　無償資金協力	1,242	1,389	1,532	1,438	1,542	12.7%		9.2%	
2. 歳出 (=2.1+2.2)	12,302	13,461	14,945	20,875	22,294	100.0%		100.0%	
2.1　経常支出	6,656	7,652	9,065	13,725	15,220	54.1%	100.0%	65.7%	100.0%
(1) 賃金・給与	2,525	2,940	3,560	8,000	8,800		37.9%		58.3%
(2) 移転支出(年金)	1,698	1,866	2,015	2,244	2,649		25.5%		16.3%
(3) 利子支払	398	431	591	962	925		6.0%		7.0%
(4) その他	2,034	2,415	2,899	2,519	2,846		30.6%		18.4%
2.2　資本支出	5,646	5,808	5,881	7,150	7,074	45.9%		34.3%	
3. 財政収支	−2,524	−1,889	−986	−5,209	−3,507				
4. 赤字補填額	2,524	1,889	986	5,209	3,507				
4.1　国内借入	1,708	1,116	1,828	2,178	1,992				
4.2　外国借入	851	1,262	1,038	1,043	1,636				
4.3　誤差	35	489	1,880	−1,988	121				

出所：[International Monetary Fund 2013] より筆者作成。

❹ 金融制度

◘ 金融の規模：M2/GDP

一国の金融の規模を測るとき、しばしば用いられる指数は「M1」と「M2」である。M1は、現金通貨と要求払い預金の合計を表す一方、M2は、M1に定期性預金を加えたものである。M1は、流動性が高い通貨量であるのに比べて、M2は、定期預金を含むので、銀行などに預金されている貯蓄が、ビジネスや国家開発のために貸し出されることが可能となる。世界の開発の歴史を見ると、一国の経済発展に伴い、GDPに占めるM2の比率が増大する傾向がある。なぜならビジネスの拡大に金融規模の拡大が必要となり、そのためには国民が銀行に定期預金を持つことで、銀行がこの原資を利用して企業へ融資できるからである。インドシナ５ヵ国のM2/GDPの推移を、**図表７**に示す。タイのM2/GDPは、GDPよりも大きい124.8ポイントに達している。ヴェトナムは2006年時点で既に80ポイントに達し、2007年にはM2がGDPと同額の規模に到達、2012年現在で108.4ポイントとなっている。カンボジアとミャンマー、ラオスの３ヵ国では、ミャンマーが1995年の時点で最も高かったにもかかわらず、現状では最低の36.7ポイントでしかない。

図表７　CLMV諸国のM2/GDPの推移

	1995	2000	2005	2006	2007	2008	2009	2010	2011	2012	12年順位
タイ	78.6	99.5	104.5	102.5	100.8	103.0	110.7	109.0	121.9	124.8	1位
ヴェトナム	23.0	50.5	75.6	86.9	108.1	100.4	115.7	129.3	112.4	108.4	2位
カンボジア	7.7	13.0	19.5	23.3	32.3	28.3	37.7	41.4	45.4	50.5	3位
ラオス	13.5	17.4	18.7	19.6	24.2	25.0	31.9	38.0	42.1	49.1	4位
ミャンマー	30.7	2.7	21.6	20.0	18.8	17.2	19.4	23.6	26.4	36.7	5位

出所：［Asian Development Bank 2014］をもとに筆者作成。

カンボジアは1995年に7.7ポイントに過ぎなかったが､現在３ヵ国で最も高く50.5ポイントにまでに成長した。ラオスの金融制度は未整備であると言われているが、近年、年８％前後の経済成長を遂げる中、金融の規模は拡大し、1995年の13.5ポイントから2012年には49.1ポイントに上昇している。

アジア通貨危機が発生した1997年に、IMFの拡大構造調整援助（ESAF）が終了した。借款の供与が終了したため、ラオス政府は貿易を行なうための外貨準備に困窮し、国内通貨の発行量を増やした。国内通貨の発行量（M2）の増加率は、1998年に90.1％、99年に113.1％と大幅に増大した。国内通貨量の増大は、為替レートの下落を惹起し、1996年＄１＝921キープから1998年には＄１＝3298キープへ下落する。さらに2002年には１万56キープへと下落した。マネーサプライの急激な増加は自国通貨価値の下落とインフレ（消費者物価上昇率）を招いてきた。現在ラオス中央銀行はマネーサプライの増加率を年率20％以内に押さえる目標を置くが、過去10年間に30％を超えた年が５回ある。

しかし、国民は法律では禁止されているものの国内通貨キープとドルとバーツの３通貨を日常生活において使用しており、また銀行預金総額に占める外貨預金はおよそ８割を占める。加えてアジア通貨危機以後のバーツ下落によりドルへの選好が強まり経済のドル化（ダラライゼーション）現象が進んでいる。こうした状況下における政策当局の金融政策は限定的な効果しか持ち得ない苦しい現実がある［前橋 2013］。

❺銀行制度

ラオス中央銀行は、商業銀行としての機能をも有した唯一の銀行であったが、1988年３月12日の政令（No.11/CoM）により、商業銀行業務を切り離し、通貨および与信に関するマクロ経済管理を行なう中央銀行業務に特化した銀行として分離独立を果たした。1998年にラオスの銀行制度は、ラオス中央銀行を中核として３国立商業銀行、１国立専門銀行、３合弁銀行、７外国銀行支店および駐在員事務所という体制に再編された。中央銀行は、国内の銀行のモニタリングと不良債権の処理に重点を置いた政策を実施していた［鈴木 2002］。2014年現在、ラオス経済は、年８％前後の高い成長率を継続しており金融規模の拡大の必要性から、ラオス中央銀行を頂点として、国有商業銀行４行、合弁銀行２行、民間銀行６行、外国銀行支店12行、駐在員事務所３行からなる28行体制（**図表８**）となった。同時に民間銀行設立の最低資本は3800万ドルから4800万ドルに引き上げられている。外国支店設立には1400万ドルが資本金として必要である。ポンサワン銀行は2007年３月に、ST銀行は2009年７月３日に、純民間銀行として開業した。インドチャイナ銀行は、オートバイの組立で財を成したKOLAOグループの銀行として2009年２月６日に開業した。もう１つの韓国資本のブーヨンラオ銀行の設立もまた2009年９月で、民間銀行の設立が相次いだ。邦銀は、2013年２月に設立されたマルハンジャパン銀行ラオ（資本金3800万ド

図表８　ラオスの銀行制度

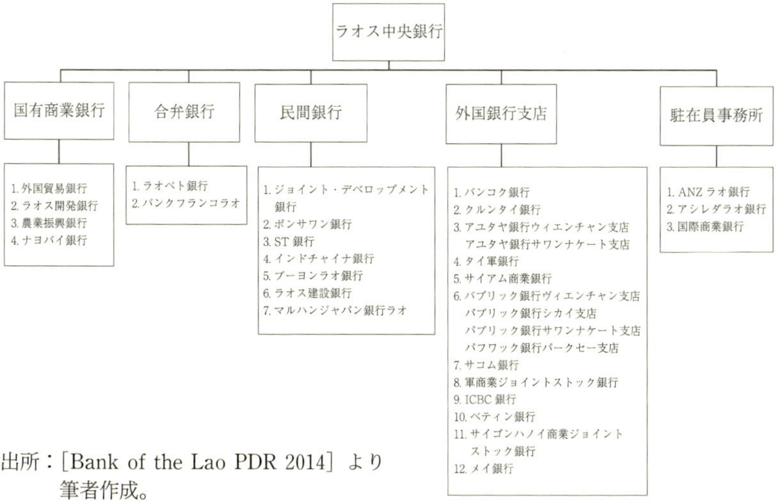

出所：［Bank of the Lao PDR 2014］より
筆者作成。

ル）1行のみである。

❻貿易

輸出について見てみると、2008年にはラオスの輸出の51%が金銅等の鉱物資源であった。2012年には42%に減少したが、依然として輸出の4割を鉱物資源が占めている（**図表9**）。2008年に9.9%に過ぎなかった電力が、ナムトゥン第2水力発電所が完成したことで、2011年から第2位に躍り出た。農産物や林産物が第3位、縫製品が輸出の約1割を占め、第4位、これに木製品とコーヒーが続く。輸入は、資本財と消費財が半々であることがわかる。

国際通貨基金（International Monetary Fund：IMF）・ラオス工業商業省（MOIC）の作成したラオスの貿易収支は2008年の3億1126万ドルから2012年には1億9808万ドルに36%も大幅に改善している。しかし、ケオラは、国連が整備したCOMTRADEデータとアジア開発銀行、世界銀行のデータを包括的に取り込み、ラオスの貿易額を再集計している［ケオラ 2014］。これによると、2012年のラオスの輸出は27億2549万ドルで、IMF・MOICの輸出額データよりも4億5646万ドルも多い。また輸入に関しては、COMTRADEデータが53億5054万ドルで、IMF/MOICデータの2.4倍も大きいことがわかる。したがって2012年の貿易赤字は、27億2549万ドルとなり、IMF/MOICデータが1億9808万ドルであるから、実に13.8倍も大きいことになる。

2008年の外貨準備は、6億3600万ドルでこの年の輸入を2.6ヵ月分カバーできる水準であった。2012年の外貨準備は、9億4500万ドルに2008年と比べて1.5倍増加したが、それ以上に輸入が増大しているため、わずか1.8ヵ月の輸入をカバーするに過ぎない水準まで落ち込んでいる。

図表 9　ラオスの貿易：IMF・ラオス工業商業省資料

（単位：100万ドル）

	2008	2009	2010	2011	2012	2008 (%)	2012 (%)
輸出（f.o.b.）	1,091.91	1,052.68	1,746.37	2,189.55	2,269.03	100.0%	100.0%
鉱物資源	561.68	446.58	625.39	1,241.58	946.87	51.4%	41.7%
金	80.61	90.59	131.37	111.82	150.74		
銅	446.03	327.59	468.28	696.28	683.12		
他の鉱物資源	35.04	28.41	25.74	433.48	113.01		
電力	107.99	100.62	113.18	327.16	502.20	9.9%	22.1%
農・林産物	52.66	91.41	169.02	152.16	220.83	4.8%	9.7%
縫製品	256.03	127.09	171.07	219.91	183.90	23.4%	8.1%
木製品	65.70	41.74	37.40	81.66	131.11	6.0%	5.8%
コーヒー	18.49	21.71	26.09	67.78	113.30	1.7%	5.0%
その他	29.36	223.53	604.22	99.31	170.82	2.7%	7.5%
輸入（c.i.f.）	1,403.17	1,461.08	2,060.43	2,404.19	2,467.11	100.0%	100.0%
消費財	611.42	373.22	670.42	867.63	1,186.94	43.6%	48.1%
投資財	567.63	920.20	1,066.30	1,423.70	1,180.01	40.5%	47.8%
縫製品材料	175.16	67.04	60.28	14.00	18.77	12.5%	0.8%
金・銀	20.20	59.74	209.76	51.86	8.55	1.4%	0.3%
電力	26.90	39.20	50.76	40.91	63.44	1.9%	2.6%
その他	1.87	1.69	2.90	6.10	9.40	0.1%	0.4%
貿易収支	−311.26	−408.41	−314.06	−214.64	−198.08		
外貨準備	636	633	727	813	945		
輸入カバレッジ月数	2.6	2.0	1.8	1.7	1.8		

出所：［IMF 2014］より筆者作成

輸入総額に占める石油の輸入は、2012年に15.7%を占める（**図表11**）。自動車やトラック、バス、モーターバイクを含めた輸送機の輸入額は同年13.9%を占めている。石油とそれを燃料として使用する輸送機の合計は、輸入総額の29.6%を占める。貿易赤字総額に占める石油と輸送機の輸入額は、2013年に60%を超えており、ラオスの貿易における最大の問題は、石油と輸送機の輸入に外貨が使用されることにある。

図表10　石油と輸送機の輸入

	輸入総額	石油	輸送機計	乗用車	トラック	バス	バイク	輸出総額	貿易赤字
2001	646.70	75.64	35.11	8.81	13.20	0.92	12.18	324.36	−322.34
2002	640.53	89.61	52.33	11.64	19.95	0.93	19.81	332.71	−307.82
2003	720.40	105.42	66.00	12.26	22.72	1.36	29.66	365.12	−355.28
2004	971.23	132.55	57.07	24.47	21.57	2.34	8.69	434.63	−536.60
2005	1122.49	187.70	88.41	43.58	26.63	6.19	12.01	597.84	−524.65
2006	1473.02	259.40	146.93	74.09	43.65	5.23	23.96	1,045.57	−427.45
2007	1871.69	324.36	215.52	123.28	61.33	11.29	19.62	1,126.53	−745.16
2008	2524.74	458.05	288.99	164.74	89.67	17.62	16.96	1,392.89	−1,131.85
2009	2605.00	384.50	277.05	153.44	77.51	16.02	30.08	1,406.23	−1,198.77
2010	3256.86	508.34	474.15	208.04	180.40	39.08	46.63	2,062.15	−1,194.71
2011	4245.95	754.63	498.59	277.96	126.81	34.65	59.17	2,896.92	−1,349.03
2012	5350.54	840.54	743.68	310.77	340.17	37.17	55.57	2,725.49	−2,625.05

出所：[ケオラ 2014] より筆者作成。

図表11　石油・輸送機の輸入総額に占める割合

	輸入総額	石油	輸送機計	石油＋輸送機 / 輸入総額	石油 / 貿易赤字	石油＋輸送機 / 貿易赤字
2001	100.0%	11.7%	5.4%	17.1%	23.5%	34.4%
2002	100.0%	14.0%	8.2%	22.2%	29.1%	46.1%
2003	100.0%	14.6%	9.2%	23.8%	29.7%	48.2%
2004	100.0%	13.6%	5.9%	19.5%	24.7%	35.3%
2005	100.0%	16.7%	7.9%	24.6%	35.8%	52.6%
2006	100.0%	17.6%	10.0%	27.6%	60.7%	95.1%
2007	100.0%	17.3%	11.5%	28.8%	43.5%	72.5%
2008	100.0%	18.1%	11.4%	29.6%	40.5%	66.0%
2009	100.0%	14.8%	10.6%	25.4%	32.1%	55.2%
2010	100.0%	15.6%	14.6%	30.2%	42.5%	82.2%
2011	100.0%	17.8%	11.7%	29.5%	55.9%	92.9%
2012	100.0%	15.7%	13.9%	29.6%	32.0%	60.4%

出所：[ケオラ 2014] より筆者作成。

❼外国直接投資

⑴対ラオス外国直接投資の概況

1989～2013年の期間累計を、国別に見ると、中国が件数においても登録資本額（29.4％）においても第１位を占める（**図表12**）。ヴェトナムが第２位であるが、中国との差はわずか１％に過ぎない。第３位はタイで、登録資本累計額の24.9％を占める。

業種別に見ると、鉱物資源開発（28％）と水力発電（26.9％）の２業種で全登録資本の55％を占めるのが特徴である。これに農業（11.5％）が続く（**図表13**）。

⑵日本の対ラオス直接投資

◘ 日本の民間投資が初めてODAを抜く

筆者が初めて在ラオス日本国大使館に奉職した1990年の翌年から今日まで、日本はずっとラオスへの政府開発援助（ODA）の最大の供与国であり、ラオス政府から日本の開発協力に高い評価が与えられてきた。ところが昨年度の日本の対ラオス直接投資（含・代表事務所）は、26件、7300万ドルの過去最高を記録（**図表14**）。日本の無償資金協力が2013年度約6000万ドルであるから、日本の民間投資が初めて公的な支援である日本ODAを超えた年となった。

2013年の日本の対ラオス投資は、15件、４億600万ドルに達し、2012年（１月～12月、277万ドル）と比べ14.7倍に、2013年度（7300万ドル）と比べても5.6倍に増大している。中小企業だけではなく、大手の進出も見られる［鈴木 2013a］。

業種別に日本の投資を見ると、製造業が９件（35％）、サービス業８件（31％）、農林業６件（８％）、銀行２件（８％）、輸送１件（４％）の計26件で

図表12　国別対ラオス外国直接投資：1989～2013年

（単位：100万ドル）

	国名	件数	登録資本	登録資本（%）
1	中国	815	5,085	29.4%
2	ヴェトナム	419	4,907	28.4%
3	タイ	741	4299	24.9%
4	韓国	257	755	4.4%
5	フランス	224	490	2.8%
6	日本	100	438	2.5%
7	オランダ	16	434	2.5%
8	ノルウェー	6	358	2.1%
9	マレーシア	100	357	2.1%
10	インド	20	161	0.9%
	10ヵ国合計	2698	17,284	100.0%

出所：［ラオス計画投資省内部資料］より筆者作成。

図表13　業種別対ラオス外国直接投資：2001～2013年

	業種	件数	登録資本	登録資本（%）
1	鉱物資源	292	6,742,148,287	28.0%
2	水力発電	43	6,488,896,659	26.9%
3	農業	981	2,768,936,903	11.5%
4	サービス	656	2,372,278,977	9.8%
5	工業・手工芸	921	1,864,122,944	7.7%
6	ホテル・レストラン	429	1,020,513,120	4.2%
7	通信	18	662,688,895	2.8%
8	建設	150	826,474,695	3.4%
9	木材	212	410,341,371	1.7%
10	銀行	33	372,063,622	1.5%
11	貿易	346	307,835,812	1.3%
12	縫製	109	93,560,477	0.4%
13	コンサルタント	173	66,959,199	0.3%
14	保健	14	64,222,736	0.3%
15	教育	85	30,975,780	0.1%
16	合計	4,462	24,092,019,477	100.0%

出所：［ラオス計画投資省内部資料］より筆者作成。

図表14　日本の対ラオス民間投資とODA

	2012年	2012年度	2013年	2012年日本 無償資金協力
登録資本額	＄27,683,000	＄73,003,000	＄405,760,000	58億7700万円
件数	20	26	15	

出所：[鈴木 2013i]

図表15　日本の対ラオス民間投資：業種別

業種	件数	%
製造業	9	34.6%
サービス	8	30.8%
農林業	6	23.1%
銀行・金融	2	7.7%
輸送	1	3.8%
合計	26	100.0%

出所：[鈴木 2013i]

図表16　日本の対ラオス民間投資：県別

県名	投資件数	%
首都ヴィエンチャン市	14	53.8%
サヴァンナケート県	5	19.2%
チャムパーサック県	3	11.5%
ヴィエンチャン県	1	3.8%
シエンクアン県	1	3.8%
ボーリカムサイ県	1	3.8%
ルアンパバーン県	1	3.8%
合計	26	100.0%

出所：[鈴木 2013i]

ある(**図表15**)。地域別に日本の投資を見ると、依然として首都ヴィエンチャンに14件、全体の54%の投資が集中し、次いでサヴァンナケート県５件(19%)、チャムパーサック県３県、ヴィエンチャン県１件(４%)、シエンクアン県１件（４%)、ボーリカムサイ県１件（４%)、ルアンパバーン県１件（４%）となった（**図表16**)。

ラオス進出の具体的事例

2013年に行なわれた日本の対ラオス投資の主な案件について見てみたい。

トヨタ紡織　マレーシアのサヴァンパシフィカ社が運営するサヴァンパーク経済特区に８ヘクタールの土地を入手、自動車用シートカバーを年産20万部生産する。資本金は560万ドルで、トヨタ紡織90%、豊田通商アジア太平洋７％、豊田通商３％の合弁となる［鈴木 2013b］。操業は2014年４月。オペレーターは180人から始める。トヨタ紡織の中江副社長に投資ライセンスが交付されたのは３月22日であり、投資申請からわずか１週間でのスピード交付であった［鈴木 2013i］。

関西電力　2013年８月27日は、コンセッション事業契約（CA）と売電契約（PPA）の２つの契約を１日で締結するという関電電力にとって歴史的な日となった。同日午前にラオス計画投資省で行なわれたコンセッション事業契約には、ソムチット計画投資副大臣とプロジェクト会社であるナムニアップ１パワー・カンパニー・リミテッド社の山林佳弘社長（関西電力より出向）が調印、横田順子在ラオス日本国大使がウィットネスとしてご臨席された［鈴木 2013d］。その日の夕刻にドンチャンパレスホテルで行なわれた売電契約（PPA）では、関西電力率いるとナムニアップ１パワー・カンパニー・リミテッド社とタイ電力公社（EGAT）とラオス電力公社（EDL）との間で27年間の長期売電契約が締結された。

ナムニアップ１プロジェクトは、メコン川の支流ナム・ギヤップ（ナム・ニアップ）川に、高さ148m、堤頂長530mの主ダムを建設、出力約272MWを発電したのち、6.5km下流の副ダムで放流水により18MWを発電するという２段階の発電方式（計290MW）をとるユニークな設計となっている。BOT（Build Operate Transfer）方式のプロジェクトは、タイへの売電を主要目的としたもので外貨の稼得が期待されている。2014年１月にダム建設着工、2019年１月の運転開始を目指す。

ニコンラオ　2013年９月23日、ニコンラオの設立開所式がサヴァンナケート県のサヴァン・ジャパン経済特区で開催された。開所式に臨席された来賓は、ソムサヴァート副首相、ブンペン政府官房付大臣、ソムディー計画投資大臣、スパン・サヴァンナケート県知事、横田順子日本大使や武井JICAラオス事務所長らで、ラオスと日本の期待の強さが窺われる式典となった［鈴木 2013e］。

ニコンがサヴァン＝セーノー経済特区にビジネスライセンス申請書を提

出したのは、2013年３月18日、そして同日にサヴァン＝セーノー経済特区ブアカム・シスラット総裁よりニコンタイの村石信之社長にビジネスライセンスが交付された。ここでのワンストップサービスは世界最速だ。ニコンラオスの資本金は600億キープ（７億7000万円）、デジタル一眼レフ普及機をラオスで組み立てるが、最終工程はタイ・アユタヤのロジャナ工場で行ない完成させる。

KP Beau Lao　2013年10月17日、KP Beau Lao社（本社東京都大田区株式会社ビューロ）の工場開所式が、サヴァンパーク経済特区で開催された。開所式にはサヴァンナケート県スパン知事、ブンペン政府官房付大臣など多数が臨席された。新会社は、経済特区(SEZ)に１ヘクタールの用地を確保し、化粧品、シャンプー、入浴剤、玩具の製造を行なう。2015年までにヨーロッパやアメリカにも市場開拓していく予定。新会社は、ラオスのKP社およびニッセイ・ミズキ社、ビューロー・インターナショナル社(香港）との合弁である［鈴木 2013f］。

同社がサヴァンナケートに進出を決定した背景には、同地が東西経済回廊の要衝の地に立地するところが大きい。同社の中国工場から海運コンテナで材料・部品をヴェトナム・ダナン港に送り、東西経済回廊を通ってサヴァンナケートに運ぶことで、物流コストと輸送日数の大幅な短縮化が可能となるからである。またサヴァンナケート県内経済特区に立地する工場は、ダナン港で徴収される手数料が１割引となる恩典が供与される。

ジャパンテック　2013年12月17日にJAPANTECの開所式典が開催された。資本金は50万ドル。親会社は埼玉県の大成機電販売で、PRONECという社名で18年前タイに進出を果たし、２工場、約500人のワーカーを雇用しているが、タイでは生産費が高騰。パークセー工場はPRONECの第２工場としてデジタルカメラに使用されるマグネットコイルを中心とした各種センサー用コイルの生産、およびFPC基板組立を行なっている［鈴木 2014］。生産された部品の欠陥率が0.021％と非常に低い。同社タイ工場の欠陥率が0.025％であるから、操業したばかりのラオス工場の品質がより良い。

着物のアンドウ　1923年に京都で設立された着物のアンドウは、中国に3工場を持つ。同社は、ラオス南部のチャムパーサック県パークセーにVHALAO Co., Ltdを設立、2013年12月3日に岸野日本大使やソンサイ県知事の臨席のもと開所式典が行なわれた。同社は地場のチンダシルク&コットン社30%とアンドウ㈱70%の合弁。「もの作りは価値の創造」が同社の社訓。①繊維素材の生産から製品まで一貫した生産管理により、消費者の安心安全を確保し、②自然環境と共生する原料を使用し、製造工程も含めてエコロジーで商品を生産することを事業目的としている。ラオスでは、①原綿の生産協力、②絹および麻を主体とする天然繊維の原料よりつくる糸、織物、製品の販売、③糸を天然染料で染める、④手織機による織物および製品の販売、⑤ラオスにない織物を導入し、織物製品の販売、⑥輸出85%、ラオス国内15%の販売比率をもとに、⑦手工芸、素材の生産についてはラオスの人々と共存共栄の精神に基づき、外注加工、外注委託などの共同生産を行なうことを事業目的としている［鈴木 2014a］。

光陽ラオ　ニコンラオの西側に設立された光陽ラオ（本社埼玉県上尾市）の開所式典が2014年3月7日に行なわれた。資本金は100万ドル。ニコンラオに5つのカメラ部品を供給する。ニコンラオと同じサヴァン・ジャパン経済特区内に両社は立地するため、輸入関税も付加価値税も一切かからないのは、安価な労賃に加え、コスト削減の最大の強みとなっている。

⑶日本投資急増の背景

◘ 内外無差別原則のラオス投資法と日・ラオス2国間投資協定

新経済管理メカニズムの政策項目の中でラオス政府が最も努力を傾注してきた分野は、外国直接投資の誘致である。1988年に初の外国投資「奨励管理」法が制定され、1994年と2004年には改正が行なわれ、2010年には、外国投資と国内投資を統一したラオス投資法が制定された。WTOへの加盟を視野に入れた改正内容となった。また2008年9月に日本・ラオス2国間投資協定が発効したことは日本の投資家にとってありがたい。ラオスは

42ヵ国から特恵関税制度の恩典を受けている。またアメリカからは、他国の特恵関税に匹敵する「通常貿易関係」(Normal Trade Relation＝NTR)を授与されている。ラオスはすべての国と自由な良好な貿易関係にある。

◘ 大メコン圏（GMS）経済協力プロジェクト

1989年の駐留ヴェトナム軍のカンボジア撤退や1991年のカンボジア和平合意の成立から、インドシナ地域を取り巻く国際政治情勢に穏やかな気運が高まってきたことは確かだ。カンボジアの安定のために国連やASEAN、日本が積極的な役割を果たすようになった。タイのチャートチャーイ前首相は「紛争地域を市場に」というスローガンを打ち出し、CLMV諸国（カンボジア、ラオス、ミャンマー、ヴェトナムの４ヵ国はその頭文字をとりCLMV諸国と呼ばれる）のASEAN加盟を提唱した。中でもアジア開発銀行の大メコン圏地域（Greater Mekong Subregion＝GMS）経済協力プログラム構想は、CLMV諸国のみならず、中国雲南省と広西チワン族自治区を含む地域に対する国際協力の最も象徴的なプロジェクトであると言ってよい。

GMS行動計画では、①GMS域内の物流回廊のうち、シンガポール－中国雲南省昆明間鉄道を含む未完成事業の建設推進と改善、②地方の通信整備への資源投入拡大、③バイオ燃料など新エネルギー開発計画の実施、④森林保護と環境リスクの削減、⑤教育・保健・労働分野での新たな戦略行動計画実施など８項目を柱とし、2012年までの５年間に総額218億ドルの資金が投下された。とりわけ南北経済回廊と東西経済回廊、南部経済回廊の３回廊（輸送部門）には７割以上の資金が注入されている。ラオスを経由する南北・東西経済回廊について以下に説明する。

南北経済回廊　タイのバンコクからチエンラーイを通り、ラオスルートとミャンマールートに分岐し、雲南省昆明を経てヴェトナム・ハノイに至る回廊である（**図表17**）[鈴木 2009]。ラオスルートはチエンコーンからラオス・ホアイサーイまでメコン川を第４メコン国際架橋で渡河する。そしてボーケーオ県のホアイサーイからルアンナムターを経由し、ボーテーンに至る。ボーテーンには中国の投資家によりゴールデン・ボーテーン・シティーが建設され、カジノを核としたレジャータウンが出現した。中国との国境を通過しモーハン（磨憨）、ジンホン（景洪）を経て昆明に至る。バンコク・ボーテーン・昆明間は1850kmある。そして昆明からヴェトナム・ハノイに至る。中国はこの南北経済回廊を利用してラオスの鉱物資源や農産物を中国へ搬出している。南北回廊を通じて中国はタイへの進出を本格化させるだろう。

東西経済回廊　ヴェトナムのダナンを起点にラオバオを経てラオスのデーンサヴァン、サヴァンナケートを経由し、タイのムクダハーン、ピサヌローク、ミャンマーのミャワディ、モーラミャインに至る全長1450kmの回廊である。ミャンマー国内部分は完成の見込みが立っていないが、この部分を除けば東西経済回廊は完成している［鈴木 2009］。東西経済回廊は、ダナンなどのヴェトナム中部とラオス中部、そしてタイ東北部という３つの相対的貧困地帯を切れ目なく結ぶことで、投資と流通、観光の活性化が期待されている。完成したのは2006年12月のことである。また東西経済回廊のラオス部分である国道９号線の建設も、ゾーンBを含む都市開発計画も国際協力機構（JICA）が実施してきた。

◘ ラオスの経済特区

『ラオスにおける特別経済区および特定経済区に関する首相令第443号』(2010年）に基づき、以下の10の経済特区（Special Economic Zone＝SEZ）が設立された。①ボーテーン・ビューティフル・ランドSEZ（ルアンナムター県）、②ゴールデントライアングルSEZ（ボーケーオ県）、カムムアン県に③プーキョーSEZと④ターケークSEZの２ヵ所、首都ヴィエンチャン市に、⑤サイセーター開発SEZ、⑥タートルアンSEZ、⑦ルアンタン・ヴィエンチャンSEZ、⑧ドンポーシーSEZ、⑨VITAパークSEZの５ヵ所、サヴァンナケート県に⑩サヴァン・セーノーSEZの計10ヵ所である［鈴木 2014］。

図表17　南北経済回廊と東西経済回廊

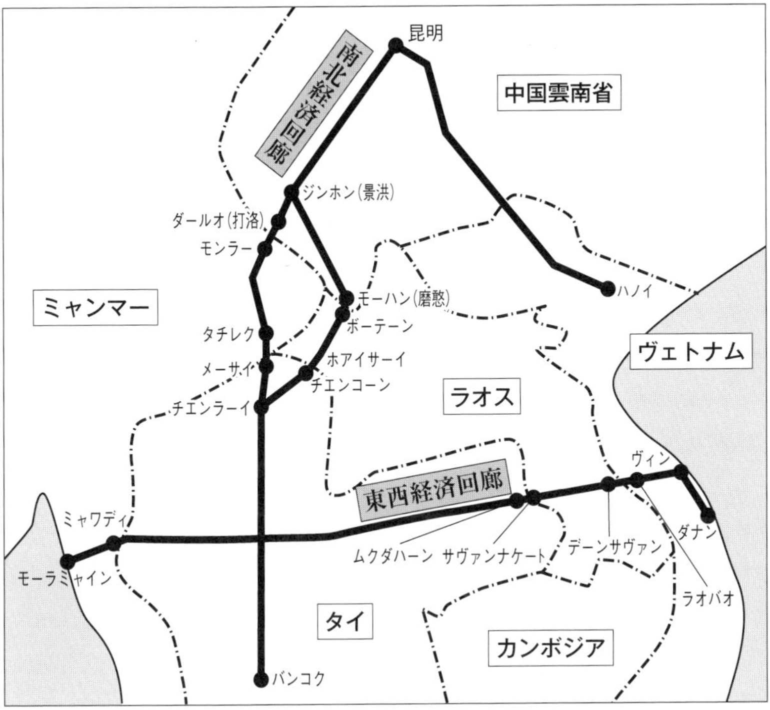

出所：筆者作成

◘ 製造業に特化した経済特区

上記①〜⑧のSEZは、ゴルフ場、ホテル、レストラン、カジノ、自由貿易商業区として営業している。ヴィエンチャン市の⑨VITA パークSEZとサヴァンナケート県の⑩サヴァン・セーノーSEZのみが製造業を対象とするSEZである［鈴木 2014］。

VITAパーク（Vientiane Industrial and Trade Area）　台湾のLao VITA Development Co., Ltd. 社70%とラオス工業商業省30%との合弁で、2011年に設立された。ヴィエンチャン市内より国道13号線南を21km、第１メコン国際架橋まで車でおよそ１時間の距離にある。日本企業では、給湯器のワイヤーハーネスを生産する第一電子とペンチを製造するツノダ、三菱マテリアルMMCエレクトロニクスが操業する［鈴木編 2014］。

サヴァン・セーノー（Savan＝SENO）経済特区　ヴェトナムのダナンまで500km、バンコクまで686kmの距離にある。ダナンからサヴァンナケートを経て、タイに入り、ミャンマーのモーラミャインに通ずる東西経済回廊は、ミャンマー部分を除き完成している。「SENO」とは、かつて植民地支配していたフランスが、この地を東西南北に通じる要衝の地としてとらえ、Sud（南）、Est（東）、Nord（北）、Ouest（西）の頭文字をとり、SENOと称したのが発祥の由来である。サヴァン・セーノー経済特区には、ゾーンA、ゾーンB、ゾーンCの3つのSEZがある。以下にその概要を示す。

①ゾーンA　2003年より「サヴァン・セーノー経済特区の管理規則および奨励政策に関する首相令第177号」に基づき、ゾーンAとゾーンBの開発が始まった。ゾーンAは、サヴァンナケート市内から6kmの距離にあるが、日本の円借款で建設された第2メコン国際架橋のたもとに305ヘクタールの面積を有する絶好の場所にある。税関等の施設に35ヘクタールが使用され、残りの270ヘクタールが2007年より、タイエアポートグランドサービス（TAGS）社により開発が始められたが、同社が倒産したため、現在開発が中断している。

②ゾーンB（サヴァン・ジャパンSEZ）　市内より28kmの距離に立地し、20ヘクタールと353ヘクタールの2ヵ所に分かれる。2013年8月にナムタ道路・橋梁建設社（ラオス地場民間資本）が50%、サヴァン・セーノー経済特区事務局（ラオス政府機関）が30%、カンボジアのプノンペン経済特区社（日系民間資本）が20%を出資するサヴァン・ジャパン合弁開発社が設立された。プノンペン経済特区社（PPSEZ）は、日本のゼファーが22%出資するカンボジアとの合弁企業である。同社はSEZの建設・運営に深い知識と経験を持ち、ラオスでもジャパン・クオリティーのSEZの運営に協力する。既に、物流の日本ロジテム、ニコンラオ、光陽ラオ、ダブルAが入居している。

③ゾーンC（サヴァンパーク）　資本金200万ドルで、マレーシアのSavan Pacifica Development Co., Ltd. 70%とサヴァン・セーノー経済特区事務局30%との合弁で2008年に設立された。市内より10km、234ヘクタールを有する。日本企業では、化粧品と玩具を生産するKPビューラオ社や、スズ精錬のラオス・ティン・スメルティング社、カーシートを生産するトヨタ紡織が入居している。

中小企業専用の経済特区

タイの工業団地で操業する縫製産業や部品産業の工場の中には、工業団地に進出したことを真剣に後悔する経営者が少なからず存在する。工業団地進出後に大手の工場が進出すると、縫製産業や部品産業が育てた優秀なワーカーが大手に流れる。タイトヨタなど組立大手のボーナスは年10ヵ月と他を寄せ付けない。縫製産業や部品産業の手当ては、1ヵ月から3ヵ月が精一杯だから大手にかなうわけがない。同じ工業団地内にブランド力や手当てなど性質・体力の異なる日本企業が共存するは難しい。

この状況を克服するために、中小企業専用の経済特区がラオス南部のチャムパーサック県の県庁所在地パークセーに開発中である。筆者は、この経済特区を「パクセジャパンSME経済特区」と命名した。SMEとは「Small & Medium Enterprise」すなわち中小企業のことだ。賃金・手当は互いに横並びとすることを進出企業の自発的モラルとしている。これは厳格な規則でも法律でもない。自主的なモラルだ。従業員に対し会社独自の魅力的な特徴を出したいのであれば、トイレにウォッシュレットを設置し、社員の素敵な孤独の空間を作ればよい。賃金と手当で過当競争して得する企業はいない。

正式な特区としての申請が2014年7月16日に首相府経済特区委員会ブアタ副大臣からトーンシン首相に提出され、国会の承認を待っているところだが、パクセジャパンSME経済特区には、既にJAPANTEC、レオンカワールド、着物のアンドウが操業を開始、新電元が2014年9月8日から工場の建設を始めている。

◘ アジアで最も魅力的な恩典

ラオスの経済特区が賦与する恩典は、アジアで最も魅力的である。入居者には、①利益が計上できた年（操業の年からではなく）から10年間の法人税免税、その後未来永劫に８％、②建設資材・工場機械の輸入関税免税、付加価値税の免税、③材料・パーツの関税免税、付加価値税の免税、④外国人・ラオス人被雇用者を含むすべての社員の個人所得税は一律５％等の恩典［鈴木 2013g］が与えられる（**図表18**）。

図表18　ラオスの投資恩典：経済特区と経済特区外

<table>
<tr><th colspan="2"></th><th>経済特区</th><th>特区外</th></tr>
<tr><td colspan="2">法人税</td><td>最初の利益が発生した年から10年間免税
→免税期間終了後８％</td><td>
<table>
<tr><td>操業開始時から</td><td colspan="3">地域分類
低←――インフラ整備――→高</td></tr>
<tr><td>プロジェクトの奨励度</td><td>ゾーン１</td><td>ゾーン２</td><td>ゾーン３</td></tr>
<tr><td>Level 1　高↑</td><td>10年</td><td>６年</td><td>４年</td></tr>
<tr><td>Level 2　中</td><td>６年</td><td>４年</td><td>２年</td></tr>
<tr><td>Level 3　低↓</td><td>４年</td><td>２年</td><td>１年</td></tr>
<tr><td>利潤税免税期間後</td><td>24%</td><td>24%</td><td>24%</td></tr>
</table>
</td></tr>
<tr><td colspan="2">個人所得税</td><td>一律５％</td><td>累進課税０～25%</td></tr>
<tr><td rowspan="2">輸入関税</td><td>建設資材</td><td>免税</td><td>免税</td></tr>
<tr><td>材料・部品</td><td>免税</td><td>免税</td></tr>
<tr><td rowspan="2">付加価値税</td><td>建設資材</td><td>免税</td><td>納税</td></tr>
<tr><td>材料・部品</td><td>免税</td><td>還付</td></tr>
</table>

出所：［鈴木 2013g］

◘ 投資環境から見たラオスの魅力

まず第１にあげられるべきは、政治的安定性である。ラオスの政治体制は社会主義であり、ラオス人民革命党の一党独裁状態にあるが、政治の安定性についてはアジア諸国で最も安定していると言われている［鈴木 2013i］。

第２の魅力は、天災の被害を受けにくい穏やかな気候である。2011年、タイのロジャナ工業団地は、ニコンやホンダなど数多くの工場が洪水で１階部分が水没するという甚大な被害にあった。ラオスはメコン川の中流域に位置するため、洪水が発生しにくい。台風の被害を受けることはまれで、地震のニュースも聞かない。

第３の魅力は、低廉労働である。2012年４月からバンコク地域の最低賃金が300バーツ/日に48％も高騰、引き続き2013年１月から全国の最低賃金が一律300バーツ/日に引き上げられた。都市と地方の賃金格差が消滅した以上、工場をバンコク地域から地方都市へ移す事業展開はコスト上意味をなさなくなった。一方、ラオスの最低賃金は月62万6000キープ（約80ドル）に過ぎない。諸手当を加えた直接賃金に、出産手当・教育手当・パーティーの開催などの間接労務費は、タイのおよそ４分の１に過ぎない。

第４の魅力は労使紛争の発生が皆無であること。カンボジアの経済特区ではストライキが多発し、工場の操業が停止する事態がしばしば発生している。ラオスでは、現在まで労使紛争の発生が皆無というのもラオス投資の強い魅力である。

第５に安価な電力料金があげられる。ラオスには現在17の水力発電所が稼働し、2167MWを発電している。さらに14の水力発電所が建設中で、2016年には3054MWの電力が開始されると、合計で5221MWの規模とある。豊富な電力は、電気料金の価格に反映される。ラオスの電力料金は６セント/kwhと、カンボジアの３分の１の安さなので、電力多消費産業ではその節約額は無視できない水準となる。CLMV諸国（カンボジア、ラオス、ミャンマー、ヴェトナム）の中ではミャンマーが話題沸騰しているが、停電が頻発するため、現時点で製造業の操業は難しいと言われている。ラオスはインドシナバッテリーとして地位を築き、タイだけにとどまらず、カンボジアやミャンマーへの電力供給を実現していきたい。

第６の魅力は、言語類似性にある。ラオス語はタイのイサーン地方の言語とほぼ同じで、バンコクでタクシーに乗車した際、無意識にラオス語を話すと運転手がラオス語（イサーン語）で答えてくれる経験をお持ちの方が少なからずいるだろう。また共通語のタイ語とラオス語は、東京弁と大阪弁のように類似した言語である。タイの日系企業では、タイ人の技術者やマネージャーが育っている。ラオスに進出するには、日本人の派遣は最小限にし、タイ人を送り込むと費用が削減される。ラオス第２工場が完成する以前から、タイのマザー工場でラオス人オペレーターの研修を「タイ語」で実施できる上、完成後もタイマザー工場のトレーナーをラオス第２工場に派遣し、「タイ語」で指導できる。通訳を傭う必要がないので、効率的な操業が実現できる。

おわりに

ラオス経済が年約８％の成長を継続している。年８％の経済成長を続けると、経済規模はおよそ10年で２倍になる。１人当たり所得も2000年の304ドルから2012年には1380ドルに４倍も増加した。ヴィエンチャンだけでなく、チャムパーサック県やサヴァンナケート県もまた街の風景が変わるほど建設ラッシュが続いている。明らかにラオス経済は発展し、膨張を続けていることが誰の目にも映っていることだろう。その一方で、この状況を不安に思うのは筆者だけではあるまい。バンコクやジャカルタに比べたらその比ではないかもしれないが、首都ヴィエンチャンにおいても交通渋滞が発生するようになった。鉱物資源の採掘場における公害の発生やセメント工場の排煙など、手つかずの自然の豊かさこそラオスの魅力であったものが、損なわれつつある。財政の赤字や貿易の赤字は深刻な水準にある。そして貧富の差は確実に拡大している

第７次国家社会経済開発５ヵ年計画では、安定的な経済成長の確保の一方で、2015年までにMDGs（ミレニアム開発目標）を達成し、2020年までの最貧国からの脱却を謳っている。文化・社会の発展、天然資源の保全、環境保全を伴う持続的な経済成長の確保が重要な国家の使命であることを、ラオス政府は自覚している。政治的な安定のもとで、ラオスが穏やかな豊

かさを実現できることを心から希望する。

【参考文献】

Asian Development Bank 2007, *Proposed Loans: Kingdom of Cambodia and Socialist Republic of Vietnam: Greater Mekong Subregion Southern Coastal Corridor Project* (*Report and Recommendation of the President to the Board of Directors*).

Asian Development Bank 2008, *Vientiane Plan of Action for GMS Development* (*2008-2012*).

Asian Development Bank 2014, *Key Indicators 2013*.

Bank of the Lao PDR 2014, *Annual Report*.

橋本信雄 2013、「エネルギー・電力セクターの現状と課題」鈴木基義編著『変貌するラオスの社会と経済：現状と展望』JICAラオス事務所発行、2013年８月、pp.173-222。

IMF, *Lao People's Democratic Republic: Recent Economic Developments,* various issues.

International Monetary Fund 2013, *Lao People's Democratic Republic 2013 Article IV Consultation.*

Laos' Ministry of Planning and Investment 2010, *Seventh National Socio-Economic Development Plan 2011〜2015*.

外務省国際協力局 2014、「政府開発援助ODA国別データブック2013」。

鈴木基義 1993、「ロシア援助の実態―援助削減によるラオス経済への影響―」国際開発学会『国際開発研究』第２巻第１号、pp.127-137。

――――2002、「ラオス―新経済体制下の模索」『岩波講座東南アジア史第９巻』岩波書店、pp.257-279.

――――2003、「経済」『ラオス概説』めこん、pp.293-323。

――――2006a、「ラオスの地域補完型工業化」天川直子編『後発ASEAN諸国の工業化CLMV諸国の経験と展望』アジア経済研究所、pp.63-99。

――――2006b、「ラオスの地域補完型工業化」天川直子編『後発ASEAN諸国の工業化CLMV諸国の経験と展望』アジア経済研究所、pp.63-99。

――――2007、「中国の対ラオス進出」木村福成・石川幸一編『南進する中国とASEANへの影響』日本貿易振興機構（JETRO）、pp.201-215。

――――2008a、「一党独裁体制のもとでの対ラオス外国投資」鈴木基義編著『ラオスの産業基盤』JICAラオス事務所、pp.23-44。

――――2008b、「地域補完型工業化による四段階ラオス工業化の展望」鈴木基義・山田紀彦編 2008、『内陸国ラオスの現状と課題』JICAラオス事務所・ラオス日本人材開発センター、pp.22-58。

――――2008c、「ラオスの産業構造と貿易構造の基礎」鈴木基義編著『ラオスの社会・経済基盤』JICAラオス事務所、pp.57-88。

――――2009a、『ラオス経済の基礎知識』日本貿易振興機構（JETRO）。

――――2009b、『ラオス投資ガイド2009年版』国際機関日本アセアンセンター。
――――2013a、「日本の対ラオス投資が急増」*Daily NNA*、10月31日。
――――2013b、「初の日系経済特区がラオス中部に誕生」『日本物流新聞』 5月10日。
――――2013c、「サヴァンナケートに工場進出」『アセアン経済通信』金融ファクシミリ新聞社、 5月13日。
――――2013d、「関西電力がダム開発に着手」『アセアン経済通信』金融ファクシミリ新聞社、 9月9日。
――――2013e、「ニコンラオ開所式典」『アセアン経済通信』金融ファクシミリ新聞社、10月15日。
――――2013f、「KP Beau Lao開所式典」『アセアン経済通信』金融ファクシミリ新聞社、11月11日。
――――2013g、「ラオス～タイ・プラスワンとして注目される労働集約型生産拠点～」*mizuho global news*、vol.68。
――――2013i、「ラオスの経済投資環境」三菱東京UFJ銀行、*Global Angel*、2013年12月、pp.16-24。
――――2014、「日ラオス官民合同対話の開催」『アセアン経済通信』金融ファクシミリ新聞社、1月11日。
鈴木基義編著 2008a、『ラオスの社会・経済基盤』JICAラオス事務所。
――――編著 2008b、『ラオスの産業基盤』JICAラオス事務所。
――――編著 2013h、『変貌するラオスの社会と経済：現状と展望』JICAラオス事務所。
――――編著 2014、『ラオスの開発と協力』JICAラオス事務所。
鈴木基義・山田紀彦編 2008、『内陸国ラオスの現状と課題』JICAラオス事務所・ラオス日本人材開発センター。
スックニラン・ケオラ 2014、「ラオスの貿易赤字は制御可能か―解消と持続を中心に―」鈴木基義編著『ラオスの開発と協力』JICAラオス事務所発行、pp.201-232。
前橋秀紀 2013、「ラオスの金融制度」鈴木基義編著『変貌するラオスの社会と経済：現状と展望』JICAラオス事務所、2013年8月、pp.281-306。
在ラオス日本国大使館内部資料 2014、『ラオスにおける我が国の経済協力の概観2013年』。

第12章

農業

島崎一幸

扉写真・手打ち式の脱穀作業。ラオスの大きな水田地帯では、脱穀機をトラックに搭載した「移動式脱穀機」を利用するのが一般的だが、山間地帯では農家の水田面積が小さく、水田へのアクセスも悪いので、一家総出で、手打ちによって脱穀する風景がまだまだ多く見られる。ルアンパバーン県シエングン郡。

❶ラオス農業の全体像

◇自給自足型から市場指向型へ

ラオスはヴェトナム、タイ、カンボジア、中国、ミャンマーの５ヵ国に囲まれた内陸国である。面積は日本の本州にほぼ等しい23万km^2、人口は587万人(1)、人口密度24.8人/km^2、国土の約８割が山岳地帯で耕地面積は約４％ほどである。

気候は熱帯モンスーンに属し、雨季（５月〜10月頃）と乾季（11月〜翌年４月頃）に区分される。過去10年間（1998〜2007年）の統計資料で見ると、年平均最高気温と年平均最低気温は南部の都市パークセーで32.5℃と23.4℃、北部の都市ルアンパバーンで31.7℃と20.1℃、年平均雨量はパークセーが2223mm、ルアンパバーンで1420mmとなっており、地域による較差が幾らか窺われるが、地震も台風もないラオスは、概ね穏やかな、自然に恵まれた国である。

しかし、このようにゆったりとした時間軸で動いている自然環境の中でも、ラオスの社会と経済は急激に変化しており、その影響がラオスの農業を大きく変えつつある。即ち、これまで自然条件に依存した「自給自足型の農業」を中心にして営まれてきたラオス農業は、近年、特にインドシナ地域の社会・経済情勢に影響され、またラオス政府が農業政策の１つの柱として「商業的農業生産の振興」を掲げていることもあって、「市場指向型の農業」を模索し始めている。ただ、その進み方があまりにも急激なため、様々な問題が浮き彫りになってきている。

都市近郊の農村地域ではオートバイの台数が急増し、子供たちの通学も徒歩から自転車になり、同時に、農作業は水牛での耕作からトラクターへ、牛糞等有機天然肥料から化学肥料へと、農村の生活スタイルも農業形態も急速に変化している。何よりも経済性、利便性が優先されるようになり、それとともにこれまで以上に現金の必要度が増してきている。しかしながら、農民たちは市場を意識して戦略的に農業を行なう経験に乏しく、仲買人の言いなりに農産物を売るのが一般的で、買手市場の庭先取引が中心となっているのが現状である。

国の経済における農林水産業の位置づけは、製造業・サービス業などの他部門の進展にともない徐々に低下しつつあるものの、GDPの約31%を占めており、依然として大きな存在である。その内訳は、作物24.0%、森林2.7%、畜水産4.1%となっている(2007年統計資料)。本章では、そのうちの「作物」に焦点を当てて、ラオスの農業を概観したい。

地域区分における農業の特徴

ラオスは地形的には①メコン川および支流域の沖積低地（標高100〜200m)、②中南部山地（標高600m〜1000mのルアン山脈〈アンナン山脈〉西傾斜面の山地と南部のボーラヴェン高原)、③北部山地(標高1000〜1500m)の３地域に大別される。

農業の特徴を比較するにはこの地形的区分が実態に即しているが、統計的な資料はすべて行政区分で整理されているので、以下では、①北部（８県：ポンサーリー、ルアンナムター、ボーケーオ、ウドムサイ、ルアンパバーン、サイニャブリー、ホアパン、シエンクアン)、②中部(１市および４県：ヴィエンチャン市、ヴィエンチャン、ボーリカムサイ、カムムアン、サヴァンナケートの４県)、③南部(４県：サーラヴァン、チャムパーサック、セーコーン、アッタプー）の３地域に区分して、各地域の農業の特徴について述べる(2)。2007年の政府基本統計をベースに地域別人口、面積および作物作付面積割合は**表１**に示すとおりである。

❶北部ラオスの農業

北部は全国土の約半分を占めるが、山岳地帯がほとんどで、人口密度は低く(18.3人/km^2)、人口は全国の35%にすぎない。農業形態としては、焼

表１　地域別人口・面積および主要作物作付面積割合（2007年）

	単位	全国	割合（%）			
			北部	中部	南部	全国
人口	（1000人）	5,873	35	45	20	100
面積	（1000ha）	23,680	48	33	19	100
雨季水稲	（ha）	604,147	18	53	29	100
乾季水稲	（ha）	71,400	11	78	11	100
陸稲	（ha）	105,696	78	12	10	100
（稲作全体）	（ha）	（781,243）	26	50	24	100
イモ類	（ha）	26,455	51	28	21	100
トウモロコシ	（ha）	154,255	87	9	4	100
野菜	（ha）	84,335	28	51	21	100
ダイズ	（ha）	8,040	60	9	31	100
ラッカセイ	（ha）	15,965	43	17	40	100
タバコ	（ha）	4,700	12	77	11	100
サトウキビ	（ha）	8,455	45	48	7	100
コーヒー	（ha）	44,990	0.1	0.4	99.5	100

出所：ラオス基本統計2007年。

畑移動耕作が広い範囲で行なわれているのが特徴である。一方で、ラオス政府は、環境保全、森林率向上等の面から、第６次農林業開発５ヵ年計画（2006～10年）では、「２万3000haの現行焼畑を2010年までに廃止する」としており、公式な発表によると、ここ数年、焼畑面積は順調に減少してきてはいる。ここでの「焼畑」の定義は「収奪的で、持続的な耕作が不可能なもの」であり、「ローテーション期間が長くて持続的はもの」は含まれていない。以下、「持続的な焼畑耕作」としての「陸稲」「その他、畑作物」を統計資料に基づいて述べる。

ラオスにおける食糧生産の主要作物はコメだが、北部では全国稲作栽培面積の26%を占めるに留まっており、恒常的な米不足が生じている。北部地域の稲作栽培面積のうち、55%が雨季水稲、４%が乾季水稲、41%が陸稲となっている。全国陸稲栽培面積約10万haのおよそ80%が北部地域で栽培されている。陸稲の平均収量は1.78トン/haで、雨季水稲の平均収量の3.49トン/ha、乾季水稲の平均収量の4.53トン/haに比して、非常に低い。

このため、北部山岳地域では、恒常的な米不足が生じており、これを補う形で、トウモロコシ、イモ類の栽培が行なわれてきた。自家消費用の食用トウモロコシ・イモ類は通常、陸稲の間作・混作として栽培されてきたが、近年の近隣諸国の畜産飼料用トウモロコシの需要拡大により、商品作物として盛んに栽培されるようになってきた。2007年のトウモロコシの全国作付面積の87%が北部地域で占められ、サイニャブリー県のトウモロコシはタイへ、ウドムサイ県・ルアンパバーン県・ボーケーオ県のトウモロコシは中国へ、ホアパン県・シエンクアン県のトウモロコシはヴェトナムへ出荷されている。

❷中部ラオスの農業

中部ラオスの農業の特徴はメコン川およびその主要支流の低平地における水田稲作栽培である。ラオス国の食料生産の中心地帯であり、全国稲作栽培面積（78万ha）の約50%（38万7000ha）、全国コメ生産量（270万トン）の約54%（145万トン）が生産されている。これら平野の天水田においては、耕作地の大部分が雨季にはコメ生産地として、乾季には家畜の放牧地として利用される。一方で、灌漑耕作では２期作が行なわれており、多くの農民が雨季にはコメ栽培を行ない、乾季には灌漑地におけるコメまたは他の換金作物の栽培を行なっている。全国乾季稲作作付面積（７万1000ha）の約80%（５万6000ha）を中部地区が占めている。

また、メコン川およびその支流沿岸においては、乾季に川の水位が下がった斜面を利用して菜園を作り、井戸や川から人力で灌水してトウモロコシ、ピーナッツ、トマト、ナスなどを自家消費用および一部は換金作物として栽培している。

中部地域のボーリカムサイ県、カムムアン県、サヴァンナケート県では乾季灌漑商品作物として特にタバコの栽培が盛んであり、全国タバコ作付面積（4700ha）の約78％（3600ha）を中部地区が占めている。ボーリカムサイ県とカムムアン県のタバコ栽培者はヴィエンチャン市のラオタバコ会社と、サヴァンナケート県のタバコ栽培者はサヴァンナケート市にある中国のタバコ会社と契約を結んで栽培している。

❸南部ラオスの農業

サーラヴァン、チャムパーサック、セーコーン、アッタプーの南部４県の中央に位置するボーラヴェン高原は標高約1000m、広大な耕地を持つ高原地帯で、豊富な降雨（年平均降雨量3000mm）を利用したコーヒーの栽培が盛んである。ラオスのコーヒーの栽培面積（４万5000ha）の99.5％がボーラヴェン高原で占められている。

また、高原の冷涼な気温（平均16～21℃）、豊富な降雨という気候条件は、高級野菜など商品作物の生産に適しており、キャベツ、ジャガイモなどがタイを中心に出荷されている。近年では、日本の企業による薬草の試験栽培や、オクラなどの高級野菜の生産が開始さている。

他方、サーラヴァン、セーコーン県の東部山岳地帯は水田に適した耕地が少ないことから、焼畑農業が卓越しており、また、トウモロコシ、イモ類の栽培も盛んで北部山岳地帯と類似した農業形態をとっている。アッタプー県はボーラヴェン高原東側の盆地で水田農業が営まれ、比較的安定して農業が実施されている。

◘ 作物におけるラオス農業の特徴

❶コメ

ラオスにおける最重要農作物はコメである。また、コメの生産量の85％程度はモチ米であり、ラオス人の主食となっている。モチ米を食する民族はラオスの周辺国でも多く分布しているが、国全体でモチ米が主食となっているのはラオスだけである。しかし、最近では、都会地域を中心にウルチ米を食する家庭も増えてきている。「なぜ、モチ米か」について、ラオスの友人たちとこれまでしばしば論議を交わした。「モチ米でなければ、腹持ちが良くない。ウルチ米はすぐ腹が減ってしまい農作業に力が入らない」というのが大方の意見だったが、反対に「モチ米は腹にもたれる。ウルチ米の場合は電気釜で簡単に炊くことができる」などの意見も聞かれ、生活の便利さは食文化にも影響を与えているのだと思い知らされた。

生産されたコメの多くは農家の自家消費用で、流通に回るのは２割程度と言われている。コメの自給は1999～2000年に達成されたとしているが、メコン川沿い平野部での生産は基本的には十分である一方で、北部や東部山岳地域の貧困地域では、１年のうち数ヵ月はコメが不足する農民も多く、この地域に対する食料供給は重要な問題となっている。また、洪水や旱魃は地域的に恒常的に起こっており、「食料安全保障」は第６次農林業開発５ヵ年計画の中の最重要課題の１つとなっている。

2007年の統計によれば、ラオスの主要農作物の総作付面積は約110万ha（国土面積の約５％）で、そのうちコメの作付面積は78万ha（約70％）となっており、ラオスにおけるコメの重要性が窺える。コメの作付面積のうち、雨季作水稲が60万ha、乾季作水稲（灌漑）が７万ha、陸稲が11万haで、雨季作水稲が稲作の大部分を占めている。コメの全生産量はおよそ270万トン（籾ベース）、平均収量はha当たり雨季水稲3.5トン、乾季灌漑水稲4.5トン、雨季陸稲1.8トンである。

水稲（雨季および乾季）の主要生産地域はメコン川および支流域のヴィエンチャン平野、サヴァンナケート平野、チャムパーサック平野のラオス３大穀倉地帯である。この３つの平野はヴィエンチャン市、ヴィエンチャン県、ボーリカムサイ県、カムムアン県、サヴァンナケート県、チャムパーサック県にまたがっており、これら１つの市と５つの県で全国のコメの作付面積（雨季水稲、雨季陸稲、乾季灌漑水稲の合計）約78万haの62％（48万ha）を占め、全コメ生産量270万トンの65％（180万トン）を生産している。

❷コメ以外の作物

コメ以外の作物としては、自家消費用作物として、雨季には、山間地の焼畑地で陸稲との混作で、トウモロコシ、キュウリ、豆類、イモ類が、乾季には、水やりの便の良い、井戸や小川の周辺、また大きな川の斜面を利用して、トウモロコシ、ササゲなどの豆類、キュウリ、トウガラシ、ナス、カボチャ、ウリ等が栽培されている。商品作物としては、食用トウモロコシ(スイートコーン)、ピーナッツ、ダイズ、タバコ、ゴマ、綿、サトウキビ等が雨季の畑地や乾季の灌漑水田の裏作として栽培されている。また、都市のマーケットを狙った野菜の近郊栽培も盛んである。これら商品作物はほとんどが国内市場向けだったが、ここ数年、畜産飼料用トウモロコシの需要が増大し、タイ、中国、ヴェトナム向けに盛んに栽培され始めた。また、前述したように、南部のボーラヴェン高原ではコーヒー栽培が盛んで（大部分は個別農家の生産）、平年で年間３万トンを超える生産があり、フェアトレードや有機栽培を売りに、主にヨーロッパへ輸出されているほか、比較的冷涼な気候を利用して栽培されているキャベツ、ジャガイモ等がタイなど近隣国に輸出されている。

主要な商品作物について見てみると、サトウキビはヴィエンチャン市や北部のルアンナムター県を主産地として、年間およそ20万トンを超える生産量がある。ヴィエンチャン市で収穫されたサトウキビはこれまで国内唯一であった市内の製糖工場へ、また、ルアンナムター県で収穫されたサトウキビは中国の製糖工場へ、それぞれ出荷されている。更に、2008年末にはタイの民間会社による新たな製糖工場がサヴァンナケート県に建設され、工場の稼動を開始した。ラオスはこれまで年間数万トンに及ぶ砂糖を輸入しており、今後の生活レベルの向上を考えればサトウキビは有望品目の１つである。

飼料用トウモロコシは北部諸県が生産の中心で、年間数十万トンと生産量が近年急速に伸びており、中国・タイなど近隣国に輸出されている。一方、ラオスにおける飼料需要はまだ低く、ヴィエンチャン市にある飼料工場の稼働率は３割弱ではあるが、今後、生活レベルの向上による畜産物需要の増加に伴って飼料需要が増大すれば、飼料用トウモロコシは内需向けにも重要な作目となっていくことが予想される。ただし、そのためには国産配合飼料の品質が外国産に近づくことが必要である。

ピーナッツは南部のサーラヴァン県などを主産地に、数万トン規模の生産がある。

タバコは中部が生産の中心で（３万トン程度）、国内２企業に出荷されている。

野菜については、統計上一括りにされており品目ごとの動向は不明であるが、平均すれば年間60万～80万トン程度が乾季を中心にかなり豊富に生産されている（雨季は栽培が困難なため多くを輸入に依存）。商品作物としての果実生産については、多様な種類が栽培されているが、近隣国からの輸入も多い。

ラオスの主要作物の収穫面積と生産量は**表２**に示す通りである。

表２の2000年および2007年の主要作物の生産状況を比較することによって、以下のような大きな点で変化していることが窺われる。

①乾季灌漑稲作面積は2000年の11万haから2007年には７万1400haと約35％減少している。

②トウモロコシの栽培面積は2000年の8000haから2007年には15万4255haと、約３倍に拡大し、収量も2.4トン/haから4.8トン/haと２倍に増加している。これは、トウモロコシがこれまでの自家用消費作物（食用）から商品作物（飼料用）として栽培されるようになったためで、収量の増加についても、買い付け業者が高収量品種のトウモロコシの種子（遺伝子組み換え種子）の栽培を栽培農家に奨励しているためである。

③キャッサバの栽培面積は2000年の8000haから2007年には２万6455haと約3.3倍に拡大している。これも、近年、ラオス国内の各地にヴェトナムや中国の民間企業がキャッサバ加工工場を建設したことによりキ

表 2　主要作物の収穫面積・生産量・収量（2000年および2007年）

		2000年			2007年		
	作物	収穫面積 (ha)	生産量 (トン)	収量 (トン/ha)	収穫面積 (ha)	生産量 (トン)	収量 (トン/ha)
1	雨季作水稲	510,000	1,635,000	3.2	604,147	2,193,400	3.6
2	乾季作水稲	110,000	465,000	4.2	71,400	329,200	4.6
3	陸稲	80,000	130,000	1.6	105,698	187,450	1.8
	(稲作合計)	(700,000)	(2,230,000)	(3.2)	(781,245)	(2,710,050)	(3.5)
4	トウモロコシ	49,010	117,001	2.4	154,255	690,795	4.8
5	キャッサバなど	8,000	51,882	6.5	26,455	359,886	13.6
6	野菜・豆類	40,000	255,181	6.4	84,335	734,385	8.7
7	ピーナッツ	12,810	13,201	1.0	15,965	35,070	2.2
8	ダイズ	6,410	5,403	0.8	8,040	10,455	1.3
9	タバコ	7,500	39,822	5.3	4,700	41,535	8.8
10	サトウキビ	4,730	173,600	36.7	8,455	323,875	38.3
11	コーヒー	42,250	17,530	0.41	44,990	33,200	0.74

出所：ラオス基本統計1975-2005、ラオス基本統計2007。

ャッサバの需要が増加し、これまでの自家用消費作物としての作付けから、商品作物として栽培されるようになったためである。

④サトウキビの栽培面積は2000年の4730haから2007年には8455haと 2 倍近くに拡大している。この栽培面積拡大も、近年、サヴァンナケートにタイ企業の砂糖工場が建設され、商品作物としての需要が増加したことによるものである。

◘ 農業技術と農業普及の現状

❶農業技術

ラオス農民の農業技術について、「伝統的農業であり、後進性･停滞性が著しい」と一言で片付けてしまって良いものか迷ってしまう。これまでの自家消費用の農作物の栽培を中心にした営農形態から、商品作物の栽培へと転換していくに伴い、より良い品質、より生産性のある品種や生産性を高める農業技術が求められている中で、政府の農民に対する効果的な農業普及支援が現在、緊急かつ重要な課題となっている。しかし、1940年代から60年代にかけて、世界銀行グループの国際稲作研究所（IRRI）が中心となって行なわれた農業革新は、コメの新品種を導入し、発展途上国の食料増産に貢献して、「緑の革命」と呼ばれたが、現在では、「膨大な水を汲み上げ、化学肥料を大量投入する“負の構造”を定着させた」との批判もある。ラオスの地方の農民に「一番困っていることは何か」と尋ねると、「肥料が高くて買えない」という声が一番多い。

ラオス政府は「第6次農林業開発5ヵ年計画（2006〜10年）」において4つの柱を掲げており、その1つ「商品作物振興」政策では、国内の市場に向けた農産物の生産だけでなく海外への農産物の輸出を視野に入れる、としている。この政策を実現させるため、政府は「クリーンな農業」と銘打って、商品作物の振興を図ることと奨励している。「クリーンな農業」には、4つの生産方式——①化学肥料・農薬を使用しない伝統的農業、②GAP (Good Agriculture Product) やIPM (Integrated Pest Management) のコンセプトをベースにした農業、③無農薬栽培、④有機栽培——が含まれる。

しかし、このような抽象的な表現ではラオスの農業技術の現状を示したことにはならない。ラオスの主要作物である稲作では、具体的には、①水管理、②品種、③施肥、④病虫害防除が主要な技術であるが、それに近代化の現況を示す指標として⑤農業機械化を加え、ラオスの農業技術の現状について説明したい。

①水管理：雨季作はほとんど天水に頼っているので、降雨の分布によって生産は大きく支配される。他方、乾季作水田は2期作であり生産効率は高いが、揚水ポンプの不調、末端水路の不備などにより計画通りの水管理ができていないのが実情である。

②品種：ラオス政府は食料安全保障を達成するために、コメの増産・単

収増の戦略として、質の高い改良品種の種子を増殖し、農民に普及させることを目指している。農林省はIRRIの協力によりラオスに適した高品質（収量が高い、耐病性がある、食味が良い）な稲の改良品種を農林業研究局(NAFRI)を中心に育成済みである。しかしながら、国・県における稲種子増殖・普及の管理システムがうまく機能していないために、稲種子の需要把握やそれを踏まえた生産・配布計画の策定ができていない。また、種子増殖センター、稲種子生産農家ともに、種子生産の栽培管理や乾燥・選別といった種子調製の技術レベルが低いため、生産される稲種子の品質は低く、生産量も少ない。更に稲種子の普及については増殖した種子を種子センターが直接農民に販売しているのが一般的であり、県・郡の普及部門との連携が弱く、農民に十分普及していない。

改良品種と在来品種の普及の割合は地域によって大きく異なる。メコン川沿いの平野地域の水田では、灌漑施設が山間地に比して整備されているので、改良品種の普及率は高く、特に乾季はほぼ100%、雨季でも改良品種が50〜70%作付けされている。一方、山間地域の水田では、まだ改良品種の普及活動が十分に行なわれているとは言えず、農民の改良品種に対する知識も低いことから、在来品種の栽培がほとんどである。

③施肥：天水田においては雨季作のみで、無肥料で在来種を栽培することが多い。乾季作ではほとんどが改良品種の稲が栽培されており、ナポック、タサノなどの各稲作研究所・種子増殖生産センターによって標準施肥量が推奨されているが、農民にとっては肥料価格が高額なため、標準施肥料通りに投入されていない地域が多い。化学肥料の使用量に関する最近の正確な統計資料は入手不可能であるが、農業センサス1998/99によれば肥料未使用農家57%、有機肥料のみ使用14.8%、化学肥料のみ使用9.9%、有機・化学肥料の両方を使用18.3%となっている。

表 3　ラオス・タイ・ヴェトナムにおける肥料使用量の推移（トン）

国	1980	1990	2000	2001	2002
ラオス	4,000	1,500	6,004	12,283	7,019
タイ	275,139	1,043,791	1,560,886	1,684,072	1,700,607
ヴェトナム	155,176	560,279	2,267,000	1,906,500	1,975,200

出所：FAOSTAT

ラオス全体における肥料の使用量は増加傾向にあるものの、それでもいまだ近隣諸国と比べると低い水準である。(**表 3** 参照)

④病虫害防除：農薬の使用については、最近の正確な統計資料は入手不可能であるが、農業センサス1998/99によれば農薬未使用農家89.6%、農薬使用農家10.6%となっており、全体的な農薬使用量は低いと言える。しかしながら、近年の商品作物生産の増加傾向に伴い、特に都市近郊の野菜栽培での農薬使用、また山地でのトウモロコシ、ハトムギなどの換金作物栽培での除草剤の使用は確実に増加していると予想される。農林省の農業局や水資源・環境庁ではそれぞれ農薬使用に関する基準を持っており、プロジェクト毎に農薬使用方法についての啓蒙、環境評価・モニタリングを実施しているが、広く一般に徹底しているとは言えない。例えば、郡農業事務所の普及員が農民に対して、「農薬の使用については袋に記載されている注意書きを読むよう」に勧めているが、農薬を販売する業者は、農薬を使用する際に必要な装備などを併せて販売していないケースが多かったり、近年近隣諸国の民間企業による農業投資として注目されているパラゴムの植林のコンセッション地区や契約栽培地区では、民間会社が直接農薬を持参し、使用しているため、ラオス政府としては、十分な管理やモニタリングができない。

一方で、政府は化学農薬の代わりに有機農薬を農民自身で作ることも推奨しており、FAOの支援によるIPM (Integrated Pest Management) 普及プロジェクトは農業普及員に対するトレーニングプログラムやFarmer Schoolを通して直接農民へのトレーニングを実施している。

⑤農業機械化：農業機械の使用に関する正確な統計資料は入手不可能であるが、『農業センサス1998/99』によれば、農地の耕起・代掻き作業にトラクターを使用している農家が約21％、畜牛を使用している農家が39％、未使用の農家が40％となっている。ここで、「未使用」の農家とは山岳地の焼畑移動耕作の農家と考えられる。もともと焼畑地では、土地を耕すことはせず、突き棒で穴をあけて、種子を播いていく方法のため、トラクターも畜牛も使用しないためである。最近では、低地水田での耕起・代掻き作業に水牛が使われているのをほとんど見かけないので、10年以上前の統計資料「トラクター使用21％、畜牛使用39％」の割合は大きく変化し、トラクター使用率が相当高くなっているものと推定できる。ここで、「使用率」というのは「所有率」とは一致するものではない。トラクターを所有している農家はそれ程多くなく、賃耕（トラクター所有者が委託を受けた農家の土地へトラクターを持っていって、土地を耕して代金を受け取る）によるものも含まれる。

脱穀作業についても、最近では、低地水田では農家自身の「人力による打ちつけ方式による脱穀作業」はほとんど見られなくなった。トラック積載型脱穀機を持っている業者や一部農家に脱穀作業を委託するのが一般的になっている。脱穀料金は田の場所や１回の脱穀量にもよるが、2008年のヴィエンチャン近郊では、籾80kg入り１袋に対して１万5000～２万キップで、籾換算すると籾生産量の約10～15％に相当する。

❷農業普及

私は地方農村へ出張する場合は必ず農民たちに「一番困っていることは何か。政府に期待しているものは何か」と質問することにしている。答えはほぼ同じで、①灌漑施設が欲しい、②肥料が高くて買えない、③新しい農業技術を勉強したい、④マーケットがない、また、買い手がいても買い取り価格が低い、約束通りに買ってくれない、などの回答・要求が返ってくる。つまり、農民には政府の農業普及支援に対する期待が非常に高いことがわかる。

農業普及の究極の目的は「農民の新技術採用による生産意欲の向上」にあるが、政府は、資金面、人材面、不十分なインフラ整備状況での輸送の困難性、遠隔地農村地域に対する公共サービスの非効率性など、様々な理由から農業普及事業のあり方を見直す必要に迫られていた。1999年にADB（アジア開発銀行）によって策定された「農業セクター戦略ビジョン」の中で、農業普及システムは新たな農業支援サービスとして提案された。それは、県農林局および郡農林事務所の農業普及員による定期的な農村訪問と農民自身による参加型栽培・営農計画作成支援とフォローアップを通して、農業グループへの訓練および展示圃場による活動を行なうことが基本となっている。政府は2001年８月に農林業普及局（NAFES：National Agriculture and Forestry Extension Services）を設立して、①試験研究成果の農林業生産現場への速やかな普及、②技術サービスセンター（TSC：Technical Service Center）の設立と改善、③農林地の割り当てを通じた焼畑農業の根絶、④商品作物生産の促進、⑤普及員の資質向上など、農林業に関する普及活動を受け持つこととし、県レベルでは県農林局、郡レベルでは郡農林事務所が新しい農業普及サービスを担当することとした。NAFES設立当初は活動資金や普及機材、経験豊富な普及員が不足する等、深刻な問題が多く、普及員の大半は単に管理的な作業しか行なっていない状況が続いたが、その後、各ドナー（世界銀行、ADB、JICAなど）による多くのプロジェクトが実施されるようになっている。

このような状況下、ラオス政府は財政、人材不足を背景に郡を末端組織とする行政体系では、すべての村に行政サービスを提供できていないという問題を解決するため、郡のもとに５～10村をまとめたクラスター（ラオス語でクム・バーン・パッタナー）を創設し、クラスター毎に教育、保健、農業普及分野の役人を配置することとした。

2007年５月の首相令No.９によって、NAFESがTSCの設立で技術面の責任を負うことが明示され、農林業分野の具体案として各クラスター毎に技術サービスセンター（TSC）（将来的には県レベル17、郡レベル139、クラスターレベル1168）を創設し、各クラスターには２～３名のスタッフを常駐させ、展示圃場での新技術の展示活動、トレーニング等を実施することとなった。実質的な活動はまだ始まったばかりで、クラスターアプローチの成果および評価について議論することは時期尚早であるが、ここでも資金面、人材面、遠隔地へのコミュニケーションの困難性など課題は山積している。

灌漑農業の現状

ラオスの灌漑事業の歴史は北部山岳地帯において、数百年前にさかのぼることができる。これは農民自らが築造した材木、土、石から構成される簡素な堰を取水口とする灌漑システムで、農民共同体で運営、維持管理されてきた。1960年代に入って、外国援助による灌漑開発が急速に促進されてきた。

ラオスの灌漑を地域的に見れば、大きく３地域に分類できる。すなわち、①北部山岳地帯における農民共同体の維持管理による重力灌漑、②ヴィエンチャン平野におけるポンプ灌漑、および③メコン川沿いの洪水多発地域に近年設置されたポンプによる灌漑、である。

灌漑セクターは国家の食料安全保障を確立する上で重要な役割を担ってきた。同時に1990年代にはADBやオランダの支援により、灌漑政策に係わる法制度の整備や組織強化などが進められたのに合わせ、「灌漑事業受益者移管政策」(IMT) が導入され、灌漑施設の農民組織への譲渡が急速に進められた(3)。1997年以降、「全国ポンプ灌漑施設整備・管理プログラム」（NPIMP）により低地水田地帯においてポンプ灌漑事業が躍進的に進められ、2000年までに設置されたポンプの総台数は7000台以上にのぼる。同事

表4　灌漑タイプ別灌漑事業の数と灌漑開発面積

灌漑施設のタイプ	雨季灌漑面積（ha）	乾季灌漑面積（ha）	灌漑事業数（個所）	平均灌漑開発面積（ha/事業）	
				雨季	乾季
1．頭首工	103,523	54,261	917	112	59
2．貯水池	24,474	10,681	220	111	48
3．ポンプ	167,891	145,942	4,400	38	33
4．ゲート	9,864	2,469	83	118	29
5．蛇籠	3,817	1,768	133	28	13
6．伝統堰	56,398	28,500	18,943	3.0	1.5
合計／平均	365,967	243,639	24,696	14.8	9.8

出所：農林省灌漑局(4)

業により、特に乾季の灌漑水稲栽培面積は1996年に1万8000haだったのが2000年には11万haに拡大し、コメ生産量は1996年の140トンから2000年には220万トンへと飛躍的な伸びを示した。その結果、ラオスは2000年に食糧自給を達成した。

しかし、維持管理に関する農民組織への技術指導などは十分に行なわれず、組織の管理運営能力も不十分で、その結果、ポンプ施設や幹線水路の維持管理に支障をきたし、折からの燃料費高騰などもあって、2001年以降、灌漑面積は減少に転じている。

2006年には灌漑セクターの制度診断調査がAFD（Agence Francaise de Development）の支援により実施され、IMTに関してはこれまでの灌漑施設自体の譲渡を含む完全委譲から地域の社会状態に応じて政府と農民水利組合（WUA）の共同管理を可能とするよう提言がなされている。続いて、2007年6月より2年間の予定でJICAの専門家（灌漑政策アドバイザー）が灌漑局に派遣され、IMT制度に関する改善策を提言することになっている。

灌漑局の資料によれば、2008年現在、全国に2万4696ヵ所の灌漑事業があり、灌漑開発面積はそれぞれ、雨季36万5000ha、乾季24万3000haとなっている。灌漑施設のタイプ別の灌漑開発面積、灌漑事業数、1事業あたり

表 5　大規模*灌漑事業の数と灌漑開発面積

灌漑施設のタイプ	雨季灌漑面積(ha)	乾季灌漑面積(ha)	灌漑事業数(個所)	平均灌漑開発面積（ha/事業）	
				雨季	乾季
1．頭首工	8,250	4,070	8	1,031	509
2．貯水池	11,300	8,860	7	1,614	1,266
3．ポンプ	20,570	12,330	25	823	493
合計／平均	40,120	25,260	40	1,003	631

出所：農林省灌漑局。*事業当たり灌漑面積500ha以上

の平均灌漑開発面積は**表 4** に示す通りである。

また、灌漑局では灌漑事業の規模を灌漑開発面積によって、①小規模＝100ha未満、②中規模＝100～500ha未満、③大規模＝500ha以上、の 3 つのカテゴリーに分類している。大規模の灌漑事業は2008年現在で40事業あり、合計灌漑面積は、雨季 4 万ha（全国灌漑開発面積の11％）、乾季 2 万5000ha（全国灌漑開発面積の10％）となっている。灌漑施設のタイプ別の灌漑開発面積、灌漑事業数、1 事業あたりの平均灌漑開発面積は**表 5** に示す通りである。

上の 2 つの表からラオスの灌漑事業の特徴について次のように述べることができる。

①古くから農民自らが築造し、維持管理してきた「伝統堰による灌漑」は個所数において他を圧倒しているが、全国灌漑総面積に占める割合は約15％で、事業当たりの灌漑面積は雨季3.0ha、乾季1.5haと非常に小規模である。

②「ポンプ灌漑」は乾季灌漑面積の約60％を占め、事業個所数においても、非常に小規模な「伝統堰」（1 万8943個所）を除けば、全体（5755個所）の76％（4400個所）を占めている。

③ 1 灌漑事業当たりの平均乾季灌漑面積は灌漑タイプ別に、頭首工59ha、貯水池48ha、ポンプ33ha、ゲート29ha、蛇籠13ha、伝統堰1.5haとなっている。このうち、大規模灌漑事業における 1 事業当たりの平

均灌漑面積は雨季1000ha、乾季630haとなっている。

④ラオスにおける2007年の農作物延べ栽培面積は約113万ha（国土面積2370万haの4.8%）、このうち雨季稲作面積（天水田および陸稲）は71万haである。乾季灌漑水稲面積は同年で７万1000haであり、稲作全体の10%程度である。一方、上表に示されているように、主要３タイプの灌漑施設だけでも乾季灌漑開発面積は20万ha以上あることになっているが、実際の乾季灌漑水稲面積は７万1000ha（灌漑可能面積の33.6%）に留まっている。更に、乾季畑作灌漑作物の作付面積の加算を考慮する必要があるが、いずれにしても、灌漑施設の能力を十分に利用し切れていない現状を示している。

灌漑施設、特にポンプ灌漑施設が十分に利用されていない理由は以下３つである。

①灌漑施設の維持管理に関する農民組織への技術指導が十分に行なわれておらず、組織の管理運営能力が不十分であること。

②低価格な換金作物販売価格、未熟な栽培技術、低い生産性、市場農業に関する情報不足、経験不足などにより、換金作物栽培による収入増加が、農民が期待する程には見込まれないこと。

③統計上、コメの自給を達成したことになっているため、コメ増産の緊急性は高くなく、農家も自家消費のコメを確保すれば生活は可能、と考えている。更に、乾季水稲作は、コメ価格の低迷により、米を換金作物（加工米を含む）として栽培する魅力に欠けること。

しかし、その根本的理由は、これまで（1997年から2000年頃まで）に実施された事業が行政指導型であり、事業受益者の意思に基づくものがほとんどなかったことに起因している。この教訓を生かし、ADBなどドナーは事業計画の策定段階から受益者の参加を図り、農民の参加型による工事の実施、維持管理のトレーニングなどを併せて行ない、灌漑施設のオーナシップ意識を強め、施設建設後の受益者による持続的維持管理の実現を図ろうとしている。

これまで、灌漑セクターは主に国家の「食料安全保障」の担い手として、その役割を果たしてきた。しかしながら、最近のインドシナ周辺の社会・経済情勢の変化に応じて、農業政策のもう１つの柱「商業的農業生産の振興」に対する灌漑農業のあり方について、改めて向き合う必要が起きているのが現状である。

このような背景の下、次の「第７次農林業開発５ヵ年計画」における灌漑セクター戦略を策定するため、2008年３月から２年間の予定で、AFDの支援を受けて、「灌漑セクター政策支援プロジェクト」が開始されている。ここでは、①灌漑農業による農産物の市場、②灌漑農業による農業生産の技術と効果的な水管理、③灌漑施設の維持管理、④灌漑施設整備への公共事業としての適切な投資、などについて検討されることになっている。

2008年11月19日と20日の２日間にわたって「灌漑農業の将来」と題した全国会議がシタヘン農林大臣の議長の下で行なわれた。会議には全国17県から灌漑関係者だけではなく、県副知事、県農林局関係者、各省庁関係者、ドナー関係者など合計80名以上が参加した。会議の結論として、シタヘン農林大臣は「これまでの灌漑に対する認識の変革の必要性」を訴えた。スピーチの概要は以下の通りである。「過去において、灌漑セクターでは、農業生産のための水を供給することを目的として“灌漑施設”の建設を行なってきた。しかしながら、現在“灌漑”だけでは農民に対して農業生産に対するモチベーションを高めることはできなくなっている。これからの農業生産はマーケットとの連携が重要である。即ち、政府、農民、民間（市場）が連携した“灌漑農業”を振興させていかなければならない」

◘ 畜水産の現状

畜産は2007年のGDPの4.1％、農林水産業部門の13.3％を占めており、農家収入の約半分を占めるなど、農民の生計において重要な役割を果たして

表6　主要家畜と家禽の頭羽数の推移（単位：1,000頭/羽）

家畜	2002	2003	2004	2005	2006	増加率（年間）
水牛	1,089	1,111	1,124	1,095	1,108	＋ 0.3%
牛	1,221	1,244	1,281	1,272	1,320	＋ 1.6%
豚	1,608	1,655	1,727	1,825	2,032	＋ 5.3%
羊／山羊	127	136	170	190	210	＋13.1%
家禽	18,321	19,474	19,590	19,801	20,802	＋ 2.7%

出所：農業統計1976-2005、農業統計2006。

いる。大半の畜産物は伝統的、粗放的に飼育されている小規模農家からのもので、低投入・低生産性の域に留まっているが、家畜衛生、家畜栄養、品種の改善によって生産量や輸出向けの付加価値が高い生産物を拡大できる高いポテンシャルを有している。政府も第6次農林業5ヵ年計画の1つの大きな柱「食料安全保障」の中で、①食肉・鶏卵および魚の生産量を年5％増加させる、②1人当たりの食肉•魚の消費量を40〜50kg/年（途上国平均値）とする、という目標を掲げている。2002年から2006年までの5ヵ年の家畜頭数の推移を示す**表6**を見ると、水牛、牛の飼養頭数の年間増加率はそれぞれ0.3%、1.6%と低く、依然として伝統的飼養が一般的であることを示している。一方、豚、家禽の飼養頭数の年増加率はそれぞれ5.3%、2.7%となっており、近年の大規模な養豚や養鶏農家が都市近郊で増加していることを示している。

伝統的に牛と水牛は運搬・農耕用として用いられると同時に、凶作時の保険として農家の重要な財産であり、堆肥の供給源の役割も果たしてきた。しかしながら、近年では、特に都市近郊地域では運搬・農耕作業はトラクターに取って代わられるようになってきている。「ラオス国総合農業開発調査（最終報告書）」（2001年10月、JICA）によれば、農家の48%が水牛を飼養しており、1戸当たり平均飼養頭数は3.1頭である。牛と豚については、それぞれ31%の農家が平均4.8頭、49%の農家が4.0頭を飼養している。

牛、水牛および山羊は主に野草地、林地および収穫後の水田で放牧されている。雨季には十分な飼料があるが、乾季には飼料が不足するため栄養不足に陥り、体重が減少し、体力の消耗で病気に対する抵抗力が低下する。家禽類と豚は農家の周辺で放し飼い状態で飼われており、農作物の副産物や残飯を時々与えるといった粗放的飼養方法が一般的だが、一方で、都市近郊では舎屋で配合飼料による集約的に飼養する近代的大規模畜産農家や民間企業も増加しつつある。

水産については、ヴィエンチャン近郊などの一部で商業的な養殖が行なわれているものの、一般的には小規模、伝統的な方法で営まれており、自家消費用の生産が主である。魚類の年間総生産量（養殖を含む）は約10万トン（2006年）で、特に農山村部の貴重な動物性蛋白源となっている。政府は食料安全保障・栄養水準向上などの面から、国民１人当たりの魚肉の消費量を11〜12kg/年（2005年）から20〜23kg/年（2020年）とすることを目標としているが、湖沼や河川における漁獲漁業の生産が頭打ちである現状から、養殖の普及が不可欠である。JICAの「養殖改善・普及計画プロジェクト・フェーズ２（AQIP II）」（2005年〜2010年）では自立発展性にも力を入れており、“Farmer to Farmer”（養殖技術を習得した農民が、自ら生産した種苗の販売確保もあって、他の農民に技術を伝達する）による普及アプローチや村落女性同盟などを対象にしたグループ養殖の普及方式の確立などに力を入れて、効果を上げつつある。

❷ラオスの国家目標と農業

◇国家開発戦略の概要

「内陸国」という地勢的な特徴に加え、少ない人口、希薄な人口密度（23.6人/km²）、国土の約80％が山岳地帯であること、インフラ整備の遅れによる国内市場の未統合、などがラオスの経済開発の制約要因とされてきた。だが、ラオス政府は、これまで経済発展の面では負のイメージのあった「内陸国」(Land-locked)という条件をメコン地域開発の枠組みで「隣接国」(Land-linked)と捉え直して、ラオスをメコン川流域地域の中心部という地理的な重要拠点として位置づけ、ASEAN地域統合の枠組みを積極的に活用しつつ、未開発だった豊富な天然資源（森林、鉱物、水＝水力発電）など潜在的な可能性を開花させて、2020年までに後発開発途上国から脱却することを国家の最上位目標として取り組んでいる。

政府は、国・地方レベルでの協議、援助国・機関やNGO等の市民団体との協議を経て、包括的な成長と貧困削減のための「国家成長・貧困撲滅戦略（National Growth and Poverty Education Strategy：NGPES)」を2004年１月に完成させた。

NGPESは重点課題として、①マクロ経済改革、②貧困削減を重視した農林業開発・教育開発・保健開発、③運輸インフラ整備、④コミュニティに基づく村落開発を、分野横断的課題としては①環境、②麻薬、③不発弾（UXO）処理、④ジェンダー、⑤HIV/エイズ、をあげている。

全国142郡のうち72郡が貧困削減の重点対象地域にとされ、更に72郡中の47郡が貧困削減の優先地域に指定されている。貧困郡は概ね少数民族の居住地域と重なり、ヴェトナムとの国境を接する東部山岳地域、北部山岳地域に集中している。

NGPESの主要目標は、①2020年までにラオス全国の１人当たりGDPを３倍にするために必要な経済成長率７％を維持する、②2020年までに貧困を撲滅する、③2006年までにケシの栽培を廃止し、2010年までに焼畑を段階的に廃止する、というものである。そして、これらの目標を達成するために、次の10の戦略を優先する、としている。

①人口の増加に合わせた経済成長率を維持する。
②教育、特に初等教育（公・私セクターを含む）や職能訓練を通して人材育成を強化する。
③各地域の経済開発振興のために必要な社会・経済インフラを整備し、

ラオス国の地域経済・国際経済の統合を促進する。

④総合的な経済開発を促進するために、あらゆる地域で電力供給を可能にする。

⑤各地域の天然資源を利用した工業を促進し、中・小企業、手工芸セクターの振興を図る。

⑥事業の機会を拡大するために、比較的優位にある海外輸出を目指している事業に重点を置きながら、あらゆる経済セクター、特に民間セクターの海外からの直接投資を促進する。

⑦市場とのリンクおよび貿易関連施設・制度を強化する。

⑧既存の法制度や規制のフレームワークを改善する。

⑨金融機関の改善と投資市場の開発のために適切な環境とメカニズムを整備する。

⑩経済協力に関して諸機関・諸国との関係を強化する。

◘ 農業・農村開発基本計画

『第６次農林業開発５ヵ年計画』(2006〜10年) は2006年９月に公表されたもので、農林省にとっては最重要な計画であり、NGPESを推進するための指針として、以下に示すように、「４つの目標」を掲げている。

①食料安全保障

- 農業セクターの年平均GDP成長率→3.4％
- 2010年までに年間コメ生産330万トン（１人当たり年間生産量→450〜500kg）
- 食肉・鶏卵および魚の生産量→年５％の増加
- １人あたりの食肉および魚の消費量→40〜50kg（途上国平均値）

②商業的農業生産の振興

- 農林産物を工業・サービス業部門へ供給
- 農林産物の輸出増加→2010年までに年間10億ドル

③焼畑農業の削減

・47最貧困郡において、焼畑農業削減と、農村開発・貧困削減・環境保全との密な関係を確保
・１人当たり年間350kgの食料確保に向けた食料生産のため、安定的・持続的な土地利用システムを構築
・分配された土地に対する初年度における免税を実施
・２万3000haの現行焼畑を2010年までに廃止
・雇用創出目的に未使用の土地・森林の割り当てを見直し

④持続的な森林管理および利用と保全のバランス

・2010年までに森林率を42%（900万ha）から53%（1200万ha）へ
・科学技術・政策・規則に従った詳細な森林調査と分類を継続
・未分類林地をなくすよう、様々な投資のタイプによる植林を促進
・約420万haの生産林の措定を促進
・340万haの自然保護林についての管理プランを体系的に確立
・流域保護地域の指定と約400万haの流域の利用管理を計画
・他のセクターに対する環境保全

農業セクターの現状

ラオス国のGDPに占める農業セクターの割合は、政府がASEANに加盟した1997年当時は51.7%と半分以上を占めていたが、2007年には30.8%にまで減少し、一方で、製造業など工業セクターは1997年の20.6%から26%へ、サービスセクターは26.6%から38.4%へと増加している。しかしながら、農林水産業は就業人口の78.6%（2005年国勢調査）を占めており、産業・就業構造の中心をなしていることに依然変わりはない。産業セクター別GDPの1997年から2007年の推移は**表７**の通りである。

ラオス政府は1997年にASEANに加盟後、AFTA実現とWTO加盟に向け、市場開放、農業セクターの競争力の向上、新たな市場開発、付加価値産品の輸出増加などの必要性に迫られている。政府は農林業セクターへの投資を最優先課題の１つとして、計画投資省に投資促進局を設け、2004年

表７　産業セクター別GDPの推移（単位：％）

産業セクター	1997	2000	2003	2005	2007
農業	51.7	51.9	48.6	44.4	30.8
工業	20.6	22.4	25.4	29.2	26.0
サービス	26.6	25.0	25.2	25.5	38.4
輸入・生産税	2.1	0.7	0.8	0.9	6.5

出所：ラオス基本統計1975-2005、ラオス基本統計2007。

10月22日発令の「外国投資法」に則って、海外からの投資事業の促進を図ってきた。一方、農林省では、2007年10月に、これまで計画局にあった「国際協力・投資課」から「投資課」を民間による投資事業に対する専門窓口として分離させ、民間投資事業の促進を図ることとした。「投資課」の主な役割は計画投資省から回ってくる「投資事業計画書」に対する技術的審査および事業許可後のモニタリング（計画通りに実施されているか）である。計画投資省から書類が回ってきて、基本的には15日以内に審査結果を回答することになっているが、スタッフ不足、審査能力不足（海外からの投資計画書は英語が一般で、その場合には語学力も必要）などの理由で、審査期間（15日）が１ヵ月、あるいはそれ以上かかってしまうことも多いようである。

農林省は「第６次農林業開発５ヵ年計画」で「2010年には年間10億ドルの商品作物の輸出を達成する」という目標を掲げている。

◇食料需給、輸出、輸入の現状

ラオスにとっての主要な貿易相手国は、近隣アジア諸国であるタイ、ヴェトナム、中国である。タイは2004年にはラオスの全輸出額の19％（１位）、輸入額の60％（１位）を占め、ヴェトナムは輸出額の16％（２位）、輸入額の９％（３位）を占めている（**表８**参照）。

中国・ラオス貿易は近年著しい伸びを見せており、2002年には輸出入総額6000万ドルだったものが、2004年には１億1000万ドルに増加している。

表 8　ラオスの各貿易相手国の輸出入金額（US$ million）

輸出相手国	2002	2003	2004	輸入相手国	2002	2003	2004
1.タイ	85.0	94.3	104.3	1.タイ	444.0	501.5	639.4
2.ヴェトナム	56.9	72.0	90.2	2.中国	59.7	108.1	97.2
3.フランス	33.8	33.6	43.2	3.ヴェトナム	71.2	86.3	91.7
4.ドイツ	22.0	23.6	30.6	4.シンガポール	29.1	22.4	42.3
5.イギリス	13.4	14.1	26.8	5.日本	19.6	15.0	15.4
6.ベルギー	13.6	18.0	13.4	6.フランス	8.9	11.8	10.5
7.イタリア	10.1	10.3	11.2	7.オーストラリア	12.6	7.9	18.3
8.オランダ	10.6	10.4	10.0	8.ドイツ	4.1	7.5	26.7
9.中国	8.8	10.2	12.4	9.香港	6.1	8.1	8.0
10.日本	6.1	6.7	7.3	10.韓国	4.9	8.7	9.2
(輸出総額)	385.8	454.1	549.9	(輸入総額)	727.5	838.7	1,057.7

出所：Laos Sanitary and Phytosanitary Standards Management, 2004, World Bank.

ラオスの主要な輸出品は木材、木材製品、電力、林産物、コーヒー、茶、鉱物、衣類、工芸品である。また、主要な輸入品は資本財、機械部品、原材料、消費財である。しかしながら、国境地帯での非公式な交易を考えると実際の貿易額はこれより更に大きいと推定される。

ラオスでは食料生産が増加しているのもかかわらず、農産加工業が未発達なため、輸入される農産品のほとんどが加工食品となっており、ラオスは食料輸入国となっている。農産加工業の促進を含め、裾野産業の発展が望まれるところである。

家畜については、現在のところ国内消費用がほとんどで、約75%の牛、水牛が国内で消費されている。近隣諸国（タイ、ヴェトナム、中国）における食肉需要の高まり、また、経済成長、都市化の影響による土地不足などを考慮すると、ラオスが食肉供給地となりうる可能性は高い。しかしながら、そのためには、家畜衛生、栄養、繁殖などの総合管理とマーケティング、市場情報を提供できるようなシステムの構築が必要となってくる。

ラオスの農村経済は国境貿易による恩恵を受け始めている。多くの場合はインフォーマル取引によるものであるが、周辺諸国や国内のアグリビジネス業者による越境契約栽培、商業プランテーションなどはが地方経済活動に貢献している。一方で、生産農家に十分な市場情報がないため、例えばトウモロコシの買い取り価格で生産農家と仲買人との間に理解が得られず、生産者が泣き寝入りする場合も多々あると聞いている。

❸商品作物

◆商品作物の栽培および契約栽培の現状

ラオスの農業は小規模経営の個人農家が中心である。個人農家は米作中心の自給農業がベースとなっているが、メコン川やその支流の河岸や平野部の灌漑水田（裏作）ではトウモロコシやピーナッツ、北部山間地域の畑地や焼畑輪作地では雨季天水によるトウモロコシ、ダイズ、ゴマ等が商品作物として栽培されている。それらは仲買人、あるいは仲買人から委託された村人が集荷し、国境貿易を扱う商人や会社に売り渡されるという方法で周辺国（タイ、中国、ヴェトナム）へ輸出されてきたが、きわめて小規模だった。しかし、近年、周辺国では経済の急激な発展により、生活水準が上昇するとともに、肉類の消費が増加し、畜産飼料作物の需要が拡大してきた。さらにそれに輪を掛けるように、バイオ燃料の材料となるトウモロコシ、キャッサバの需要が拡大し、現在は、「トウモロコシ、キャッサバはいくらでも売れる」という売り手市場の状況にある。特に、ここ２～３年、周辺国の民間会社による契約栽培に基づく商品作物（キャッサバ、トウモロコシ、サトウキビ、パラゴム、バイオ燃料の材料である南洋アブラギリ等）の栽培が急増している。契約栽培の形態は民有地と公有地の違いや栽培作物や各民間会社によって異なるが、ここでは、最も典型的な「小規模農家の個人所有地」を対象にした契約栽培についての基本的なステッ

表 9　小規模農家の個人所有農地を対象にした契約栽培

ステップ	契約栽培の方法
1	民間会社は県や郡での情報をもとに、目当ての土地を求めて村々へ出向き、予定した必要面積の土地を特定する。
2	土地所有者（農家）と会社との話し合いを踏まえて、農家が了承すれば、農家生産者グループ（例えば10農家程度）を結成し、村長の承認を得る。
3	会社と生産者グループ間で契約（作物の買い取り価格、クレジットの条件等）を結び、村長が承認する。
4	契約に基づき、会社自身が農民にクレジットを与えるか、あるいは最初の投資（土地の整地、種子、肥料等）に必要な資金を生産者グループが銀行から借り受けるための保証人となる。
5	作物の収穫時に契約に基づいて先行投資分を作物代金から差し引いて生産農家に支払いをする。

プを示す（**表 9** 参照)。

このような契約栽培は最近、急激に拡大している。パラゴムや南洋アブラギリのような作物はまだ本格的な収穫期を迎えてないので、買い取り価格などの具体的な問題は浮き彫りになっていないが、一番心配なのは、過去に東北タイで起こったように、民間会社が短期に収益を上げることを優先させるために化学肥料と農薬を過剰に投入する農法を採用し、その結果農地が疲弊して、使用できなくなってしまうことである。ラオス政府はこの点について危惧を抱いているものの、このような周辺国の民間会社の急激な流入に対して組織的に管理するすべがないのが実情である。

◘ ラオスの主要商品作物の輸出状況

ラオス国の主要輸出農産物はコーヒーおよびトウモロコシ(畜産飼料用)である。ほかにもゴマ、ピーナッツ、綿花（Cotton Lint)、ダイズ等があるが、量は僅かである。FAO農産物貿易統計データーベースによれば、2002～04年の 3 年間の輸出量は**表10**に示す通りである。コーヒーの生産はラオス南部のボーラヴェン高原（チャムパーサック県、サーラヴァン県）で、トウモロコシはラオス北部のサイニャブリー、ウドムサイ、ルアンパ

表10　ラオスの主要農産物の輸出状況（単位：トン）

品目	2002年	2003年	2004年	2005年〜
1.コーヒー（グリーン豆）	16,684	13,959	16,024	n.a.
2.トウモロコシ（飼料用）	1.117	8,445	34,696	n.a.
3.ゴマ	170	695	1,504	n.a.
4.ピーナッツ（殻つき）	168	188	384	n.a.
5.綿花（Cotton Lint）	90	240	176	n.a.
6.ダイズ	48	16	21	n.a.

注）n.a.＝資料なし、出典：FAO農産物貿易統計データベース。

バーン、ボーケーオ、シエンクアン県等で栽培され、盛んに輸出されている。

2005年以降の数値はFAOのインターネット統計資料に記載されていないが、周辺国のバイヤーによる畜産飼料やバイオ燃料のためのトウモロコシやキャッサバの買い付けを目の当たりにしていると、公式の統計数値では計り知れない急激な変化が感じられる。キャッサバに関しては、周辺国民間会社の投資でラオス国内に加工工場が建設されているため、「キャッサバ」としての輸出量は統計資料に記載されていない。更に、ラオスは1500km以上もメコン川を挟んでタイやミャンマーと国境を接しており、国境取引の管理は不可能に近く、報告書“Agricultural Marketing in Lao PDR, MAF/FAO, 2002” には、「実際の国境取引は公式記録の３〜４倍」と書かれている。

◘ 農業投資とコンセッション

農林業セクターへの投資促進は政府の最優先課題の１つであり、投資促進事業は「外国投資促進法（2004年10月22日発令）に則り、計画投資省の投資促進課が窓口となって、特に外国民間企業の投資を奨励している。投資促進課の資料によれば、2001年から2008年までの累積投資総額は63億8600万ドルである。セクター別では、電力セクターが第１位で投資総額は全投資額の約50％(32億9500万ドル)、第２位は農林業セクターで約13％(８億3600万ドル)、第３位は鉱業セクターで約10％（６億3100万ドル）となっている。また、国別では、第１位はタイで投資総額の約21％（13億5500万ドル)、第２位は中国で約18％（11億3900万ドル)、第３位はヴェトナムで約８％(５億3500万ドル)、日本はフランスに続いて第５位で投資総額の約６％（４億2000万ドル）である。

農林業セクターへの投資としては、①植林、②食品加工、③水産加工などが挙げられるが、現在、多くの民間企業が、大規模な面積のコンセッション（土地利用許可）を得て、ユーカリ、ゴム、コーヒー、ジャトロファ(バイオ燃料作物)、オイルパームなどの植林・栽培事業を開始している。これは、農林業セクターの５ヵ年計画では“2010年には10億ドルの商品作物の輸出を達成する”また“2010年までに森林被覆率を53％（1200万ha）とする”数値目標を掲げており、ラオス政府による商品農業生産振興、植林優遇政策を背景に国有地の大規模コンセッションが進んだことによる。

これら外国企業の投資は経済活動の活発化という貢献がある一方で、以下のような、いろいろな問題が顕在化してきている。

①複数の企業に重複してコンセッションが下りている地区がある。また、コンセッションの対象は政府の土地所有権がある地区のみとなっているはずだが、一部、個人の土地所有地区と重複しているものがある。

②コンセッションにおいて、農業用地、森林（生産林、保護林、保全林)、湿地、は投資事業の対象外とされているが、十分な調査がされておらず、これら禁止されている土地のコンセッションを獲得している事業がある。

③政府は地元住民の技術の向上と収入の増大を図るため、コンセッションよりも、むしろ農家との契約栽培の一形態である「２＋３」方式（住民が土地と労働力を提供し、投資家が種子・種苗・肥料・資材等、専門知識、マーケットを提供する）を推奨しているが、例えば北部では中国の企業が中国人労働者を本国から連れてきて働かせているなどの問題が起きている。

表11　農林業における代表的な大規模コンセッション

会社名	栽培品目	面積(ha)	締結年	期間(年)	県	投資国
1. Oji Lao Plantation Forestry Co., Ltd.	ユーカリ	50,000	1996／2005	50	ボーリカムサイ、カムムアン	日本
2. Dak Lak Rubber Company	パラゴム	10,000	2004	50	チャムパーサック、アッタプー、サーラヴァン、セーコーン	ヴェトナム
3. Vietnam-Laos Joint Stock Rubber Co., Ltd	パラゴム	10,000	2005	50	チャムパーサック	ヴェトナム
4. Birla Lao Pulp & Plantations Co., Ltd.	ユーカリ	50,000	2006	50	サヴァンナケート、カムムアン	インド
5. Savannakhet Sugar Co., Ltd.	サトウキビ	10,000	2006	30	サヴァンナケート	タイ
6. Quang Minh Rubber Production Jo-St. Co.	パラゴム	4,900	2006	50	アッタプー、セーコーン	ヴェトナム
7. Mitr Lao Sugar Co., Ltd.	サトウキビ	10,100	2006	40	サヴァンナケート、カムムアン	タイ
8. Lao Thai Hua Rubber Co., Ltd.	パラゴム	15,000	2006	50	サヴァンナケート	タイ

出所：『ラオスの社会・経済基盤』第９章土地利用権とコンセッション、2008年、JICAラオス事務所。

政府は2007年５月、首相令により100ha以上のコンセッション許可を一時中止し、許可されたコンセッションの経営状況の調査やコンセッションを申請している土地の調査を進めており、コンセッション料の大幅な改定を検討している。農林省計画局投資課の担当者の話によれば、2008年６月現在の情報では、農業関連の投資は全国で612社（うち外国企業による投資253社、国内企業335社）であり、各県から提出されている農業関連の投資状況に関する情報を整理しているが、コンセッションの面積を確認できているのは、ヴィエンチャン県、チャムパーサック県、ウドムサイ県の３県だけである。ヴィエンチャン県は合計102企業の投資があり、約5000haのコンセッション、ウドムサイ県は27企業により約1700ha、チャムパーサック県は58企業により約３万3000haのコンセッションを取得している。なお、612社のうちパラゴム栽培企業へ投資する企業は56社に上っている。

山田健一郎氏が農林業における大規模コンセッションの例をまとめているので、そのまま引用させて頂く（**表11**）。

④ラオス農業の将来像――多様で豊かなラオスの自然と社会を生かす農業

これまで述べてきたように、ラオスは1990年代の半ばになってからようやく、「自給農業」から「商品作物栽培の導入」、そして「商業的農業への転換」への道のりを本格的に歩み始めた。これらの道のりは既に多くの国や地域が辿ってきた道のりであり、とりわけ、近隣諸国であるヴェトナム、タイ、中国雲南省の経験はラオス農業の将来を考えていく上で有用と思われる。

道路整備も進み、近隣国とは大型橋梁と主要道路で結ばれ、交通・物流が便利になってきた現在、行政指導により民間ベースでの農業の市場化は否応なく進行し、近隣諸国との商品物流交換が急速に加速されることが予見される。これら近隣諸国はラオスの農業を転換する原動力ともなっている。

10年位前までは、ヴィエンチャンで買えるリンゴといえばタイ北部で生産されたものしかなく、品質はいまひとつで、日本からお土産によく「フジ」を持ってきたことが思い出される。しかし現在では、シーズンになると、中国から、「フジ」だけでなく、「カキ」や「ナシ」まで出回るようになった。マンゴスチン、ランブータン、マンゴなどの果物はタイからの輸入品が依然として主流だが、ライチ（竜眼）やドラゴンフルーツなどヴェトナム産の果物も多く見られるようになった。そんな中でラオスの有機果樹農家が立派なパパイヤを生産して、毎週土曜日タートルアンの有機野菜土曜市場で人気を博しているという例もある。

一方で、北部県のトウモロコシ生産農家の将来を危惧する。トウモロコシは緩傾斜の焼畑の休閑地に導入されたが、トウモロコシ生産の増加とともに焼畑の休閑期間は短縮され、ついには休閑期間がなくなって焼畑が常畑化した。等高線栽培などの土壌流亡対策や輪作、適切な土壌の肥培管理などの農業技術も普及しておらず、モノカルチャーの連作がどれだけ持つか、誰もがその持続性に危惧している。近隣国の民間企業の投資による契約栽培は投資経済効果を中心に考えるため、即効薬（化学肥料、農薬）を使用し、現地にある自然資源（有機物）の利用や環境に対する影響についての配慮はしない。土壌の流亡、有機物の不足から収量が下がると、更に化学肥料、農薬の投入量が増える。このような農法では、最近の化学肥料価格の高騰から見ても、農民が将来持続的に農業を維持できなくなる可能性が高いことが容易に推測できる。

ラオス農業の将来を見出すために、ラオス自身の自然環境や歴史的な経験をもう一度見直し、多用で豊かな自然と社会を生かす道を自ら考えてみる時に来ているのではないだろうか。例えば、農業と森林利用、傾斜地と平坦地、自給農業と商業的農業などの組み合わせにより、小規模複合経営と収入源の多様化を図る、つまりラオスの自然と社会に適した土地利用システムを編み出すことにより土地資源を有効に活用することが重要と思われる。それは、ラオスの恵まれた天然資源を最大限に利用した、持続的・循環型の農業である。作物のローテーション、マルチング、堆肥や緑肥の投入等など、従来から知られている有機農法、更に、それぞれの村の植物相や動物相を利用する固有の技術と知識、農山村の人々の持つ潜在力をできるだけ活用するような方策や、農山村が主役となってそれを政府が支援するという仕組みが、多様で豊かなラオス農業の将来を育てていくことになると考えられる。

【註】

(1) *Statistical Year Book 2007*, Department of Statistics, Ministry of Investment and Planning.

(2) 2014年12月、旧サイソムブーン特別区を中心に新たにサイソムブーン県が誕生した。ラオス全図、中部ラオス地図参照。

(3) 2007年の灌漑局維持管理課の調査では、「全国1559ヵ所の灌漑施設のうち626の施設がWUA/WUGに委譲されている」としている。また、IDS (Irrigation Diagnostic Study) では、「1900以上の灌漑施設が2006年までにローカルコミュニティに委譲されている」と報告している。このように、各調査がそれぞれ異なった条件で調査をしているため、正確な数値、またWUA/WUGの活動状況を把握するのは困難である。このような状況の下、灌漑局はJICA専門家の指導の下で、2008年12月～2009年3月の間 "Irrigation Schemes Analysis for IMT and Proper O&M by WUO" をサヴァンナケート、カムムアン、ボーリカムサイ、ヴィエンチャンの4県で実施した。この調査では、4県全体で969の灌漑施設があり、WUAは28、WUGは451で、303の施設には維持管理グループが存在せず、187の施設については未利用、また施設の委譲については、28施設がWUAに、267施設がWUGにされている、との結果が報告されている。

(4) 最近のメコン委員会の調査では、「ラオス全国で2414ヵ所の灌漑施設があり、灌漑面積は約17万5000 ha」と報告されている。

【参考文献・引用文献】

『ラオスの農業』1991年、国際農林業協力協会。
『ラオス国総合農業開発調査』(最終報告書) 2001年、JICA。
『ラオス国森林管理・住民支援計画に関わる基礎調査』(主報告書) 2004年、JICA。
『ラオス国農業農村開発ニーズ調査』(最終報告書) 2008年、JICA農村開発部・ラオス事務所。
『内陸国ラオスの現状と課題』2008年、JICAラオス事務所。
『ラオスの社会・経済基盤』2008年、JICAラオス事務所。
『ラオス農山村地域研究』横山智・落合雪野編、2008年、めこん。

Irrigation Schemes Analysis for IMT and Proper O&M by WUO, 2009, JICA Laos Office.
Proposal on Improvement for IMT Legal Framework (Draft), 2009, DOI and JICA.

第13章

村の暮らし

院多本華夫

扉写真・水田風景。ヴィエンチャン県ヴァンヴィエン郡(川口正志)

私は1947年、サヴァンナケート県のポーンマアン村で生まれ、小学校６年までこの村で育った。ポーンマアン村はサヴァンナケート市から60km、人口1000人、150世帯の農村である。住民の９割はいわゆるラーオ・ルム（低地ラオ人）で、典型的なラオスの農村と言っていいだろう。この村での少年時代をふりかえりながら、ラオ人の大半を占める農民の暮らしについて述べてみたい。

❶水に魚あり、田に米あり

◆ラオスの地形と気候

インドシナ半島のほぼ中央に位置するラオスは、ヴェトナムとの国境ルアン山脈の斜面とメコン川の東岸地域から成っている。

気候は典型的なモンスーン気候で、雨季（５月〜10月）と乾季（11月〜４月）の区別がはっきりしている。雨季には、インド洋とタイ湾の上空から吹いてくる南西モンスーンの湿った風が北部と東部の山岳にぶつかり、年に2000mm以上の雨を降らせて、山脈斜面や高原に松類（Pinus khasya）を含む密林を形成してきた。乾季になると、逆に中国大陸から北東モンスーンの乾いた風が吹き込み、平野部では雨はほとんど降らない。

小国ではあるが、南北に細長く、北東部の山岳地帯、北部中央と南部の高原地帯、メコン川とその支流流域の平野部と、自然条件はかなり異なり、気候は一様ではない。

人口の大部分を抱える平野部の気温は、たとえば首都ヴィエンチャンでは１年を通して23℃〜29℃だが、北部のジャール平原や南部のボーラヴェン高原ではより温暖な気候となっている。

集団田植え。ボーリカムサイ県カムクート郡ナーペー村（島崎一幸）

◘ 水田の形成

ラオスとタイの国境をなすメコンは「川の母」という意味である。この川がラオスを流れる間、ルアン山脈を水源とするメコン川支流は急峻な斜面を流れ落ち、平地に土壌の母材とともに砂を運んでくる。そのため、水田の基礎となっている平地の土壌には砂分が多い。

水田地帯となっている主要な平地は、中部のヴィエンチャン平野、南部中央部のサヴァンナケート平野およびパークセー平野である。これらの平野は熱帯サバンナ気候地帯によく見られる疎林、草原、沼地から成っている。高い生産性を有する水田は、標高の低い沼地、湿潤草原の周辺、小河川の谷あいなどに作られたものである。

沼地や草原の周辺に設けられた水田は「ナー・ルップ」（低地水田）、「ナー・ターム」（沼地水田）、または「ナー・ブン」（盆地水田）と呼ばれている。「ナー・タームのあなた……」は若い男女の求愛の歌によく出てくる表現であるが、それは「裕福なお方」を意味する。これらの水田の土は太古から堆積してきた粘土質で、養分が多い上、周辺の高い所から流入する養分の多い水を受け止める位置にあるため、他の田よりも早く田植えを行なうことができる。したがって生産力も高く、この田の持ち主はお金持ちとうらやまれるのである。湿潤地の「ターム」は、地下部が長期間灌水状態に耐えられる野生の竹、サルスベリ、マングローブなどの植物、水性草類などで覆われている。

ただし、メコン支流の氾濫で運ばれてきた砂が、低地や盆地の水田を一気に埋め尽くしてしまうこともある。生産力豊かな水田が一夜にして消滅してしまう最大の悲劇である。

一方、求愛の歌で「ナー・ポーン（丘の水田）の私……」となれば、それは「貧乏な私」を意味する。ナー・ポーンの土は砂質であり、乾季になれば風で砂塵が舞い上がる。砂なので、当然、保水力はなく、生産力も低い。もともと「ポーン」とは「樹木の丘」の意味を持っているので、水田になる前は森林に覆われていたはずである。

「ナー・ルップ」と「ナー・ポーン」の中間にあるのが「ナー・コーク」(疎林の水田)である。これは狭い盆地、メコン支流の小さな谷間に作られた水田で、湿潤草原や沼地からは離れているため、川をせきとめたりして雨水をためる必要がある。地下は岩石層で、大木の多い深い森林は形成されず、大方は浅い森林（疎林）や旱魃に強い草類で覆われている。

水田稲作をなりわいとするラーオ・ルムは、まず「ナー・ルップ」を手に入れることを第１目標とし、第２目標として「ナー・コーク」を狙うのである。

◘ 洪水と旱魃

小丘の「ナー・ポーン」や疎林の「ナー・コーク」は洪水にあうことはないが、湿潤草原や沼地の周辺に作られた「ナー・ルップ」はその危険がある。湿潤草原や沼地では、雨季の訪れとともに水位が徐々に上がっていき、８月～９月に最高位に達する。この時、大方の場合、水の流れはメコ

灌漑用の取水堰。ヴィエンチャン県ヴァンヴィエン郡（島崎一幸）

ン本流から支流のほうへ逆流するかたちになる。

こうした現象を人々は「ナム・クン」（水が上がる）と呼ぶ。乾季には底までからからに乾いていた沼地も、「ナム・クン」で大きな湖に変身する。メコンの氾濫は時には１ヵ月以上も続き、ヴィエンチャン平野からラオス最南端まで、さらには東北タイにまで影響を及ぼす。ラーオ・ルムの住居は高床式で床は人間の背丈より高いが、サヴァンナケート県などでは家どころか、村全体が水没することが起きる。しかし、水死者が出るほどの大災害にはならない。メコンの氾濫は急に起こるものではないからである。それは、ラオス最南端にあるコーンの滝がメコンの水量を自然調整してくれるおかげである。

洪水の間、農作業の量は少なくなるが、人々は魚をとり、また沼地の枯れた木の枝を集めて薪として貯える。さらに、洪水が長引いて稲の被害が大きかった場合に備えて、新しい苗を用意しておく必要がある。水位が下がると同時にもう１度田植えを行なえば、その後の天候が良ければかえって豊作となるのである。

　このように一見非情な自然災害に見えるメコンの氾濫だが、実は自然の「恵み」として人々にうまく利用されている側面もある。人々を確実に苦しめるのは旱魃である。ラオスの人々は洪水の時には泣かないが、旱魃には涙を流すのである。

◆開墾

　ラーオ・ルムにとって最も大きな存在は「川の母」たるメコンあるいはその支流である。人々はメコンあるいはその支流近くの低地を水稲と魚類の生殖の場として利用し、その周辺に村落を形成する。食生活にはコメ、魚類のほかに野菜も必要となるので、低地およびその周辺に生える山菜を採集する。水田からとれるコメの不足分は焼畑を作って補う。衣類などに必要な材料も焼畑で作る。低地周辺の森林は降雨を貯蔵するとともに、水稲と魚類を育てる平地に砂が流れ込まないようにする自然堤防の役目を果たしてくれる。

　ラオスの人々はこうした自然のシステムについて熟知しており、その結果「ナイ・ナム・ミー・パー、ナイ・ナー・ミー・カオ」（水に魚あり、田に米あり）という自然の恵みを賛美する歌が生まれてきたわけである。

　しかし、これまで天が蓄積してくれた草原や沼地周辺の肥沃な大地は、もうほとんどがラーオ・ルムの手によって水田に転換済みと見てよい。人口増加にともなって、ラーオ・ルムの人々は新たに土地を開墾する必要に迫られている。「マイ・ナープアー・ノーン・ネー」（水田を私の分までマークしておいてね！）というのは女性からの求愛のラム（伝統の歌）の一節だが、ラーオ・ルムの男性には「パイ・マイ・ナー」（新水田を探しに行く）という避けては通れない義務がある。彼らは新たな土地を求めて、長男から順番に本家を離れていき、末っ子が本家の水田や財産を受け継いで、両親の面倒をみるのが一般的である。

　新しい土地を開墾する場合、人々は立地、土壌などの条件を慎重に見極め、水田とする所、森として残す所を決める。けっして乱暴な伐採はしない。水田となる所は当然雨水が溜まりやすい所なので、川谷や盆地が選ばれる。川谷の周辺は浅い森で覆われているが、その基礎は大方、砂である。したがって森を大切にして残さないと、そこから砂土が崩れて、せっかく開いた水田は砂の田となってしまう。つまり、森林が砂の自然堤防の役目を果たしてくれていること、また森林を大切にすることによって家畜の餌を確保できることをラーオ・ルムの人たちはよく知っている。

しかし、それでも、開墾の際にはその場の木を伐採し、焼畑の形をとることには変わりはない。燃料用の薪を得るためにも木々は切られる。ラオスの最大の米倉でもあるサヴァンナケート県では特に森林消失が著しい。産業のほとんどないラオスでは、国家経済や国力の維持のために、どうしても森林が犠牲になりがちである。森林保護のために国家の果たすべき役割は大きい。

❷新米、うまい魚

◘ 水田をめぐる風景

ラーオ・ルムは一般に、川沿いの平地に、多くても100戸程度の村落を形成している。村の周辺には、各農家の水田や畑が広がっている。村のすぐ近くに水田や畑がある農家もあれば、片道２時間以上も歩かなければならない農家もある。

水田や畑が遠い場合は、出小屋が作られるが、家族の一員がそこに泊まり込んで生活するのは田植えの時期から収穫までの約３ヵ月だけで、その後は村に引き上げてくる。村の近くに水田を持っている家族でも、農繁期には水牛の見張りのために出小屋に泊まり込むことがある。

朝早く家を出て夕方に帰ってくる場合は、早朝に蒸したモチ米の弁当を持っていく。出小屋に泊まり込む場合は、そこで蒸すことになる。

一番忙しいのは当然雨季の農繁期だが、稲の収穫の後でも仕事がなくなるわけではない。モチ米の陸稲、トウモロコシ、麻、ウリ、スイカなどを栽培するために、木を伐採して焼畑の用意をする。バナナ、サトウキビ、パパイヤなどの菜園を作るために杭を立てる。家つくりのための材料を揃える。塩を作る。このような作業が待っている。

家畜は水牛、牛、豚、鶏などを飼っているが、水牛や牛は農作業用、豚や鶏は宗教行事、結婚式、交換などに必要な財産である。乾季になると、これらの家畜は村の外へ放牧される。たとえば牛は早朝自分で村を出て、夕方帰ってくると、家の床の下で寝る。飼い主は欠けているのはいないか時々確認するだけだ。見張りが必要なのは、水田耕作に使用する水牛だけである。

さて、「ナイ・ナム・ミー・パー、ナイ・ナー・ミー・カオ」（水に魚あり、田に米あり）の「水」とは川や沼だけではない。畦でかこまれた水田も、雨季にはナマズ、雷魚、カエル、カニ、貝類などの生活の場となる。

魚類は雨季の開始と同時に、産卵のため川や沼から水田に上がってくる。これを人々は「パー・クン」（上がり魚）と呼んでいる。水田で農作業をしながらその夜の食卓を飾る獲物を取る風景が毎日見られる。

繁殖期を迎えるのは魚だけではない。雨季の始まりとともに野原はカエルの鳴き声で満たされる。カエルはラオ人にとって重要な蛋白源の１つである。また、野生の竹、マングローブなどの植物で覆われた沼地は鳥類の絶好の繁殖場所でもある。

10月ごろになると、魚は水田から川や沼へ移動していく。これを「パー・ロン」（下り魚）と呼ぶ。乾季の始まりであり、稲の収穫の時期である。

「カオ・マイ、パー・マン」（新米、うまい魚）と言う。10月ごろの新米とたっぷり太ったおいしい魚は最高の味であると同時に、農作業から開放された男女が恋を、結婚をする時期でもあることを意味する。

◆モチ米

ラーオ・ルムの主食と言われるモチ米のことについて書いてみたい。もっともラーオ・ルムの人々がまったくウルチ米に興味を示さないというわけではない。私が少年時代を過ごしたポーンマアン村には約150戸の農家があったが、ウルチ米を栽培していたのは私の家を含めて2軒だけだった。

ウルチ米を作る水田は決められていた。村のすぐ近くにあった3区画～4区画の田だけである。それは色の赤い細長いタイプで、食べるのはモチ米が足りなくなった時だけだった。ビーフンにして食べることもあったが、余った時にはアヒルなどの餌にしていた。

❶モチ米の食べ方

水に浸して十分に柔らかくしてから、日本の蒸籠（せいろ）とよく似た道具で蒸す。1日2回、朝の5時ごろと午後4時ごろ蒸すのが普通である。蒸しあがったご飯は竹で編んだ「ティップ・カオ」に入れておく。朝蒸したのは朝ごはんと昼ごはんの分で、午後蒸したのは晩ごはんの分である。

食べ切れなかった分は、次に蒸すコメの上に乗せて、もう1度蒸す。さらに残った分は太陽に当てて干し、きれいに乾かしてから保管する。乾燥したモチ米は口に入れてしばらくたつと、蒸したてのモチ米と同じようになる。昔、長い旅に出たり戦争に行ったりした時、このようにして乾燥させたモチ米を持っていって食べたという話をよく聞かされた。私が小学校低学年のころ(1953年ごろ)、近々大きな戦争があるという噂が流れ、祖母に言われて一生懸命モチ米を干して貯蔵したことを覚えている。

❷赤米

ラオスでは「カオ・カム」(黒米) という。大量ではないが、多くの農家で栽培されている。お祭りや祝いごとの時に「カオ・トン」(ちまき) にして食べることが多い。赤米酒は独特の味と香りがある。

❸米酒

ラオスの農村でお酒といえば自家製の米酒（蒸留酒）しかない。遠くの親戚が訪ねてきた時、「ピー・タイ」（タイ族の霊、祖先の霊）がいっしょについてくると信じられており、その霊を「受け入れる」のに必ずお酒を出す。訪問者はそれを土に注ぎ、祖先の霊に事情を報告する。

❹カオ・トム（ちまき）

お祭りや祝いごとに必要なお菓子。ご飯と同じように１時間前から水に漬けておいたモチ米を、甘いバナナを芯にして、バナナの葉で包んで茹でる。黒豆を混ぜる場合もある。

❺カオ・ラーム

若い竹を切り、十分に水に浸したモチ米と椰子のミルクを詰めて、焚き火で焼く。焼きあがったら、竹の皮を剥いで、薄皮に包まれたモチ米を食べる。とてもポピュラーなお菓子（軽食）で、市場でも売られている。薄皮が味の決め手なので、古い竹は使わない。

❻せんべいと餅

蒸したモチ米を薄く丸く広げ、乾いたらゆっくり焼くと、せんべいのできあがり。モチ米を餅にして食べることは少ない。ピーマイ・ラーオ（４月の正月）に祖母がゴマいりの餅を作ったのを手伝った記憶があるくらいだ。

❼カオ・チー

モチ米を丸く握り、塩をつけて焼く。といた生卵をつけながら焼くと、さらにおいしくなる。毎年12月に収穫感謝祭の１つとしてカオ・チーの祭りがある。

❽カオ・マオ（乳米）

完熟直前の籾をフライパンでゆっくり炒めて、脱穀する。甘くておいしい。収穫感謝祭に出される。9月ごろになると、市場で売られる。

◇果物

❶バナナ

バナナはラオスの人々の生活に密着した作物の1つである。私の故郷の村では、子供が誕生した時に両親がバナナの苗を植えておくという習慣がある。バナナは季節と関係なく、ある段階まで成長したら花が咲く。しかし、1茎のバナナは1回、しかも1つの花しか咲かせない。ラオスではその花のことを「ピー•クアイ」(バナナの年)と言う。ラオスでは今でも新生児の死亡率が高い。生まれて無事に1歳を迎えられるように、両親が心を込めバナナを植えておくのだろう。

もし1茎のバナナに2つ以上の花が咲いたら大騒ぎになる。私が小学生の時、学校の近くのバナナ園で1本の茎から2つの花が咲いたため、授業を休んで先生も生徒も見に行ったのを覚えている。この時は「大きな戦争が起きる」という噂が流れた。

バナナは家庭菜園や水田の畑に植えられる。お祭りや祝いごとにカオ・トン(ちまき)は欠かせないものだが、その甘味のもとは成熟したバナナの実であり、カオ・トンを包むのにもバナナの葉が使われる。

また今でも、農村ではタバコを巻く紙のかわりに乾燥させたバナナの葉を使うし、成熟したバナナの実を採ったあと、その茎を細かく切って米屑などと混ぜ、豚の餌にする。このように、バナナは多様な用途があり、農家にとって絶対欠かせない作物なのである。

ラオスのバナナの種類は多いが、よく見るのは次の3種類である。

「クアイ・ホム」(香りバナナ)は日本で普通に見る種類である。他の種類よりは長く、一番甘い。ラオスでは高級品になる。

ラオスでもっとも多いのは「クアイ・ナン」と呼ばれる種類である。これはクアイ・ホムよりは小さく、味も落ちる。しかし、クアイ・ナンにはさまざまな食べ方がある。青いうちは緑色野菜として食べる。完熟前は焼き芋のような「焼きバナナ」として、あるいはてんぷらにして食べる。

もう１つは「クアイ・タニー」である。タニーはテナガザル、つまりモンキー・バナナである。これは甘くなく、種も多い。緑色野菜として食べるか、千切りにして、トウガラシやナム・パー（魚醬）で味付けた「タム・ソム」として食べる。バナナのタム・ソムは「ミヤン」と呼ばれ、味は渋い。

開花の終わりごろのバナナの花は結実しないので、緑色野菜として食べられる。しかし、クアイ・ホムの花は苦いので食用には向かない。

日本の灯籠流しにあたる「ロイカトーン」は祖先の霊をしのぶ大切な祭りだ。11月の満月の夜、供物を積んだ「カトーン」という小舟に雨季の悪霊を乗せて、川に流すという儀式だが、このカトーンはバナナの茎の皮で作る。

ラオスでは精霊に対する信仰がまだ篤い。病人には悪霊を追い出す儀式が行なわれるが、この時もカトーンが使われる。霊媒師が病人から追い出した悪霊をカトーンに乗せると、白い綿の糸を巻きつけ、村の外へ運び出して、悪霊の世界へ送り返すというものである。

このように、ラオ人の生活にはいろいろな場面でバナナが登場する。ラオスには「自分の家の庭にバナナを植えておかない人」という表現があるが、それは「いかに物を考えない人か」という意味である。

❷タマリンド（マーク・カーム）

タマリンドもラオ人の生活に密着している植物の１つである。村の中や水田の中に植えられているのをよく見るが、成長すると大木になる。成熟したタマリンドの実には甘いのとすっぱいのがあるが、どちらも肉や魚の臭みを消すために、葉っぱといっしょに煮る。

４月ごろから花が咲き始め、10月ごろに実が成熟する。果実の皮が非常に硬くて虫に食べられにくいので、実を付けたままにしておいても、次の雨季まで食べられる。またタマリンドの木は非常に硬いので、農機具に使われたりする。

❸パパイヤ（マーク・フン）

パパイヤはどの農家でも毎年数本植えるのが普通である。まだ青いうちに、肉類といっしょに煮るか、いためて食べることが多い。青いパパイヤを千切りにし、トウガラシやナム・パーで味付けたサラダ風の料理は東北タイで「ソム・タム」として有名だが、ラオスでは「タム・マーク・フン」という。

パパイヤは「繁栄の木」とも呼ばれ、その花はおめでたい行事に欠かせないものである。

❹マンゴー（マーク・ムアン）

マンゴーは水田のある小丘、寺のまわり、森などよく見られる果樹で、日本の柿みたいな存在である。しかし、柿よりは樹高が高い。２月から３月にかけて降る少量の雨によって花が咲くことから、この時期の雨のことを「マンゴーの雨」と呼ぶ。７月ごろの田植えの時期から成熟しはじめるが、すっぱいものを好むラオスの人々は未成熟のマンゴーをよく食べる。南部では野生のマンゴーを見ることもできる。

❺パラミツ（マーク・ミー）

果実は直径15cm、長さ30cmをこえる。木もまた大きいが、果実が枝の先端からではなく付け根からぶらさがっているのは奇妙な光景だ。果肉は黄色で味が蜂蜜と似ていることから、マーク・ミーつまり蜜の木と呼ばれている。親指くらいの種子を茹でて食べるたり、若い果肉を細かく切って、肉などといっしょに煮込んで食べる。

ラオスではマーク・ミーの木を５本～６本も持っていれば１年中飢えることはないと言われる。しかし、湿気の多い土に弱く、水はけの良い所でないと育たない。

❻椰子

椰子は高い木になるが、場所をあまりとらないので、村の敷地内に植えられていることが多い。お祭りやお客をもてなす時には椰子のジュースが出される。果肉は町では料理やケーキなどに使われることが多いが、農村ではだいたい、お祭りのときの供物やお菓子の材料にする。

❸肉10きれより魚１匹

◆ラオス料理の味の基本

ラオス料理の味の基本は、すっぱさと辛さと塩っぱさである。辛さの材料はだいたいトウガラシで、すっぱさの材料には今では酢を多く使う。しかし、従来は天然の材料として、赤アリ、ライム、マーク・コークという果物などが使われた。

赤アリは強い酸性の唾液を出すので、すっぱさの元として使われる。地面ではなく木の上に巣を作るので、ラオ人は「不潔なアリ」という感覚は持っていない。農村では、生魚に香辛料をつけて刺身のようにして食べることもあるが、その場合、さばいた魚を赤アリの巣にしばらく突っ込んでおく。すっぱい味をつけるとともに、強い酸で殺菌するという理由もあるのだ。

マーク・コークは野生の果実だが、バンコクはかつてこの木がたくさん繁茂していたので、それにちなんで名づけられたと言われる。

また、もう少し弱い酸味の材料としては、トマト、タマリンド、スターフルーツ、青いマンゴーなどがよく使われる。

実はラオ人も日本人と同様、生の魚や肉が大好きである。「ラープ」がその典型的な料理と言えよう。ラオスの料理にすっぱい味をつけるのは、生の魚や肉のくさみを消すというのが最大の理由だが、特に川魚に多い寄生虫を殺すという理由もある。もっとも、これは比較的最近の知識である。先人たちは経験からこうしたことを知恵として身に付けていたのだろう。

ついでに言えば、暑い季節には午後1時か2時ごろにおやつを食べるが、すっぱい果物が多い。やはり、ラオ人はすっぱいものが好きなのだろう。

◘川の幸

『シヨウサヴァート』というラオスの古い教訓物語に「シップ・シン・ボー・パーン・パー」という一節がある。10の肉も1匹の魚には勝てない、という意味である。このように言われるほど、ラオ人の蛋白源は魚に強く依存している。

しかし、半乾燥地帯の厳しい環境では、1年中魚に恵まれているわけではない。日本のように大きい焼き魚を1人で丸ごと食べてしまうというのは、ラオスの庶民にとっては考えられないほどぜいたくなことなのである。ラオスの農村では、20cmほどのナマズ1匹があれば、6、7人の1家族分のおかずになる。それを茹でて細かくミンチ状にした「チェーオ」という料理などにして、みんなで食べるわけである。

魚が豊富な雨季には、できるだけたくさんとって、匂いの強い塩辛（パー・デーク）を作り、ミソのようにして使う。パー・デークの醗酵の過程で出る汁は栄養があるので、「ナム・パー」という魚醤にする。

メコン川やその支流の魚類について、詳しいことはまだわかっていない。本流と支流では多少種類に違いがあるようだ。支流には顔を見せず本流にしかいないのは、有名な「パー・ブック」という大ナマズである。最大のものは300kgもあると言われるこの魚は、ラオス最南端のコーン地方に生息する。このあたりのメコンは幅が広く、深い。

支流で有名なのはビワコナマズの一種「パー・カーオ」である。しかし、町の市場に多く出回っているのは20cm～30cmの普通のナマズ「パー・ドゥ

市場には魚が豊富だ。ヴィエンチャン市、トンカンカム市場（島崎一幸）

ック」や「パー・コー」（ライギョ）である。それ以外の魚は腐りやすい。しかし最近は、運搬技術や冷凍技術の発達でフナのような魚も市場で見られるようになった。

◘ 山の幸

❶竹

果樹以外で最も身近な植物は竹である。ラオスは竹の原産地でもあり、野生のかたちで存在している竹の種類は無数にあると言っていいだろう。私も栽培している竹は2種類しか思い浮かばない。

ラオ人は竹を「マイ・パイ」つまり「庶民の木」と呼ぶ。かつて、庶民と支配階級を区別するのに、竹でできた家に住んでいるかどうかを判断の基準にしたからだという。

水田や畑、家庭菜園のフェンス、水田の出小屋などはだいたい竹でできている。刈り取った稲穂を束にするのにも竹でできたロープを使う。籾の精米に使う道具も臼以外は竹でできている。漁に使うしかけや道具も竹だ。

野生の竹はだいたい沼地の周辺に自生している。土地そのものは個人の所有であっても、野生の竹だけは、極端に多くなければ、必要に応じて刈り取っていい。竹の子についても同じである。

竹の子は4月ごろから10月の雨季の終わりごろまで食べられる。ラオ人が一番好むのは「マイ・ライ」という野生の竹である。

食べ方としては「竹の子スープ」が一番多い。皮を剝いだ竹の子をスライスして茹で、あくを取ったら、モチ米の粉末、ヤー・ナーンという草の絞り汁、パー・デーク、トウガラシなどを入れる。農繁期にモチ米といっしょに食べることが多いが、竹の子には栄養がほとんどないので、農作業の合間にとった魚、カエル、カニなどを適当に入れるのが普通である。

❷茶

ラオスでは茶は食用として利用されることのほうが多い。北部ラオスでは茶は自生しており、モン族やヤオ族のいわゆるラーオ・スーン（高地ラオ人）の人たちは日本と同じようにお茶を飲む習慣があるが、ラーオ・ルムと同じタイ系のタイ・ニュアン族の人たちは、茶の葉を炒めて竹の筒に入れて保存し、ご飯にかけて食べるという。北西部のラーオ・ルムの人たちには「ミエン」という午後のおやつがあるが、その材料の1つは茶の葉である。

南部の平野には茶は自生していない。ラーオ・ルムの人たちが茶の代わりに利用するのは、同じような渋い味の「クアイ・タニー」（モンキー・バナナ）である。また葉の形も渋い味も茶とよく似ている木がいくつかある。最もポピュラーなのは「パーク・カ・ドーク」である。これは沼地に自生しており、若い時の赤っぽい色をした葉や花を食べる。同じ種に属すると見られる「パーク・カ・ドーン」もよく市場で見かける山菜である。ともに、魚や肉をミンチにして食べる「チェーオ」や「ラープ」といった料理に合う。

❹高い木には精霊が

古い教訓物語『シヨウサヴァート』の中に、「この森の中に木があるでしょうか」と同僚に尋ねて馬鹿にされるという場面があるが、その木とは「マイ・チャン」（栴檀（せんだん））を指すと言われる。ヴィエンチャンはこのマイ・チャンの城の意味だと言われるほど、かつては首都のあたりにマイ・チャンが多かったと考えられる。そして、「マイ・ヤイ・トン・ミー・ピー」（高い木には必ず精霊が住みついている）と歌によく唄われるように、ラオ人は森林の精霊をかたく信じている。

海のない小国ラオスの最大の財産は木材である。1928年、当時のフランス領インドシナの全森林面積は3100万ヘクタールで、そのうち1600万ヘクタールはラオス領内にあったと記録されている。そして、北ヴェトナムに良質の木材が多かったが、ほとんどが中国に輸出され、1928年の時点ですでに「裸の山になった」とも報告されている。当時と比べれば、ラオスの森林も伐採によってずいぶん小さくなった。しかし、それでも隣国と比べればまだ国土に占める森林面積の割合は高い。この資源だけはこれからも大切に保存していかねばならない。

輸出向けの硬い木にはマメ科のものが多い。葉が小さくて光沢のある木である。以下に木材として価値の高い種類をあげる。

①マイ・カニュン（Daibergia cultrata）

和名本紫檀。インドシナ原産。ラオスの木の中で最も硬い。非常に樹高が高く、30mを超える。まっすぐに伸びる木である。葉の大きさは親指くらい。ラオスでよく見られる牛車の本体はこの木で作られる。

②マイ・ドゥー（Pterocarpus cambodgiensisまたはP. macrocarpus）

和名ビルマカリン。インドシナ原産。これも30mを超え、まっすぐ伸びる。マイ・カニュンに次いで硬い。水牛の角のように黒く、磨くと光沢が出る。この木で作った犂は永遠の寿命を持つと言われる。しかし、自然に倒れたものは木材として使うが、自分の土地に生えているこの木を切り倒すことはまずない。

③マイ・ケーン（Dialium cochinchinensis）

和名ケランジ。この木も硬い。数が少ないので大切にされている。果実は食用となる。

④マイ・ケーン（Hopea/Shorea odorata）

和名メラワン。黄色あるいは黄褐色の硬い木。耐久性が強いが、加工しにくい。牛車の回転軸に使われる。

⑤マイ・ハン（Prentacme siamensisまたはShorea siamensis）

和名インギン。これも材質がよいことから非常に珍重されている。

⑥マイ・ニャーン（Dipterocarpus alatus）

和名カンインビュまたはクルイン。樹高25m～30m、周囲２mに達する高木。水はけのよい砂土の丘に生える。ラオスには「ノーン・ニャーン」、「ポーン・ニャーン」（ニャーンの丘）という名前の村が多い。

⑦マイ・チック（Shorea obutusa）

マイ・ハンと兄弟種。黄褐色あるいは褐色で、硬く、重く、耐久性がある。牛車の回転軸に使われる。

⑧マイ・ペーク（Pinus khasyaまたはP．merkusii）

マツの１種。マツの独特の香りは病気を治す力があると信じられており、象の形に彫って祭壇に飾ったりする。マイ・ペークは「珍しい木」という意味で、北国の木というイメージがある。現在ではターケークの一部と最南部の高原東部にしか残っていない。

⑨マイ・デーン（Xylia kerriiまたはX．xylocarpa）

マメ科。「赤い木」という名のとおり、赤っぽい色をしており、磨くと赤い光沢が出る。中くらいの高さの木で、南部に多いが、非常に硬いので、加工しにくい。

⑩マイ・プアイ（Lagerstroemia種）

日本にも多いサルスベリ。湿潤地帯に生える。柔らかくて軽い。植民地時代はフランス人の家具に使われたというが、ラオ人はもっぱら薪に使っている。

⑪マイ・サック（Tectona grandis）

「チーク」である。ラオスでは北西部に多いが、南部にも植林されている。ポプラと同じようにまっすぐ伸びる木で、密植が可能である。材質はマツに近い。

⑫マイ・タエ（Sinndora siamensis）

マメ科。中ぐらいの高さの木だが、材質がよく、磨くと光沢が出る。フランス人は「森の鉄」と呼んだ。

第14章

森林資源

ブアトーン・プーンサリット

扉写真・ボーラヴェン高原の森林を切り開いて道を造る（めこん）

❶森林の状況

50年から60年前ラオスは、森林面積が広く、貴重な木が何百種類もあり、数百種の陸棲動物、水棲動物が生息していた。特に、国の名前がラーンサーン［100万頭の象］と名づけられるほど、多くのゾウがいた。現在でも、ボーリーカムサイ県カムクート郡から20kmのルアン山脈山中で、サオラーという新種の動物が発見されている。

古い昔から、ラオスの人々は森林と密接に結びついた生活を営み、森林の世話になってきた。彼らは森林の豊かな資源――多くの種類の森林動物、水棲動物――を利用してきたのである。しかし時代が下るとともに、食糧増産のための農地確保を目的とする森林伐採が進行していった。

◇現在の森林面積

現在のラオスの森林面積は1127万3000ヘクタール、国土全面積の47％である。1973年のメコン委員会の調査と1981年のソ連の衛星写真調査によると、ラオスの森林分布は次のようになっている。

県	面積 （万ヘクタール）	全面積に占める 森林の％
①ポンサーリー	48.00	30
②ルアンナムター	44.19	53
③ボーケーオ	27.81	57
④ウドムサイ	23.00	15
⑤ホアパン	31.20	17
⑥シエンクアン	67.90	39
⑦サイニャブリー	81.20	50
⑧ルアンパバーン	18.70	10
⑨ヴィエンチャン市	118.88	60

⑩ヴィエンチャン	10.42	34
⑪ボーリカムサイ	78.68	47
⑫カムムアン	76.63	46
⑬サヴァンナケート	159.80	73
⑭サーラヴァン	84.02	74
⑮チャムパーサック	104.10	72
⑯アッタプー	85.00	82
計	1127.30	47

(備考)ラオスはこの当時は16県。現在は南部のセーコーン県と中部のサイソムブーン特別区が加わったが、森林の面積と状況は変わっていない。[県境が何度か変わっているので、現在の各県の面積とはやや異なる]

衛星写真を観察したところ、中部と南部にはまだかなりの森林が残されているが、北部の県では畑にするために森林伐採が進行し、残された森林は少ない。現在では、人の手の入っていない原始林は非常に少なくなっている。また、ヴェトナム国境に接する県では、対米戦争による破壊で森林面積が減少した。

◘ 森林の分類

カテゴリー	面積（万ヘクタール）
①自然林	343.6
②半落葉性混交林	568.5
③針葉樹林	166.4
④その他の森	48.8
計	1127.3

「その他の森」の中では松（マイ・ペーク）が最も重要である。すべての木の総量は約120億m³。そのうち５％～10%が商業用である。過去には種類別の木の量などの研究や分類はなされなかったが、現在ではデータを改善するため、各地方で詳しく調査しはじめた。

以前調査した170種の木のうち、80種が商業用に重要なものだ。高度1000

原生林を伐採して焼く。ヴィエンチャン県ヒンフープ郡（島崎一幸）

m以下の原始林は商業用の重要な木が多い。合板や板木になる木の比重が高いのである。最も大切な木はマイ・ニャーン[和名カンインビュ]、マイ・バーク［メルサワ］、マイ・テーカー［チンダロ］、マイ・カニュン［本紫檀］である。

「半落葉性混交林」は森林湿度の高いものと低いものに分類され、おもに南部に点在する。商業用の木はマイ・ケーン［ケランジ］、マイ・ドゥー［ビルマカリン］、マイ・テーカー、マイ・ニャーンなどである。

「針葉樹林」は豊かな低地に多い。この種の森は最高でも20mにしかならない。

◆ 国の保護林

ラオスの国有保護林は全国に18ヵ所ある。総面積は275万1000ヘクタール。1993年10月29日の政令164号によって、国有保護林は次のように定められている。

保護林の名称	面積 (万ヘクタール)	所在地（県）
①プー・カオクアイ	20	ヴィエンチャン ボーリカムサイ
②ナム・カディン	16.9	ボーリカムサイ
③セー・バンヌアン	15	サヴァンナケート サーラヴァン
④セー・ピアン	24	チャムパーサック アッタプー
⑤ナム・プン	19.1	サイニャブリー
⑥プー・シアントーン	12	サヴァンナケート
⑦プー・サーイヘー	10.99	サヴァンナケート
⑧ナム・ハー	6.9	ルアンナムター
⑨ナーカーイ・ナムトゥン	35.32	カムムアン
⑩ニョートナムプーン	22.2	ポンサーリー
⑪プー・ルーイ	15	ホアパン
⑫ナム・エート	17	ホアパン
⑬ナム・サム	7	ホアパン
⑭プー・ヒンプン	15	カムムアン
⑮ドン・フアサーオ	11	チャムパーサック
⑯ドン・アムパーン	20	アッタプー
⑰プー・パナン	7	ヴィエンチャン市
⑱プー・ナムノー	8.2	カムムアン
総面積	275.71	

❷森林産品

森林産品として現在まで発見されたものは150種にのぼる。以下にその一部をあげるが、いずれも輸出品として非常に有望である。

深い原生林。ボーリカムサイ県とサイソムブーン特別区の境にある
ナム・ギヤップのダム計画地点（島崎一幸）

キー・カン
ニャーン［うるし］
ヴァーイ［籐］
ヤーン・ペーク［マツヤニ］
マーク・ネーン［カルダモン］
キー・シー［樹脂］
トゥーン［サトイモ科。食用、漢方薬として利用される］
マイ・ポーン［竹類］
その他

❶キー・カン

ある種の虫［ラックカイガラムシ］の分泌物。この虫は、トゥアヘーという豆科の木やトンサムサーという木などによく住んでいる。キー・カン

は電気製品に使われたり、木の表面に塗ったりする。北部の県にはこのキー・カンの生産が多い。

❷ニャーン［うるし］

ニャーンは香料と医薬に使われるある種の木の樹脂である。ラオスの多くの県で産出されるが、特にホアパン県、ルアンパバーン県、ウドムサイ県、ポンサーリー県に多い。

❸ヴァーイ［籐］

ヴァーイはヴィエンチャン県、ボーリカムサイ県、シエンクアン県に多い。工芸品としては輸送費がかさみ、デザイン・質ともにまだレベルが低いので、現在政府は輸出を止めており、国内消費分を作っているだけだ。

❹ヤーン・ペーク［マツヤニ］

ヤーン・ペークは北部と中部の県で採取される。しかし、まだ広く商品化されてはいない。

❺マーク・ネーン［カルダモン］

マーク・ネーンはラオス全土どこにでもある。中でもルアンパバーン、ウドムサイ、ポンサーリー、ルアンナムター、ホアパン、ボーリカムサイ、サーラヴァン、チャムパーサックなどの県に特に多い。ラオス政府は毎年輸出している。

❻マイ・ポーン［竹類］

ラオス全土にある。しかもそれぞれの県にさまざまな種類の竹があるが、商品化されているのはごく一部だけだった。しかし、その後ヴィエンチャン県に楊枝、箸、その他の工場ができ、竹類が多く使われるようになった。

❼キー・シー［樹脂］

鉈や包丁の刃の部分を木の柄に差し込む時の接着剤などに使う。ヴィエンチャン県、ボーリカムサイ県、カムムアン県、サヴァンナケート県、南部の各県にあり、輸出品になっている。

❽蜂蜜、蜂の巣

ラオス中部と南部の原生林にあり、人々は生活のために年間数十トンの蜂蜜と蜂の巣を採集している。

❾果物と芋類

ラオスの人々は毎年、食料として次のような野生の果物や芋類を採集している。

マーク・コー［親指大のすっぱい果物］、マーク・カムペープ［タマリンド科の果物］、マーク・ギュウ［カポック］、マーク・ゲーオ［ライチー科のすっぱい果物］、マーク・ケン［種をゆでて、あるいは実を熟させて食べる。皮はすっぱい］、マンケープ［芋科］、プアック［サトイモ］など。これらの芋類はコメのかわりによく食される。

❿薬用の樹木

以上のような森の幸以外にも、自然林には薬用となる木、葉、根がたくさんあり、昔から伝統的な薬剤師が人間や動物の治療薬として使ってきた。

このような森の幸はラオスの地方にあって、国家経済の発展に非常に有用な産品である。特に北部の各県はこの森の幸を県の重要な財源としている。

❸ 水棲動物と森林動物

❶魚

1997年はじめにメコン川の一部とその支流が調査された。統計数字はまだ不完全だが、ラオスには約600種の水棲動物がいる。そのうち捕獲禁止の種類はパー・カー［カワイルカ］で、15種の魚が保護されるべき種とされている。それ以外は人々が自由に捕って食料とすることができる。

❷森林動物

ラオスの森林に生きる動物は哺乳類、鳥類、爬虫類など数百種類にのぼる。このうち捕獲禁止動物、保護動物は次のような数になる（1996年10月11日の農林省政令1074号による）。

哺乳類	捕獲禁止23種
	保護動物23種
鳥類	捕獲禁止15種
	保護動物28種
爬虫類	捕獲禁止７種
	保護動物５種

❹ 森林破壊の影響

◘ 森林破壊の状況

現在、ラオスの森林は、生き延びるために焼畑に従事せざるをえない地方の人々と利益を得るために木々を伐採する人々によって、脅威にさらさ

捕獲禁止動物

ラオス名	分類	学名
哺乳類		
ヘート	サイ	*Rhinoceros sondaicus*
グア・バー	野牛	*Bos sauveli*
サーン	ゾウ	*Elephas maximus*
クアイ・パー	野牛	*Bubalus bubalis*
グア・パー	野牛	*Bos javanicus*
ムイ	野牛	*Bos gaurus*
ムアイ	クマ	*Helarctors malayanus*
ミー・ダム	クマ	*Selenarctos thibetanus*
スア・コーン	トラ	*Panthera tigris*
スア・ダーオ	ヒョウ	*Panthera pardus*
オーン・マン	シカ	*Cervus eldi*
サーイ（クアーンラーイ）	シカ	*Cervus porcinus*
ニヤン・パー	カモシカ	*Nemorhedus caudatus*
ニヤン	カモシカ	*Capricornis sumatrensis*
ムー・グアーン	バク	*Tapirus indicus*
カー・デーン	ヤセザル	*Pygathix nemaeue*
タニー	テナガザル	*Hylobates sps*
カーン（コーン）	ヤセザル	*Presbytes franciosis*
タルーン	ヤセザル	*Presbytes cristatus*
クアーン・ダーオ	シカ	*Cervus nippon*
サオラー	サオラー	*Pseudoryx nghetinhensis*
ファーン・ドン	シカ	*Megamuntiacus vuqangensis*
マー・パー	山犬	*Cuon alpinus*

鳥類		
ノック・ニューン	クジャク	*Pavo mutious*
ノック・コック	サイチョウ	*Buceros bicornis*
ノック・オン	ペリカン	*Pelecanus philipensis*
ノック・キアン	ツル	*Grus antigone*
ノック・カープブア	コウノトリ	*Ibis leucocephala*
ノック・ソーンホーイ・ニャイ	トキ	*Pseudibis gigantea*
カイ・クーア・ランカーオ	キジ	*Lophura nycthemera*
ノック・カサーコーカーオ	コウノトリ	*Ciconia sps*
ノック・カスムセーン	コウノトリ	*Leptoptilos dubius*
ノック・コーカーン	トキ	*Threskiornis melanoceppharus*
ノック・サーリカー	キュウカンチョウ	*Gracula religioss*
ノック・ペットカー	オシドリ	*Cairina scutulata*
ノック・カーンコート	キジ	*Polyplectron bicalearatum*
ノック・ニャーン・ニャイ	シラサギ	*Egretta alba*
ノック・ヴーヴァーオ（ノック・ニューントーン）	キジ	*Rheinardia ocellata*

爬虫類		
ケー	ワニ	*Crocodylus siamensis*
タオ・ガップ	カメ	*Cuora amboiensis*
タオ・クアーイ	カメ	*Sieberockiella crassicollis*
グー・ルアム	ニシキヘビ	*Python reticulatus*
グー・ラーム	ニシキヘビ	*Python molurus*
グー・チョンアーン	キングコブラ	*Ophiophgus hannah*
タオ・カム	カメ	不明

水浴びする象。ボーリカムサイ県カムクート郡（島崎一幸）

れている。ラオス政府のほうにも、地方の人々が焼畑をやめて生活していくのを支援するに足る十分な資金があるわけではない。また非合法の伐採や木材売買を取り締まる体制も十分とは言いがたい。

毎年、ラオス全土の諸民族の25万3000世帯、すなわち150万人が約30万ヘクタールの森林を焼畑のために伐採している。このうち10万ヘクタールは自然林である。また30万ヘクタールの半分は使用可能の木々を多く含む一般林であり、商業的価値のある木が１ヘクタール中に10m^3含まれている。１m^3＝50ドルとすれば、年間2500万ドルが失われていることになる。また、森林火災によっても毎年10万ヘクタールが焼失しているから、１ヘクタール中に５m^3の有用な木々があったとして、少なくとも2500万ドルがさらに失われている。

そのほか、木材会社が非合法に伐採してそのあとの管理をしないということもあって、ラオスの森林はますます減少している。

さらに、少数民族が木を切って、燃料としている。寒い時期、特に地方では、暖房、調理、たき火などにも木が使われる。地方で１人が年間消費する薪の量は１m³である。この計算でいくと、ラオスでは年間400万m³が薪として消費されることになる。

家の塀や畑の作を作ったり、あるいは昔風の家を作ったりするのにも木は使われる。炭焼き、火葬、タバコの葉の燻蒸などにも木を使う。このようにして年間300万m³がさらに消費されていく。

また、経済の拡大、貿易の増大によって、全国の木材会社が743社に増えた。内訳は製材会社136、木工所607である。

年間の木材伐採量は1975年以前は平均70万m³、1988年からは28万m³である。28万m³のうちの15％が外国へ輸出する丸太だ。

非合法伐採は全国どの県にも起こりうることである。たとえば、焼畑をする人々がいる。土地の資本家が金を出して、非合法に田んぼや畑を切り開くこともある。さらに、木材会社の非合法の丸太を買い取ってくれる外国の資本家や工場がある。これらの非合法伐採は年間10万m³〜15万m³に及ぶ。

現在、ラオスでは水力発電所や農業灌漑用の貯水池の建設、橋梁や道路の建設が増えており、これらによっても数百ヘクタールの森林が影響をこうむった。

以上を総合すると、毎年、全ラオスの森林の850万m³〜1000万m³が破壊されていることになる。金額に直せば、年間4500万ドル〜5000万ドルが消失しているのだ。

当然、ラオスの森林面積はどんどん減少している。次の数字はラオスの森林面積の推移である。

1940年	全森林面積1700万ヘクタール	（国土の70％）
1968年	1610万2400ヘクタール	（国土の68％）
1973年	1270万ヘクタール	（国土の54％）
1982年	1160万3200ヘクタール	（国土の49％）
1989年	1127万3000ヘクタール	（国土の47％）

森林面積は現在も年間0.3%の割合で減少している。

◆赤信号

こうした森林破壊は自然環境と人々の生活に次のような悪影響を及ぼした。

①多くの地方の森林が劣化し、43%即ち1020万ヘクタールが丸裸の土地になった。

②多くの土地で、高地から土や岩が崩れ、塩害が生じて、土地の生産力が落ち、農業生産に適しなくなった。

③気温が上昇し、雨が季節どおりに降らず、乾季が長く、雨季が短くなってきた。

④水の蒸発量が増え、河川の水が異常に減少するようになった。小さな川は川底まで干上がってしまった。水棲動物が多くの場所で絶滅し、森の動物や家畜も十分な餌を得られないで数が減った。

⑤毎年、旱魃と洪水が猛威をふるい、害虫が多く発生した。

⑥毎年、田が消失する。しかし新しい田を作ることは法律で禁止されている。

⑦人口は逆に毎年12万7000〜13万人ずつ増加しているので、食糧を増産しなければならない。しかし、農業する面積は制限されているので、豊かさはますます減少せざるをえない。

以上のような現象はラオスの人々に近い将来に対する赤信号である。民族として生き残れるか死滅するかという深刻なシグナルである。ラオスの独立と豊かさを守るために、そして他の国に実際に起こった長期的な旱魃がラオスに発生しないために、ラオスがアフリカのサハラ砂漠のようにならないために、残された森を守りさらに豊かな森にするために、われわれには今、植林の努力が求められている。[竹原茂訳]

第15章

運輸・通信

サイ・パカスム

扉写真・国道13号カーシー（ヴィエンチャン県）・プークーン（ルアンパバーン県）間、路上で仕事をしていたおばあちゃんと孫（川口正志）

開発と人民民主主義の制度の拡充は、ラオスの兵士、公務員、そして国民の運輸・通信、交通、住宅の充実という問題の重要な要素の１つである。運輸開発と経済開発とは切り離せないもので、迅速な運輸開発は経済開発の急速な拡充につながり、それにともなって政治の安定も確保される。さらに、国防も円滑化し、国民の信頼も高まり、国内の経済投資も増加する。このように、運輸は経済と密接に関連している。そして、それは一国の各時代の近代文明建設に深く結びついているのである。

近代文明の建設は川の流れのようにとどまることがなく、社会のすべての事象を推進する力となる。それは社会と貿易、金融の動脈であり、生産と流通を結びつけるとともに、政治と軍事の勝利の要素ともなる。

運輸は政府の保護の下で原始自然経済から市場開放経済へと転換するための重要なメカニズムの鍵となる。国家経済を商品・市場経済に転換させる最終的な決断において、運輸・通信が重要な要素となるのである。近い将来、ラオスが首尾よく（タイ・ヴェトナム間などの）「中継国」になれるかどうかは、運輸・通信のサービスの成否にかかっている。私自身は、この国が適切なサービスを提供できると確信する。なぜなら、そのための内外の条件が揃っているからだ。ただし、すべての人々がラオス人民革命党の新しい改革路線に融和していかなければならない。国民全体がこぞって党の新しい考え方・路線を支え、資金を出し合えば、それは可能である。

ラオスの国家の歴史は次のように区分されよう。

・封建（サクディナー）制度の時代
・旧植民地時代
・新植民地時代
・人民民主共和国時代

運輸・通信は各時代の政府の性格と制度によってそれぞれに発展してきた。そこで、「今日までの運輸・通信の歩み」を以下の３段階に分けて説明したい。

❶旧植民地時代の運輸

1893年から1954年までのフランス植民地時代の初期、フランスは主に水路を利用した。彼らは植民地政府に富をもたらすべく、ラオスの河川を整備して資源を搾取した。

19世紀のはじめには、ラオス国内に車の走れる道路はなかった。フランス人は最大限の努力をはらって、南はサイゴンから北はホアイサーイまでの水運を開発した。ただしその重点はサイゴンからヴィエンチャンまでだった。

1900年、フランスはイコン号、パヴィー号、ローランベック号、フランシス・ガルニエ号、マリーテンソー号、モーリス号といった船をキーナーク、パークセー、サヴァンナケートまで航行させるために、ラオスの人々を雇い、ケーン・サダム［カンボジア国境のサダム島の岩礁］のリーピー［リーピー滝が有名］とバーン・コーン［コーン島のコーン村。最大の島コーン島とは別でカンボジア国境に近い］で2kmにわたってメコン川を掘削した。

彼らはコーン島に「メコン橋」をかけ、20馬力〜30馬力の蒸気機関車が牽引する列車が通行する60cmの狭軌の鉄道線路を6.8kmにわたって敷設した。さらに彼らはハーンコーン、キーナーク、ウーンカム、パークセー、サヴァンナケート、ターケーク、ヴィエンチャン、ルアンパバーンに港を作った。これらは軍事および民間の舟運に使われた。メコン川を利用すれば、ラオスの最上の木材をルアンパバーンからキーナークまで船で引いてきて、さらにサイゴンまで運ぶことができた。サイゴンからは、南シナ海を経てフランスまでの舟運がある。メコン川では雨季にのみ、12トン〜14トンの蒸気船が使われた。この船は100トンの物資を運搬することが可能だった。

フランスが作った橋。チャムパーサック県の国道13号で（めこん）

1911年からフランスの植民者は国道13号を建設しはじめた。以降、次のように、国道を順次建設していく。

1927年　国道42号

1930年　6号と7号

1934年　8号

1936年　12号

1942年　13号と23号を補修

これらの道路は暫定的に山の石を砕いて舗装したもので、8トンのトラックと14トンの戦車の使用にも耐えられる。

フランス植民者は木製と鉄製の橋も架けたが、ナム・カディン川やナム・グム川などは技術的に架橋が困難だった。雨季には陸路は使えず、主に河川を利用するしかなかった。1940～44年のフランス人の記録によると、陸路建設の費用は次のようになる。

1941年　140万ドル

1942年　164万6000ドル

1943年　210万4000ドル

フランス植民者はまた、「○○年度道路建設総動員令」という命令を出して、ラオ人民とヴェトナム人民の労力を使った。

当時、幅3m〜5mの幹線道路建設の費用は1kmあたり500ドルだった。地方の道路の場合は1kmあたり120ドルとなる。フランスの植民者は1945年までに全長4827kmの道路を建設、そのうち土でできたものは2569km、石でできたものは2258kmだった。

1938年当時、全ラオスで乗用車は300台、運搬車は100台、建設用車は50台、計450台の自動車があった。

1941年当時、ラオス全土で2万3000トンの商品とのべ7万人の人が運搬された。

1940〜45年にフランスは政治と軍事に予算を使い果たし、道路建設は継続できなくなった。政治・軍事用に資金が必要になったのは、インドシナ3国の抵抗がだんだん強まってきたからである。そして1954年、フランス植民者はヴェトナムのディエンビエンフーの戦いで手痛い敗北を喫し、インドシナ3国との停戦協定に調印した［ジュネーブ協定］。

❷新植民地制度における運輸

新植民地制度におけるラオスの運輸は旧植民地時代とは性格が異なっていた。新植民地主義者のアメリカ帝国主義者は陸路・水路については基本的に大きなものは作らなかったが、そのかわり、空路を中心的に活用した。アメリカの基本戦力はラオスの各地に空港を建設し、タイの空軍と結びつけることだった。ラオスをベースにして東側の社会主義の国々を攻撃するための空路を作るのが、アメリカのねらいだったのである。

アメリカ帝国主義者は陸路建設が時間的にも費用的にも採算が合わないと考えた。彼らはインドシナ3国を攻撃するために「カエルがジャンプする」交通システムに力を入れたのだ。

1973年のアメリカの資料とカムチョン・ルアンパスート博士の『ラオスの経済と外国の援助』(1973年) によると、次のようにまとめられる。

1962〜72年のアメリカのラオスに対する援助金額は年間3億1497万9000ドル。ヴィエンチャン政府はこのうちの10%、つまり3218万7000ドルを飛行場建設と軍事的運輸にあてた。空路の運輸には600万ドル〜700万ドルが使われ、陸路の建設・補修には150万ドル〜250万ドルがあてられた。チャムパーサックからルアンパバーンまでの国道13号道路が、石と一部アスファルトで補修された。

当時、ラオスの運輸・通信は事実上、新植民者の支配下にあった。空路では、支配地域に大規模な飛行場が1ヵ所、中規模飛行場3ヵ所、小規模飛行場がヘリコプター発着所を含めて200ヵ所あった。

陸路については南部から北部まで乾季・雨季を通して使える道路がなかったため、水路が中心となった。当時、陸路は全長7000km、そのうちアスファルト舗装は712km (ヴィエンチャン市内の舗装を含む) で、残りは石と土で作られ、雨季にはその60%〜70%が使用不能となった。

新植民者はパークセー、サヴァンナケート、カムムアン［現在のターケーク］、ヴィエンチャン、ルアンパバーンなどの大きな都市にだけ、メコン川に大きな港を作った。そして、ヴィエンチャン・ノーンカーイ、サヴァンナケート・ムクダハーン、パークセー・ウボンラーチャターニーが海へ出るための出口として使われ、タイ側は大きな利益を得た。

当時、ラオスにあった車両は2万5000台で、四輪車が1万4000台以上、軍用・一般用トラックが2000台以上だった。民間の車両は14%にすぎない。

このように旧植民地と新植民地に支配された70年間に、ラオスの運輸・通信は近隣諸国に比べて大幅に遅れ、経済社会開発の妨げとなった。その理由は、軍事面での運輸・通信の利用が中心だったからである。

❸ 人民民主主義制度における運輸

第３、４、５回人民革命党大会で、運輸・通信は党と政府の最重要事業の１つで、民主共和国設立に成功したあと国家開発の枢要であると決議された。それに基づき、政府とラオス人民は運輸・通信の建設と改善に多くの資金と労働力を投入した。その結果、すみやかに運輸・通信設備が拡充されることになった。地方の道路が補修され、国道も多数建設されて、各市内の道路が質量ともに充実した。さらに、ナム・ヌン川、国道８号、９号、13号、ナム・カディン川、ナム・グム川、そしてメコン川に橋が架けられ、東西南北に隣国と通じるルートが実現した。

マイクロウエーブ・システムと通信衛星によって、世界との通信も近代化に向かって進み始めた。市内の通信網、水道など、社会サービスも改善された。商品流通、陸・水・空路の交通需要が急速に高まってきたが、それに十分対応できるようになったのである。

このようにして、運輸・通信の整備が商品生産の増大、人の行き来・連絡の迅速化、国民の生活向上につながった。この20年間、党と政府は経済開発計画に多額の資金を導入したが、その中心の１つが運輸・郵政・建設だった。以下に、その成功例を報告したい。

◘ 陸運

ラオスには海がないので、政府と人民にとって、陸路が非常に重要になる。ラオス人民民主共和国になってから、陸運の開発と改善に力が注がれるようになった。陸路は段階的に拡充した。人々の往来と生活向上、流通、都市と地方のスムースな連絡のために、地方の道路は市内の道路より速いペースで拡大した。党と政府は、既にあった国道１号、２号、３号、４号、６号、６号B、７号、８号、９号、10号、13号、13号B、パークセー・サー

ナム・カディン川と国道13号線。ボーリカムサイ県パークカディン（めこん）

ラヴァン・セーポーン間、16号、シエングン・サイニャブリー間、および県内の道路、生産地とムアン［都市］を結ぶ道路、村と村との道路を保全、補修した。「政府と人民が力を合わせる。中央と地方も力を合わせる」というのがそのモットーだった。

さらに、党と政府は社会主義陣営と友好国の援助を獲得し、次のように多くの道路と橋を建設した。

旧ソ連は国道9号、そして国道9号に沿って中・小規模の橋を10ヵ所建設し、大型橋梁をセー・ドーン川、ナム・グム川、ナム・カディン川、セー・バンヒヤン川、ナム・ヌン川に架けた。

ヴェトナム社会主義共和国は国道9号を44km補修し、また国道9号に沿って中・小規模の橋を17ヵ所建設、国道7号のポーンサヴァン・ナムカーン間を建設し、7号沿いに8ヵ所の橋を作った。さらに国道6号のプーラオ・ムアンヒアン間［ホアパン県］をアスファルトで補修し、これに沿って橋を5ヵ所建設、国道8号のプーハイとラオス・ヴェトナム国境間をアスファルトで補修し、ここに橋を6ヵ所建設、ボーヒンカオに至る道とボータンヒンに至る道をアスファルトで補修し、橋を2ヵ所作った。

それ以外の諸外国の援助は次のとおりである。

チェコスロバキア	国道9号	大規模な橋2ヵ所
	23号	小規模な橋1ヵ所
ブルガリア	9号	大規模な橋1ヵ所
ハンガリー	9号	大規模な橋1ヵ所
中国	ラオス北部の国道1、2、3、4号 大・小規模の橋57ヵ所	
スウェーデン	13号のヴィエンチャン・パークカディン間ナム・グム橋とナム・カディン橋以外の永久橋	

党と政府は外国政府と国際機関から資金を借り入れて、陸運を開発した。たとえばアジア開発銀行からの借款で国道10号を作り、国道13号北部、ヴィエンチャン・パークモーン間を補修。さらに国道13号Bの25号、16号、13号南部のパークセー・ウーンカム間、10号のパークセー・ソンメック間を補修した。

ラオス北部と南部の4県の道路補修、および13号南部のパークカディン・パークセー間の補修には世界銀行からの借款が使われた。

国連からの無償援助はシエングン・パークヴェート間［ルアンパバー県］、サイニャブリー・パークラーイ間［サイニャブリー県］の補修と3ヵ所の橋の建設に使われた。

日本の無償援助で、13号南部にコンクリート橋が15ヵ所建設され、道路建設用機械が1セット導入された。

オーストラリアは歴史的なメコン川のラオス・タイ友好橋の建設を援助し、さらにナム・グム橋の建設を落札した。

イギリスは50万ポンドを無償援助し、ヴィエンチャン・ノーンカーイ間の鉄道設計の費用に使われた。

ラオス政府は友好橋のヴィエンチャン側道路の補修に予算を使い、また下記のように、陸運の新しい統計を作った。

1995年の道路総延長1万8344km（1975年の2.13倍）、うちアスファルト舗装2446km（1975年の2.03倍）、自然道路（土と石でできた道路）5138km（3％減）、乾季のみ使用可能な地方道路1万760km（5.12％増）。

国道は1km²につき0.07kmに増加。橋梁は永久橋が総延長11.781kmになった（旧政府のもとでは永久橋はなかった）。

◘ 水運

党と政府は「陸運・水運・空運の建設は並行して進めなければならない」と決定した。水運については、20年来、メコン川を中心に開発が進められ、かなりの成果があがっている。建設された港は次のとおりである。

ケーン・カバオ［サヴァンナケート県］
ラックシー［ヴィエンチャン市］
タードゥア［ヴィエンチャン県］
パークコーン［ルアンパバーン県］
パークラーイ［サイニャブリー県］
ルアンパバーン
パークベーン［ウドムサイ県］
ホアイサーイ［ボーケーオ県］
パークサン［ボーリカムサイ県］
カオリャオ［ヴィエンチャン市］
バーンヴァン［ヴィエンチャン県］

またヴィエンチャン、サヴァンナケート、カムムアン（ターケーク）、パークサンのメコン川岸1410mの堤防を完成させた。さらに、メコン川の川底

メコン川のケーンとフランスが作った標識（右端）。チャムパーサック県（めこん）

地図と空撮地図、北から南までのメコン川周辺地図を作成した。これはラオス、タイ、ミャンマーの間の水運に必須のものである。

ケーン［早瀬、岩礁］の分布を示す地図も作られ、ケーン・カバオ、ケーン・ヌープン、ハート・サカイ［ハートは中洲］、ハート・ティアン、ケーン・マイなどの位置が明らかにされている。雨季の舟運のためには、ケーンや浅瀬の位置を知らせる浮き標識が168ヵ所に作られた。

さらにサームリアム・トーンカム［黄金の三角地帯］からカンボジア国境まで、ラオス領内742km、ラオス・ミャンマー国境234km、ラオス・タイ国境918km、計1894kmのメコン川の水流、深さなどを調査した詳しい地図が作成されている。

党と政府は、このメコンとその支流が乾季も雨季も適切に利用できるように、各県とムアンに保全を依頼している。

◆空運

空運は迅速確実な交通手段であり、党と政府は以下のようにこの分野の拡充を図った。

ワッタイ空港（大型）の改築

ルアンパバーン、サヴァンナケート、パークセー各空港（中型）の改築

各県（セーコーン県を除く）の空港（小型）の改築

国内空路を中部ラオス、北部ラオス、南部ラオスに数ヵ所新しくオープンし、国際線も次のようにオープンした。

ヴィエンチャン・バンコク

ヴィエンチャン・昆明

ヴィエンチャン・ハノイ

ヴィエンチャン・ホーチミン

ヴィエンチャン・プノンペン

ヴィエンチャン・チエンマイ

ヴィエンチャン・シンガポール

党と政府は空運を近隣諸国のレベルに近づけるべく、短期的、中期的、長期的に空路の開発を進める戦略を立てている。

このように、ラオスは陸運・水運・空運を、自然経済から商品経済へ移行しつつある国家開発経済の基盤としているのである。

◆商品の運輸

生産と流通は同じペースで増加していかねばならない。商品運輸は年間８％～９％の割合で増加しているが、わが国の経済開発のレベルとしては良いほうだろう。陸運・水運・空運の商品運搬量は1678万9134トンである。

バスは屋根までお客でいっぱい。ホアパン県シエンコー郡（島崎一幸）

◆ 交通

1995年までに空運と陸運はかなり高い水準を示すようになってきた。運搬の時間が短縮され、人員の把握も正確になってきたからである。空運と陸運の発達は国民どうしの距離をいっそう近づけることになり、人々に確かな満足感を与えた。運輸の発展による経済面でのプラスは年間10％～11％にのぼると推定される。これは1975年以前には考えられなかった飛躍的な数字である。

1976年から現在までの運輸人員と距離はのべ１億9470万5427人、194億2449万6721km、つまり１人あたり約240km移動したことになる。

◆ 運輸の手段

①電動機つき二輪車、三輪車（ジャンボ、トゥクトゥク）＝10万2606台（1994年）、年増加率11％

②自動車、ピックアップ（屋根のないトラック）＝２万5985台（1994年）、

年増加率10％
③運送用のすべての車両＝１万5044台、年増加率10％
④公共運輸（人）用車両＝709台、年増加率10％
⑤商品および人を運ぶ船（約10トンのもの）＝253隻

❹郵便と通信

1976年以前のラオスの郵便と通信はかなり遅れていた。電話のネットワーク回線は古いシステムで、各地方でバラバラになっていたので、総合的にコントロールできなかった。中央と地方の県との連絡は主に短波の無線通信を使い、電話での連絡には障害があった。ムアン内の電話システムもたいへん遅れていて、故障することが多く、政府中央と一般社会の間の連絡・運営は複雑で困難だった。外国との連絡はタイ経由、ホンコン経由のマイクロウェーブが使われたが、これも複雑で特にタイ経由が難しかった。これは、当時のラオスは通信面で独立を保てず、すべて外国に頼っていたからだ。当時の通信の規模は次のとおりである。

電話局78ヵ所
電話機4485台（うち3305台は磁石式）
電報局76ヵ所
郵便と通信業務が可能な事務所65ヵ所
マイクロウェーブ１ヵ所、12台
高級職員29名
中級職員85名
下級職員285名

1995年になると、通信機器が近代的になり、その効果は次のような数字となって表れた。

郵便局132ヵ所、2.03倍に増加（1975年との比較、以下同じ）
電報局122ヵ所、1.53倍
近代的な電話局52ヵ所、0.67倍
電話機１万5757台、3.51倍
衛星ステーション２ヵ所
衛星通信　15倍
高級職員　3.55倍
中級職員　6.49倍
下級職員　1.59倍
国内の手紙その他の郵便物　407倍
国外への手紙その他の郵便物　6.37倍
国内での電話通信　13.24倍
国外への電話通信　15.48倍
郵便・通信による全収入　372.7倍
郵便・通信による全支出　229.67倍
総利益　1998.28倍
国家予算への収入　180.75倍
すなわち
収入1061億7329万9000キープ
支出63億5576万5000キープ
予算321億1790キープ
利益16億キープ

ルアンパバーン、ヴィエンチャン、ボーリカムサイ、カムムアン、サヴァンナケート、パークセー、ルアンナムターの各県では、デジタル式の電話が使われるようになった。34Bb／sのマイクロウェーブ方式である。ムートゥー［携帯電話］の使用も可能で、世界50ヵ国と通話が可能である。衛星チャンネルはアジアサット12チャンネル、タイの衛星チャンネル90チャンネル、計102チャンネルとなった。国際協力によってわが国は通信の近代化を進めている。

❺都市計画と水道建設

1976年以降、国民全般の消費生活の向上に向けて、都市計画の整備と水道建設の拡大が図られてきた。ラオスは新しい街づくりに向かって進んでいる。以下に、各部門の進展状況を述べる。

◇建築物

この20年、政府と国民は次のように、経済と社会の基盤となる建物を建設してきた。

大型車の修理工場４ヵ所

150ベッドの病院

ターゴーンの行政学校［公務員教育養成学校。主に高卒が対象だが、現役の公務員対象の研修セミナーもある］

高級ポリテクニック学校［高卒・大卒が対象。専門知識を高めるための教育施設］

シエンクアンに50ベッドの病院

マホソット病院（ヴィエンチャン市）

国会議事堂

人民革命党の本部

ラオ・ヴェトナム自動車修理工場

タゴンに飼料工場

芸術センター［国内外のサーカス、民族舞踊などを上演。旧ソ連の援

助で建設]

民族文化センター

バス・ターミナル[日本の援助で建設]

ターゴーン、トンポンの自動車修理工場

小・中学校数百校

ヴィエンチャンのタラート・サーオ[朝市]

パークセーの市場

サヴァンナケートの市場

ノーンドゥアン[ヴィエンチャン市]の市場

ノーンチャン[ヴィエンチャン市]の市場

タゴン[ヴィエンチャン市]の市場

そのほかの市場

7階建ての銀行

その他の銀行

二つ星、三つ星、五つ星のホテル

ヴァンヴィエン[ヴィエンチャン県]のセメント工場(年間5万トン生産)

孤児院数ヵ所

上級公務員研修センター(県とムアンで)

ヴィエンチャンに1500戸の公営住宅および庁舎

これらは党と政府が常に国家公務員、警察、そして人民のことを配慮した上で建設したもので、人々はその結果に非常に満足している。

◇ 都市計画

この10年間、交通・通信・運輸・郵政省は次の各地域の都市建設のプランニングを進めてきた。

①北部ラオス

ルアンパバーン、ホアイサーイ[ボーケーオ県]、トンプン[ボーケーオ県]、ルアンナムター、ムアンシン[ルアンナムター県]、ムアンローン[ルアンナムター県]、ボーテーン[ルアンナムター県]、ウドムサイ、ブーンヌア[ポンサーリー県]、ムアンサムタイ[ホアパン県]、ムアンカム[シエンクアン県]、ノーンペット[シエンクアン県]、ラートブアック[シエンクアン県]、ラートホアン[シエンクアン県]、ムアンスイ[シエンクアン県]、ムアンクーン[シエンクアン県]、ノーンヘート[シエンクアン県]、サイニャブリー、ムアンピアン[サイニャブリー県]、ケーンターオ[サイニャブリー県]、パークラーイ[サイニャブリー県]、ホンサー[サイニャブリー県]

②中部ラオス

ヴィエンチャン市、シーホーム[ヴィエンチャン市]、ムアンサイターニー[ヴィエンチャン市]、サントーン[ヴィエンチャン市]、ムアンパークグム[ヴィエンチャン市]、トゥラコム[ヴィエンチャン県]、パークサン[ボーリカムサイ県]、ニョムマラート[カムムアン県]、ブアラパー[カムムアン県]、ターケーク[カムムアン県]、マハーサイ[カムムアン県]

③南部ラオス

サーラヴァン、ラオガーム[サーラヴァン県]、セーコーン、アッタプー、ムアンサイセーター[アッタプー県]

◘ 水道

社会が近代化するにしたがって、都市においても地方においても、水道設備は欠かせない重要な要素になってきた。人々からの設置要求もますます高まっている。そうした声に応じて、2年前にまずヴィエンチャン市とヴィエンチャン県の水道が改善、増設された。即ち、ヴィエンチャン市のタードゥア、ヴィエンチャン県のバーンクンに水道を設置、ヴィエンチャン市のナーサーイトーン、サイターニーにも水道のネットワークを拡大した。さらにノーンサ［チャムパーサック県］に地下水をポンプアップする機械を設置、ポーンサヴァン［シエンクアン県］にも水道を設置した。この他、北部ラオス７県と南部ラオス４県、ヴィエンチャン県ヴァンヴィエンに水道を設置し、現在都市に住んでいる人の40％以上が水道を使用している。

1995年の水道の造水量2304万7000m^3、1975年の38.865倍に増加（以下いずれも1975年との比較）

配水量1600万4000m^3、37.875倍

水道を使用した人19万6528人、491.32倍

水道料金収入21億6000万キープ

支出19億キープ

政府収入２億5946万7000キープ

前政権は水道による収入の数字は残していないので比較はできない。ただ、1974年の水道局の数は全国で４ヵ所だったが、現在では17ヵ所になっている。

❻友好諸国と国際機関からの援助

1979年、新路線に変更して以来、ラオスの交通・通信・運輸・郵政は友好国と国際機関から以下のような援助を受けた。

①無償援助　２億1298万6883ドル

②借款　　　２億9630万610ドル

これらの資金は交通・通信・運輸・郵政の諸計画にあてられ、各計画は段階的に徐々に実行されつつある。

ラオス政府は交通・通信・運輸・郵政に年間予算の13%〜18%を投入している。この20年間に政府が投入した総額は563億8360万キープ、外国からの援助総額は2275億8600キープである。国家予算の総額は2839億6900万キープだから年平均25%を投じたことになる。

交通・通信・運輸・郵政の収入は20年間に総額933億420万キープ、年平均46億6521万キープにのぼる。

◘ 社会主義諸国からの援助（1976〜85年）

①ヴェトナム

アスファルト舗装の道路　448km

橋　44ヵ所（全長1738km）

送電線　866km

暫定的な石油パイプ　255km

鉄製フェリー　6隻

商品運搬量　44万4700トン

以上を含む援助総額　14億8100万ドン

②旧ソ連

ナム・カディン川、ナム・グム川、セー・バンヒヤン川への架橋

自動車修理工場

衛星ステーション

国道9号

その他

計7500万ルーブル

③ブルガリア

セー・チャムポーン川［サヴァンナケート県］に架橋

390万ルーブル

④　ハンガリー

セー・サンソーイ川［サヴァンナケート県］に架橋

250万ルーブル

⑤　チェコスロバキア

セー・クムカーム川およびセー・タームワック川［ともにサヴァンナケート県］に架橋

1220万ルーブル

⑥ポーランド

51万600ルーブル

⑦キューバ

28万6000ルーブル

◘ 人材の育成・訓練

運輸・通信・郵政の分野における人材の育成は1980年から始まり、年平均10％～11％増加してきた。1975年には1008人を育成したが、1995年には7232人、つまり7.2倍になったことになる。現在、この分野の労働者はラオスの全労働者151万人の２％を占める。

専門家は、1976年には250名だったが、1995年には1832名と7.4倍に増加した。

❼21世紀の運輸・通信

この20年間、ラオス政府は民族国家の建設と保持につとめてきた。交通・通信・運輸・郵政の面においても、これまで述べてきたように、チンタナカーン・マイ［新思考］の方針に則ってさまざまな成果を収めてきたが、社会のニーズに適切に対処したとは言いがたい。それは、この国が自然経済から市場経済への移行期にあったのと、行政上の障害が存在したからである。国際的に見ても、その活動はまだ限定的で、広範で速やかな対応ができているとは言いがたい。パニャート・サムフア［慢性的な病］とパニャート・コーティープ［呼吸困難な病］を克服しないかぎり、ラオスは西側と東側とのバイパスとなる機会を失うかもしれない。

こうなった原因はわれわれが速やかな組織作りを徹底しなかったからだ。党は新しい路線へ切りかえる方針を打ち出したが、政府の政策としてはまだ国の潜在能力を完全には引き出していない。われわれは21世紀という進歩的な国際関係の時代における自分たちの立場を強く認識し、一致団結して自らを改善し、最善の方法を模索していかねばならない。

交通・通信・運輸・郵政の各部門を近代的に開発し、より高いレベルに保って、近隣諸国の技術水準に追いつくためには、知識ある人材を活用することが必要である。チンタナカーン・マイの思想を受け入れるのに障害のある政府職員に対しては、外部世界に対する考え方をうまく理解させなければならない。われわれは民族独立の意識を堅持しつつ、遅れた考え方を改善して、新しい組織作りに邁進しなければならない。

1996年から2020年までの交通・通信・運輸・郵政省の開発計画を、以下の３点を踏まえて、提言したい。

①経済・社会面の要求にしたがって、国家の長期的な展望を持つという必要性。

②21世紀における世界の新しい変化と市場の拡大という状況の中で、ASEAN諸国が東南アジアの経済の中心になるという認識。

③ラオスという国に特有の事情と現実認識。

全体の方針

①陸路を修復・拡張して、量的にも質的にも国際的なレベルに近づけ、交通しやすいようにする。

②水運では、特にメコン川の舟運を国内の標準的な運送サービスシステムに改善する。

③空路を国際的な水準にまで拡充する。

④鉄道による商品の輸送と人の移動のサービスを促進する。

⑤世界の近代的なテクノロジーを活用して郵政の水準を高める。

⑥都市の建設プランを必要に応じて改善し、秩序、安全、美観を確保する。

⑦地方の交通・通信・運輸・郵政のシステムを整備する。

ラオスがインドシナにおけるアジア・太平洋諸国の円滑なバイパスとなるために、そして開発途上国から抜け出すために、上記のように国内の交通・通信を開発・整備しなければならない。

◆陸路

近隣諸国と同じレベルに立つため、わが国の経済・社会の開発のレベルに合わせて、陸路の建設に力を入れる。経済成長の迅速化と国家の保安を考えると、2020年までの道路建設は次のようになるだろう。

①アスファルト舗装道路は1995年の2.5倍、6115kmになる。

②石で舗装した道路（乾季•雨季ともに利用可能）は2.2倍、1万1304kmになる。

③すべての道路では1.8倍、3万3560kmになる。

上記の方針を実現させるために、われわれは次の道路建設に資金を投入する。

①国道13号ルアンパバーン・サヴァンナケート・パークセー　平原第2級道路にレベルアップ

②ホアイサーイ・ルアンナムター・ウドムサイ・ムアンクーア・タイチャーン［ヴェトナム］　高原第4級道路にレベルアップ

③ドンヌーン・ナーペーン・プーカオクアイ・バーンチャー・タートム　高原第4級にレベルアップ

④国道7号プークーン・ポーンサヴァン・キアオヌア　高原第4級にレベルアップ

⑤国道８号　　高原第３級にレベルアップ
⑥国道第12号バーンボー・ナーカーイ・マットカー（ヴェトナム）　高原第３級に修復
⑦国道第９号　　高原第２級にレベルアップ
⑧パークセー・サーラヴァン・セーコーン・アッタプー　　高原第３級にレベルアップ
⑨国道第18号ピアファイ・ヤーラーイ・クアントゥン　　山間第３級道路を建設
⑩ヴィエンチャン市からメコン川岸に高原第４級道路を建設　　サーナカーム・バーンドーン・パークラーイ
⑪ラオス・タイ国境　　パークベーン・ウドムサイ・ヴェトナム国境に山間第３級の道路を建設
⑫ボーテーン・サイニャブリー・ホンサー・タースワン・パークベーン高原第４級道路の建設
⑬ヴィエンチャン市ならびに各県の幹線道路を第１級の標準道路および特別級道路にレベルアップ
⑭地方道路の石で舗装された２季節道路１万1304kmの修復
⑮市と市、村と村をむすぶ道路１万6140kmを収穫季節にも乾季にも使えるように新たに建設

全体的に言うと、2020年までに国内の基幹道路はすべてアスファルトで舗装し、高原第４級道路にする。また、国際線道路にそってメコン川にさらに橋を建設する。

鉄道は次の箇所に建設すべく努力すべきである。

①ヴィエンチャン・ノーンカーイ
②ヴィエンチャン・ヴァンヴィエン・プークーン・ルアンパバーン・中国
③プークーン・シエンクアン・ヴィエンチャン・チャムパーサック

◆ 水路と空路の整備

水路については次の点を留意して整備する。

①メコン川をサヴァンナケートからバーンサイ（ラオス、中国、ミャンマーの国境）まで通年利用できるよう整備する。

②大都市のメコン川岸の護岸工事をする。特に崩れやすい所を集中的に。

③メコン川にいくつか港を作る。特に北部ラオスに10ヵ所永久港を建設し、貿易、商品運搬、観光等のサービスに活用する。

④メコン川の変化状況について、定期的にデータをとるシステムを設置する。

⑤メコン川の支流全体の環境を運搬・輸送サービスのために改善する。

空路については次の点に留意したい。

①各県の飛行場の設備を中・小型の飛行機が利用できるように改善する。

②ワッタイ飛行場、ルアンパバーン飛行場、パークセー飛行場をレベルアップし、大型飛行機が利用できるようにする。

③大型飛行場を１ヵ所作る。

④ラオスの航空会社をレベルアップして、空路を拡大する。その中にはヴィエンチャンからホンコン、東京、ソウル、ピョンヤン、シンガポール、ヤンゴン、ニューデリー、パリへの直行便が含まれる。

運輸全般の目的をまとめると次のようになる。

①鉄道による商品運搬と旅客運搬サービスを始める。

②商品運搬の水準を年平均12%～15%上げる。

③国内の陸路・水路・空路の運輸をレベルアップする。国内の都市間の移動時間を平均30分、都市以外では平均２時間短縮する。

④近代的な運輸組織を設置し、ツアーのセットを作って、国内外の旅行者の便宜を図る。

◇ 郵便と通信

郵便については次の点に留意したい。

①全国のムアン［都市］、および人口500以上のバーン［村］の30％に郵便局を作る。さらに、ムアンの局内に支局とポストを設置する。

②国内のムアンでは公的な郵便物が2日以内に着くようにする。

③全国各ムアンに速達のシステムを増やす。

通信の目的は次のようになる。

①全国平均で国民1000人に1台､都市の住民で100人に6台の割合で電話機を普及させる。2020年までに電話台数を45万台とし、全国各ムアンとヴィエンチャン、海外の自動通話が可能なようにする。

②ルアンナムター県からパークセー県まで近代的な通信システムを作る。

③ウドムサイ・ポーンサヴァン・カムクート・サヴァンナケート・サーラヴァン・セーコーンの間にマイクロウェーブ回線を作る。

④衛星とケーブルのシステムを通じて、外国との通信を現在の1500回線から2000回線にレベルアップする。

⑤地方の経済活動の中心地に通信システムを設置する。衛星通信とケーブル・システムを利用して、全国の村々の30％が通信可能になるようにする。

⑥光ファイバーで中国からシンガポールまで通信する。

◇ 都市計画と水道、および人材の育成

①住宅と生活……すべての人が適切な住居と公共サービスを受けられるようにする。

②都市計画と環境……都市の秩序と衛生、治安を保証し、環境を恒久的に保全する。

③水道……全人口の90％､大都市とその郊外では住民の100％が水道を利用できるようにする。

生産性の向上を図るため、人材を育成する必要がある。

①学士、修士、博士の資格を持つ人材を育成し、国の運営に役立てる。

②2020年までに近代的な技術を持つ専門家と高水準の行政官吏を育成しなければならない。

以上述べた過去の実績と将来の長期的な展望は、交通・通信・運輸・郵政省と全ラオス国民が力をあわせて作り上げたものである。党と政府、すなわち国民全階級の理解によれば、交通・通信・運輸・郵政と経済開発は切っても切れない関係にある。われわれはこれからも不断に努力してこの分野の向上に努めなければならない。[竹原茂訳]

第16章

マスメディア

ヴァン・スート

扉写真・ヴィエンチャンの書店（島崎一幸）

ラオスのマスメディアの誕生と発展は、歴史上の出来事、経済、政治、文化、社会と密接な関係があるが、現状では隣国タイ、ヴェトナムに遅れをとっている。

❶ラオスのマスメディアの歩み

ラオスのマスメディアの発展段階は次の４つに分けられる。

◘ 1893年以前の段階

14世紀にファーグム王は全ラオスを１つの王国に統一した。その名はラーンサーン王国である。ラーンサーン王国はメコン川の両岸を版図とし［現在のタイのイサーンを含む］、14世紀から17世紀にかけて非常に繁栄した。シャムやビルマの侵略にも堪え、芸術、文化は光り輝いた。現在も使われているラオ文字で書かれた有名な文学には次のようなものがある。

①歴史的な文学……クン・ブーロム王の物語
②仏教文学……パヴェートサンドーン物語、ターオ・シートン物語、その他
③説教文学……タンタイ嬢物語、シヨウサヴァート物語、カーブ・プーソーンラーン・ラーンソーンプー（祖父は孫に教え、孫は祖父に教えるという詩）、インティニャーン・ソーンルーク（インドラ神＝パ・インが子供に教えるという詩）
④韻文小説……ターオフン・ターオチュアン物語、シン・サイ物語、その他

ラーンサーン王国の時代、ラオスの文化・社会はすばらしく発展し、17世紀にはアジアの中でも中心的な繁栄を見せた。シャムとカンボジアからは仏教僧や見習い僧が多数ラオスに勉強しにやってきた。

この時代、ラオスにはまだ近代的な印刷設備はなかったが、ラオスの文化・社会と外の世界［タイ、カンボジア、ビルマ、中国、フランスなど］がつながる条件はあった。したがって、ラオスの基本的なマスメディアは近隣諸国と同じレベルで発展した。

しかし、残念ながら、外部からの侵略という過酷な体験を味わうことになる。ラオスは1778年から1779年にかけて、完全に独立を失ったのである。首都ヴィエンチャンは侵略者［タークシン率いるシャム軍］に襲われ、文化の基盤、貴重な文化的財産、そして精神までもが徹底的に破壊された。貴重な文物、文学、バイラーン（貝葉）［19章参照］で書かれた書物、知識人、技術者、一般国民までが多数シャムへ持ち去られ、連れ去られた。これらのラオス文化は——ラオスの伝統的な楽器ケーンを吹くことさえ——国内での普及を禁じられた。エメラルド仏像とパバーン仏像（立像）は、ラオス文化の魂として尊崇された国家的な財産だったが、この２つもシャムに持ち去られた。

1807年、ヴィエンチャンを復興させたチャオ・アヌヴォン王は豪壮な宮殿を建造した。王はシーサケート寺院を復旧、改築し、現タイ領のノーンカーイにシーブンフアン寺院を造営した。こうしてチャオ・アヌヴォン王はラオスの人々を精神的な統一に向けてまとめあげ、ラオスに対する愛国心を復活させた。

1825年、チャオ・アヌヴォン王はタイのサラブリーに連れ去られたドゥワンカム王女、ラオスの舞台女優、その他多数のラオ人家族を帰国させてくれるようシャム国王に懇願した［現在バンコクを流れるセーンセープ運河はこのラオ人たちが掘った。セーンセープは「とても痛い」という意味で、ラオ人にとっては「うらみ骨髄に徹する」感がある］。しかし、シャム王はこれを断り、ラオスの人々はシャムに対する悔しさと不満を募らせた。２年後、チャオ・アヌヴォン王は独立を取り戻すべく、人々とともにシャムの支配に対して立ちあがった。しかし、戦いはラオスに利あらず、シャム軍に敗れて王は囚われ、バンコクで憤死する。

ラオスの社会と文化は再び暗い運命に落ちた。繰り返し繰り返しシャムに破壊され、強奪された結果、ラオスの社会は停滞し、マスメディアの発展する条件も制限された。

1893年からは、ヴェトナム、カンボジアにフランスが入ってきて、ラオスにも手を伸ばした。フランスはラオスを支配していたシャムと協定を結んで、ラオスを分割した［フランス・シャム条約。131ページ参照］。メコン川の左岸、サイニャブリー県とチャムパーサック県はフランスの保護領となり、右岸はシャムの領土となった(現在のイサーン)。ラオス人にとっては暗く辛い時代だった。

民族の存亡をかけて、人々は対フランス、対シャムという両面の戦いに立ち上がった。シャムの大タイ主義は、フランスの支配下に入ったラオスに対して権力の拡大を続けていた。ラオスはシャムと戦い、フランスの植民地搾取と戦い、この両面の戦いは必然的にラオスの民族解放運動につながっていく。

◘ 1893〜1954年

シャムの大民族主義とフランスの植民地主義はラオスを荒廃させたが、フランスへの抵抗運動も起きている。1902年、サヴァンナケートのポー・カドゥアットの抵抗運動から始まり、1901〜37年のオン・ケーオとオン・コムマダム、1916〜20年のヴィエンチャンにおけるナイクー・カム［カム先生］、1918〜22年のラオス北部におけるチャオファー・パットチャイ［モン族］の抵抗運動と続き、ラオとモン以外の民族も対フランスの戦いに立ち上がった。

1930年、インドシナの民族解放を指導すべく、ラオス、ヴェトナム、カンボジアにインドシナ共産党が設立された。ラオスにおいては、社会状況の変化が、人民が自らを解放しようとする抵抗運動を拡大し、加速させた。インドシナ共産党とラオス国内の民族解放運動という２つの流れの拡大は、外部の侵略に対するラオ人の抵抗精神を鼓舞した。

そして、この時、ラオスのマスメディアの基礎が形成された。ラオスの伝統・習慣に則って、バイラーンに署名なしで書かれた文章が、たとえば寺院のお祭りの時などに読み上げられたり語られたりした。この非公式(匿名性）のメディアで、「レーン・ラム」［おおとかげの話]、「ナングスー・イントック」などの韻文の物語が、ラオ人民の戦いの精神を力づけた。これがラオスのマスメディアの誕生である。

当時、ラオ人民の直接の敵は新たな植民地支配者フランスだったが、こうした動きは、間接的に、メコン右岸を支配下に置いたシャムに対してヴィエンチャンを中心に抵抗運動が強まるきっかけになった。

1941年になると、非公式のメディアがますます民衆の間に広まった。一方、フランスの行政下にあったラオス政府は『ラーオ・ニャイ』［偉大なるラオス］という新聞を発行した。この新聞はフランス語版がメインで、ラオ語版は二の次だった。

他方、フランスに抵抗する側、パテート・ラーオはインドシナ共産党の指導のもとに『ペオファイ・トーターン』［抵抗の炎］を発行した。これは1946年10月に中部ラオスの解放区で作られた。さらに、1948年、『サーマキータム』［正義の統一］と『クーサート』［民族解放］という謄写版の新聞が中部ラオスで、その後『バンファイ・ラーオ』［ラオスのロケット］という壁新聞が北部ラオスのサイニャブリー県とルアンナムター県で発行された。1950年には、パテート・ラーオ側のラオス政府の宣伝文化局から『ラーオ・イッサラ』［自由ラオス］という新聞が発行された。この新聞はラオス共産党が指導した、かなり規模の大きい、抵抗のための新聞であった。

ヴィエンチャンのほうでは、『ラーオ・ニャイ』紙は『ラーオ・チャルーン』［発展するラオス、あるいはラオスばんざい］と名称が変わった。また、フランスによるラジオ放送も開始された。フランスの影響下にいくつかの文化的な組織――劇団グループ、音楽グループ、婦人グループ、青年団が作られたが、あまり広く宣伝活動はできなかった。1953年８月には初めての月間雑誌『ヴァンナカディー・サーン』［文学雑誌］が誕生した。

1954年、フランスはディエンビエンフーの戦いに敗れ、2月27日、ジュネーブ協定が結ばれて、インドシナ3国は独立を奪い返した。ラーオ・イッサラ［自由ラオス］議長スパーヌヴォン首相は、ジュネーブ協定の遵守とラオ人民相互の互恵互助を呼びかけた。

◘ 1954〜1975年

ラオスの人民どうしが仲良くやっていくという強い希望は夢に終わった。ジュネーブ協定締結後まもない1954年10月20日、アメリカの策謀によってスヴァンナ・プーマ政権が倒され、アメリカ寄りの政策をとるカターイ・ドーン・サソリット首相が登場した。この時、アメリカは早急に軍を強化するために軍事顧問団をラオスに送り込んだ。そして、カタイ政権を支配するためにUSOM（ユーソム）［アメリカの援助団体］を通して、以下のように多額の援助をつぎ込んだ。

1954〜55年	5300万ドル
1955〜56年	5170万ドル
1956〜57年	2億7455万ドル
1957〜58年	22億7120万ドル

1957〜58年には、アメリカはヴァン・パオ特別軍［モン族］の組織に援助し、その翌年にはラオス王国軍に対する援助の10倍にのぼる額を与えた。ラオスでの「特別戦争」はエスカレートし、戦火はラオスの歴史上かつてないほど拡大した。

ヴィエンチャン政府寄りのマスメディアはアメリカの支援の下、ヴィエンチャン市内に集中していた。民間のメディアと政府直接のメディアがあったが、その背後にはそれぞれヴィエンチャンの政治家がついていた。

【新聞】

『サート・ラーオ』［ラオ民族］

『サイカーン』［中立］

『ラーオ・サマイ』［現代ラオす］

『シエン・セリー』［自由の声］
『ヴィエンチャン・ポスト』
『ラーオ・プレス』
『タムルアット・サンパン』［警察通信］
『シエン・コン・コンタップ』［軍隊の声］
『週刊ラーンサーン批評』

【月刊誌】

『ピトゥーポム』［祖国］
『プアン・ケオ』［大切な友］
『パイナーム』［とげある竹＝ラーンサーン王国の以前の呼称］
『クワン・フアン』［家の魂］
『ピン・ラーオ』［ピンはラオス古来の楽器］

ラジオ放送については、フランス時代に作られた放送局を、アメリカがヴィエンチャン、サヴァンナケート、ルアンパバーン、パークセーに作り直した。さらに、ヴィエンチャン市のポンケーンの軍基地に心理作戦部隊のラジオ局が、チナイモーの第５司令部にも軍のラジオ局が、ノーンサパーンレーンに交通局のラジオ局が、ノーンドゥアンに通信放送局がそれぞれ作られた。ローンチェン［現在のサイソムブーン］の第11司令部のラジオ局では、ラオ語、モン語、クム語の３言語で放送されていた。

ラオスの特別戦争はますます激しくなった。共産側のネーオ・ラーオ・イッサラ［自由ラオス戦線］勢力はネーオ・ラーオ・ハックサート［ラオス愛国戦線］と名称が変わった。

共産側のマスメディア戦略は、ヴィエンチャン政府のようにラオス各地に拠点を作るというのではなく、１ヵ所にまとめていくというものだった。ネーオ・ラーオ・ハックサートはあちこちのマスメディアを解放地区の１つのメディアに集中させた。

『ラーオ・イッサラ』［自由ラオス］紙は『ラーオ・ハックサート』［ラオス愛国］紙に変わり、1960年８月13日にはホアパン県に初めてパテート・ラーオのラジオ放送局が設立された。

1962年に、スヴァンナ・プーマを中心とする中立派とブン・ウムを中心とする南部の右派、そしてネーオ・ラーオ・ハックサートの［第２次］３派連合政府が成立した。この政府の拠点はシエンクアン県カンカイで、この時カンカイにラジオ放送局ができた。また1965年、パテート・ラーオは『コーンタップ・ポットポーイ・パサーソン・ラーオ』［ラオス人民解放軍］紙を発刊した。

1975年、ヴェトナムを主舞台とするインドシナ戦争、そしてラオスの特別戦争、カンボジアの内戦が終結した。同年12月２日、ラオス人民民主共和国が成立、アメリカの植民地から解放されたラオ人民がついに独立国家を獲得するという目的を実現したのである。ヴィエンチャン体制のマスメディアは、数十種に及ぶ新聞・雑誌、９ヵ所のラジオ放送局がただちに活動を停止させられた。

◘ 1975年から現在まで

ラオス愛国戦線側のマスメディアとしては、解放区の『ラーオ・ハックサート』紙、『コーンタップ・ポットポーイ・パサーソン・ラーオ』、「パテート・ラーオ」ラジオ放送局、「中立愛国勢力」ラジオ放送局などがあったが、いずれも新しい政府のメディアとして機能することになった。ただし『ラーオ・ハックサート』は『パサーソン』［人民］に『コーンタップ・ポットポーイ・パサーソン・ラーオ』は『コーンタップ・パサーソン・ラーオ』［ラオス人民軍］に名称が変わった。「パテート・ラーオ」ラジオ放送局と「中立愛国勢力」ラジオ放送局は合併して「ラオス国立放送局」となった。

「ラオス人民民主共和国」政府と「ラオス人民革命党」は①平和、②独立、③民主主義、④統一と繁栄、をモットーに国をリードし、外の世界に対しては、相互に平和、独立、領土を尊重し、互恵互助、内政不干渉を基本として世界人民と友好関係を結ぶという方針で門戸を開くことにした。そのため、ラオスのメディアは以前より拡大することになった。その中心となったのは、次の３つの日刊新聞である。

『パサーソン』［人民］

『ヴィエンチャン・マイ』［新ヴィエンチャン］

『カオサン・パテート・ラーオ』［パテート・ラーオ通信＝KPL］

週刊新聞としては次のようなものがあった。

『パサーソン・ヴァンアーティット』［日曜版・人民］

『ヴィエンチャン・タイムズ』［英語新聞］

『ヴィエンチャン・トゥラキット』［ヴィエンチャン・ビジネス］

月刊雑誌と季刊雑誌は次のとおりである。

『シエン・ケーン・ラーオ』［ラオスのケーンの音］

『メーニン』［婦人］

『サーオ・バーン』［村人］

『ヌム・ラーオ』［ラオス青年］

『ヘーンガーン』［労働］

『カーオ・トゥラキット』［ビジネス・ニュース］

『カーオ・サイニャブリー』［サイニャブリー・ニュース］

『カーオ・バイラーン』［バイラーン・ニュース］

『ヴァラサーン・ヴァンナシン』［文学美術雑誌］

『モラドック・ラーンサーン』［ラーンサーンの遺産］

『ヴァラサーン・カングン』［金融雑誌］

『ヴァラサーン・オンカーン・ヴィッタニャーサット』［科学雑誌］

『スックサー・マイ』［新教育］

『スカー・スックサー』［保険教育］

『アハーン・レ・ヤー』［食事と薬］

『マハーヴィッタニャライ・ヘーンサート』［国立大学］

ປະຊາຊົນ
ປີທີ 41
13-2-1991
4836

『パサーソン』紙（竹原茂）

『コーサン・パック』［党の建設］
『コーサナー』［宣伝］
『タナカーン・ホアム・パッタナー』［共同開発銀行］
『トンティアオ・ラーオ』［ラオス観光］
『ヴァイデック』［青少年］
『プーテーン・パサーソン』［人民の代議士］
『カーンムアン・カーンポックコーン』［政治と行政］
『ドーク・チャムパー』［チャムパーの花＝ラオス国花］
『サヴァン・パッタナー』［サヴァンナケート開発］
『チャムパー』［チャムパー：チャムパーサック地方だけの雑誌］

その他合計36種。発行部数は最高で１万2000部、最低で1500部である（現在『パサーソン』は１日１万2000部発行されている）。

ラジオ放送局は現在ヴィエンチャンに２局、地方に10局、計12局ある。

さらに、マスメディアの技術の進歩と普及にともない、1983年12月3日、ラオス政府はテレビ局チャンネル9を設立し、その後日本から専門的な技術設備などの援助を受けて内容を改善した。日本政府と日本国民からの多大な援助は、ラオス政府とラオス国民にとって貴重な贈り物となった。それはラオスと世界の国々との友好関係の表れでもある。

1995年、ラオス政府はさらにチャンネル3を設立。現在は中央放送局と全国17県の地方放送局をあわせると、15のテレビ放送局が作られており、中央放送局から地方放送局を中継してラオス各地に放映している。

政府はまた、現在、衛星放送用の地上局を建設中である。これは将来、外国との情報交換に大きな力を発揮するだろう。

ラオスのマスメディアの歩みをふりかえってみると、それは常に、苦難に満ちたラオスの歴史の中で社会、経済、文化、政治の困難な歩みとともに発展してきたことがよくわかる。その状況は平和な他の多くの国々のマスメディアの発展の歴史とはまったく異質なもので、特にラオスのマスメディアには他国のような商業的な要素は全く存在しなかった。また、ラオスでは少数民族のためのマスメディアが発展し、質量ともに拡大して現在に至っていることも特筆すべきであろう。

❷ラオスのマスメディアの役割

マスメディアは望むと望まないとにかかわらず、常に政治と結びつくものである。どんな時代でも、どこでも、なにかの政党に利用され、その政治路線に従わざるをえない。

ラオスのマスメディアはラオスの歴史の歩みに従って、困難な状況の中、さまざまな分野で発展してきた。ここでは、ラオスのマスメディアが果たしてきた役割をラオスの歴史に沿って述べてみたい。

◘ タイトルと内容について

ラオスのマスメディアに内容に応じて名称をつけるのは、他国のように簡単なことではない。政治的あるいは軍事的なマスメディアでも、内容やタイトルにはラオスの美術・文学を取り入れなければならないし、美術や文学のメディアには政治が取り入れられなければならないからだ。いずれにせよ、ラオスのマスメディアの一番重要な特徴は、各地方ごとにその内容が異なるということである。このような基本的な条件を踏まえて、次のように整理してみたい。

①政治・行政と社会のメディア
②軍事に使用されるメディア
③美術・文学・文化のメディア
④技術・科学・環境のメディア
⑤経済のメディア

1941年から1954年までのラオスは、植民地主義との戦いという政治状況にあった。インドシナ共産党の指導の下に貧しい民衆がフランスに代表される近代軍事権力と戦うという形で、歴史は展開してきたのである。そして、第２次世界大戦が勃発した。日本はフランスの権力を奪取すべくインドシナで大戦に参入した。フランスは以前よりシャムと敵対関係にあったので、日本はシャムの背後に立ってフランスと戦うかたちになった。こうしてフランスは、ラオ民衆と日本という２つの敵と戦わなければならなくなった。

この時、インドシナ共産党が指導する「秘密の」マスメディアが現れた。フランスはポー・カドゥアット、オン・ケーオ、オン・コムマダム、ナイクー・カム、チャオファー・パットチャイなどのラオスの英雄と戦うだけでなく、人民の秘密のメディアも相手にしなければならなくなった。そして、この戦いに微妙にからんでいたのが、大タイ主義の問題である。

当時フランスの行政下に発行されていた新聞『ラーオ・ニャイ』は、名前はきれいだが、この２つ、すなわちフランスと大タイ主義という２羽の鳥を１発の銃弾で打ち落とすという意味を持っていた。『ラーオ・ニャイ』はラオス全体を統一して大タイ主義と戦うというスローガンとして、またラオ愛国者を糾合する手段として、政治的に使われたのである。しかし前述のように、この初めての新聞『ラーオ・ニャイ』もフランス語がメインで、ラオ語は二の次だった。

『ラーオ・ニャイ』に「ラーオ・ハックサート」という詩が載ったことがある。

フランスはわれわれを貧困から救ってくれた。われわれを目覚めさせ、道を示してくれた。
われわれは急いで行列に加わり、行進しよう。
起きよ起きよ、ラオ人よ早く起きよ。
貧困を乗り越えよう、復興によって。
フランス人はわれわれの先生だ。喜んでわれわれの面倒をみてくれ、われわれを支援してくれる。

フランスは本当にこの詩のように、ラオ人および少数民族の人々を援助したのだろうか——。当時、ラオスの人々はシャムの重いくびきの下にあえいでいた。国土は破壊され、生活の基盤である農牧業の水準も低くて、人々は自然経済（採集経済）に頼らざるをえず、非常に貧しかった。しかしフランスはそのラオスに何をしたか？　人間的な生活さえできないほど貧しいラオス国民からフランスは税金を徴収したのである。たとえば人頭税として、１人１人が年間の税を支払わなければならない。鉄砲、水牛、牛、豚、犬、アヒル、ニワトリ、馬、畑、土地、食料などにも税がかけられ、賦役として１人が１年に15日働かなければならなかった。

人々はさらに、フランス行政下のラオス役人にも搾取された。１年間に１人あたり５日間の労働を提供しなければならなかったのである。ある区

[ターセーン。この区分は現在では使われていない]では、１人のラオス役人が400家族、つまり５村～10村の人民を自分の裁量下においていた。平均すると、１人のラオス役人は1000人の労働力を持っていた。それは、１年間に４トンの米、20kgの阿片、400本の酒、400羽のニワトリに相当する。

こうしたことで、ラオスの人々はますます貧しくなった。税金を払うためには子供を売らなければならないこともあり、人々は丸裸になり、家族はばらばらになった。しかし、税金を少し減らしてほしいなど、言いたいことを言う自由もなかった。こうした人々の暮らしは、前記のようなフランス支配下のメディアに発表された詩とは似ても似つかなかった。

しかし、フランスの厳しい検閲にもかかわらず、『ラーオ・ニャイ』紙でも、ラオ人意識を持った一部の人は、文学（芝居）の形で自分たちの意思を伝えようとした。たとえば『バー・ニョット』［権力の亡者］という芝居は、パニャー［侯］・サムマリットが地位が高くなると自分の富を追い求めることに夢中になり、バー［亡者・愚か者］・ニョット［権力］となって、国民のことは全く考えなかった、という内容だ。

タロック［喜劇］も作られた。たとえば「バープ・ライ・ヴェーン・タン」[因果応報]は、権力を持っているのに正義はないという人のことを描いている。彼は正しい行動をしている人に罰を与え、最後は自分のほうが罰を与えられる。

1953年、マハー・シーラー・ヴィーラヴォン師が編集主幹となって、『ヴァンナカディー・サーン』［文学雑誌］を発行した。この人はラーオ・イッサラ運動に参加したことがあり、現在使われている国旗のデザイン制作にも加わっている。フランスの支配下では、ラオスの国民の心を鼓舞するようなことを自由に表現するわけにはいかなかった。そこで、マハー・シーラー・ヴィーラヴォン師は古代文学の形で人々の愛国心の深いところに訴えようとした。1957年まで、バイラーンから一般ラオ語になおした文学あるいは文化に関する記述を『ヴァンナカディー・サーン』に掲載し、また本として出版したのである。それは、次のようなタイトルである。

「サーン・ルップパスーン」(ヴィエンチャン風の詩)
「ターオフン・タオチュアン」[ターオフン・タオチュアン物語]
「サン・シンサイ物語」
「カムピー・タンマサート・ブハーンラーオ」[ラオス古代の道徳科学の教本]
「タンタイ嬢物語」
「ラオス王統史」

1955年から1975年の間、アメリカ側に立つ王国政府側とパテート・ラーオ側の両陣営の熾烈な戦いが続いた。アメリカはジェット機などの近代航空機でパテート・ラーオを攻撃した。B-52による攻撃もあった。プー・セー山、プー・バオ山、プー・ラヴェーク山［ヴィエンチャンの東］などには、飛行機から化学兵器をばらまいた。

ヴィエンチャン側［王国政府側］のマスメディアとしては、日刊紙、雑誌、その他15種の刊行物、そして９ヵ所のラジオ放送局があった。これらのマスメディアはすべて、ラオス愛国戦線とヴェトナム社会主義共和国に悪のレッテルを貼って攻撃した。

ヴィエンチャン側のマスメディアは複数政党制によって誕生したものであり、それぞれのメディアの背後に政治家がいて、操作していた。しかし、そのようなことをメディアは明らかにしていない。事件、出来事の報道を利用して、ヴィエンチャン側に都合のいいように書いた。たとえば『ラーオ・サマイ』［現代ラオス］紙475号の見出しは次のようなものである。

「サーラヴァンの住民は（パテート・ラーオの弾圧に）堪えられず、（ヴィエンチャン）政府側に頼ってきた」

新聞記事の内容は次のとおりである。

「1970年７月29日10時頃、サーラヴァンの知事ヴァーン大佐は（中略）この県の難民162世帯688人を視察した。そして（ヴィエンチャン政府は）パークセーに113家族350人を連れていった。コンセードーンの方には、219世帯445人が保護された。これらの難民にラーオ・サマイ紙の記者が取材したところ、彼らは異口同音にラオス愛国戦線の弾圧に堪えられない、だから赤ん坊から子供までが政府に保護を求めてきたと語った」

この記事はラオス愛国戦線の弾圧の内容について詳しく書いているわけではない。本当は、この移動はラオス愛国戦線の弾圧などによるものではなく、ヴィエンチャン政府のほうが軍隊を動かして人々を移動させたのだ。他県でも、同様の強制的な大量移動が起きている。

1973年には両陣営が交渉を持ったが、それまで難民と言われていたラオス国民の一部がヴィエンチャンでデモをした。彼らは自分の故郷、つまりラオス愛国戦線のエリアに戻りたいとアッピールしたのである。『ラーオ・サマイ』の記事とは逆ではないか。彼らはヴィエンチャン政府に反対しているのだ。デモのあと、交渉の結果、難民は飛行機でシエンクアン県など、ラオス愛国戦線側の故郷に戻っていった。

1971年１月４日から13日の間のわずかの期間だが、『ピトゥープーム』[故郷］という新聞に次のような見出しがあった。

「世界は北ヴェトナムに捕らえられたアメリカの捕虜のことを憂慮している」

これは、北ヴェトナムがアメリカの捕虜に対して非人道的だという記事である。だが、これも事実とは逆なのだ。北ヴェトナムは捕虜を無事アメリカに返した。戦争終了時、釈放された捕虜たちがみんな元気で、太っていたのは、世界の人々の目を欺くことのできない事実である。捕虜引き渡し式の時の映像は、北ヴェトナムがアメリカに対していかに人道的だったかを如実に物語っている。

その他にも、次のような見出しがある。

「（当時の）スヴァンナ・プーマ首相が、ラオス愛国戦線がヴィエンチャン政府に対して交渉するのにふさわしくない態度を示したと語った」

「敵［ラオス愛国戦線］がパークター［ボーケーオ県］を３時間にわたって攻撃」

「ソ連と中国のラオスに対する姿勢が……」

「ラオスが北ヴェトナムといっしょにやっていくのは売国行為である、と国王が語った」

「ラオス愛国戦線の陰謀がある」

「モン族の軍が……」

「北ヴェトナム三個大隊がホアイサーイを攻撃……」

「ボーラヴェン高原が流血の戦場に。北ヴェトナム兵151名死亡」

「心理作戦は敵に打ち勝つ１つの武器である」

わずかの間に、ラオス愛国戦線を攻撃する見出しが多数現れた。しかし、どれも十分な根拠はなかった。なぜなら、ラオス愛国戦線の正義がより大きいからである。それは、アメリカと組んでアメリカの植民地となった王国政府の崩壊を示すものである。愛国戦線は小さな軍隊と多数の人命によって大きな勝利をおさめ、1975年ラオス人民民主共和国を打ち立てたのだ。ヴィエンチャン側のメディアは自分たちに有利な時間と場所を利用して、事実であるかのような報道を行なった。しかし、その空疎な内容を読者は信じようとはしなかった。たとえば先述の「敵がパークターを３時間にわたって攻撃」という見出しのあとには、こう書かれている。

1970年12月25日、敵は政府軍の基地パーコークに大砲を打ち込んだ。政府軍は反撃し、敵は攻撃をやめた。(『ピトゥープーム』1971年１月５日)

これはあまりにも表面的な記事で、具体的なことはなにも書かれていない。おそらく政府軍側の損害が非常に大きく、士気が落ちないように事実を隠したのであろう。

「ボーラヴェン高原が流血の戦場に。北ヴェトナム兵151名死亡」のあとにはこう書かれている。

1971年１月８日、政府軍は敵に損害を与えた。数時間の戦闘のあと、北ヴェトナム軍は151名の死者を残して退却した。戦いには空軍のT-28が参加、敵はばらばらになって逃げる時、武器を置いて行った。鉄砲40丁、……それから政府軍は北ヴェトナム兵３名を捕虜にした。敵は擲弾筒、大砲、戦車を使って戦った。

記事はこのあと、戦いはヴィエンチャン政府の勝利に終わったと書いている。しかし、ヴィエンチャン側は北ヴェトナムの本当の戦力を把握していなかったのと、情報を得るのが遅かったため、このような記事を書かざるをえなかったのだろう。士気を失って戦場から逃げたので、正確な情報を入手できなかったのである。

その後、事実が明らかになった。1971年１月20日、ラオス政府はボーラヴェン高原で北ヴェトナムに破れたのである。政府側の新聞はそれまで「ラオス人民解放軍」または「ラーオ・デーン」［赤いラオス］という表現を使っていたが、この時は「ヴェトナム」と言った。ヴェトナム社会主義共和国がラオスの敵だということを人々に理解させるという目的があったのである。

戦争の過去を思い出すと、ヴィエンチャン側には近代兵器や運搬手段、たとえばヘリコプターやさまざまな種類の戦闘機があった。しかし、軍人の精神力に問題があった。彼らはカネで雇われた軍隊で、領土を守るために精神力で戦う軍隊ではないからだ。逆にラオス愛国戦線の兵隊は、兵器や運搬手段には問題があっても、過去の過酷な状況から国を解放するという目的のために本気で戦った。ラオ人はフランス時代に税金を払うために家を売ったり子供を売ったりしたのに、ついにはアメリカの植民地になりさがってしまったのだ。戦場では、アメリカの支援に頼りきっていたヴィエンチャン政府軍があちこちの基地に兵力を分散していたので、愛国戦線は攻撃しやすかった。ヴィエンチャン側にはタイの兵隊も入っていたが、損害が大きいのは明白だった。

当時、ヴィエンチャン側のマスメディアは、報道するにあたって、日にちと場所を読者に信用させるような小手先の技を駆使した。しかし、真実を隠したり、事実の報道に徹していなかったりした。そのことがヴィエンチャン政府およびそのマスメディアの崩壊につながった。しかし、真の愛国心を持った作者によって書かれた文学や美術は、人民民主主義の正しい路線に沿って、進歩的なラオスの全世代にわたって受け継がれている。

インドシナ共産党の指導下にあるマスメディアには、『ペオファイ・トーターン』[抵抗の炎]、『サーマキータム』[正義の統一]、『バンファイ・ラーオ』[ラオスのロケット]、『ラーオ・イッサラ』[自由ラオス]などがあった。こうした新聞の目的は、ネーオ・ラーオ・イッサラ[自由ラオス戦線]の政治路線に基づき、①帝国主義の支配から脱すること、②外国の侵略から脱すること、③全ラオ人民統一という政策、④(オーストラリアの学者マーティン・スチュアート・フォックスが言ったように)新生ラオスの新愛国主義を作ること、であった。

『カイソーン・ポムヴィハーンとラオス統一の研究』には次のようにのべられている。

「(パテート・ラーオ)運動はその誕生から、まず第1にラオスの民族の独立のために戦うという目的があった。さらに、第1回政治会議の政治計画には、ラオスの独立の宣言、統一と連合政府の実現……などを謳っている。この政治計画はまた、すべての民族の間の平等とラオス国民の統一を呼びかけた。それはラオス人民革命党の指導の下で新しいラオ民族の心をつくりあげる手段であった」

パテート・ラーオの目的はラオスの全民族の国家を作ることであり、そのために30年間の戦いの間、絶え間なく努力してきた。それはフランスやアメリカと組んで戦ってきた王国政府の考え方とは全く異なり、それが1975年の最終的な勝利の重要な要素であったことは言うまでもない。

以上述べたような政治路線を基本に、パテート・ラーオは9年間(1946～54年)のフランスとの戦いを指導し、さらに20年間(1955～75年)のアメリカとの戦いに勝利を収めて、ラオス人民民主共和国の樹立を宣言したのだ。ネーオ・ラーオ・イッサラはネーオ・ラーオ・ハックサート[ラオス愛国戦線］に変わり、マス・メディアも『ラーオ・イッサラ』［自由ラオス］が『ラーオ・ハックサート』［ラオス愛国］に変わった。また『コーンタップ・パサーソン・ラーオ』［ラオス人民軍］紙やラオス国立放送局はモン族の言葉とクム族の言葉を加え、現在まで続いている。内容的には、戦場の出来事と経済開発、文化、社会について、内容を拡大した。

当時、新聞には政治、経済、文化、芸術、文学などの分野の記事がそれぞれに分けられることなく、交じり合って載せられていた。たとえば『サーマキータム』には、1947年に書かれた次のような詩が掲載されている。

「過去のことは反省して、未来のことに注意しなさい」

これはフランスがラオ人民に犯した罪のことを言っているのである。

「イッサラ――ネーオ・ラーオ・ハックサート」の新聞で社説のタイトルによく使われたのはボット［語り合う］という言葉であった。たとえば「ボット・カオサーン」［ニュースについて語り合う］、「ボット・カップコーン」［詩について語り合う］、「ボット・パコープ・パープ」［写真ニュース……］、「ボット・ソンタナー・ラバーン・ルンハック・ルンサート」［ハックさんとサートさんの会話……］、その他。

「ボット……」というタイトルを見ればわかるように、民族解放の戦いに焦点を当てた新聞であった。「ルンハック・ルンサート」は実は「愛国さん」ということである。つまり、ラオ人民は自分の民族を愛すると共に、植民地侵略に抵抗して立ちあがるという意味である。

「イッサラ――ネーオ・ラーオ・ハックサート」の民族解放の戦いはだんだん拡大していった。抵抗の戦いの道筋は、まず侵略者を追い出し、人民を弾圧する制度を廃して、ラオ人民の真の権限を獲得し、自分たちが主であるラオス国家と世界の国々の平和を作ることである。

ラオス愛国戦線のマスメディアとしては、民衆に普及したさまざまな新聞のほかに、1960年に初めて解放区にラジオ放送局ができた。これはラオス愛国戦線の解放の戦いの優れた象徴である。当時のラジオ放送プログラムの眼目は、視聴者がメモをとれるように、また人民の研修のための資料を作りやすいように「ゆっくりニュースを読む」ということだった。内容はたとえば国内外の日常の出来事、経済開発、解放区の社会・文化などのニュースだったが、芸術と文学の番組——たとえば戦いをうたった歌や開発をうたった歌なども放送された。以下はそうした歌のタイトルである。

・悪魔を滅ぼす歌
・敵に勝利する歌
・10月12日の歌
・自由の領土の歌
・ラオス国家の主人はラオ人
・新しい人生
・解放区の経済
・ラオ人民よ！
・インドシナ３国の団結
・平和を守る
・国の建設に団結する
・革命20年

歌の内容はいずれも当時のラオス人民党——その後ラオス人民革命党になった——の指導によるラオス愛国と進歩の精神を称揚するものである。

ラジオ放送が芸術・文化の面で歌や音楽以外に最も力を入れたのは「カップ」あるいは「ラム」である［カップとラムについては第９章参照］。

・ラムローン［長編のラム］
・ラムサン［短編のラム］
・中部ラオスのカップラム
・南部ラオスのカップラム
・ルアンパバーンのカップ

こうしたさまざまなカップあるいはラムに、解放区の経済開発、民族の文化・芸術の拡大・促進に役立つ内容が取り入れられて放送されたのである。

1967年には、愛国戦線と愛国中立派［コン・レー派］のラジオ放送にモン族とクム族の言語が加えられた。これは民族間の平等性の重要さを意味している。革命の指導者はラジオの電波を通じて、ラオ人民に、全民族解放のための団結と新ラオス建設を呼びかけることができたのである。

1975年まで、愛国戦線のマスメディアは、政治メディアとか科学メディア、芸術・文化メディアというように分けられてはおらず、たとえば文学と芸術は解放という目的のために政治のメディアに組みこまれて放送された。これはもちろん、文学や文化、科学が普及しなかったという意味ではない。世界の他の多くの国でも、ラオスと同じように、最も重要な解放運動という目的の遂行のために文学や芸術、科学が存在したのである。

ラオス人民民主共和国政府を建設したあと、党と政府は国家開発のために国際社会に広く門戸を開いた。ラオスのマスメディアもさまざまな分野で内容が一新されていった。それまでのマスメディアは、各分野に分けず、1つの目的のために集中して情報を提供するという形をとっていたが、個々の分野でそれぞれに発展するようになったのである。

たとえば『モラドック・ラーンサーン』［ラーンサーンの遺産］という雑誌はラオスの文化のルーツ、ラオスの文化の発展を紹介するものである。

『ヴァンナシン』［文学と芸術＝ヴァンナカディー〈文学〉とシンラパ〈芸術〉を短縮して合成した語］という雑誌はラオスの芸術、文化を論じている［450ページに表紙写真］。

『ヴィタニャサート・テクニック』［科学と技術］は、ラオスの日常生活に有用な世界の科学技術と、ラオスの各種生産部門に特に必要な科学研究を紹介している。

『ナングスーピム・ヘーンガーン』［労働新聞］はラオスの労働組合の新聞であり、労働問題について、また生産力向上について書かれている。『ナングスーピム・サーオノム』［青年新聞］、『ナングスーピム・メーニン』［女性新聞］はそれぞれラオスの青年と女性について書かれた社会的な新聞である。

『ヴィエンチャン・トゥラキット』［ヴィエンチャン・ビジネス］、『カーオ・トゥラキット』［ビジネス・ニュース］はビジネスの普及を内容とする新聞である。

このように、ラオスのマスメディアの世界はさまざまな専門分野について、それぞれに深く豊かに発展してきた。教育問題、薬事問題、衛生問題等についても、マスメディアは人民に知識を広めている。文化面の実例として、章末に記事のタイトルを掲載する［452ページ参照］。

ラオスのマスメディアは、その時どきのラオスが抱えるさまざまな社会問題を解決する方法や教育、研修などを中心課題に据えている。したがって、ラオスの新しい世代の社会心理を重視するが、その内容は常に進歩的であるとは限らないのである。

また、ラオスのマスメディアは読者、特に少数民族の人々に、現在の諸問題の原因とその解決方法を提示し理解してもらうことに力を注いでいる。そのために知識と能力を民主的に集中し、内外の人々の団結に対する責任を意識しつつ仕事をしている。王制時代のヴィエンチャン政府のマスメディアは、いくつもの政党の形に分かれて情報を発信していた。読者に対しても責任を持たず、正しい事実を伝えないで、反乱をそそのかす、あるいは不適切な社会問題を意図的に発生させるという報道のしかただった。

現在のマスメディアは、国家建設の運動と国際関係にも光を当てている。上に述べてきたようなメディアのほかに、芸術的な映画も作られているし、過去の歴史の道筋に沿ってラオス社会のさまざまな出来事を記録した映画もある。戦争時代にはビデオのシステムはなかったので、映画はマスメディアの重要な要素だった。映画は、今テレビで使われるビデオのように、政治的に非常に有効だったが、現在のテレビ放送の技術ほどには普及しなかった。現在では99%までビデオが使われている。

◆ 役割

ラオスの歴史の中でマスメディアは、社会に対しての情報ソースとして重要な役割と責務を持ち、内外に各時代の政府のさまざまな面を伝えてきた。さらに民衆に対しては、各時代の政治スタイルに応じて、政治、経済、文化、社会の学習と理解に役立った。もちろん、国内外の文化交流にも大いに役立っている。

このような意味で、ラオスのマスメディアの役割は次のようにまとめることができる。

ラオスのマスメディアの第1の役割は、世界に対してラオスの真実を伝え、世界の真実をラオスに伝えることである。第2の役割は、科学教育、技術教育、芸術・文化教育の手段としてである。第3は、ラオス人民民主共和国の中の民衆の舞台としての役割である。ラオス人民民主共和国のさまざまな民族は、他民族を差別することなく、それぞれが民主主義の土台に立って、自分に対してあるいは自分のまわりに対して相応の責任を持ちつつ、自分たちの考え方を自分たちのメディアで表現する権利を持っている。つまり、社会の舞台で発言する自由があり、内部的にまた外国の人とも団結する自由がある。

ラオスのマスメディアの目的——それはラオスの人々の目的でもあるが——は世界の進歩的な友と友情を持って団結し、交流することである。

◆ 将来

ラオス人民民主共和国の成立を宣言したあと、ラオスのマスメディアは前述したように、深く広く普及していった。しかし、まだ量的にも質的にも、ラオス全国の人民の必要性に完全に応えるというわけにはいかない。いまや世界は互恵互助、独立尊重、領土尊重をもとにそれぞれの国を建設する時代になった。経済・文化面の協力がますます拡大し、開発の速度が速まった。このような状況では、マスメディアはさまざまな情報・データを質・量ともに充実させ、持続的に民衆に提供することが要求される。ラオ

『ヴァンナシン』誌（竹原茂）

スのマスメディアも次に述べるように、将来、質・量ともに拡大されねばならない。

❶全体的な質

まず第１に、社会の欠陥を是正する闘いのために、教育的・研修的な形のマスメディアを改善する。ラオス人民民主共和国の党と政府の鋭い武器となるために、合理的・科学的・現実的に考察し、民衆に適切な情報を提供する手段とならねばならない。

第２に、迅速かつ即時性のあるメディアとなる。

第３に、世界の科学技術に対応できるように改善する。たとえば、さまざまな情報・データを世界中と交換できるように、自分たちの衛星を持つ。

❷量的な面

ラジオ、テレビに全国的に「読書室」を拡大する。また、衛星回線を通じて諸外国と情報を交換し、ラオスの人々に普及させるために進歩的なシステムを導入する。そして、社会問題を引き起こすような有害な情報・出版物を制限する。

全体的に見て、ラオスのマスメディアは、ラオ民族の困難な歴史の道のりを通じて、かなりの程度拡大してきたと言えよう。それは現代にふさわしい進歩的なものになってきており、今後、永続的にさらに良い方向に広がっていくと思われる。そして、時間とともに、現代にふさわしくないマスメディアは消えていくであろう。この開発の時代に、ラオスのマスメディアは世界の友人たちと協力して、国際的な水準に発展していくにちがいない。

1996年以前の『ヴァンナシン』その他の新聞・雑誌の民族文化的な記事の一部

タイトル	執筆者	カテゴリー	内容
①ラオスの民族の大きな家族であるクム族について	S.マノラーオ	紹介	収穫祭と新築祝いについて
②ルアンパバーンとポンサーリー	アルン	紹介	民族美術について
③ラオスの民族の大きな家族であるモン族について	ファイサーイ	紹介	生活とケーンを吹く文化について
④プーノーイ族	無署名	紹介	生活と家づくりについて
⑤ケーンのルーツ	無署名	研究小論文	ラオ族とクム族とモン族のケーンについて
⑥ニワトリとイタチ	S.シーピムトーン	民話	モン族の生活
⑦ナーン・ペート・ナーン・レー（ノム・トン・ファー）	S.マノラーオ	民話	クム族の民話
⑧カーントーイ	S.マノラーオ	民話	クム族の民話
⑨魔法のマッチ	S.ピムトーン	民話	モン族の民話
⑩モン族の新築	O.サイニャスック	紹介	生活とブン・キン・チアン［モン族のお正月］
⑪2人の兄弟	O.サイニャスック	民話	モン族について
⑫みなしごの女の子	トゥープロンターオ	民話	モン族の民話
⑬ブン・キン・チアン	サイサヴァーン	紹介	モン族について
⑭ポローンじいさん	ドーク・カダオ・ワーン	民話	クム族について
⑮役に立つちょっといい話	ウ・ティン・ブンニャボン	絵入りの民話	モン族について
⑯みなしごの男の子	無署名	民話	モン族の民話
⑰ポンサーリー県の芸術と文学	無署名	紹介	ポンサーリー県のカップラムについて
⑱ラーオ・スーン［高地ラオ］の芸	ドゥアン・ミサイ	紹介	草笛、竹笛、モン族のケーンについて
⑲モン族の社会における女性の役割	カム・サーオ・カイソン	論文	
⑳クム族の親族の家	サイサヴァーン	紹介	クム族の芋蔵の祭りについて
㉑諸民族とその名称	カムサーオ・カイソーン	論文	民族グループのルーツについて
㉒開発に女性は重要である	無署名		諸民族の女性についての一般的な紹介

㉓モン族の伝統的な文学	ヴァン・スート	論文	
㉔ラオスの歴史研究	カムサーオ・カイソーン	論文	チャオ・パーチャイについての歴史
㉕　――	無署名	民話	タイ・ダム族について
㉖快適な小さい村	サイサヴァーン	紹介	あるモン族の村の生活と森林保護について
㉗クムの基礎的な言語と文字の知識	スックサヴァン・シンマナー	論文	
㉘技を競う	ソムセーン・ケーサヴィラ		クム族の民話
㉙姉妹と魔法使いのおばあさん	ネン・サイヴァーン	絵入りの民話	モン族に着いて（タイ語訳もある）
㉚伝統的な服装を保持する民族	無署名	研究論文	ラーンテーン族について
㉛プータイの歌	ポーシーケオ・タムピシット	研究論文	中部ラオスのプータイ族のカップラムについて
㉜クム族	スックサヴァン・シンマナー	論文	出産、結婚、酒造り、葬式の伝統と慣習について
㉝クム族と森	スックサヴァン・シンマナー	論文	クム族と森の密接な関係について
㉞タイ・ダム族	カムペーン	論文	タイ・ダム族の生活と文化について
㉟モン族	無署名	カバー写真	モン族の服装とスタイル
㊱ヤオ族	無署名	写真	ヤオ族の服装と刺繍
㊲プータイ族	無署名		服装
㊳プータイ族	無署名		機織
㊴モン族	無署名		草笛とカップラム
㊵モン族の竹笛	無署名		
㊶ノーンヘーンの太鼓	無署名		タオーイ族
㊷舞踊	無署名		タオーイ族
㊸一穴の笛を吹く	無署名		クム族
㊹ケーンを吹く	無署名		
㊺竹笛	無署名		タイ・ムアイ族
㊻クム族の未婚の女性	無署名	カバー写真	
㊼セーコーン県の伝統芸	無署名		タオーイ族について
㊽カップチアン	無署名		タオーイ族のカップチアンについて

㊾草笛	無署名		ポンサーリーのイコー族について
㊿モン・カーオ［白モン族］の未婚女性	無署名		モン・カーオの服装について
51ヤオ族	無署名		服装について
52モン族のしょいこ	無署名		
53子供の生活	無署名		モン族の子供とタイ族の子供について
54モン・カオの未婚女性	無署名		現代のモン・カオの服装について
55タイ・ダムの服装	無署名		
56芸とショー	無署名		ラーンテーン族とトー族について
57カオ・チー［モチ米のやきもち］の踊り	無署名		クイ族
58闘牛	無署名		モン族
59服装	無署名		ラーンテーン族
60女性	無署名		イコー族
61イコー族の子供の養育の変化	無署名	紹介	かつてイコー族は双子など正常でない形で生まれた子供は殺していたが、今ではこの習慣をやめ、双子でも育てるようになった
62服装と機織		写真	ラーンテーン族
69サラン(トンルアン)、アラック、ソー、イコー、キー、モン、ルー、プーノーイ、ポーン・セーク、リソー、カソー、ラーンテーン、クム族の生活と文化	無署名	紹介	

このうち、17項目を国立放送局文学部門で紹介した。［竹原茂訳］

第17章

水力発電

松本 悟

扉写真・20年ぶりの円借款で建設されたナムルック・ダム（浅井寿樹）

❶ラオスの水資源

ラオスの水資源は流域別に考えると、メコン川本流、メコン川支流域、メコン川以外の河川流域に分けることができる。国土面積は日本の本州とほぼ同じ23万6000km²で、その85％はメコン川流域に含まれる。ビルマ（ミャンマー）やタイと国境を形成するメコン川本流を除くと、理論的には国全体で２万6000メガワット(1)の潜在発電能力があるが、技術的に開発が可能とされているのは１万8000メガワットである。このうちメコン川の主要な支流域が１万2500メガワット、残りの5500メガワットがメコン川の小さな支流やメコン川以外の河川流域で開発可能な電力である。

豊富な水資源によってラオス国内の総発電量の98％は水力発電によって賄われ、残りを小規模なディーゼル発電などで補っている。一方、2000年５月現在、ラオスの水力発電所の設備能力は637メガワットで、技術的に開発可能な発電能力の３％に過ぎない。電化されている世帯は全体の30％余りで、国内電気消費量の95％は都市部で使われている。現在、年間10％を超える高い国内電力需要の伸びを記録しているが、それでも2008年の予想電力需要量は年間1800ギガワット時(2)余りで、現在の総発電量の半分程度に過ぎない。その半面、国内送電網が未整備なため、地域別の需給バランスに偏りが予想され、北部や中部の南寄りの県で供給不足となり、タイやヴェトナムから電力を輸入しなければならない状況が懸念されている。

いずれにしても、その豊かな水資源に比してラオス国内の電力需要が大きくないため、ラオスに水力発電ダムを建設し、その電力を隣国に輸出することでラオスを産油国ならぬ産電国として「東洋のクウェート」に発展させようという狙いにつながっている。

❷ダム開発推進の背景

ラオスの豊富な水資源を発電や大規模な灌漑に使おうという計画は1950年代から盛んに論じられてきた。しかし1960年代半ばから本格化したインドシナ戦争、その結実である1975年のインドシナ３ヵ国の共産化によって、旧西側陣営からの資金や投資は大幅に減少し、ラオスにおいてもほとんどの水力発電開発計画は白紙に戻された。それが再び1990年代に入って表舞台に引っ張り出された。

第１の背景はソビエトの崩壊とカンボジア和平の進展である。ラオス政府が1975年以来海外援助のほとんどを頼ってきた旧ソビエトや東欧諸国が崩壊したことで、タイを含む旧西側陣営や世界銀行などの多国間金融機関からの開発資金需要が増大した。時を同じくして隣国カンボジアに和平が訪れたことで、インドシナ３ヵ国にタイとビルマ（ミャンマー）それに中国雲南省を加えたメコン川流域全体の開発計画が、特にアジア開発銀行（ADB）を中心にした大メコン圏開発構想のもとで進められ、地域開発（regional development）や地域協力（regional cooperation）という枠組みでラオスの水力発電開発が捉えられるようになった。

第２に、地域協力とも関連するが、隣国タイが急速な経済発展によって電力不足を懸念するようになりラオスからの買電を積極的に進めようとしたことが挙げられる。タイはこれまでにラオスだけでなく、ビルマ、中国雲南省からも電力を購入する政府間覚書を交わしている。一方でラオスはタイのほかヴェトナムへも電力を輸出する覚書を結び、カンボジアに対しては国境沿いへの電力供給に協力することに合意している（**表１**参照）。

第３に、タイ国内では環境・社会運動の高まりから、ダム建設が難しくなっていることがある。その象徴的なケースがナムチョン・ダムで、1982年に日本の資金で実施可能性調査が完成してから６年以上にわたって国際

表１　メコン川流域国の電力貿易

輸出国	輸入国	電力（MW）	達成期限
ラオス	タイ	1600	2006年12月
ラオス	タイ	1700	2008年３月
ラオス	ヴェトナム	1500～2000	2010年
ビルマ	タイ	1500	2010年
中国雲南省	タイ	1200	（景洪ダムから）

的な反対運動にさらされ、結果として建設は断念された。その後もパークムーン・ダム、ケーンスアテン・ダム、ラーシーサライ・ダムなど、発電・灌漑用を問わずダムによる悪影響を受ける人たちによって大規模な反対運動がタイ国内で繰り広げられている。

更に1998年に制定されたタイ新憲法は住民の自然資源に対する権利をより明確に定めており、住民の意志を無視して大規模なダム開発をすることはますます難しくなっている。かたやラオスは、共産主義政党である人民革命党が一党支配を続け、政府の計画に対して住民から強い反対運動が起きにくい。こうした事情がラオスでのダム開発を間接的に推進している。

❸水力発電開発の現状と日本政府の協力

現在ラオス国内で稼働中の主要な水力発電ダムは９ヵ所あり、そのうち10メガワット以上の発電能力を備えたダムは５件ある。最大の設備能力を持つのが1998年に完成したトゥンヒンブン・ダムで210メガワット、年間発電可能量が1620ギガワット時に達する。次が1971年完成の150メガワットのナムグム第１ダムと1999年に完成したホアイホー・ダムである。ナムグム・ダムは、当初の年間平均発電可能量は890ギガワット時だったが、貯水池の水不足を解消するために導水用に建設されたナムソン・ダムの水を使って、

表2　ラオスの水力発電ダムの現状（10MW以上、2014年12月現在）

地図	ダム名	発電能力(MW)	進捗状況＊1	IPP＊2	ラオス政府以外の投資企業	売電先	海外公的資金の関与＊3
1	ナムグム第1	155	A(1971)	×		ラオス、タイ	日本などの無償・借款
2	セーセット第1	45	A(1990)	×		ラオス、タイ	ADB
3	ナムソン	導水	A(1996)	×		ラオス、タイ	ADB
4	トゥンヒンブン	210	A(1998)	○	ノルウェー、タイ	ラオス、タイ	ADB
5	ホアイホー	150＋2.1	A(1999)	○	ベルギー、タイ	タイ	
6	ナムルック	60	A(2000)	×		ラオス、タイ	ADB、円借款
18	ナムマン第3	40	A(2003)	×		ラオス、タイ	中国輸銀
19	セーセット第2	76	A(2009)	×		ラオス、タイ	
7	ナムグム第2	615	A(2010)	○	タイ	ラオス、タイ	
8	ナムリック1-2	100	A(2010)	○	中国	ラオス	
9	ナムグム第5	120	A(2010)	○	中国	ラオス、ヴェトナム	中国輸銀
10	ナムトゥン第2	1070	A(2010)	○	フランス、タイ	ラオス、タイ	世界銀行、ADB等多数
11	トゥンヒンブン(拡張)	220＋60	A(2012)	○	ノルウェー、タイ	ラオス、タイ	タイ輸銀
14	セーナムノーイ第1	14.8	A(2014)	×	タイ、スイス	ラオス	
15	ナムコン第2	66	B(2015)	不明	ヴェトナム	ヴェトナム	ヴェトナム投資開銀
13	セーカマン第1	322	B(2015)	○	ヴェトナム	ラオス、ヴェトナム	ヴェトナム開銀
16,17,20	ナムウー第2，5，6	120,240,180	B(2017)	不明	中国	ラオス	中国開銀
12	セーピアン・セーナムノーイ	410	B(2018)	○	韓国、タイ	ラオス、タイ	
21	サイニャブリー(メコン川本流)	1285	B(2019)	○	タイ	ラオス、タイ	
22	ナムベーン	34	B(TBD)	不明	中国	ラオス	
23	ナムマン第1	57	B(TBD)	○	香港	ラオス	
24	ナムギヤップ第2	180	B(TBD)	不明	中国	ラオス	中国開銀
25	ナムリック第1	60	B(TBD)	○	タイ	ラオス、タイ	
26	セーカマン第3	250	B(TBD)	○	ヴェトナム	ラオス、ヴェトナム	ヴェトナム開銀

（ラオスのエネルギー鉱業省やInternational Rivers等の資料をもとに筆者作成）

＊1　進捗状況
　A：完成・稼働中。カッコ内は運転開始年。
　B：建設中。カッコ内は完成予定年。TBDは未定
　なおラオスエネルギー鉱業省のホームページによると2014年7月現在、更に20のダム計画が進行中である。

＊2　IPP（独立発電事業体）によるBOT（Build-Operate-Transfer）事業。

＊3　このうち日本の公的資金が関与しているのは、ADB、円借款、世界銀行である。

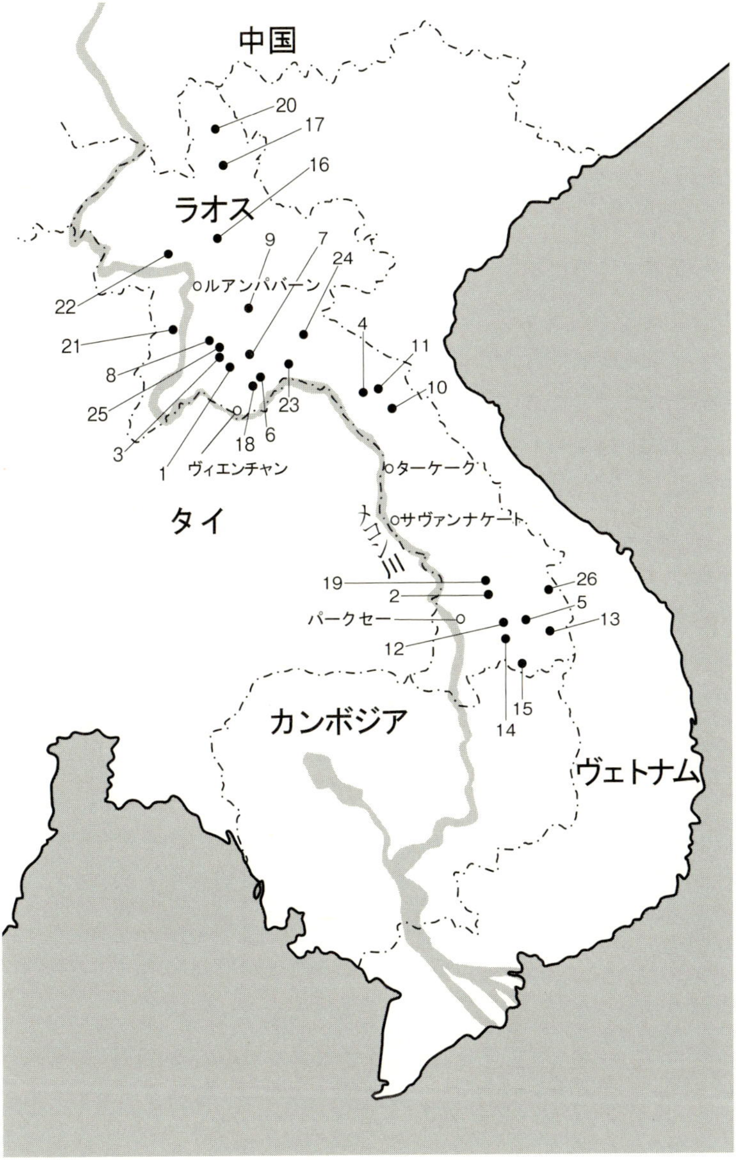

地図１　ラオスの水力発電ダム

現在は約1000ギガワット時を発電できる。20年ぶりの円借款で2000年に運転を開始した60メガワットのナムルック・ダム（本章の扉写真）は年間245ギガワット時を発電する。1991年に運転を始めたセーセット・ダムは45メガワット、年間発電量は180ギガワット時である。

主要ダムの完成年を見ればわかるように、現在の発電能力の３分の２は1998年以降に完成したダムによって産み出されており、総発電量の約40％はタイに輸出されている。その結果、97年は輸出全体に占める電力の割合が６％だったのに対して、98年には18％と３倍に伸びた(3)。

ラオスで稼動、建設、または準備が進んでいる10メガワット以上のダムは現在21あり、そのうち詳細がわかった19のダムを**表２・地図１**にまとめた。机上の計画を合わせるとこの数は倍以上になるが、ここでは、計画中のダムについては2010年頃をめどに実際に建設する可能性を模索しているものだけを選び出した。

またラオスに関連するメコン川本流ダム計画は７件あるが、深刻な社会環境影響が生じることや、莫大な開発資金が必要なことから、現時点では計画実現に向けて進展する可能性は低いのでここでは触れない。**表２・地図１**で取り上げたダムはすべてメコン川支流域である。

進捗状況で分類すると、既に完成して稼働中のダム（表中A）は、ナムグム第１ダム貯水池の水不足を補う導水用のナムソン・ダムを除くと５件、建設中（B）はなく、調査中だがタイ発電公社との電力価格交渉が成立すれば着工されるとみられるダム（C）が３件、公的な調査資金等を使って実施可能性を検討しているダム（D）が10件、民間の発電事業体がラオス政府と開発の覚書を交わし何らかの事前調査報告を提出しているダム（E）が７件となっている。なお５件のダムは複数のカテゴリーに重複している。

この表から、ラオスのダム開発への日本の直接・間接的な関与の大きさが見て取れる。日本政府の無償資金協力、調査、投融資、円借款、更には日本が最大の資金供与国であるアジア開発銀行（ADB）、第２の供与国である世界銀行、またそうした多国間金融機関の枠組みの中で日本政府が直接供与する日本特別基金など、形態こそさまざまだが日本政府の資金、ひいては日本国民の税金、郵便貯金、年金の積立金などが使われているプロジェクトが12のダムに及んでいる。特に、価格交渉中のように実現に近い段階にあるものと稼動中を合わせた9件のダムのうち、日本の関与が確認されなかったのはわずか2つだけである。

ナムグム第1ダムには当初円借款で協力したが、1978年にラオスが債務救済の対象になったので、日本政府は円借款分を無償資金協力する救済策を今も続けている。全体を通して特に目立つのは8件のプロジェクトを支援しているADBである。日本が最大資金供与国で財務省の高官出身者が歴代総裁を務めるADBが、ラオスのダム開発で中心的な役割を担っている。

❹民間主導のダム開発の特徴

ラオスのダム開発の大きな特徴は独立発電事業体（IPP）によるBOOTプロジェクトが多い点である。これは外国や国内の企業が出資して発電事業体を作り、そこがダムを建設（Build）、所有（Own）、操業（Operate）し、25年から30年後に政府に移譲（Transfer）するというものでBOOTはその頭文字から取っている。**表2**にある通り、19のダム事業のうち12がIPPによる開発プロジェクトである。ただしラオスのIPPの場合、完全に民間主導とは言えない。IPPへの出資者の一角を政府所有のラオス電力公社が占めるケースが多いからだ。

たとえばトゥンヒンブン・ダムの場合、事業体出資金の60％をラオス電力公社が負担した。現地政府の関与があればそこに海外援助が入る余地が生まれる。トゥンヒンブン・ダムでは、ラオス政府の出資金はすべてADBが融資している。こうした開発手法によって、援助するADBはプロジェクト全体の資金を融資せずにすむようになり、より少ない資金供与で大きな

トゥンヒンブン・ダム。1998年にアジア開発銀行の支援で完成したラオス最大のダム

プロジェクトを支援できることになるというわけだ。

半面、実際に進められているIPP型のダムプロジェクトでいくつかの問題が明らかになってきた。すでに運転を始めたホアイホー・ダムでは、最大の出資企業である韓国の大宇が経営難による解体再編の流れで、発電事業体への出資分の売却を希望しているが、いまだに買い手がつかず買い叩かれる可能性が出ている。実際、完成後のダムは、水没や住民移転など新たな社会環境影響やリスクを背負わないですむため、完成したダムの買収を専門に行なっている企業がホアイホー・ダムに関心を寄せている。このダムの建設過程では社会環境影響への配慮がほとんどなかったと言われているだけに、IPP企業が出資分を転売すれば、ダムによる社会環境影響への責任はますます曖昧になる恐れが強い。

もう１つの課題はナムトゥン第２ダム計画に見ることができる。発電事業体はフランス、タイの企業とラオス電力公社の出資で設立され、過去６年近くにわたって世界銀行のアドバイスに沿う形で経済・社会・環境への影響を調査し、部分的に住民移転や影響地域での地域開発プロジェクトを進めている。タイとの電力価格交渉が首尾よくまとまれば、世界銀行が民間銀行へのリスク保証やラオス政府出資分の援助という形で支援を検討する計画だ。

このダム計画では10数億ドルの開発資金を民間銀行からも調達するため、有限責任ローン（limited liability loan）が検討されている。このローンでは出資企業の責任は出資額を限度とする代わりに、プロジェクトからの収入はオフショア（バンコク）の銀行に一括送金されて融資先の民間銀行に優先的に返済される仕組みになるという。これを採用すればプロジェクトが失敗に終わっても、たとえば当初からプロジェクトの牽引役であるフランス電力公社が責任を負うのは10億ドルの総事業費のうち１億ドルに過ぎない。

結果として最もリスクを背負うのは、このダムの準備という名目で豊かな森林地帯を含む450km²の生活圏を破壊され、１万人以上が移転など直接・間接的な影響を受ける地域住民であろう。逆に、もしプロジェクトが収益を生んだとしても、当面利益は融資した民間銀行へ流れていくだけで、ラオスの人たちの生活改善や貧困削減にどの程度回されるのか疑問が残る。実際、1998年に完成したトゥンヒンブン・ダムでは、年間1620万ドルの配当収入がラオス政府に入っているが、ダムによって影響を受けた住民への補償は十分になされていない(4)。

こうしたケースが示しているのは、ラオスのIPPによるダム開発は伝統的な援助方法に比べて開発協力資金が少なくてすむ一方で、利益が民間サイドに優先的に流れたり、プロジェクトの受益者であるはずのラオスの人たちがより大きいリスクを背負わされたりする可能性を抱えているということである。

❺ダムによる社会・環境影響

場合によっては数百km^2を水没させる水力発電ダム計画では、常に住民移転を中心とする社会的影響と、水没や集水域管理に関わる環境面での影響が問題にされる。ここではすべてを論じるスペースはないので、ラオスに特徴的な課題をいくつか提起したい。

ラオスでダム計画が持ち上がっている地域は、たいていは山岳地帯周辺で、人々の生活は自然からの恵みに依存しているケースが多い。たとえば非木材林産資源を食料や薬草、手工芸品として自給用や販売用に活用する。川の水を沸かして飲んだり、洗濯や水浴びをしたりするなど、日常生活に川の水を使う。また伝統的な漁法によって捕獲する回遊魚を含む多くの魚は、農村部の人たちが摂取するたんぱく源の半分以上を占め、貴重な現金収入源や物々交換の源でもある。ダムは水没地周辺の森林を破壊し、季節ごとの川の水量を大きく変え、水を汚し、自然の魚の回遊を妨げ、河川交通を困難にするなど、人々の暮らしに大きな影響をもたらす。

一方ラオス政府は、山岳部は人口密度が低いので住民移転の社会的コストが低く、そこに住む人々は生活に必要な自然資源を求めて移動を繰り返してきたため、住民移転に関わる社会的な影響が少ないと捉えている。また移転によって農村の電化、道路などの交通網の改善、病院や学校施設の建設などの対策を受けられる上に、安価な電気によってポンプ式の灌漑が可能になるし、ダム貯水池で養殖される魚が漁獲量を増やすことになるなど、プラスの社会的影響を強調している。

これに対しても、貯水池漁業は都市部など外部からの入植者や商人に牛耳られる可能性が高いとか、貯水池漁業の資源は10年ももたないとか批判も少なくない。また山岳地で自然依存型の暮らしをしてきた人たちがどこまで灌漑を使った近代農業などに適応できるかも不確定な要素である。ダ

ナムトゥン第２ダムの準備で伐採業者によって移転させられた新しい村（ナーカーイ高原）

ムによって利益を得る人と損害を被る人はたいてい同じではない。ラオスでは、自然資源と共に生き、経済指標上は貧困層に区分される人たちほど、悪影響にさらされやすいのが現実である。

更に近年、ダム開発の社会的側面として、民主的な開発プロセスやそれを保証するための言論の自由や十分な情報公開、問題が生じた場合の適切な補償などをどう確実なものとするかが、ラオス政府だけでなく支援する国際援助機関にも求められている。前述したトゥンヒンブン・ダムでは漁業や農業への深刻な影響が確認されているが、完成から３年半以上が経った現在でも、独立発電事業体も融資をしたADBも適切な補償を実施していない。

ラオスでは既述のように自然環境と住民生活が有機的に連関しているため、ダムによる環境影響は多くの場合社会的な影響につながっている。その中でも重要なのが、ダムの建設資金が充分確保されないうちから始まる水没予定地周辺の森林伐採である。

ナム・トゥン川下流。トゥンヒンブン・ダム完成後水量が減り、砂浜のようになっている。

ナムトゥン第２やセーカマン第１では、着工の見通しが立っていないにもかかわらず、IPP企業体がラオス政府と開発覚書を交わした直後から水没予定地の伐採が始まった。しかもダムの環境影響調査は伐採が始まって１年以上も経ってから行なわれた。

林産資源に依存した生活をしている山岳地域の人たちにしてみれば、伐採が行なわれた以上、その土地に長く留まる理由は減り、結果的にダム建設に賛成して補償を確保しようとする傾向が顕著になる。その段階で実施される社会環境影響調査やコンサルテーションの信憑性には疑問が持たれる。

セーカマン第１ダムではIPPに発電事業の経験のないマレーシアの伐採企業が加わっていた。ダムの建設は棚上げにされており、伐採を目的にダムの開発覚書を結んだ疑いが持たれている。

一方、ラオス政府やダムの必要性を説く側は、ダムを建設しなくても焼畑や違法伐採で森林は急速に失われるので、むしろダムによって貯水池の水保全のために集水域の森林保全に努めるようになり、「ダムが環境を守る」と反論する。木材貿易に頼る輸出構造の転換や、ダムの収益による環境保全資金の確保といった見解がそれを後押しする。また化石燃料を燃やす火力発電に比べて温室効果ガスを出さないので、ダムは地球環境に優しい、という意見も根強い。

これに対しても、ダム貯水池の集水域の住民にも生活スタイルの転換を迫るので社会的影響は拡大する、貯水池内の有機物の腐食で生じるメタンガスが場合によっては火力発電所の二酸化炭素以上の温室効果をもたらす、などと反論が出されている(5)。

❻電力価格交渉と経済効果

ラオスのダム開発は電力供給によって国内産業を育成することよりも、電力の輸出によって外貨を獲得して国内経済を成長させ、それによって国民を豊かにしようというのが目的である。ここではラオスのダム開発の経済的な側面、電力の輸出に焦点を当てる。

ラオスにとって輸出電力の顧客は、将来的にはヴェトナムも含むが、今のところタイが中心である。しかし**表1**で示した通り、タイに電気を売りたいのはラオスだけではない。ビルマと中国雲南省も水力発電のポテンシャルが高く、すでにタイ政府と将来の電力売買の覚書を交わしている。更にタイ国内では独立発電事業体（IPP）による天然ガスを主燃料とした火力発電所計画が進められ、電力価格の交渉は圧倒的に買い手のタイ発電公社が優位にある。こうした供給サイドの競争に加えて、タイ発電公社の需要サイド管理による電力消費抑制キャンペーンやアジア経済危機による国内電力需要の低迷により、タイの電力市場は一段と買い手市場となり、売り手のラオスにとって価格交渉は困難を極めている。

タイはもともと安全保障上の理由から輸入電力を余剰枠と位置づけていた。余剰枠とはピーク時発電能力を超える設備能力を意味し、よほどのことがない限り必要のない「備え」としての電力である。タイ発電公社は余剰電力の割合を総発電能力の25％と定めている。しかし、1999年１月の「改定電力開発計画」によると、もしタイ発電公社が2006年12月から予定通りナムトゥン第２ダムの電力を購入すれば、余剰電力は9211.6メガワットとなり、全体の44％を超えることになる。したがってタイとしては、政治的な意図があるか、ラオスの電力が相当安くない限り、買うことはない。

表２で価格交渉中としたダムは、いずれも困難な状況だ。タイ発電公社が提示している価格は、１キロワット時あたり４セント台前半で、タイ国内のIPPと合意した価格を上回らず、かつバンコクとラオス国境までの送電線敷設にかかる費用を差し引いて算出している。

一方、現在稼働中のナムグム第１ダムは、４年に１度電力価格の改定をすることになっており、タイ発電公社は時間帯別に３セントから5.78セントとしていた価格を、1999年に一律1.08バーツ（約2.92セント）にすることを求めた。

またトゥンヒンブン・ダムからの電力価格は4.21セントだが、半分をタイ・バーツで、しかも合意した時点でのレート（１ドル＝25バーツ）で払うことになっていた。経済危機に伴うバーツの変動相場制移行によってバーツが60％前後も暴落したため（１ドル＝40バーツ前後）、ラオス側の売電収入は計画を大きく下回った。同様の取り決めがあるホアイホー・ダムでは、経営困難の発電事業体がタイ発電公社に全額ドルで支払うよう求めたが断られた。

❼ナムトゥン第２ダムとタイの電力制度

価格交渉はタイ側のペースで進められているため、ダムが本当に予想通りの利益をあげられるかは疑問である。タイ政府がラオスのダムの中で唯一前向きに電力購入を検討しているナムトゥン第２ダム計画ですら、たとえば世界銀行が支援した経済影響分析では、現在タイ側と合意している１キロワット時あたり4.219セントより35％も高い5.7セントで試算し、それでも予想収益は当初ラオス政府が宣伝した額の５分の１に留まった。タイ発電公社は電力価格を下げさせるために、水没面積を拡大しての発電能力アップや環境影響緩和策の予算配分の削減、ラオス政府の直接的な利益になる税金やロイヤリティの見直しなどによるコスト削減を求めていると言われる。

更にタイが導入しようとしている電力プール制に伴う不安定要素がある(6)。電力プール制になれば、時間単位で入札による電気の取り引きが行なわれる。電気のマーケットが登場し、需要と供給にしたがって価格が決められることになるわけで、そうなれば電力価格などを取り決める電力購入合意（PPA）は効力を失う。

ナムトゥン第２ダムの場合、2001年９月現在PPAは交渉中だが、仮に合意に達したとしても、商業運転日から７年以内にプール制が導入されれば、PPAは2013年に失効されることになっている。もしプール制の導入が商業運転日から７年〜24年後だった場合は、プール制導入から１年後にPPAは失効することになる。

プール制導入後、電力価格が競争にさらされるため、どの程度経済利益があがるのかは不確実である。加えて、プール制導入後に、wheeling chargeとして開発企業体は１キロワット時あたり0.756米セントをタイ側に支払わなければならなくなる。年間で3000万ドル、予定収入の13％に匹敵する費用である。

プロジェクトの必要性につながるタイ国内の電力需要も、2000年末現在、タイ発電公社の設備能力が２万2333メガワットなのに対して、過去３年のピーク時発電が１万4133メガワットと、40％もの供給過剰状態となっている。

ダムが社会環境影響を引き起こすことは自明の問題であり、地域住民の事前合意と悪影響の回避が開発の大前提であることは言うまでもない。それと同時に、本当に予定通りの経済利益を産み出し、更にはそれが本当にラオスの貧困層の生活改善に結びつくのかを明示することは、ラオスの水力発電を考える上で極めて重要な課題である。

結語

ラオス政府は水力発電による富国論を当分堅持すると見られる。しかし、これだけ多くのダム開発を進めれば、複数のダムが複合的に与える影響も懸念される。自然と不可分の農村部の生活スタイルを大きく変えることにつながり、短期的な補償や移転政策では補いきれない。

計画段階では、まずこうした社会環境への影響を、包括的に時間をかけて調査する必要がある。調査の過程では地域住民に十分な説明がなされ、短期的な影響や長期的なリスクを受ける人たちの実質的な合意を得ることが不可欠と言える。

悪影響を回避し、合意に基づいた緩和策を講じた上で、なおかつ十分な収益が見込まれ、その便益が一部の富裕層や特権階級ではなく、生活状態が厳しい農村部の人たちのために有効に使われることが、ラオスでダム開発を進める最低限の前提条件であろう。

市場開放後初めて建設された大規模IPPプロジェクトのトゥンヒンブ

ン・ダムがラオス政府に移譲されるのは2023年。日本政府が20年ぶりに再開した円借款で建設したナムルック・ダムも運転を始めた。計画通りの収益があがれば、こうした借款が返済されるのは2030年代後半になる。ナムグム第1ダムでは、債務は返済できずに、救済策がとられている。

ラオスにとって莫大な資金を借り入れるダム開発は、次の世代にまで大きな影響を与えるだけに、ラオス政府はもとより、貸し手の日本を含めた2国間・多国間援助機関にもより慎重な対応が求められる。

【註】

(1) 日本ではキロワットを使うことが多い。1メガワットは1000キロワットなので、2600万キロワットということになる。
(2) ワットは時間当たりの発電量を表す一方、総発電量はワット数に時間を掛け合わせたワット時で表す。ギガはメガの1000倍なので、たとえば2000ギガワット時とは200メガワットの発電を1万時間行なって発電した量を意味する。
(3) IMF "Lao People's Democratic Republic: Recent Economic Developments", January 2000.
(4) Theun-Hinboun Power Company Limited "The Theun-Hinboun Power Company's Mitigation and Compensation Program"によれば、企業側は今後10年間に緩和補償プログラムとして274万～465万ドルの予算を計上するが、53村4000世帯以上の被影響住民への直接補償はそのうち13万7500ドルに過ぎず、大部分は更なる調査のための費用である。
(5) Patrick McCully, *Silenced Rivers*, Zed Book, 1996. p.141-145を参照
(6) TERRA "Nam Theun 2 Campaign Update" January 2001.

【参考文献】

AID/Watch, 1998, "Australian dam pushers doing business in Laos," *AID/Watch Briefing Paper*.
Bangkok Post（タイの英字新聞）, July 25, 1999.
Department of Electricity of Lao PDR, *Hydropower and Development For Lao PDR*, April 20-21, 1999.
Minutes of Meeting Between CEEP and CECD-L（*Draft*）, July 19, 1999.
TERRA, *Lao Dams Update*, September 3, 1999.
The Nation（タイの英字新聞）, March 27, July 5, 1997.

松本悟『メコン河開発』築地書館、1997年。

第18章

ラオス・中国国境

カムペーン・ティップムンタリー

扉写真・先生1人に生徒は60人、ルアンナムター県（川口正志）

ラオス・中国の新時代の政策は、国境線の問題だけではなく、国境沿いに生活しているさまざまな民族の経済を急速に拡大し、同時に社会と文化に変化をもたらすものである。

たとえば、ヴェトナム・中国国境に居住するホー族は、1979年の中越戦争の時は難民として中国領内に移動したが、現在はヴェトナム・中国国境に戻ってビジネスを営んでいる。ラオスで中国と国境を接する町は、ヴェトナムと中国国境の町よりも数が少なく、開発も遅れている。ポンサーリー、ルアンナムター、ウドムサイなどが国境の主な町だが、そこには、ルー族（タイ・ルー族）、クム（カムー）族、モン族、コー族［イコー族、アカ族ともいう］、プーノーイ族、ホー族などの少数民族が定住しており、このうちのホー族が、ラオス・中国の町々のビジネス活動で重要な役割を果たしているのである。

過去の国境問題については、タネート・チャルーンムアンがまとめた「タイ・ミャンマー・ラオス・中国・経済四角地帯」（1995年）という論文がある。その中で彼は、この4国の経済・文化・社会の状況を語るとともに、経済の拡大によって生じる文化的影響についても言及している。このほか、グエン・テー・タンは「中国雲南省の経済開放戦略時代におけるラオス」という論文の中で、ラオスと中国の過去と現在の交易関係について述べている。私はこの小論の中で、ラオス政府の開放政策と隣国の経済開発がラオス・中国国境に居住するさまざまな民族にもたらした経済的・文化的・社会的変化について述べてみたい。

❶歴史の中のラオス・中国国境

現在のラオス・中国国境は、ポンサーリー、ルアンナムター、ウドムサイ各県を含めて、山のふもとのところもあれば、頂上のところもある。その山々のまわりを大小の平地が取り巻き、ナム・ウー、ナム・ラー、ナム・ターなどの大きな川も流れている。ただしこれはただの立体的な特徴であり、この地域の自然環境と人間どうしの関係となるとまだよく知られていない。

このラオス・中国国境の地形は数千年の長きにわたって形成されてきたものである。ここは多くの人々が山の横穴に住む、いろどり豊かな土地で、現在のタイ族の祖先のふるさとだった。古い記憶をたどって、その過去をよみがえらせてみよう。

中国に接するのはポンサーリー、ルアンナムター、ウドムサイの３県である。

◘ ポンサーリー県

ポンサーリーはラオス人民民主共和国の最北端の県である。面積は１万6200km²。高い山が大部分を占め、297kmにわたって中国と国境を接している（1991年の調査）。全人口は14万9000人（1995年）［2001年では17万9600人］。県都はポンサーリーである。

住民は次のようなさまざまな民族で構成されている（1995年）。

①ラオ、ルー――15％（ラーオ・タイ系）

②クム（カムー）、ビット、ティン――50％（モーン・クメール系）

③ホー、コー、ヤオ、プーノーイ、ロロ、ハニー、モン――35％（チベット・ビルマ・モン系）

気候は涼しく湿気がある。冬は朝がた霧が出る。住民は棚田でコメを作り、次のようなさまざまな植物を栽培している。お茶、コーヒー、綿花、タバコ、落花生、大豆、緑豆、野生の植物――カルダモン［マークネーン］、香木［ヤーン］、樹脂［キー・シー］など。

住居は各民族によってさまざまな特徴がある。ルー族は竹で作ったあまり床の高くない家に住んでいる。柱はマイ・サック［チーク］、マイ・ドゥー［ビルマカリン］でできている。モン族、ヤオ族、コー族の家は竹と堅

ナム・ウー川の船着き場。ヴェトナムのディエンビエンフーまで行く。
ポンサーリー県ムアンクーア（島崎一幸）

木でできており、地面がそのまま床になる。ルー族は木綿で機織をして、自分たちの生活道具と衣服を作る。このように、ポンサーリーの住民はそれぞれの伝統に従って生活し、それぞれの民族の言葉をしゃべっている。

ポンサーリーへのアクセスの手段は、ムアンクーアからポンサーリーまでナム・ウー川を船で行くか、あるいはルアンナムターまで飛行機で行って、それから車でボーテーン――磨憨（モーハン）（中国側）――ポンサーリーに入るか、どちらかである。

◘ ルアンナムター県

ルアンナムター県はラオスの西側では最北端の県である。面積は9325 km²。高い山地が主で、ルアンナムターとムアンシンには多少の平地がある。130kmにわたって中国と国境を接している（1991年の調査）。全人口は12万5000人（1995年）［2001年には13万4900人］、住民の構成は次のとおりである（1995年）。

市場にはさまざまな民族が。ウドムサイ県ムアンサイ（島崎一幸）

①ラオ、ルー、ニュアン、タイ・ダム［黒タイ］——34％（ラーオ・タイ系）

②クム——35％（モーン・クメール系）

③コー（イコー）、ヤオ、ムスー——31％（チベット・ビルマ・ヤオ系）

各民族はそれぞれの習慣、伝統、言語を保持している。

ルアンナムター県には中国に通じる道路がある。空路はラオスの国内航空のネットワークに属する。

◘ ウドムサイ県

ウドムサイは新しい県である。戦時中はここに織物工場があり、経済活動の拠点だった。面積は２万1190km²。おもに山岳地帯であり、気候は涼しくて、湿度が高い。350kmにわたって中国と国境を接する（1991年の調査）。全人口は18万8000人（1995年）［2001年には24万7100人］、住民の構成は次のとおりである。

①ラオ、ルー、タイ・ダム、タイ・デーン［赤タイ］、タイ・カーオ［白タイ］、ニュアン――31%（ラーオ・タイ系）

②クム、ビット――55%（モーン・クメール系）

③モン、ヤオ――24%（モン・ヤオ系）

ウドムサイ県は北部３県の中で商業・交易の中心である。この地域には多くの民族が定住しており、それぞれ固有の習慣、伝統、言語を保持している。この地域の諸民族はそれぞれ生活環境や政治的・文化的関係は異なっているが、次のような２つの共通の条件のもとに共生していた。

①たがいの連絡が非常に困難である。（地理的条件）

②親族のつながりが強い。（民族的条件）

第１の条件は山岳地帯であるという理由によるが、それは各民族が各自の権力、習慣、伝統にかたくなに固執するという政治的には好ましからぬ影響をもたらした。しかし、彼らは徐々に隣県で信仰が広がっていた仏教を受容するようになり、さらに通婚により各民族間の交流が広まった。

この２つの条件のもとでは、どんな民族であっても力で他民族を支配したり滅ぼしたりすることはない。逆に、ラオス国籍という縁で政治的・文化的に団結することは可能であろう。

かつてラオス・中国国境の政治・行政の中心は２ヵ所あった。１つはシエントーン［現在のルアンパバーン］、もう１つはシエンフン［中国雲南省のシップソンパンナー＝西双版納（シーサンパンナー）の景洪（ジンホン）。シエンあるいはタイ語のチエンは「都」の意味］である。当時は政治の力が強く、仏教を庇護するなどして文化と政治は一体化していた。経済は人民から労働力を搾取する封建的なシステムだったが、経済もまた政治に引きずられていた。交易については、それぞれの地域の生産の量も質も異なり、需要も異なっていたので、中央と同一のシステムになる必要がなかった。この地域の経済は数百年来、自給自足的な封建制度のモデル的経済システムだったと結論づける人もいる（タネート・チャルーンムアン、21ページ）。

その後、植民者たちが東南アジアにやってきて、自分たちの商品を売り、東南アジアの多くの資源を買っていった。貿易は徐々に拡大していった。イギリスは、人口が多く市場も大きい中国への新しいルートを開くため、ビルマを奪った。同じころ、フランスは中国へ裏側から入るため、ラオス、ヴェトナムに進入してきた。その結果、①西側と中国およびアジア大陸との交易が拡大した。②中国への裏の道の歴史的な要路であるビルマ、ラオスの黄金の四角地帯の交易ルートが拡大した（タネート・チャルーンムアン、23ページ）。

ラーンサーン時代、行政の中心であったシエントーン[ルアンパバーン]は山すその狭い平地に作られた町である。他の町と比べても、耕地面積が小さい。仏暦2430年［西暦1887年］代、イギリス人が書いた文章によると、シエントーンの人は機織が好きだった。どこへ行っても機織の音が聞こえたが、脱穀の音はあまり聞こえなかったということだ。確かに絹はシエントーンの重要な交易品だった。シエントーンにはその他、次のような交易品があった。

うるし［キー・カン］、蜜蠟［キー・プーン］、シーシアット［キンマといっしょに嚙む赤色の木の皮］、藍［カーム］、犀の角［ノー・ヘート］、鹿の角［カオ・クワーン］。

シエンフン［景洪］はルー族の政治的な中心地であり、ビルマ、ラオス、ラーンナー［北タイ］の交易の接点であった。一方、シップソンパンナーはさまざまな食料の宝庫だった。たとえばムアンハーイ[勐海（モンハイ）]、ムアンチェー［勐遮（モンチェー）］、ムアンルアン［勐崙（モンラン）］、ムアンラー［勐腊（モンラー）］などには広い田がたくさんあり、土地は肥沃だった。したがって、シエンフンにはホー族の商人がしばしば雲南からシエントゥン［チエントゥン、ケントゥン。ビルマ領］——ラーンナー——ラーンサーンというルートで交易に訪れた。シップソンパンナーの交易品の中にはさまざまな民族が作る阿片もあった。その他、交易品には森の恵みと言えるもの、すなわち漢方薬、うるし、動物の皮、動物の骨、木の根、蜂蜜、鳥の羽などもあった。[514ページ参照]

イギリスの植民者たちはアジア大陸に商品を運ぶのに、ビルマからメーソート［タイ］、ターク［タイ］へのルートを使った。そこからチエンマイ、チエンラーイ、そしてシエントゥン［ビルマ］へ、あるいはメーコック川を下ってメコンに入りシエントーン［ルアンパバーン］へ、さらにはメコンを通ってムアンシン、ムアンラー、シエンフンに至ったのである。(タネート・チャルーンムアン、24ページ)

この地域に何より重要な交易品は塩である。ナーン［タイ］、シエントーン、ムアンラー、そしてラオス国境には良質の塩山、塩泉があった。塩は料理の味付けあるいは保存に各地で必需品だったのである。ムアンラーの南には、ボーハイ、ボールアン、ボーヘー、ボーハーン、ボーテーンなど、たくさんの塩泉があった。

雲南はラオスと国境を接しているので、昔から、ラオス・中国貿易は必ずこの地域を通過しなければならなかった。そして、現在のラオス・中国の経済関係が存在する以前から、地方的・伝統的なラオス・雲南交易が盛んだったのである。たとえば、ドゥアン王時代には南詔［中国］とヴァンダーン［ラオス］の間で交易が行なわれた。雲南の商人は馬で陶器、銅器、絹布、タバコなどを持ってきて、ラオスの主に森で採れたもの、たとえば象牙、犀角、動物の皮などと交換した。

ラオスと雲南との間には、ラオス・中国国境がまだ確定していない前からタラート・ナット［展示市場］があって、人々は自由に往来していた。雲南からだけでなく、ラオスの人も雲南に交易にでかけていたという説もある。とにかく歴史的に見れば、ラオスと雲南の交易は食品、非食品を問わず、特に問題なくスムースに流れていたと言えよう。

1960年代になると、地方的な性格の交易は、ラオス側ではポンサーリー、ルアンナムター、ウドムサイの３県、およびホアイサーイ［ボーケーオ県］に集中した。(グエン・テー・タン、359ページ)

ラオス・中国の国境交易は、西欧の商品と商人の進出によりその形態が変化してきた。植民地時代には西欧のやりかたが支配的で、それはイデオロギー対立、冷戦の時代を経て、ラオスが独立を得るまで続くことになる。

文化的・社会的には、ラオス・中国国境で生活を営んできたさまざまな民族は、昔のままの習慣・伝統を守ってきた。たとえばタイ・ルー族の信仰するピー［精霊］は日常生活において非常に重要な役割を果たしている。具体的にはピー・フアン［家の霊］、ピー・バーン［村の霊］、ピー・ムアン［町の霊］、テーン［天の神］、パ・イン［インドラ神］などの信仰であるが、この中ではピー・ムアンが最も重要である。しかし、彼らの生活は何事もチャオコック・チャオラオ［祖霊］に支配されていたので、その考え方は限られたものになり、あまり拡大しなかった。たとえばムアンシンではチャオファー・スリノーという霊が支配力を持ち、チャオセンチャーという霊も力があった。

❷現在のラオス・中国国境

以上、過去のラオス・中国国境について述べてきたが、ではラオス政府が対外的に開放政策をとりだしてから、ラオス・中国国境の経済・文化・社会はどのように変化してきたのだろうか。またラオスと近隣諸国の経済開発はこの地域にどのような影響を与えたのだろうか。

1986年以降、ラオス政府は市場開放政策という改革路線を歩んできた。ラオス政府は地方住民の生活改善を図り、村人には村以外の世界とコミュニケートする機会が与えられた。それにより地方の経済・文化・社会・生活は向上し、ラオス・中国国境でも多くの変化が見られるようになった。

◘ 経済の変化について

自然経済システムと半自然経済システムから市場経済システムに移行してきた。かつては米作が中心だったが、現在ラオス政府は、住民各家族に土地と森を分配し住民がそれを利用するという政策をとっている。人々は

市場の脇の英語学校。ウドムサイ県ムアンフン（川口正志）

食べるためだけではなく、市場で売買できる商品作物も栽培するようになった。たとえば、ルアンナムター県のムアンシンにいるタイ・ルー族の90%が販売するためにコメを作っている。彼らはまた、中国へ売るためのニンニク、タマネギも栽培している。さらに、多くの農民が商業に転じ、農業と商業を兼業する人もいるようになった。たとえばパンさん一家は農民だったが、現在はホテルとレストランのオーナーだ。ポーンさん一家も、同様にホテルとレストランのオーナーとなっている。

その他、この地域ではタイと中国の国境貿易も盛んで、これも開発の1つのあらわれと言えよう。まず注目すべきは、ラオス国境に接するタイのチエンコーンである。チエンコーンはタイの商品がラオスに運ばれる重要な拠点である。ルアンパバーン、ウドムサイ、ルアンナムター、ポンサーリー、シエンクアン、ホアパンなどから船でチエンコーンへ、ラオスの商人がタイの商品を買いに行く。ラオスの商人たちは買ってきた商品を自分の地域の市場で販売するわけだが、実はこの商人の70%は女性である。彼女たちは４、５人から10人ほどのグループで船を借りてチエンコーンへ行き、帰りは港からトラックを借りて商品を持ちかえるのである。

第２の拠点としては、中国のムアンラー［勐腊（モンラー）］が重要である。ラオスの商人はムアンラーで生地、おもちゃ、電気製品などを買い求めると、車でウドムサイ、パークベーンなどへ運び、そこからさらに船でボーケーオ県、ルアンパバーン県、ヴィエンチャン県などへ運んで販売する。ウドムサイから車でシエンクアン、ホアパン、ポンサーリーへ行くルートもある。

国境貿易では、食品や日用品などだけではなく、自動車も扱われている。自動車の第１の輸出ルートはバンコクのクロントゥーイ港からイサーン［東北タイ］へ運び、メコンを渡ってヴィエンチャンへ、ヴィエンチャンからラオス・中国国境へ、というものである。

第２のルートはチエンコーンからメコンを渡ってボーケーオ県に行き、そこからメコンの川岸沿いにボーケーオ県のムアンモームに、ムアンモームから船でミャンマーのムアンポンへ、さらにミャンマーのムアンヨンに運び、ここから運転してワー・デーン［赤ワー］族のエリアを通り、ムアンスーン、ムアンルアンを通って中国に入るというものである。

第３のルートはチエンコーンから船でラオス北部の重要な港パークベーンに運び、陸路をムアンフン、ムアンサイ［ウドムサイ県］を通って、ラオス・中国国境の町ボーテーンに至るというものである。ルアンナムターに集積するという方法もある。（タネート・チャルンムアン、87－89ページ）

このように、ラオス政府の新政策の下、国内外のさまざまな交易の条件が改善された中で、ラオス・中国の国境交易は地域の経済システムの重要な要素の１つとなっている。

1988年以来、ラオス政府はラオスにおける外国人の投資を奨励し、さまざまな外国企業が投資するようになった。現在、投資件数は104計画、総額２億3300万ドルにのぼる。そのうち中国の投資は８計画である。（グエン・テー・タン、359－360ページ）

中国の会社は国境を接するラオス北部の開発計画に投資してきた。たとえばウドムサイ県ではラオス・中国合同計画で水力発電所を建設している。建設費は中国のゼネコン会社が全面的に請け負った。

国連が灌漑計画に資金を出した例もある。たとえば、バーンボー・ムアンサイ［ウドムサイ県］ホアイ・フェーン灌漑計画［ホアイは小さい川の意］がそうである。

中国の民間会社はウドムサイ県のホテルやレストランにも投資している。チュウロンチアン・ホテル、フーサーン・ホテル、チェンサイ・ホテルなどがその例である。

ルアンナムター県では中国の投資で大きな縫製会社が作られた。更に、すっぽんの養殖など、ラオス・中国合同の農業開発計画がムアンシン、ルアンナムター、ナートゥイなどで実施された。ムアンシン地域の諸民族の生活向上を目的とするラオス・ドイツ政府のプロジェクト、CTZ計画とZOA計画もある。世界銀行はルアンナムター県の専門教育と飲料水供給計画に対して援助している。

ポンサーリー県は交通の便が悪いので、過去、適切な開発がされなかった。しかし、ラオス政府が新しい開発計画を立案して、570万ドルの国家予算でパークナムノーイからパーンヨーとムアンブンの間に104kmの道路を建設した。請け負ったのは、中国、景洪［シエンフン］のハイリー社である。もう１本バーンラーントゥイからウータイ［ニョートウー］とブーンヌアの間に154kmの道路が建設されたが、これは中国からの借款でまかない、景洪運輸会社が請け負った。

こうした開発計画はいずれもラオス政府が導入した新しい改革政策によるものである。

◘ 文化・社会面の変化

市場経済が適切に導入される以前、ラオス・中国国境の経済システムは自分たちが食べていくだけの自給自足経済だった。農業生産でも限界があり、農民は主に食べていくだけのコメを作り、肉や魚、野菜、果物は自分の畑、自分の家畜から得たものだけだった。地下資源や森林資源などの自然資源も未開拓で、商店やホテル、娯楽設備も少なかった。

人々の収入は低く、さまざまな生活品が不足していた。交通の便も悪く、どこへ行くのも徒歩か自転車だった。病院、電話、水道もない。新聞や商品の種類も数も限られている。こうした状況でのラオス・中国国境地帯の人々の夢は、まず仕事が欲しい、次にきれいな服、新しい家、舗装された道路、自動車だった。そして高等教育を受け、高層ビルや大きなビジネス・センター、研究所を作りたい、さらに町と町を結ぶ道路を建設して、商業活動を拡大し、近代的な交通通信システムを整備して、ラジオ・テレビが普及する、そんな社会を作りたいと望んでいた。

このように生活の不便な国境地帯に住む人々の目には、他の都市は発展した魅力のある場所に映るので、彼らはそうした所に映って働きたいと考えた。たとえば1995年の中ごろウドムサイで行なった調査では、商人のうち３分の１がホー族、３分の１がプーノーイ族、３分の１がモン族だった。

今後、国境地帯に残った人々は早いうちにこれまでの伝統的な文化・生活様式を捨て去るだろう。たとえばルアンナムター県のムアンシンでは、ラオス政府が開放政策をとったあと、一部の青年グループがタイのチエンコーンに行って仕事をしている。彼らは自分自身と家族のために行ったのである。中国のムアンラー、クンミン［昆明］に出かけて商売をしているグループもある。彼らは新しい世界の新しい生活を学んだことになる。彼らの家には、ビデオセットがあり、衛星放送の設備もある。

物質的な繁栄の魅力もさることながら、われわれがより関心を持っているのは、文化的な側面である。国境の人々は新経済メカニズムの恩恵を享受するとともに、新経済システムの文化にも適応しなければならないのである。この４～５年の間に、まだそれほど強くはないとはいえ、首都あるいはその他の大都市の影響を、文化面の変化としてラオス・中国国境地帯に認めることができる。たとえばムアンシン、ポンサーリー、ウドムサイのルー族、ルアンナムターのタイ・ニュアン族はラオ人の服装をし、ラオ人風の住居に住むようになった。またウドムサイ県ムアンサイのルー族の若い女性は中国人のようなスカートをはくようになり、中国の踊り方の影響を受け、中国語の勉強をするようになっている。男性の場合は、どんな民族でも女性より数倍早く自分の習慣を破壊すると言われる（タネートチャルーンムアン、235ページ）。

その他、中国と国境を接する各県の調査によると、国境を越えた結婚が見られるようになった。ポンサーリー県ブーンヌアでは、2名のルー族の女性（ラオス在住）が同じルー族の中国在住の男性と結婚した。ルアンナムター県プードーンタン村と中国側とのヤオ族どうしの結婚例もある。

社会的には、ラオス政府が改革路線を導入して以来、かなりの人口移動が認められる。1995年のラオス・中国国境地域の調査によると、1992年のはじめにモン族1875人（286家族）がヴィエンチャン、シエンクアン、ホアパン各県、およびルアンナムター県ムアンシンのドーンマイ、トンマイカオ、トンマイカイなどの村に移住した。彼らの住む山間地帯には水田を作る場所がなかったのが移住の原因である。

ウドムサイ県の場合、この4～5年の間に経済社会開発が速やかになされたので、ラオス北部の貿易の中心になった。そのため、複雑な人口移動が起こった。たとえば1991～95年にポンサーリー、ルアンパバーン両県から合法的に移動してきたのが57家族481人（女性225人）、非合法に入ってきたのが32家族243人（女性135人）だった。彼らは商売と生活の場を求めて移動してきたのであるが、このような移動の結果、ウドムサイ県では地価が高騰し、土地を新たに取得する人が増えた。

人口移動はラオス国内だけでなく、中国からもあった。たとえばポンサーリー県ニョートウー郡のフアンソップスム村に中国からルー族7家族41名が非合法に移住してきた。ルアンナムター県にも中国からルー族とモン族15家族92人が非合法に移住してきた。

そしてヴェトナムからルアンナムター県にタイ・ダム族7家族43人が避難してきた。ウドムサイ県にも中国からモン族85人、ヴェトナムからモン族14家族が移住してきた。

ラオス政府はこれらの問題について関係国と協議し、いずれも各国へ送り返した（1995年ポンサーリー、ルアンナムター、ウドムサイ各県の警察の報告による）。しかし、こうした複雑な人の移動にともない、ラオス・中国国境ではさまざまな社会問題が発生した。ラオス北部各県ではビジネスマンや観光客が激増し、こうした人々が歓楽地で問題を起こしたという例もある。

むすび

ラオス・中国国境のポンサーリー、ルアンナムター、ウドムサイの３県は大小さまざまな山々のふもとにある。この３県には大きな川も流れており、太古からいろいろな民族が定住していた。そして各民族はそれぞれ異なる固有の文化、習慣、言語を持っていた。

社会的には、過去、これらの人々は各地方のサクディナー制度［封建制度］のもとに統制されていた。経済的にも、サクディナー制度による経済システムが行き渡り、人民の労働を搾取していた。隣国タイや中国との間に貿易や交流もあったが、地方的なものにとどまっており、適切な経済成長をとげることは不可能だった。

1986年、ラオス政府は市場経済制度を導入した。この新経済メカニズムによってラオス・中国国境の経済、文化、社会は良い方向に変化した。そしてこの変化はこの地域に住むさまざまな民族の生活に強い影響を与え、彼らは外界と接触する機会が増えた。人々は徐々に新しい生活に適応していった。

近い将来、経済四角地帯の構想が進行すれば、交通はラオス、中国、タイ、ミャンマーを結ぶようになるだろう。しかし、国境地帯の文化に与える政治的な影響力が強すぎて、もしわれわれが国境地帯の民族文化を大切にしなければ、四角地帯の経済が拡大すればするほど、遠からず、確実に、それらの民族文化は破壊されていくだろう。そのあとに残るのは、消費者のニーズに合わせた市場経済システムによって生産された商品だけということになってしまう。［竹原茂訳］

【参考文献】

グエン・テー・タン『ラオスの歴史・文化研究』３巻、科学・社会・人類学センター、東南アジア研究所、1994年。（ベトナム語）

タネート・チャルーンムアン『経済四角地帯と文化四角地帯』コップファイ印刷計画、仏暦2538年。（タイ語）

カムペーン・ティップムンタリー『ラオス中国国境地帯の経済・文化・社会の開放の結果についての調査』、ラオス文化研究所。

第19章

ムアンシンの写本文化

飯島明子

扉写真・ムアンシンの静かな風景（川口正志）

はじめに

ムアンシンはラオス西北部のルアンナムター県を構成する５つの郡（ムアン）のうちの１つで、同県中最も北に位置し、ビルマ（ミャンマー）、中国と境界を接している。ムアン行政の中心である市場町からビルマとの国境となっているメコン川まで約30km、中国国境までは12kmの近さである。

1344km²の郡域の60％は森林に覆われ、アカ、ヤオ、モン、クム（カムー）といった山地民族が住む。アカ人は最も多数の人口を有し、ムアンシンの全人口２万2000人強［NSC 1995., Grabowsky & Kaspar－Sikerman 1997］の約半数を占める。アカ人に次いで多いのはタイ系のルー人で、約30％である。ルー人の人口数の報告にはバラツキがあるが7000人前後であるのに対し(1)、ムアンシンの110（ないし112）の全村落のうち、ルー人の村と見なされるのが26ヵ村という点では一致する(2)。26ヵ村はいずれも平地にあって、ナム・シン川（ムアンシンの名はこの川に由来すると言われる）とナム・ダーイ川の流域平野に集中している。ルー人と同じく平地に住んで稲作を行なうのがタイ・ヌア人である。タイ・ヌアはルー人たちよりも早くにムアンシンの平地に住み着いていたと見られるが、現人口は1700人強で５つの村が数えられるのみである。他に、近年に移住してきたタイ・ダム人が平地に住む。

以上に略述したムアンシンの人口構成は、次表に示すラオス全体の人口構成（NSC 1997.の計48民族およびその他より成る民族別人口統計の上位５民族を示す）と比較すると、アカ人、ルー人の多さにおいて特徴を有することがわかる。

ラオスの人口構成

民族	人口	割合（%）
ラオ	240万3891	52.5
プータイ	47万2458	10.3
クム（カムー）	50万0957	11.0
モン	31万5465	6.9
ルー	11万9191	2.6
総計	457万4848	100

ムアンシンにはラオス全体のルー人口の６％以上が住み、ルー人口の集中地域の１つであることは、ルー人の故地シップソンパンナー（現中国雲南省西双版納傣族自治州）とムアンシンの地理的隣接性からすれば、当然のことと頷けよう。

筆者は1999～2000年にかけて、ムアンシンにおけるルー写本（ルー文字(3)で書かれた写本）に関する調査を行なった。この小論では、調査を通じて知られた、今なお生きている写本文化の一端を記すと共に、写本文化を生き長らえさせてきたムアンシンの歴史を振り返る。

バイラーン（貝葉）の製作——①ラーンの葉を落とす

②葉を切りそろえる

③葉を煮る

④日に干す

⑤鉄筆で文字を刻みつける

⑥刻み目に廃油（以前はヤーン樹油を用いた）を滲ませる

⑦油を拭うと文字が黒く現われる

❶ラオ写本保存プログラム

ムアンシンへ写本の調査に赴く前に、筆者はヴィエンチャンでラオス情報文化省・ラオス国立図書館所轄の「ラオ写本保存プログラム（Preservation of Lao Manuscripts Programme)」において、情報収集を行なった。

ラオスにおいて伝統的な写本文化への関心が公になったのは1980年代末のことである［Sathaban Khonkhwa Silapa-Wannakhadi haeng Sat 1989.］。それに伴い、1989年に最初の貝葉写本インヴェントリー作成プロジェクトが情報文化省の下に設けられ、全国的な写本調査が開始された。1992年からはドイツ政府の支援を受けて、「ラオ写本保存プログラム(4)」として10年計画のプロジェクトが実施されている。フィールド調査や写本の保存の方法については1970年代からの調査経験を有するタイ国北部において蓄積されたノウハウがここでも生かされているが、ラオスでは全国規模のデータベース作成を目指し、宗教上のみならず学術・教育面での成果の活用を視野に入れた国家的事業として推進されている点で、タイ国の場合と異なっている［Rujaya 1996］。

「ラオ写本保存プログラム」のルアンナムター県における調査は1997年9月3日から開始され、最初の調査地として最も写本の多いムアンシンが選ばれた。9月6日にムアンシンの中心寺院であるシエンチャイ寺(5)において郡の主だった人々や関係者、住民を集めて式典が催された後、56日間にわたる調査が行なわれた。調査寺院数は17、調査された写本の数は8087巻（内、パップサー［サー紙折り本］5052巻、貝葉3075束）に及んだ(6)。

調査チームの報告(7)から特に興味深い点を以下に摘記する。

◉調査された中で最も年代の古い写本は、「アーリンターナー」というジャータカをタイ・ヌア文字（トー・リーク）で記したパップサーで244年前に制作されたものだった。この写本はナムケーオルアン村在住のナーン・コットセーン氏宅に「一族のお守り」として代々伝えられていた。このようにムアンシンでは民家に写本が保管されている例が多く、1軒に30巻〜40巻の写本を有することも稀ではない。調査したパップサーのうち144巻は住民が所蔵していた。

◉民家に所蔵される写本の内容の多くは、占星術（ホーラーサート）、呪術（サイニャサート）、薬学書（タムラーヤー）、呪文・偈（ヴェートモン／コンカター）、民衆暦（パティティン）の他、カップルー（ルー歌謡）などの文芸類である。

◉ムアンシンの写本の多さは、人々が「パップサー、貝葉を作ることは大いなる積徳（サーンブン）行為であり、貝葉を寺院に奉納するのは大いなる布施である」との信仰を持ち、ルー人とタイ・ヌア人の間に伝統慣習が堅固に維持されていることによる。したがって、文字を書き、読み、写本

メータオ・セーンチョイ

をさまざまな行事に用いることが連綿として行なわれてきており、それらに熟練した人が少なくない。そうした人々のうちで特記すべきは、80代のタイ・ヌア女性メータオ・セーンチョイ氏である。

◉ムアンシンのパップサーの他所と違う特徴として、サイズの大きさが挙げられる。縦40cm〜50cm、横35cm〜40cm程で、特にタイ・ヌアのパップサーはそうである。

以上に紹介した調査を経て選別された写本の一部が、1999年11月から2000年5月にかけてマイクロフィルムに撮影された。マイクロフィルム撮影されたムアンシンの写本は425タイトル、811巻、マイクロフィルムにして84巻に上る(8)。

「ラオ写本保存プログラム」には、現場調査票が寺院毎に綴じた冊子として保管されている。そこで筆者は幾つかの寺院について集計を試み、写本の分布状況を探ってみた。

■ターパーオ寺……ターパーオ村（ルー村）

調査写本数122。すべてルー文字、パーリ語とルー語で書かれる。うち貝葉24点、パップサー97点、不明1点である。年代の知られるものは84点で、小暦1158(1796)年から1358(1996)年の200年間にわたるが、小暦1300(1938)年以前のものは3点のみである。

■ナムケーオルアン寺……ナムケーオルアン村（タイ・ヌア村）

調査写本数107[9]。内４点は、タイ・ヌア文字、タイ・ヌア語で書かれ、すべて制作年次不明。残り103点はルー写本で、小暦1290(1928)年から1358(1996)年にわたる。

■バーンクン寺……バーンクン村（タイ・ヌア村）

調査写本数15。内６点がタイ・ヌア文字＋タイ・ヌア語、４点がルー文字＋ルー語とパーリ語。年代は小暦1308(1946)〜1358(1996)年。

限られた事例であるが、ルー村の寺院にはルー写本のみがあったのに対し、タイ・ヌア村には予期に反してタイ・ヌア写本だけでなく、ルー写本が多くあることがわかった。どうやら、ルー写本はルー人のもの、という前提を疑ってかからなければならないようだ。この問題は現地調査における課題の１つとなった。

❷ 現地調査ノートから

計３回のムアンシンにおける調査では、ムアンシン文化課主任ナーン・チャイセーン氏の全面的なご協力をいただいた。氏は1948年ムアンシン生まれのタイ・ヌア人であるが、タイ・ヌアの文字と言語だけでなく、ルー文字・言語にも精通している[10]。

1999年８月の調査では、チャイセーン氏の案内で写本に関わりの深い３人[11]の村人を住所に訪ねた他、ルー村１村、タイ・ヌア村２村、タイ・ダム村１村の計４村を回った。

2000年８月には、ムアンシンのルー村調査経験が豊富な情報文化省ラオス文化研究所所員カムペーン・ティップムンタリー氏にヴィエンチャンから同行していただき、氏と共にルー村４村を回った。

さらに2000年３月には、雨季の８月には悪路となるため行くことが困難なルー村３村を訪ねた。

以下はフィールド・ノートから、ルー写本に関連する情報を抜書きした覚書である。

◉フア（ホー）•インドゥアン氏（72歳、1999年８月面接時）……ナムケーオルアン村（タイ・ヌア村）在住

「ラオ写本保存プログラム」の調査報告に文字の読み書きに熟達する人として名を挙げられている１人で、ナーン・チャイセーン氏の父。自宅に多数のパップサー写本を所蔵している（506ページ写真）。全部で38巻ある所蔵写本の大部分は1977年に74歳で亡くなった父インパヤー氏が書いたものである。写本にはタイ・ヌア写本とルー写本の両方がある。タイ・ヌア写本の一例は「ナーン・キンプー」で、小暦1287（1925）年に書かれ、当時ナムケーオルアン寺において僧侶の身であったインパヤー氏の手になるもの。

なお、インドゥアン氏はナムケーオルアン村に生まれたが、その父や祖父は現中国雲南省徳宏傣（タイ）族景頗（ジンポー）族自治州のムアンガ（ムンガ　勐戛）の人で、父の代に戦争のためにムアンシンへ移住して来た。一族（タクーン）の一部はチエントゥン（ケントゥン。現ビルマ・シャン州）へ行った。

◉ナーン・テーン・セーンウォン氏（51歳、1999年８月）……ナムケーオルアン村在住

1980年に還俗するまで20年間、ナムケーオルアン寺で出家生活を送った。ムアンシン中の人々や他所の人々（アメリカ在住の人もいる）から注文を受けて（ハップ•チャーン）、写本を制作するのを生業としている。自身はタイ・ヌア人であるが、ルー文字に熟練していて、注文は専らルー写本である。１年間に12人位から注文がある。料金は貝葉１束が１万キープ、パップサー１冊５万キープ[12]。人々は布施をするために写本制作を依頼する。10の月以降のさまざまな祭り（ブン）[13]の際に布施として写本が寺院に

奉納される。

自身は占星術（ホーラーサート）に関心があるので、写本を所持している。その中には徳宏で作られた写本もある。また、父が治療師（モーヤー）[14]だったので、父が所持していた薬学書（タムラーヤー）[15]もある。

・貝葉とパップサーについて——貝葉を作るのに用いるラーンの木はどの寺院にも植えてある。それを切って、自分で制作する[16]。パップサーの材料とするサーの木は自生している。パップサーは紙作りが面倒なので高価になる。書くのは貝葉の方が難しい。ナムケーオルアン村ではパップサーが多いが（タイ・ヌアはパップサーのみ）、ムアンシン全体では貝葉の方が多い。

・ナムケーオルアン寺の写本について——ナムケーオルアン寺は1988年に火災に遭い、経蔵3つ分の貝葉を焼失した。その中には、「ラオ写本保存プログラム」の調査で報告されたルー写本、タイ・ヌア写本の他に、タム・ラオ文字写本、タイ文字写本もあった。タイ文字写本は、50年～60年前にタイへ勉強に行ったクーバー（尊崇を集める僧侶に用いる敬称）が持ち帰ったものである。

◉メータオ・セーンチョイ氏（85歳、1999年8月）……シリフアン村（タイ・ヌア村）在住

「ラオ写本保存プログラム」の報告にあった、タイ・ヌア文字（トー・リーク）を読み、書きする女性。25歳の時に結婚した夫から、30歳～40歳の頃トー・リークを習うように命じられ、夫について文字を習った。1968年に夫が死亡した後も、夫への供養と考えて、書き続けている[17]。写本を制作しては自ら布施をしたり、人々の求めに応じて貸したりするほか、頼まれて書く場合もある。

トー・リークはパップサーだけで、貝葉には書かない。折本形式ではなく、紙を何枚を重ねて、端を綴じて[18]ある。

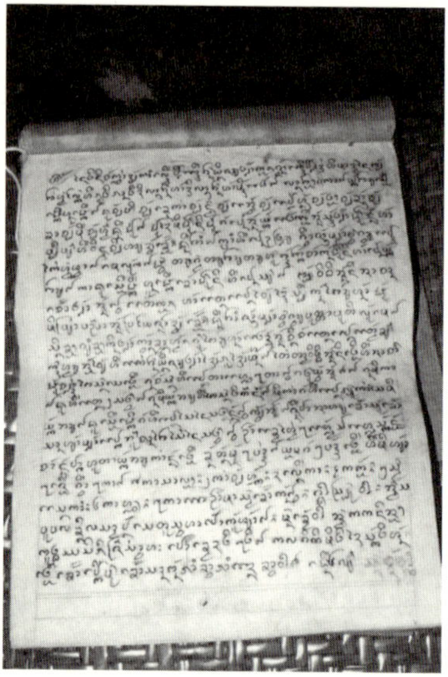

ファー・インドゥアン氏所蔵の写本の一部、ルー写本

同ルー写本

同タイ・ヌア写本

同タイ・ヌア写本

ルーの村ナーカム村、寺院の壁面を飾る仏画

■ナーカム村……ルー村（1998年現在128戸、646人）

村人の語る伝承によれば、同村の前身は約160年前にムアンナムロン(現ビルマ領）からパニャー・ポマチャクというリーダーに率いられて移住してきた人々によって開かれた。これは、19世紀前半の空白を埋める伝承の１つである。元の名をムアンナム村と言い、チャオファー・オンカム（シエンフンで死んだ。514ページ参照）が「ナーカム」に変えた。

・写本について——現在村の寺院に写本は全くない。沙弥（しゃみ）（チュア）の火遊びによって焼失したためである。村長（ナーイバーン、34歳）の話によると、約20年前に自分が沙弥であった当時、「タムナーン・ムアンシン」(ムアンシンの歴史、あるいは年代記）を読んだ記憶がある。貝葉にタム文字（トー・タム）（ルー文字と考えられる）で書かれていた。

ルー人でトー・リックを読む者はいない。

■トンマイ村……タイ・ヌア村（48戸、307人）

村の寺院（トンマイ寺）に着くと、沙弥たちがサー紙（チア・サー）を作るために、木槌でサーの樹皮を叩く作業中だった。そこで、そのまま紙が完成するまでの過程を見学し、写真撮影した。このように、寺院で日常的に紙が作られている様子だ。

また、ちょうど年に１度、８の月に行なわれるブン・ヘークナー（始耕祭）の一部を成す儀式(19)のために村の男性たちが寺院に集っていたため、移住の伝承を多くの口から聞くことができた。その要点は、トンマイ村を含むタイ・ヌア５ヵ村の来歴はみな似ている。故地である徳宏を出奔してから、思茅（スーマオ）（雲南省）方面とチエントゥン（ビルマ）方面の二手に別れたが、後にまた合流したというものである。

・写本について……移住の時には写本を持ってきたが、何度かの火災で焼失し、現在古い物は全く残っていない。

■ティーンタート村……ルー村（400人以上）

ティーンタート村の寺院には２僧（トゥ）と11人の沙弥（チュア）が止住している。沙弥たちはタム文字（ルー文字）を習っていて、僧房に置かれた黒板にルー文字が書かれている。ルー文字教育には、ボーケーオ(20)のクーバー・カムグンが作ったテキスト(21)を用いている。クーバー・カムグンは毎年ムアンシンに来て、村々の儀礼に参加する。

・写本について――現在も紙を作って、書写している。紙は年に１回以上、１度に200枚～300枚作り、販売もする。写本は古い写本でネズミに食われたりした物があれば、新しく写すようにしている。写す必要のある写本が同寺内になければ他所に求める。ムンマーン（勐満）、シエンフン（景洪（ジンホン））から持って来ることもある。その場合はかの地に赴く村人に頼んで持ってきてもらう。シエンフンまでの道は不便である。

■ソー村……ルー(22)村（37戸、148人）

1936年にシップソンパンナーのムンハム(勐罕)、シエンフンから６家族が移ってきた。さらに1958年にムンマーン、ムンプン（勐捧）から25～26家族が移住してきた。新しく来た人々は言葉や慣習のすべてにおいて全く従来の村人と同じで、違いを感じなかった。1958年にムンマーンから移住して来たナーン・K氏（60歳）によれば、移住前の中国において写本（ナングスー・タム）は没収されていたので、移住の際に持ってきた物はない。

1964年にホアイサーイに逃げる時［註（20）参照］、貝葉は大部分放置されたが、一部はホアイサーイへ持っていった。重要な物は現在もボーケーオにある。

昔は写本に用いる貝葉をビルマやシエンラープへ買いに行った。貝葉が不足したためであると共に、かの地の貝葉は色が白くて良質だったからである。チャムパーサックの貝葉もビルマのものと同種である。

■ナムダーイ村……ルー村

同村は約120年前、ムンハムの争乱を避けて来た6～7家族の人々によって開かれたという。この村には「ブアカム」という女性の名を記した刻文がある。筆者がインタビューした古老、最初の移住者の家族の1つの家長セーン・タナの息子であるマイコン・タナ氏（85歳、2000年8月22日）が語るところによれば、次のような経緯があった。

ムンニュー（ムアンニュー）のチャオムアン（首長）の娘であったサーオ・ブアカムが従者3家族を伴ってこの村へ来て、治めた。彼女は一種の「叡智」（パンニャー）の持ち主だった。当時この村はヴィエンと呼ばれ、ヴィエン・ムアンシンのチャオファー・シリノーとサーオ・ブアカムの間で争いが起こった。結局サーオ・ブアカムはムンマーンへ移って、そこで殺された。以来、ナムダーイ村はチャオファー・シリノーに従属した。

■ニャーンピエン村……ルー村

ムアンシンの寺院の中でも特に多くの写本がニャーンピエン寺には所蔵されている。その数は全部で1868巻、うちパップサーは568巻で、残りは貝葉である。同寺には、王国政府時代にムアンシン・サンガ長（チャオカナ）であったパ・クーバー・サイニャウッティ（Phakhuba Sainyawutthi, Nyanakhamphiro Mahathera）が書写した写本が多数ある。パ・クーバー・サイニャウッティは1968年にボーケーオに避難し、1997年11月3日ボーケーオで亡くなった。

❸生きている写本文化

ムアンシンへ写本をめぐる調査に赴いて、何よりも印象深かったのは、写本文化とも言うべき人々の写本との関わりが精神面でも、物質面でも、今なお強く息づいていることだった。材料の貝葉や紙から手作りして、書を写すことを職業とする人が健在であることが、そのことをよく証している。

ルー人の多く住む地域であるという理由で、ムアンシンをルー写本調査の目的地に選んだのであったが、既に「ラオ写本保存プログラム」の調査報告に示された通り、ムアンシンにはルー写本と共にタイ・ヌア写本が存在している。そして、そのタイ・ヌア写本の作り手であり守り手であるタイ・ヌア人が、ルー写本を含めた写本文化の重要な担い手であることが調査を通じて明らかになった。本稿で紹介したナーン・チャイセーン氏やナーン・テーン・セーンウォン氏のように、タイ・ヌア人の中にはルー文字を能くする人が少なくない。一方、ルー人でタイ・ヌア文字を読み書きする人はいない。このことは何を意味するのだろうか。

現在のムアンシンでタイ・ヌア人は人口にしてルー人口の４分の１程度、村落数も５村を数えるに過ぎない少数派である。ルー文字、ルー写本の優位は一応そのような勢力関係において納得できるかもしれない。また、貝葉に経典を記すのが専らルー文字であることから、ルー文字がより広く親しまれることになったとも考えられる。ナーン・チャイセーン氏がルー村の寺であるシエンチャイ寺で修行したように、ルー寺院はルー人以外にも開かれていた模様だからである。けれども、ルー人とタイ・ヌア人の関係が常に良好であったとは限らない。仏領期のチャオファー支配下（515ページ参照）では、フランスと連携したルー人のチャオファーの苛酷な支配に対して、山地民たちとともにタイ・ヌア人が反抗を企てたことが知られている［Gunn 1989: 62］。諸民族集団の混住するこの地域における民族間関係、そして人口の動態は、近現代における、より広範な地域をめぐる複雑な歴史の推移の中で綿密に検討されねばならないだろう。その上で、文字や写本という媒体を通して現れる民族間関係の意味も問うことができよう。

更に今日におけるルー文字の優勢には、ルー人たちの強固なネットワークに支えられている面があるのは見逃せないだろう。シップソンパンナーとの往来が激動の時代を経ても途絶えることがなかっただけでなく、1960年代のボーケーオへの避難家族たちとの絆もルー文字を介して顕現している。アメリカへの亡命者たちとの絆もまた然りである。他方、タイ・ヌア人たちとその故地徳宏地域との関係は現在ほとんど絶たれているようだが、それだけに一層、タイ・ヌア人の写本文化の根強さにも打たれるのである。

❹ムアンシン略史

地元の伝承によれば、ナム・シン川河谷盆地への人々の移住は18世紀末に始まった。シエンケーンの王族の女性に率いられた人々が村を開き、壁をめぐらした町を設け、仏舎利塔を建立したという。仏舎利塔はタートシエントゥムの名で町の南西 4 kmの山上に現在も在り、広域から巡礼者を集める聖地となっている。19世紀前半にナーン（現タイ国）への移住が数度強制的に行なわれた後数十年間の盆地内の動静は、文献史料では今のところほとんどわからない。森林に覆われた山地については言わずもがなであろう。

新たな移住は1880年代に起こった。ルー文字文献として伝わる年代記によれば、小暦1246（西暦1884）年、シエンケーンの支配者（チャオファー）であったシリノーが配下の者たちを率いてメコン川の西に位置したムアンニューのヴィエン（城市）チョームトーンを出立し、メコン川を渡ってムアンシンの地に至り、ここに新たなヴィエンを建設した(23)[*Sirino*; Lafont 1998: 173]。矩形をしたヴィエンは城壁に囲まれ、12ヵ所に門が設けられていた。

遷都の理由は審らかではないが、シリノーに先立つシエンケーン王であったコーンタイの治める大国チエントゥンとの間でシエンラープの支配をめぐる争いがあり、チエントゥンからの離反を図ったとの指摘がある[Walker 1999: 35]。1891年にシャム（タイ）の都バンコクで編まれた「チエンケーン（＝シエンケーン）年代記」には、「[元の地は] 田畑が少なく、人々が生活に困窮したため……、ナーンに従属するメコン川東岸の地に移り、以後バンコクを拠り所としようとした」とある。

しかし1867年にムアンニューを訪れ、王と面会したフランス人ガルニエの記述からは困窮の様子は窺えず [Garnier 1996: 76-7]、また世紀の変わり目頃のムアンニューについて、「人々は快適で豊か」だという証言[Scott & Hardiman, Pt. II, Vol. II 1901: 509] もあり、シャムの役人の手によると見られる上の記述を俄かには信じがたい。しかし、ムアンシンが地の利を得ていたことも確かである。雲南から来るキャラバンの商業と、ボーテーンに産する塩の取り引きに好適な場所に位置していたからだ。ムアンシンはまもなく、メコン川上流域の重要な通商ステーションとして頭角を現した [Walker 1999: 35]。

遷都の結果、シエンケーンと従来朝貢関係にあったビルマ王朝との距離は広がった。そして1886年にイギリスの上ビルマ支配が始まると、代わりにバンコク王朝やナーンから、続いてイギリスからの圧力を受けることになった。バンコク王朝の意図は、先に見た「チエンケーン年代記」の記述に明瞭に表れている。1891年にムアンシンに至ったイギリス人は、シリノー王が、シャムへの従属は強制されたもので、自国は常にアヴァ（ビルマ王朝）に貢納してきたと訴えたと記録している [Mangrai 1965: 242-3]。

ところが1893年、シャムがフランスの砲艦外交に屈してフランス・シャム条約が締結されたため、今度はフランスが、同協定により獲得したメコ

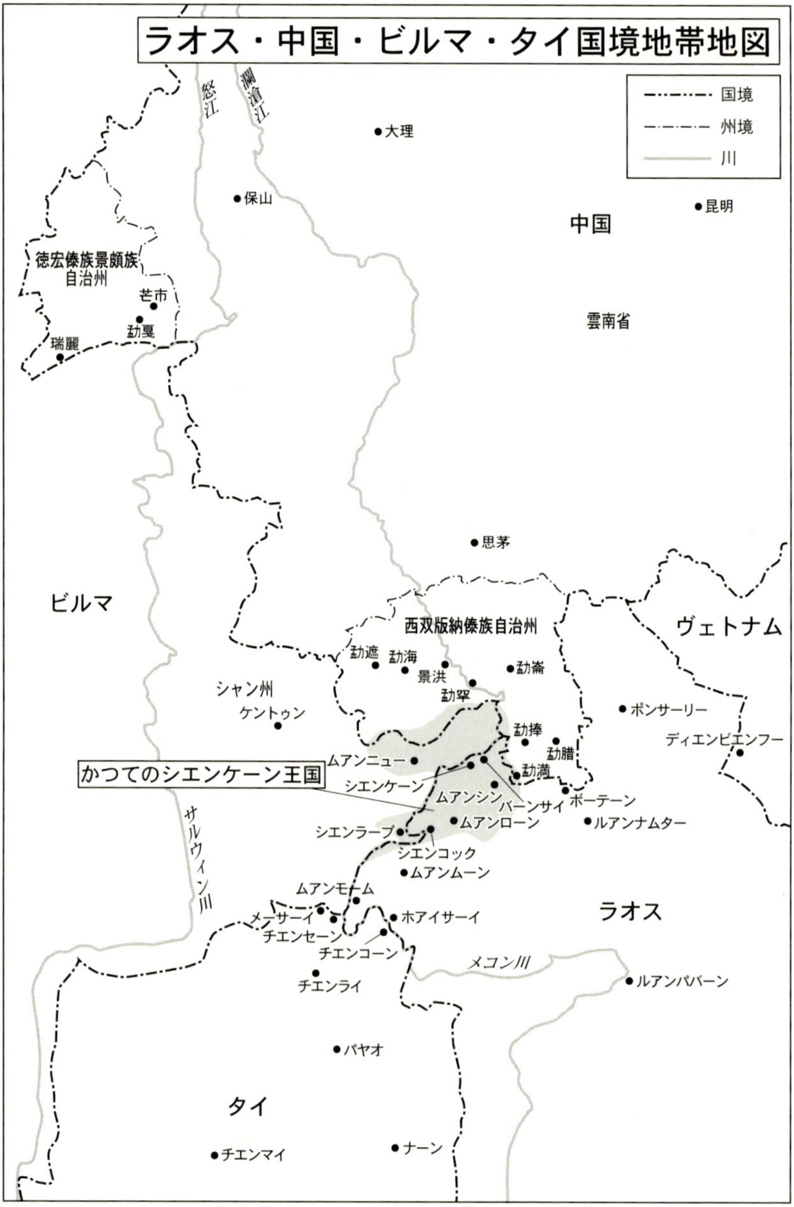
ラオス・中国・ビルマ・タイ国境地帯地図
国境
州境
川
怒江
瀾滄江
大理
保山
昆明
中国
徳宏傣族景頗族
自治州
芒市
勐戛
瑞麗
雲南省
思茅
ビルマ
西双版納傣族自治州
ヴェトナム
勐遮
勐海
景洪
勐崙
勐罕
シャン州
ケントゥン
ポンサーリー
勐捧
勐腊
ディエンビエンフー
ムアンニュー
かつてのシエンケーン王国
勐満
シエンケーン
ムアンシン
バーンサイ
ボーテーン
サルウィン川
シエンラープ
ムアンローン
ルアンナムター
シエンコック
ムアンムーン
ムアンモーム
メーサーイ
ホアイサーイ
ラオス
チエンセーン
チエンコーン
メコン川
チエンライ
ルアンパバーン
パヤオ
タイ
ナーン
チエンマイ

ン川以東のシャムの旧領にムアンシンが含まれるとして、支配権を主張した。以来シエンケーンは英仏の勢力争いの焦点となり、1896年にメコン川をもって英仏の勢力圏が分かたれるまで緊張が続いた。1895年にイギリスが強行した軍事占領は、ムアンシンの支配者をフランス側に向かわせた。1896年の英仏による宣言の結果、シエンケーンの範域はメコン川を境に分断され、西側は英領となり、チャオファーを戴くムアンシンは仏領ラオスに編入された。近代的国境の成立である。

1907年にシリノーの後を継いでチャオファーとなったパ・オンカムは親仏政策を捨て、1914年にシップソンパンナーから挙兵する。フランスはこの「反乱」鎮圧に2年間を費やし、平定後ムアンシンは一般の行政地域（ムアン）とされ、チャオファーは伝統的権力を失った［Gunn 1989: 61-62］。これ以降のムアンシンの歴史は「ラオス史」の一部として語られることになる。

ラオス内戦期には、1962年にルアンナムターの王国政府軍の拠点がパテート・ラーオとヴェトナム軍による攻撃を受けて陥落後まもなく、ムアンシンもパテート・ラーオ・ゾーンに入った。以来、中国との間のクロス・ボーダー・トレードが活性化し、1965年にムンラー（勐腊）・ムアンシン間の道路が完成すると、ムアンシンは戦略的交易地点としての地位を高めた。しかし、その盛期は短く、1960年代末にムンラーとルアンナムターが直接幹線道路により結ばれて、ムアンシンは迂回されることとなった［Walker 1999: 52-4］。

おわりに

ムアンシンにおける写本調査の過程で、メコン川をはさんで対岸にビルマを望むルー人の村、バーンサイまで足を伸ばしたことがある。海抜700m

ラオス・中国国境

の河谷にある市場町から、1000mを越す山並みを越えるスリリングなドライブの末にたどり着いたバーンサイには、小さな仏塔があった。仏塔にお参りしたいからと言って市場町から同行されたのは、元ムアンシンの郡長を勤めた方である。彼はローソクを奉げて仏塔のまわりを歩き、満足された様子だった。筆者にはほとんど孤立しているかのように見えたその村に、それほど大事な仏塔があるのが不思議に思われたが、以前は対岸のビルマ領にある村がその仏塔を守護していたと聞いて、なるほどと思った。

中国との国境へも行ってみた。ここでは外国人旅行者の国境通過を認めていないが、地元の人々は検問所の前を通って行き来している。ナーン・チャイセーン氏の計らいで、特別に中国へ「入国」させていただいた。そこは、雲南省西双版納傣族自治州勐腊（ムンラー）県である。検問所を通過して、よく舗装された道路を10分程行くと、道路脇に1992年に建てられた境界柱があり、中国語の標語を書いた看板も現れた。この国境を越えて、往昔のキャラバンルートをたどり、ビルマやタイへと向かう長距離交易が行なわれているというが[Walker: 73]、一見したところ至極穏やかな国境である。

しかし、近代的国境成立以後もシップソンパンナーから新たに流入するルー人たちは少なくなかった。筆者のインタビューしたルー村落では、シップソンパンナーからの最後の大規模な移住は1958年にあったと証言する村人が多かった。中国における文化大革命、その後の中国・ラオス間の政

境界柱（中国側）

境界柱（ラオス側）

治的緊張に続いて1979～86年には国境が閉鎖されていたが、その間も人々の往来は絶えなかった。毎年11月の満月を期して行なわれる仏舎利塔（タートシエントゥム）の祭りその他の祭礼時に、シップソンパンナーからルー人たちが「密かに」訪れていたという。そして1992年にラオスと中国間で国境協定が成立すると、国境を越えた交通が再び増大し、現在に至っている［Cohen 2000: 153-4］。

現在のムアンシンの国境は平和であり、そして「黄金の四角地帯」と喧伝される経済開発の嵐の中心からもやや外れて、ムアンシンは年々増加する外国人旅行者にとって心地よい場所を提供している。けれども、この地に国境が成立した過程は、かつてこの地域において支配権を争ったイギリスとフランスの植民地史の重要な１頁を占める事件であった。インドシナ半島における複雑な政治状況を浮き彫りにしつつ、国境は忽然として出現したかに見えるが、今なお厳然として在り、現在のムアンシンを「辺境」に位置づけている。

【註】

(1) 1995年センサスに基づくKhampheng 1999.は6309人、ムアンシン郡役所提供資料に拠るとするGrabowsky & Kaspar-Sickermann 1997.は7555人という数値を載せる。

(2) Grabowsky & Kaspar-Sickermann 1997.はムアンシン（郡）の「低地ラオ」（Lao Lum）すなわちルー、タイ・ヌア、タイ・ダムの計32の村落名を挙げる。但し、タイ・ヌアを主体とするトン・マイ村（Ban Thong Mai）を誤って「ルー」と表記しているので注意を要する。

(3) ルー文字はタム文字の一種。タム文字については、「タム文字」（飯島明子）、河野六郎他編『言語学大辞典　別巻世界文字辞典』三省堂、2001年、588-592ページを参照。

(4) ラオス語の正式名称はKhongkan Pokpak-haksa Nangsue Bailan Lao（「ラオ貝葉文献保存プロジェクト」）と言い、ヴィエンチャンのラオス国立図書館内に設置されている。

(5) ムアンシンにおけるブン・パヴェート（大生経祭）は、毎年10の月の満月を期して、まずシエンチャイ寺において催され、他の寺院ではその後に行なう。

(6) Khamsing Wongsawang, "Phapsa haeng Muang Sing," *Khao Bailan*, Vol.VI, no. 13 (2/1998), p.2. Cansamut Thilakun, "Nam hoi daen phapsa," *Khao Bailan*, ibid., p.5.

(7) *Khao Bailan*, op.cit.

(8) Preservation of Lao Manuscripts Programme.n.d.の内、ムアンシンの分を数えた。

(9) 後述のように、ナムケーオルアン寺は1988年に火災で多くの写本を失っている。

(10) チャイセーン氏の略歴：1959～62年、ムアンシン・シエンチャイ寺（シエンチャイ村はルー村）にて修行、62～68年、ナムケーオルアン寺にて修行、72年以来ムアンシン市商業課、電気課、文化課（86年～）の主任を歴任。

(11) 「ラオ写本保存プログラム」のムアンシン調査報告中に特記されていたコットセーン氏は98年に事故死されたため、残念ながらお会いする機会を失った。

(12) 1999年８月の交換レートは、１ドル＝9300キープ＝118円。なお、2000年８月の２度目のインタビューでは、貝葉１束２万キープ、パップサー１冊１万5000キープと述べられた。

(13) 布施をする祭りには次のものがある：パヴェート（本生経祭）、オークパンサー（出安居祭）、パーカティン（カティナ衣奉献祭）、ターンサラーク（籤祭）、タートルアン（タートルアン仏舎利塔祭）。

(14) 父の時代には、各村に１人以上のモーヤーがいた。モーヤーは副業で、普段は農業に従事した。

(15) 「ラオ写本保存プログラム」による調査、登録済み（03 02 02 19 002 03）。

(16) 2000年８月21日にナムケーオルアン寺において、実際に同寺院内に生えているラーンの木の枝を伐り落として、貝葉を作る過程を見せていただき、ヴィデオと写真に撮影した（写真）。

(17) 基本的に寺院において男性出家者に対してのみ文字教育が施された上座仏教の伝統社会における女性のリテラシーは従来ほとんど無視されてきたと言えよう。故に、セーンチョイ氏の例はとりわけ興味深い。このケースはそうした上座仏教圏の広い文脈に置いてみると同時に、タイ・ヌア仏教の在り方の問題としても考察すべきであると思われる。インタビューの中で、タイ・ヌアにはメー・カーオ（白衣を纏った女性修行者）が多い（ルー人では少ない）という話があったのは示唆的である。

(18) フア・インドゥアン氏宅で拝見したタイ・ヌア写本は、紙を2つ折りにして使い、文字は折った時外側になった頁に書かれ、内側は白紙であった。

(19) 籠の中に次の物（タレーオ＝竹片を組んで作った呪標、刀、砂利、水筒入り水、木綿糸、3種の形状のコメ、すなわち籾・米・蒸し米）を入れて寺に持ち寄り、集めて呪文を唱える。寺に来るのは1家から1人だけ、したがって男性ばかりであるという説明を受けた。

(20) 内戦中の1964年頃、ムアンシンの村々から多くの家族がホアイサーイに移住した。ティーンタート村の場合、村内に残ったのは14〜15家族だった。移住した人々の多くは1975年に帰郷したが、留まった人々もいる。

(21) *Baep Hian Nangsue Tham Lu*, Bo Kaeo: Wat Doidaeng.

(22) 婚姻により入村した カムー人2家族を含む。

(23) これより早く1880年に、1人の女性がナムダーイ村一帯を支配していたことが同村寺院に在る仏像台座刻文から知られる。この女性ブアカムはシリノーの側室だったとも言われることから、この時既にシエンケーンの新都建設の準備が始まっていたとの見方もある［Grabowsky & Kaspar-Sickerman 2000］。また、チエントゥンの年代記では、遷都を1877年、コーンタイ王の命による出来事とする［Mangrai 1965. 239-40］。

【参考文献】

Cohen, Paul T, "Lue across Borders: Pilgrimage and the Muang Sing Reliquary in Northern Laos," Grant Evans et al. ed., *Where China Meets Southeast Asia: Social & Cultural Change in the Border Regions*, New York: St. Martin's Press & Singapore: Institute of Southeast Asian Studies, pp.145-161, 2000.

Garnier, Francis, *Further Travels in Laos and in Yunnan: The Mekong Exploration Commission Report (1866-1868) -Volume 2*, trans. by Walter E. J. Tips, Bangkok: White Lotus Press, 1996. Originally published in various issues of *Le Tour du Monde,* 1869-1871 and in F. Garnier, *Voyage d'Exploration en Indo-Chine*, Paris: Hachette & Cie.

Grabowsky, Volker & Walther Kaspar-Sickermann, "The Town of Müang Sing: Past and Present," *Lanxang Heritage Journal,* Institute of Cultural Research, Ministry of Information and Culture, No.4 (June-December 1997), pp.125-158, 1997.

————, "Introduction to the History of Müang Sing (Laos) prior to French Rule : The Fate of a Lü Principality," *Bulletin de l'Ecole Française d'Extrême-Orient*, 86,pp.233-291, 1999.

————, "Lao P. D. R.: Müang Sing (3rd ed. Nov. 2000)"http://www.fh-hamburg.de/pers/Kaspar-Sickermann/mgsing/emgs.html, 2000.

Gunn, Geoffrey C, "Rebellion in Northern Laos: The Revolts of the Lu and the Chinese Republicans (1914-1916)," *Journal of the Siam Society*, Vol.77, pt.1, pp. 61-66, 1989.

Khampheng Thipmuntali, "The Tai Lue of Müang Sing," Grant Evans ed. *Laos: Culture and Society*, Chiang Mai: Silkworm Books, pp.148-160, 1999.

Lafont, Pierre-Bernard, *Le royaume de jyṅ khēn. Chronique d'un royaume lōe2 du haut Mĕkong (Xve-Xxe siĕcles)*, Paris : L'Harmattan, 1998.

Lefĕvre, E, *Travels in Laos: The Fate of the Sip Song Pana and Muong Sing (1894-1896)*, Translation and Introduction by Walter E. J. Tips, Bangkok & Cheney: White Lotus, 1995. Originally published as *Un Voyage au Laos*, Nourrit et Cie Paris: Éd. Plon, 1898.

Mangrai, Sao Saimong, *The Shan States and the British Annexation*, Data Paper: Number 57, Ithca: Cornell University, 1965.

National Statistical Centre, State Planning Committee, Lao P. D. R, *Lao Census 1995 Preliminary Report 2*, Vientiane, 1995［NSCと略記］

———, *Lao Census 1995 Country Report*, Vientiane, 1997.

———, *Basic Statistics of the Lao P. D. R. 1975-2000*, Vientiane, 2000.

Nangsue Phunmuang Caofa Sirino dai nyai ma cak Wiang Chmthong ma sang paeng Wiang Muang Sing pen khong Cao Mainyawong. Muang Sing: MSS. 1974.［*Sirino*と略記］

Nguyen Duy Thieu, "Relationships between the Tai Luu and Other Ethnic Groups in the Socio-Political System of Muang Sing (Northern Laos)," *Tai Culture*, Vol. III, No. 2, pp.93-102, 1998.

Preservation of Lao Manuscripts, Ministry of Information and Culture, Lao P. D. R., *Khao Bailan*, 1994.

———, n.d. *Bansi Maikhlofim Khwaeng Luangnamtha: Muang Sing, Muang Nalae*.

Rujaya Abhakorn, "Towards A Collective Memory of Mainland Southeast Asia Field Preservation of Traditional Manuscripts in Thailand, Laos and Myanmar," *Conference Proceedings: 62nd International Federation of Library Associations and Institutions (August 25-31, 1996)*, 1996.

Sathaban Khonkhwa Silapa-Wannakhadi haeng Sat (Centre de recherche artistique et littĕraire national), Lao P. D. R., *Sammana Bailan Thua Pathet khang thi 1: wanthi 10-13 mina 1988*, Vientiane, 1989.

Sathaban Phaophanwithanya, Khana Kammakan Withanyasat Sangkhom, Lao P. D. R., *Thongthio Banda Phao yu Lao*, Vientiane, 1992.

Scott, J. G. & J. P. Hardiman, *Gazetteer of Upper Burma and the Shan States*, 5v., Rangoon, 1900-1.

Walker, Andrew, *The Legend of the Golden Boat: Regulation, Trade and Traders in the Borderlands of Laos, Thailand, China and Burma*, Richmond: Curzon Press, 1999.

＊本稿は、拙稿「ムアンシン（ラオス）のルー写本についての覚書」、『中国・ラオス・タイにおけるタイ・ルー族史料の研究』（平成11年度～平成12年度科学研究費補助金（基盤研究(A)(2)）研究成果報告書）、３～20ページを一部改め、加筆したものである。

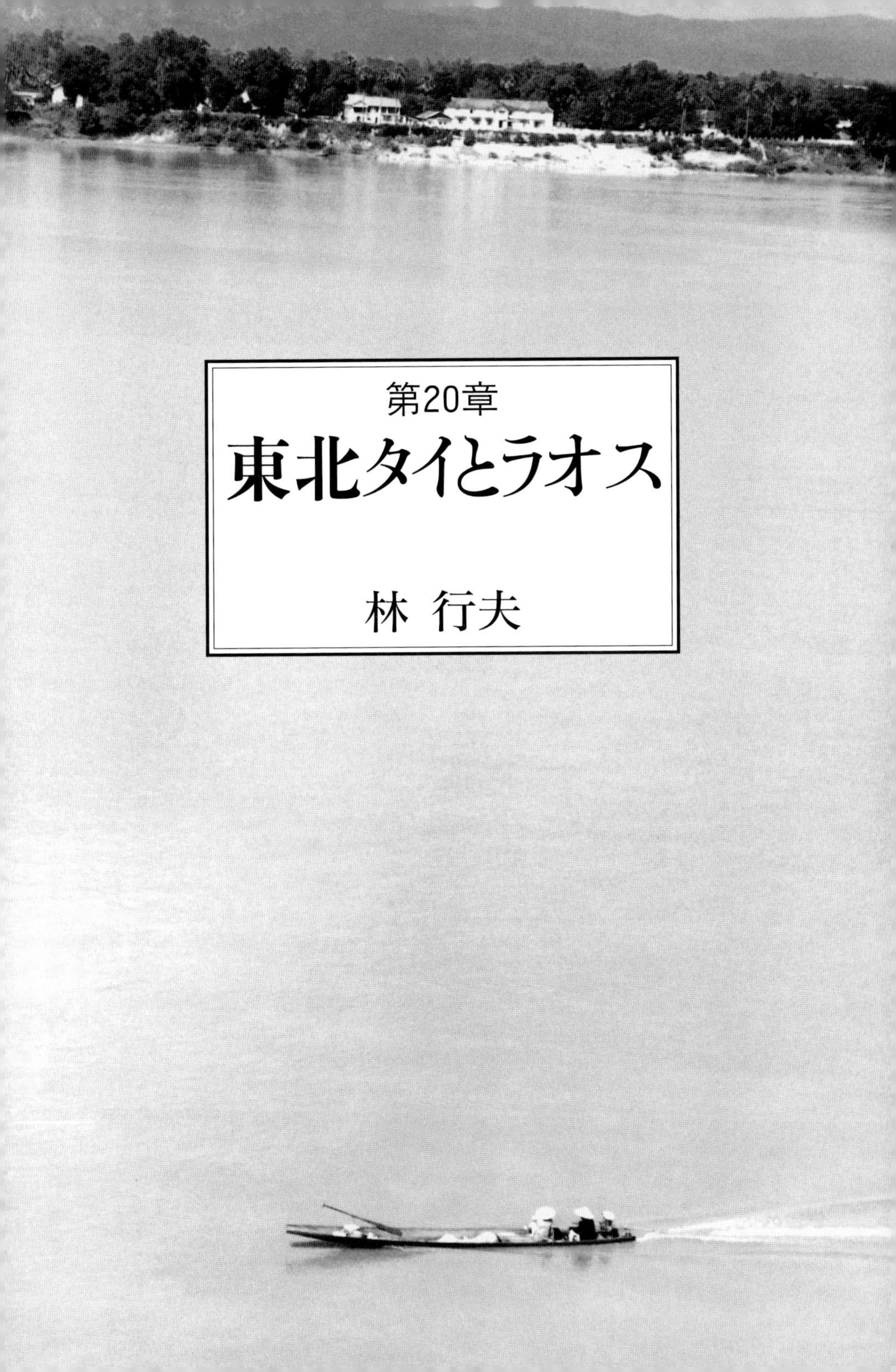

第20章

東北タイとラオス

林 行夫

扉写真・ナコーンパノムからメコン川をはさんでターケークの街をのぞむ（めこん）

はじめに

国境を越えて分布する同じ言語集団（民族）の文化的類似性、あるいは相違を検討することは、一見興味深いが難しい。まず「民族」の所在は常に自他関係において生じるのである。そこで、個々の当事者自身の語りを通して捉えようとするとさらに混乱する。よそ者がそこに見る現実は、さまざまな立場からの「定見」、すなわち偏見と贔屓（ひいき）、排除と迎合、軽蔑と同情、さらには無関心という態度が構成する「まなざし」で縦横に紡ぎだされているからである。世界の誰もが、自己を包囲する社会文化、政治環境との関わりの中でそれぞれの場に適う現実をかき抱いている。それらを個々の立場から解きほどいていく作業に無限大の労力を投入したとしても、鮮明な画像を与えるただ１つの焦点を見出すことはないだろう。しかし、そういう作業を放棄して現在ラオスと東北タイに分かれ住む「ラオ」と称される人々について考えることもまた、できそうにない。

現在利用される民族学的分類は、ラオはタイ語系のラオ語の話者であるとする。ラオは、海外への出稼者、永住者を除くと、メコン川を軸に大陸部東南アジア諸国に分布する。その多くがタイ東北地方に住む。同地方全県（現在19）の人口約2000万（1993年時）の８割近くを占めるとされるので、およそ1500万人以上となる。同年のタイ全人口は5770万である。ほぼその３割を占めるラオ人は、北部の山岳民族と異なって「少数民族」とは呼ばれない。

他方、その民族名を国名とするラオスでは200万余りである。地形の高度に応じて住民層が異なる多民族国家ラオスでは、国土の７割を覆う山と高原に多くの非タイ系の民族が住む。ラオは主に低地平野部に住むのでラオス政府は「低地ラオ」（ラーオ・ルム）とよぶ。1992年時点で、政府は低地ラオは国内全人口の約半数を占めるとしていた。同年の全国人口が417万であるからその数になる。ところが、1995年の国家地理局刊行『ラオス地図集』[(1)]では事情が異なる。言語集団を４つ（ラーオ・タイ、モーン・クメール、モン・ヤオ、チベット・ビルマ語族）に分け、民族集団の総数を46とし（個々の名称は非公表）、６つの民族集団よりなる「ラーオ・タイ語族」という範疇を設けている。同書は1993年時点の総人口を447万4000とするので300万以上（68.28％）になる。このうちラオ人が占める割合は不明であるが、92年までの比率を考慮すると200数十万程度と推定される。絶対数では東北タイの２割にも満たない。しかし、ラオスの全国人口比率では圧倒的な多数民族となる。

そもそもラオという名称がいつ頃から使われてきたかは不明である。ラオという語を最初に西欧に紹介したのはポルトガル人であるが、その出所は明らかでない。ある文献は、今日ラオとして範疇化される人々は、ラオスという国名が生まれる1899年以前では、タイ、ラオス領内ともにラオと自称していたとする[(2)]。他方では、18世紀から前世紀にかけてラオは蔑称となったので、人々はタイと自称していたともされる[(3)]。タイ人が、ラオ人が、誰であるのかは実際にはよくわからない。にもかかわらず、現行の民族学的「便覧」はラオとタイを使い分ける。それは、当地での一般流通名であるという呼び手側自身の了解に立つものにすぎない。ラオとタイ（その旧名シャム）も、権力をもって相互に差異化しようとする自他関係の歴史の中で生成した。問題は、付与されたその名称を受容もしくは拒否する人々が、いつ頃からいかなる経緯でその名称や他の名称の中に自己をはめこみはじめたのかという点にある。

もともとメコン川流域に暮らしを営んできた同郷者たちは、今日、相互に国籍を違える外国人である。歴史的な国家編成過程において、東北タイの多数のラオはラオを語らぬ「地方」の人々となり、他方は小規模ながら「ラオス人民民主共和国」の主要な造営主である。分断された両者は、現在もそれぞれのアイデンティティを多次元で形成する過程のただ中にいる。

❶ラオス・タイ関係の現状

1994年４月８日にタイ東北地方の国境の町ノーンカーイとラオスの首都ヴィエンチャンを結ぶ「タイ・ラオス友好橋」が開通した。翌年５月までに６万4527台の車がタイ側からラオスに入り、利用者は95年１月から５月中旬までの間で11万1951人にのぼる(4)。この橋の名称が示唆するように、ラオスとタイは密接な関係に入りつつある。経済関係にもそれは顕著である。1986年以降、貿易や直接投資といった民間経済交流のみならず、政府間経済協力関係も着実に緊密化してきている。1992年２月19日にはタイ・ラオス友好協力条約と観光協力協定が締結された。タイは額面でも件数でも、対ラオス外国投資全体の42％を占める。タイ企業は製造業、輸出入業務、木材加工等にわたり投資を実施し、その総プロジェクト数は1995年10月現在で229件、投資総額は19億ドルにのぼっている(5)。

ラオス市場経済の主導者タイは、経済関係のさらなる拡大を求められている。1995年11月にヴィエンチャンで第５回タイ・ラオス合同委員会が開かれた。タイがラオスから輸入する大豆、ジュート等16種の農作物に対してかけている20％の関税をさらに引き下げること、ノーンカーイ・ヴィエンチャン間の鉄道敷設計画の調印式の年内実施、96年中にはサヴァンナケートにタイ総領事館、コーンケーンにラオス総領事館を設置すること等が確認された。ラオスがタイへ輸出する電力量についても、10年以内に現行の1500メガワットから2500メガワットに増量することで一致した。そして両国を結ぶ第２のメコン国際橋をルーイから架設することでも合意がなされた。

両者の関係は経済・商取引ばかりではない。友好橋の開通以前の1993年９月に、ヴィエンチャンで非営利団体「タイ・ラオ協会」が設立され、企業家、政府官僚のみならず大学関係者も名を連ねて、定期的な経済、社会、学術・文化交流が行なわれている。1995年11月には同協会とラオス側の「ラオス・タイ友好協会」の共同主催でルアンパバーンのセーンスッカーラム寺へのパーパー儀礼（出安居後の黄衣献納）が実施された。

このきわめて良好なタイとラオス関係は、1986年に社会主義国ラオスが自由主義経済原理を導入することを採択し、88年に時のタイ首相チャチャイが「インドシナを戦場から市場へ」と謳って以降のことである。第２次世界大戦以降ラオスが「30年戦争」を経て社会主義化した前後には、国境を接する両国は絶えざる緊張・断絶状態にあった。メコンを挟んでの紛争が88年前半まで続いたことを思えば、両国間の距離は90年代以降、猛烈な勢いで縮まったと言える。

東北タイとラオスに分かれ住むラオ人の関わりも、国民として見るならば、こうした国家間関係の中に含まれるわけであるが、事態はそれほど単純ではない。1992年11月に前国家主席カイソーンが死去し、その後任に就いたヌーハック氏は元東北タイ出身者である。両国関係はラオという民族・文化的紐帯を国境で断ち切り、相互に外国人とすることで成立している。本章では、両国にまたがるラオ人とその周囲の人々の語りの中に見えるアイデンティティの生成・変容過程に留意しつつ、２つのラオ人社会の位相を捉えてみたい。

❷イサーンの現在

辞書的な意味でのイサーンはタイの東北地方を意味する。では、当の東北地方の住人がイサーンをどう使い了解しているか。これは多少複雑である。同地方のラオ系住民は「東北人」（イサーン、コン・イサーン）と自称することが多い。だが、ここにはラオ語を母語としない人々も住んでいる。ムーン川以南には、言語集団としてクメールやモーン・クメール語諸語族に属するクイ（スウェイ）人がいる。彼らはラオ人ではないが、東北地方に住む人間として自らをイサーンということがある。とりわけ、バンコクへ出てきた時などはそう自称する。したがって、イサーンには、①地理的意味、②「東北地方の人」、③同地方に住む言語集団としてのラオ、といった意味を区別したほうがよい。というのも、同地方のラオ人たちが自らを「東北人」と名乗りだしたのは、ごく最近のことであるからだ。その経緯をたどれば、後述するように前世紀末から今世紀初頭にかけてのバンコク中央政府による政策に端を発している。

1991年暮れ、ラオスからの帰路、その数年前から訪れている東北タイのウボンの一村へ立ち寄った。数日前に、すぐ対岸のチャムパーサックあたりをうろついている。その家の世帯主は村の守護霊を祀る司祭（チャム）で筆者と同年齢の娘がいる。娘は貫禄たっぷりに近所の友人を自宅の軒先に侍らせ、市内に売りに出す野菜の選別をしている。こちらはラオス帰りだ。北部ラオスと異なり、チャムパーサックとウボン周辺のラオ語は発音、抑揚ともよく似ている。「むこう」のラオ語で話しかけてみる。ところがなぜか会話はぎくしゃくする。どうやらラオスで慣れた調子がここでは訛って聞こえるのかなと思いあがった筆者は、「もうラオ語は忘れちまったのかい」と言ったのだった。驚いたのはその返事である。「何？　ラオ語だって。みんな、聞いたかい。ラオ語だってさ。ここの言葉はイサーン（東北タイ）語よ」。

この言葉は、今も耳に残る別の東北農村での10数年前の言葉を電気仕掛けのように思いださせた。それは、初めてコーンケーンの集落を訪れた1981年初頭、留学して間もない時だった。標準タイ語でたどたどしく話す筆者にタイ語を解する元気なおやじが言った。「ラオ語をしゃべれ。ここはラオ人の村だ、サヤーム（シャム）語はいらん」。それは、筆者が了解できるタイ語であったが、まだ耳慣れない村での日常語と同様、語気荒く、まるで怒鳴りつけられているような気がした。そして、そこに1年近く住み、東北タイのラオとの付き合いが始まったのだった。

1990年に調査でラオスへ正式に入国した時、別のショックを経験した。筆者には入国するまで特別の感慨があった。81年以来、東北タイのラオ人集落が自分の仕事場となっていたので、いよいよ彼らの「故郷」に踏みこむのだという気持ちで昂揚していた。ところが、それが手前勝手な思い入れでしかないことを、ラオス側のラオ人官僚に一蹴される。こういうのだ。〈彼らはイサーンである。ラオ語ではなく東北タイ語を話す人々である。彼らにラオの伝統文化は継承されていない。タイに依存してきた、自分の国を持たない人々である。ともにモチ米を食べるが、生食の習慣はイサーンのものであってラオのものではない〉。

モーン・クメール系諸民族や山地民のとともに国造りをしているラオスのラオ人は、その周辺民族に対してきわめて明確な政治的・文化的な求心力を創りだしている[6]。仏教をはじめとする大伝統を担い、政治的ヘゲモニーを掌握している。ラオ人エリートにすれば、東北タイのラオ人は民族としての誇りや魂を売り渡した烏合の衆でしかない。

また彼らは、経済力をもってメディア、消費主義を通じてラオスに影響を与えること必至のタイには、一方で援助を乞うと同時に、危機感をも抱いている。政府は国境の観光みやげ村では（売り手は欲しがるが）タイ・バーツを使わせないようにし、タイ語のテレビ放送の受信を妨害する電波を発している。市内ではタイ語のカラオケも禁止する。ラオスのラオ人には、自分たちがイサーンと異なり、他民族とともに独立した国家を自分たちのやり方（民族社会主義）でなしとげ、展開させているという意識が強い。官僚がイサーンは本物のラオでないと異族意識を背後で語るのもそうした表れであろう。

ただし、地方農村で何らの役職も持たない人々から、こういう教条的な見解を聞くことはまずない。というより、全般に農民はタイについても、東北地方のラオ人にも無関心である。安定したタイ通貨を保持したがるけれども、東北タイのラオ人との関わりは個人の経験の域を出ることはない。タイの番組を受信できれば、面白いといって国営放送そっちのけで見ている。ラオについての胡散臭い理屈も注釈も必要としてはいない。

外部者が規定する同一民族としてのラオ像とはおよそ異なって、両者はそれぞれの器の中に自己のあり方を表明している。イサーンは民族ではなく国家としてのタイとラオスの狭間に生じた地域表象である。もっとも、東北タイのラオ人社会からラオという名称も意識も消えたのか、というとそうではない。前述したように東北地方でもムーン川以南、ソンクラーム川流域には、カンボジアの多数民族であるクメール、東南アジアの先住民といわれるモーン・クメール系諸語を母語とする人々がいる。ラオが彼らと出会う時、現在もクメール人はラオをラオと呼び、言われる方もラオを自称する。すなわち、東北タイのラオは、他地方のタイ人や外人に対してはイサーンもしくはタイを名乗り、東北地方の非ラオ系の隣人にはタイでもイサーンでもないラオを名乗っている。

そして、東北タイとラオスのラオ人が互いに向かい会う時、両者はキョウダイだと肩をたたきあって同胞意識を表明する。ただしこの場合、住み分かれた現在のラオ人のことを指しておらず、遠い過去の記憶のメタファーとしてのラオが持ち出されている。社交辞令が通じない問題状況に出会う時、あなたはタイだから、とラオスのラオ人は明快に自他を差異化する。

❸ラオの分離・イサーンの創出

東北人でないタイ人がイサーンと言う場合、劣悪な環境、貧困とラオという含意がある。中部タイ人を主とする人々が半乾燥地帯のコーラート高原とそこに住む人々に対して与えた言辞を歴史的に並べれば、異民族の巣窟、愚者の居住区、出稼ぎ者の温床、人心をかどわかす共産主義者の隠れ里、啓蒙・開発されるべき地域、といったものがあげられる。こうした見方は、「正史」「正論」を文字化するバンコクの為政者・知識人を通じて増産された。

外国人による調査研究もその埒外にはない。60年代には、首都の人力サムロー引きのほとんどが東北出身のラオ農民であることを検証した米国人の研究(7)も、そうした国内での言説を補強するために援用されている。80年代に入り実質化した開発の時代に、天水依存のひび割れた田圃を前になす術もないという風情で佇む東北農民の写真は、官民が好むステレオタイプのイコンとなった。第2次世界大戦後、先史遺跡のある地域として栄えあるページを加えてはいるが、マスコミを通じて非東北人および多くの外国人に与えられる東北地方の周辺世界的イメージは、およそ払拭される気配はない。農業空間としてもこの種のイメージが先行するため、開発施策の適正なる見通しが与えられずにいる。

しかし、自然や市場経済に翻弄されるばかりではなく、当事者性をまったく欠く外部者のまなざしによっても、イサーンは翻弄され、そのイメージを生成されてきたと言える。そうした見方は国家権力や知識人との関係において構築されてきたものである。そのまなざしの底に横たわるイデオロギー的根拠を歴史的に探る作業は、すでに内外の研究者によっていくつかなされている。近年では、主にラオの社会や文化に好意的な西欧人の研究を引き合いに出す格好ではあるが「劣等民族ラオ」像に対するラオ側知識人からの反論も現れている(8)。

ラオ人の世界は、民族の記述が常にそうであるように、非ラオ人たる他者が描き喧伝されてきた。その書き手はバンコクを中心とするタイ国家統合のために、ラオ人に周縁的役割を与えてきたと言ってよい。世界史が示すように、ここでも例外なく、国家を担う為政者がある民族を、忌避すべき「人種」として差異化し、自己の文化的・政治的優位を正当化する方法がとられてきたのである。

中部タイからも北部タイからもイサーンは憐憫と蔑みの視線を浴びる。だが、当人たちは中部タイ人は信用できず、北部タイ人はけちである、ナムチャイ（思いやり）高き人々こそわれらイサーンである、と抗しつつイサーンを名乗る。また、彼ら自身もまた、外部の人間がイサーンに向ける視線と同じものを投げかける相手を持っている。同じ東北地方に住むモーン・クメール系諸語族のスウェイ（自称はクイ、オイ）人であり、ケーオ(ヴェトナム)人である。前述したように、彼らとの関係においてはラオとなる。したがって、イサーンというアイデンティティの受容は当事者にとってかなり戦略的な側面がある。

民族の原初の自称の多くがそうであるように、もともと「ラオ」も人を意味する語であった。タイ語系諸族がカー（下僕）と総称し蔑んだ先住民(モーン・クメール系諸語族）に対する勝利者としてラオ人の祖がラーンサーン王国を建てたころ、彼らは自らをタイと呼んでいる。チットによれば、ラオは当時むしろ、集権者、偉大なる権勢者などの社会的地位を示す人称代名詞に近い語として使用されたという。その後、同国を属国として統治しはじめたタイ側領主は、自他を区別するために彼らをタイとせず、今日残る軽蔑の意味をこめてラオと呼ぶようになった(9)。これをラオ側が自称するようになったというのが大方の説である。

だが、今世紀初頭あたりまでラオス領内のラオも自らをタイと自称していたらしい。往時の人々はタイとの関係の中で蔑称と化してきたラオを嫌い、その名で呼ばれるのを好まなかったという。このことは同時代の欧米人による記録だけではなく、タイ側の地方史家も記している［MT村］。東北タイでも、ヴィエンチャンのラオが来たら「タイ・ヴィエンがやってきた」という。つまり、現在見られるタイとラオという布置もまた、それほど古いことではない。時代が下ってのイサーンは、さしずめその狭間に生まれた特異なる地域アイデンティティとでも言える(10)。以下その経緯を見よう。

往時のタイ（シャム）とラオは王国として対等であった。それは16世紀半ばに１つの頂点を示している。時のアユタヤー王チャクラパット（治世1548〜69年）とラオ側のラーンサーン王セーターティラートは協力して、境界のまち、今日のルーイ県ダンサーイ郡に仏塔を造成した。タートシーソーンハックと言う。両国友愛の塔という意味であるが、その背後には当時勢力を増してきたビルマに対抗する協同戦線を約する意味を持っていた。この王国間の対等・友好関係が崩れるのは、1610年のラーンサーンによるアユタヤー攻撃である。そして、その復讐戦とも言えるのが、遷都にあたって対ビルマ、対ラオスを打ち出しながら、ラオスとカンボジアの水陸両面侵攻を実行したタークシン（1767～82年）によるラーンサーンへの攻撃であった。

16世紀～17世紀に最盛期を迎えたラーンサーンは18世紀初めに３国に分裂した。割拠時代に入り、18世紀後半にはヴィエンチャン王の支配から脱して中部タイ勢力と結ぶ官吏や開拓民が東北地方へ流れ込み、現在に至る布置が始まる。ウボンはその拠点となった。タークシンの攻撃はこれをさらに促進した。1778年にはヴィエンチャンからパ•ケーオ（エメラルド仏）を持ち帰り、現在の観光名所ワット・プラケーオ（エメラルド寺院）を建立する。ラオの各王国を朝貢国とした1779年以来、各王国の住人はタイ側の隷属者となった。ラーマ１世時代には、ヴィエンチャン王国の王子らはバンコク王宮内の人質として育ち、シャム人としての教養を学んでいる。バンコク文化の移植も積極的にラオ自身の手でなされた。シャムの優位性は軍事力のみならず文化の面においても刻印づけられる。

1824年から入り墨制度を王国内、属国領に採用し、壮丁徴収を本格化させたラーマ３世（1824～51年）に対し、バンコクで育ち模範的な隷属王であったアヌ王の乱（1826～28年）が起こる。入り墨された者は即シャム公民となる。ラオを打ち消すシャム拡大への抵抗であった。だが虚しく破れ鉄檻に入れられたアヌ王は、晒し者同然の溺死刑を受けた。タイによるラオ人蔑視、ラオによるタイへの警戒はここに頂点を迎える。

ラタナコーシン王朝初期（ラーマ１世～4 世）の為政者や歴史家は、東北地方のチー、ムーン川流域やメコン川沿いの人々を、チャオプラヤー川流域の住人を「タイ」と区別して「ラオ」と記載している(11)。タイ仏教を刷新したラーマ４世（モンクット）王は、1865年に首都バンコクからモーラムなどラオ芸能の上演を禁じる布告を出した。ここで、ラオの芸能がタイの地に根づくことは望ましいことではない、ラオはタイの隷属者であってもタイはラオに隷属したことはないとし、当時タイで大流行していたらしいラオのケーン（笙）を吹くのを１～２年停止せよ、違反者は処罰する、と相当な勢いで言っている。

拒否されたのはラオの芸能ばかりではない。ラオ製の仏像もタイ国内におけば旱魃になると忌み嫌われた。続くラーマ５世時代に入る以前に、両者を差異化する「われら＝彼ら」図式は為政者レベルで制度的に成熟したものになっている。

ところが、迫りくる植民地勢力との関係の中で、前世紀末から地方行政改革を進めるラーマ５世は、皮肉にもその図式上に、東北地方に住むラオ人の世界をタイの国民と土地として宣言せざるをえない状況に追い込まれる。1892年の地方行政改革は、法的に東北に住むラオをタイにする契機となった。国籍としての「タイ国」人である。上記の図式は表向きには棚上げされ、ナショナリズムを推進する過程での国民同一性が求められた。

1899年、フランス植民地政府によってインドシナ連邦に編入されたラオの３王国は初めて「ラオス」と命名された。逆に、東北タイにあったラオを示す地名や指標はその年から数年をかけて消されていく。国勢調査で「国籍」記入が統一され、同地のラオ人はことごとくバンコク政府に税金を納めるタイ国民として扱われるようになる。

ラオ人はそういう流れに無抵抗でいたわけではなく、今世紀の初めに大規模な千年王国論的運動を起こす。それは、税制のみならずラオス側の先住民のフランスに対する抵抗の意図をも含んでいた。東北タイ側の集落では、「黄金の国ヴィエンチャンに帰ろう」と謳いながらバンコク政府に対する反旗が翻されたが、それらは間もなく「ピー・ブン（亡者）」の反乱としてタイ政府に鎮圧される。反乱する側には「プー・ミーブン（聖者）」の運動であった(12)。

ラーマ6世以降、バンコク中心のタイ文化がその国家アイデンティティや「伝統」を創造していく過程で、ラオはその影の部分を背負うことになる。チャクリ改革以前からの僻地であったコーラート高原に、そうした舞台設定は容易であった。ラオ人はラオ語を話しモチ米を主食とする。ラオ人は納税者としてはタイとされつつ、構築されるタイ文化とは逆像をなす周縁人となっていく。

逆に、東北地方と中央政府との地理・政治的距離はその後一挙に縮小する。1920年代から30年代初頭にかけてバンコクからの鉄道が開通し、中央からの役人が常時派遣され、種々の法制措置が実効力を持ちはじめたのである。東北地方のラオ人の社会史とは、前世紀末以来、バンコク中央政府による一地方への編成過程をそのまま意味するものとなった。特に農村部はタイの法制、教育、宗教、そして経済の変化を直接的に映す場となった。20年代に初等学校で教師が教えた歌を今でも覚えている翁がいる。その内容は「東北の地はタイのもの、われらイサーン、タイ国民として一致団結」というものである。

だが、1958年に在タイ外国人が著した『タイの人びと』でも、イサーンが東北地方以外の意味では記されていないように(13)、それらが今日のような地域アイデンティティへと膨らみ始めるのはさらに後である。それは、中央政府の政策を直接的に反映し、東北地方農村全体が世界の市場経済機構に突如投げ込まれた60年代以降である。第2次世界大戦中にも東北タイはウマや綿の供給地であったが、大規模な換金作物栽培という点では60年代に本格化するケナフ、70年代のキャッサバがその契機となった。また、1962年にサリット政権が地方開発政策の拠点としてコーンケーン県を拠点としたことで、東北地方は「悪漢」(共産主義者)と、米国の反共政策に歩調を合わせるバンコク政府が対峙する緊張の場となった。こうした経緯はイサーンを経済・政治のより広い文脈に位置づけ、人々の生活世界を認識させる一表象となった。さらに、ラオスを含む近隣諸国が相次いで社会主義国化するに及んでは、ラオ人は「肝を喰う」共産主義者として喧伝され、東北タイのラオとの分離が計られた。

そして、80年代初頭に東北タイに隠れる最後の共産主義者の投降をもって、この地方はタイの開発優先地域として中央と一層直結する。田圃を潰し、集落を移住してユーカリ植樹を促進する80年代後半からの緑化運動の犠牲（？）ともなった。現金収入を求める農民の多くはそれに従っている。主食のモチ米を多く植えていた人々も、今日ではその農地の７割から８割の田圃にウルチ米を植えることを辞さない。一義的にはそれは「市場米」である。それを売って、価格の安いモチ米を買うほうが効率がよいのである。

1930年代以降の東北地方の半世紀は、ラオスのラオ人との幻想としての民族の同一性を謳える時代を終息させる時期となった。他方、ラオス側のラオ人も激動の時代を経験している。植民地化、内戦、社会主義の経験、現在の対外経済開放政策（1986年～）への道である。特に、1945年以降の「30年戦争」と呼ばれる内戦の時期とそれを経た社会主義革命への道のりは、タイ側からは見えない経験であった。米軍による猛烈な秘密爆撃の痕跡は現在も至るところに残る。その爆撃機は東北タイのラオ人が住むウボンやウドンの米軍駐留基地から飛来した。人々は逃げまどい、日が暮れてから耕作し森の中で結婚式をあげた。ラオも非ラオもなく、人々は生存をかけて協力している。そこには教条としての社会主義よりも、相互扶助を縦糸とする多数民族横並びの同胞主義の実践が見られた。

ラオスが統一された1975年、東北タイのラオ人を含めようとする汎ラオ主義が起こっている。異なる経験を積んだ両者はしかし、同調することはなかった。

1984年に起こった国境（サイニャブリー・ウタラディット間）３村問題は、タイのラオへのまなざしが過去のままであることを示した事件である。先日故人となったタイの代表的知識人ククリット・プラモートはこの問題に関連して1988年２月23日付『サイアム・ラット』紙上で、ラオは自ら主人になったことがない、劣等感にさいなまれ続ける依存民、200年たった今、再びヴィエンチャンを焼き払うべし、と発言している(14)。こうした見方は、タイ伝統主義者に見えるククリットが、その近代思想の面において英国の教育を通して植民地主義的教養を備えた人間であることをこそ示すのだが、その奥底にはケーン（笙）を吹くなとおよそ100年前に布告を出したラーマ４世王と寸分違わぬものも見える。為政者、知識人のまなざしのもとでは、小国のラオ人は永遠の隷属者とされ続ける。それは、イサーンへのまなざしをも構成するものである。

❹人々の往来

時の為政者が、国家がいかなる注釈をつけようとも、東北タイとラオスに住む人々の動きまでが遮断されたわけではない。仏領植民地となった後も、ラオスから多くのラオ人が従来と変わることなく東北タイへ移住・往来している。王制をルアンパバーンに残したフランスは、他の国王を知事に格下げし、一握りのフランス人官僚を植民地行政の最高幹部につけて多数のヴェトナム人による官僚制支配を行なった。ラオ人は地方の小役人となった。後の内戦のもつれを反映することになるのだが、この間接統治は地方農村レベルでは教育・保健機構の限定的な改革を施したのみで、旧来の生活世界はほとんど凍結された。

1920年代にも、南ラオスのアッタプーからパークセー経由で対岸のウボンから東北タイに新天地を求めた人々は多い。彼らはハー・キン（字句通りには「食いぶち探し」）しに行くのだと言って出ていく。初めに数人が出かけていき、向こうでの受け入れ態勢がそれなりに整うと、後を追うようにしてその親族、知人が徐々に移出してゆく。避難民とは異なるこの移住パターンは、第２次世界大戦の後も暫く続いている。ラオスを後にする農民には、そこはコメが美しく地味豊かな地域であったと言う。

1924年から32年にかけてラオスの見習い僧として僧侶ら６人とともに東北タイを行脚したアッタプー在住の古老（1913年生まれ）がいる。パークセー、ケマラートを経てウボン、ローイエット、マハーサラカム、コーンケーン、ウドン、そしてサコーンナコーン、ナコーンパノムを歩き、各地の寺院に止住しつつ東北地方を見聞した。その間１人が病死。他は全員ラオスへ戻るが、既に隣人の多くが東北地方へと移住していた。彼自身はその後もアッタプーの寺院で２年間僧籍に入る。還俗後、同地のラオの娘と結婚し､妻方の田圃を耕すかたわら数人のラオ人とともに周辺の異民族（カターン、ラヴェー、オイなどモーン・クメール系諸語族）との交換で得たコメや布を転売し、身を立ててきた。

その古老によれば、東北タイへ赴いた人々は、皆一様に山刀や石弓を携えて虎を射ちそれを喰った。恐れられたのは、官憲でなく森の中の虎とマラリアである。盗賊はほとんどいなかった。東北地方の農村ではコメも豊かに実っていたが、当時は桑畑、棉畑が非常に多かったのが印象に残る。木綿をまとめ置いて売っていた。10ムーン（約120kg）も産する世帯があった。サトウキビも盛んに栽培され、ラオ人がそれを煮詰めて売る。ラオス側のラオ人は塩を作る。それが国境を挟んで交換されていた。ウボンには華僑経営の精米所が３ヵ所あった。東北タイ全域に既に電信網が整備され、マハーサラカム、ローイエット、コーンケーンでは多くの華僑が衣服を売っていた。

東北タイは、ラオス側よりもはるかに豊かで活気に満ちていた。仏教寺院もよく整備されていたという。彼は、ラオ文化圏で経典文字に使うトゥア・タムを東北タイの寺院で学んでいる。同時に、東北タイのラオ人で当時タイ語を読み書きできたのは僧侶だけだったと述べている。東北タイに標準タイ語が流布するきっかけを作ったのは、ラーマ４世が興した改革派タマユットが東北タイ初の同派寺院スパット寺をウボンに造成し、1853年同寺に開講されたタイ語学校である。そのほぼ70年後の結果を彼は見たわけである。対岸のチャムパーサックにはこのスパット寺の支所とも言うべき寺院マハー・アーマータヤラーム（地元呼称はトゥン寺）が1881年に建立される。タイ中央政府から派遣された東北出身の僧侶が住職につき、タイ語三蔵を使うので、南ラオスの僧侶が経典を学ぶということはタイ語文字を習得することと同義となっていた。

古老がラオス領に戻ってからは、東北タイから来たラオ人を知らない。

「アッタプーではほとんどいない。あちらへ出た者は誰も戻っていない。当時は東北タイに充分な余剰地があったこともあろう。当時、仲間たちとともにあちらへ移住しておればよかったと思うこともあるが、その後の長い戦争（30年戦争を指す）もあって、旧知の仲間とは往来がなくなった。既に高齢で死んでしまっているだろう。どうしているか知りたいと思うこともない。むこうはむこうでこちらはこちら。自分が生きた時代を見てここに骨を埋めるだけだ」と言う。

東北タイとラオスを往来してきたのは、ラオ人ばかりではない。カーと呼ばれるモーン・クメール系諸語を話す人々、さらにプータイ人もそうである。東北タイ集落での聞き取りからでは、第２次世界大戦後から社会主義化する少し前までラオスに渡った東北タイのラオ人はかなりいる。ただし農民としてではなく、主として建設工事請負人などの賃銀労働者としてである。

ラオスにはラーオ・トゥン（山腹ラオ）という政策上の民族範疇で括られる多くの先住民族が住む。30年戦争でのゲリラ戦に大活躍した人々である。1992年までの統計では全人口の25％を占める（註：1995年地理局発行の資料ではモーン・クメール系諸語族の数は３つ、全人口の6.94％と激減している。逆にチベット・ビルマ系が30集団、全人口比21.83％と激増)。東北タイでは、彼らはタイ化したクイ、ニョー、ソー人らを残し、ほとんどが過去の歴史の中に埋もれてしまっている。ラオの古老の語りの中に生きているだけであるが、第２次世界大戦後しばらくの約40年前まで、彼らはラオスから東北タイに林立したラオ人集落の間を縫うようにしてやってきていた。

ラオスから東北タイにやってきた、ラオでない言語集団には、ことごとく下僕を意味する「カー」が接頭語としてつけられている。東北タイのラオ人集落ではカー・トンルアン、カー・ラデー、カー・タオーイ、カー・デーン、カー・ソーン、カー・ハーン、カー・パイソン等と記憶されている。東北タイのカルーン人集落では、ラオスからのプータイ人のことも、カー・ター、カー・ポーンと呼んでいる。母親に「カーやタイが肝を食べにくるよ」と言われて寝かしつけられたラオの子供たちは、現在老境にさしかかっている。そのように呼ばれた「異人」の特徴は次のように記憶されている。

石弓もしくは槍を携え、美しく編み込んだ細長く背負い籠を持ち、長髪を後頭部で束ねた、ふんどし姿の長身の黒人男。やたらと臭い（体臭が強い）。聞こえた話し声はまるで「鶏がなくような」言葉、というものである。東北タイのラオの人々、とりわけ現在老境にある女性は彼らが背負っている籠は子供を入れるためのものだといまだに信じる。その子供を彼らが祀る精霊に捧げると土中から金や銀が見つけられるのだ、と言っている。

彼らは何をしに来たのだろうか。この理由が、ラオスから渡って土地を求めて動き回ったラオとは異なる。彼らは「古い壺」を探しにやってきた。あるいは、タイの良質な銀を求めに来た。ナコーンパノムのプータイ族の村には、南ラオスのサーラヴァンから籐細工、薬草を売りに来ていた連中がいる。ウボンやヤソートーンにも訪れている。

サコーンナコーンのクットバーク郡のカルーン人集落にはカー・タオーイがやってきた。元々そこは自分たちの村だったと言う。そしてラオスへ渡る前に埋めた壺を掘り起こしに来た、と告げた。ヤソートーンのラオ人集落のNK村では、カー・パイソンが同じように壺を探しにやってきたが、見つからなかったので、ラオス側から持ってきた偽銀をタイの銀貨と交換しようとした。ウボンのクアンナイ郡のBK村にもカー・ラデー、カー・トンルアンと記憶される同様の人々が1920年代中頃に集団でやってきた。自

モーン・クメール人（アラック）の集落に財産として保管される古い壺（セーコーン県ラマーム郡Ｋ村）

分たちの先祖が持っていたものを探しに来たと言い、その集落がやはり昔の集落だったと述べた。

壺はモーン・クメール系諸民族には自己のステータスを示す財産として扱われている。それは集落の安穏を願うために実施する水牛供犠の儀礼に、婚資金としての使用されたものである(15)。現在もその慣習はラオスのラーオ・トゥンの集落において見ることができる。また、東北タイのシーサケートに住むスウェイ（クイもしくはオイ）の集落では、先代まで壺に金や銀を入れて土中に埋める習慣があった。盗難防止もあるが、新居へ移動する時、最初に新天地に新居を構えてから家財を移動する。最後にその壺を取りに行く。ラオスからの来訪者たちも、かつての自分の土地にその証を見つけに来たのだろうか。

東北タイのナコーンパノムはプータイ人が多いことでも知られるが、同県プラーパーク郡N村の村長（1940年生）も、その一族郎党の末裔の１人である。同村はもともとラオス側にあった。前世紀、疫病が蔓延したために村民は川越えし、すでにプータイの拠点となっていたレヌーナコーンへ入る。それから２度移動して現在の場所に移ったのが1890年代ごろである。現在67世帯中ラオ人の世帯は１組だけで、1960年に洪水でやられた水田を捨てウボンからやってきている。ここではいまだにラオはよそ者である。

この村長は、N村で生まれ、20歳でコーラートへ１年、ウボンに１年、ウドンへ半年間、それぞれ賃労働者として出稼ぎに出た。その後ラオスへ渡りヴィエンチャンで自動車修理工として１年間働く。さらにサヴァンナケートへ南下し、同県P村のパイナップル果樹園で１年を暮らしている。1964年、ここでケマラートから来ていたラオ人女性と知り合って結婚。政情不安になった1969年にともに出生村に帰還して現在に至っている。ラオスに滞在中、同氏はホアイサーイにプータイの村を訪ねてもいる。彼にとってラオスは故郷ではなく、いくばくかの金と配偶者を得た場所であった。

ヴェトナム人もラオスとイサーンを往来している。彼らは現在、南ラオスはターケーク、チャムパーサックに数多く住み、商人階層をなす。市主催の祭りでは大枚の資金を提供する人々である。東北タイにやってきた彼らは主に野菜栽培をしていた。ラオ人は彼らのことをケーオと呼んで軽蔑する。ラオの男性は、ヴェトナムの娘と10日間一緒にいても口説くことはないと言い、結婚などすれば即日死ぬ、とか、ケーオの男性器は先端が３つに分かれているという卑語がある。要するに人間扱いしようとしない言辞に満ちている。現在の東北タイの学校でも、サッカーを指導する教師が自分勝手な行動をする児童を見つけると、「こら、貴様はケーオか」と諌(いさ)めるありさまである。

逆に、東北タイに居住する非ラオ人たちが語るラオのイメージがある。それは、農民というよりはある種の小商人だというものだ。過去に遡るほどそれは明瞭になる。ラオ人にすれば、よりよい暮らし向きの方途、地位向上を求めて、未耕地の探索や先住者との交渉を繰り返してきたのがその生きざまであった。だが、移動に移動を重ね、異民族の娘と結婚して土地を手にし、それを後からやってくるラオ人たちに高値をつけて転売・村外出を繰り返してきたやり方は、頭がよく商い上手という印象を非ラオ人に与えている。

シーサケートのクメール人集落のある古老は、自己の利益のために先住者や異なる言語集団との交通交渉に長け、故郷を１つとしない羨ましい人々だ、とラオを評する。このラオ人像は、水稲耕作者、上座仏教徒に加えて、ラオス側のラオを異民族間関係における「河川沿いの交易者」とした観察とかなり一致するものである(16)。

むすびにかえて

近年のインドシナの各国間の相互関係はダイナミックである。中国の参入もあってメコンを挟む各国間は自由市場、経済協力を旗印に急速に接近している。各国を陸路で横断できるのも時間の問題である。タイは経済援助、観光政策を通して同地域のオピニオン・リーダー的な役割を担っている。こうした状況を映すかのように、昨今のタイでは、今世紀初頭に刊行された欧米人によるインドシナ関係の古典的な旅行記のリプリント版や、最近ラオスやカンボジアを訪れたタイ人ライターの視察旅行に基づくエッセー、ガイド本が相次いで出版されている。過去の出来事を現代の体裁で復元し、地域の紐帯をそこに築き上げているかのように見える。

タイ・ラオス友好橋開通の祝辞の中で、16世紀に建立されたルーイ県ダンサーイ郡のタートシーソーンハックが両国の友好を語る歴史的表象としてとりあげられた。タイ人によるラオス見聞記においても、タイとラオスはきょうだいと言い、かつて流された苦い涙は甘い蜜に変わったと謳われる。インドシナはまさしく戦場から市場へと大転換をとげつつある。

こうした趨勢と呼応して、北タイとともにメコンと接する東北タイの観

表　東北タイの観光局支所設置年

ナコーンラーチャシーマー	1978
ウボン	1987（後半）
コーンケーン	1990（後半）
ウドン	1992
ナコーンパノム	1992（２月署名→７月開所）

註：1995年現在タイ全国で支局総数17。東北タイ全19県で５。
　：支所開設順序はかつて東北地方が中央当局に掌握された順序に同じ。

光政策が活気を帯びてきている。東北タイは外貨を得る観光地としては国内で最も遅れをとった。スリンの象祭りは60年代に始まるが、もっぱらウドンのバーンチェン遺跡、古クメールの寺院旧跡など文化史跡を喧伝するに留まっていた。国内需要をにらんで県単位に観光収入をもたらす「郷土の伝統行事」の振興が70年代後半から始まり、ロケット儀礼（バンファイ）はヤソートーン、入安居儀礼のロウソク祭りをウボン、コーンケーンには絹祭りと、それぞれ「伝統」を創りだした。観光局の支所も最近できている（**表**）。

だが、祭礼では収入があるのはその時だけである。メコン岸の国々が地域の観光振興を総合的な経済戦略とし、多くの開発協定に関する調印をした現在、特にラオスとの友好関係を通じて、ムクダハーン、サコーンナコーン、ナコーンパノムの３県を管轄するタイ観光局ナコーンパノム支所は、ナコーンパノムからラオス側へ１日10回の定期フェリーが巡航可能として、メコン・クルージング・ツーリズムを計画する。92年にはカンボジア、ヴェトナム観光を管轄するヴィエンチャン支所が開かれており（97年のバーツ経済危機以降、閉鎖）、ラオス政府への積極的な働きかけが試みられている。

ところで、ラオの基層文化なるものを想定するなら、近年の観光事業と絡む東北地方の郷土文化振興の流れの中で伝統を復活（創造）しようとする時、そこに「ラオ文化」が浮上するであろう。東北タイには、こうした状況を睨んで、今こそラオがラーンサーン王国時代のように統一される時

サヴァンナケートからメコンを隔ててムクダハーンを望む（めこん）

期だと熱っぽく語る在郷の知識人、ラオ人アイデンティティを強固に持ち続ける人々がいる。ウボン在住のP氏がその１人である。同氏は東北タイの文化に関する数多くの著作を自分の印刷所から発行している。彼は両国が接近した今こそ、ラオスと東北タイはまた国として１つになるというのだ。

しかし、その表現様式の土壌はすでに変わっている。それが、分断されたラオを再び１つに向かう起動力になるのだろうか。実際、当の東北タイの農民は、伝統文化を復興することが政策や教育方針に適うことであり、ささやかな経済戦略としてメリットを得ることには関心を持つが、今のところラオの統一という関心を喚起する様子はない。この点ではラオ人官僚が判断するように、人々はタイ国にどっぷり浸っているように見える。若い人々が「ラオ」と見られることを拒否する理由には、こうした地域アイデンティティの成熟とともに、ラオスが外国である、そのラオ人は別の国民国家の住人であるという意識が根ざしているためであろう。そこは言葉が通じる外国になっている。ある意味では、彼らは民族なる幻想を使用することはあっても信じてはおらず、ただ自己の経験と周囲の人々と共有する記憶をこそ重要視しているわけである。

他方、これまで見たように、現在のラオスのラオ人はイサーンはタイの一地方人と語っている。ラオスが独立を果たした1975年、汎ラオ主義に基づくイサーン回復運動が一部のラオ人によって主張された。だが、当時の状況を知るラオスのラオ人によれば、その政治的可能性については誰もが懐疑的であったらしい。

当時、ラオス側官僚のあいだでは次のように検討されていたという。東北タイとラオスが１つになって再統合すること自体は望ましい。しかし、もしそうなった場合タイ側のラオ人が多数含めれらることになり、ラオス側のラオ人は実際的な政治的統率力を失うであろう、だからそれはラオ人にとってよい選択ではない、と。

多くのラオス側のラオ人たち、とりわけ「30年戦争」を生き抜いてきた年輩の女性は、いまだにどっぷりと「われら」の記憶にこもっている。タイは恐ろしい事件が次々と起こるところであり、エイズの温床だという、どこかの国の住人が一般に持つようなまなざしをタイに向けてもいる。

ただし、民族の文化的紐帯がしばしば語られることもまた事実である。ある党員のラオ人が語ってくれた話がある。ラオスに生まれて現在はイサーンに暮らす人々が、30年戦争を経てヴィエンチャンやパークセーを訪れた時、すでに老境に入った彼らはその地に入るなり、足下の土を指でつまみあげて頭にかけていたという。彼は、イサーンの人はまたラオスへ戻りたいということなのだという解釈を与えていた。

また、イサーンはタイの地、という歌を覚える東北タイの老人は最近になって、「今度お前がラオスへ行くなら一緒に行きたい。死ぬ前に見ておきたい」と言うのである。この種の「故郷」意識は人々の経験と記憶が刻まれる年齢層によって異なっているように思われる。

内戦以降に生まれ育った両側のラオ人たちは、それぞれに彼ら自身のことをその日常生活の中で見つめている。国境観光を促進する両政府が謳う

「ラオとタイ（イサーンではなく！）はキョウダイ」という出自を明らかにする喧伝文句にも熱意を示さず、自分たちの末裔が東北でどうしているかも知りたがらない。

もし、彼らが１つになる契機があるとすれば、それは「同一の民族」という胡散臭い口上を無化し、国家の境界も解消させる消費主義においてであろう。現在のタイ人を、そしてイサーンの若者を虜にしている消費主義は、緩やかながらも確実に隣国ラオスのラオの人々にも見られつつある動きである。ヴィエンチャンでは、タイの商品は、なんだかんだと言われながら、洗剤、石鹼、衣料などの生活用品が人々の必需品になっている。タイは世界中の商品物産が集まりモノが何でもある国として、一種の羨望の眼差しを向けられている。

両国が国境封鎖を繰り返していた10数年前にノーンカーイの国境のメコン岸の集落を訪れた。ある老婆がすぐ前の川を見つめながら、「人間は互いに愛しあえるのに、国どうしはそれができない」と唐突に語ったことが忘れられない。メコンは両国を隔てている。しかし、両国に分かれ住む人々を結びつけてきたのもまたメコンであった。不変の民族などこの世に存在しない。それらは他者との関係の中で創られる。多様な言語を操る多様な人間の存在だけが事実である。インド文明と中国文明の狭間に位置する東南アジアにあって、ラオ人はまたその狭間に置かれてきた。それは、絶えず隣接する民族、国家との関わりの中で変化と持続を経験した。同時に、歴史の水面下には往来する人々があり、ラオのケーンの音色に酔いしれた中部タイの人々がいた。人々の言語で示される民族の自称がほとんど「人間」を指すことばであることは、現在であればこそ示唆的である。おそらく、何族でもなく自分は人間だと言いきれることにこそ、人類社会の将来の可能性が示されているのではないのだろうか。

ラオとイサーンとの関係を通してみえてくる１つのことはこういうことである。（1995年脱稿）

【参照文献】

(1) National Geographic Department, Vientiane, *Atlas of the Lao PDR*, Vientiane: National Geographic Department, Lao P.D.R., 1995.
(2) Dodd, William C., *The Tai Race, Elder Brother of the Chinese*, Iowa: Cedar Rapids, 1923.
(3) Toem Wiphakphotchanakit, *Prawattisat Isan* (lem thi 1 and 2), Krungthep: Samnakphim Samakhom Sankhomasat haeng Prathet Thai, 1970.
(4) *Bangkok Post* (1995年5月18日).
(5) *Bangkok Post* (1995年11月3日).
(6) 林行夫「『まなざし』のなかの民族と異文化――南ラオス調査から」『民博通信』65：33-41, 1994.
(7) Textor, Robert B., *From Peasant to Pedicab Driver*, New Haven: Southeast Asian Studies, Yale University, 1967.
(8) Mayoury and Pheuiphanh Ngaosyvathn, *Kith and Kin Politics: The Relationship between Laos and Thailand*, Manila: Journal of Contemporary Asia Publishers, 1994.
Pheuiphanh, Ngaosyvathn, "Thai-Lao Relations: A Lao View," *Asian Survey* 25: 1242-1259, 1985.
(9) Chit Phumisak, *Khwam pen ma khong kham sayam Thai, Lao lae Khom lae Laksana thang Sangkhom khong chu chonchat*, Krungthep: Samnakphim Sayam, 1992 (1976). (坂本比奈子訳『タイ族の歴史』井村文化事業社、1993。)
(10) Keyes, Charles F., *Isan: Regionalism in Northeastern Thailand*, Ithaca: Cornell University, 1967.
Cohen, Erik, "Bangkok and Isan: The Dynamics of Emergent Regionalism in Thailand," in his ed., *Thai Society in Comparative Perspective*, Bangkok: White Lotus, pp.67-88, 1991.
(11) Thawisin Supwatthana, "'Lao' nai thatsana khong phu pokkhrong Thai samai Rattanakosin", Maha Sarakham: Srinakharin Wirot University, 1988.
(12) Chatthip Nartsupha and Pranut Saphayasan, "Chao phibun Nongmakkaeo, in" Wuthichai Munsin et al eds., *Kabot Chaona*, Krungthep: Samakhom sangkhommasat haeng prathet Thai, pp.64-79, 1982.
(13) Seidenfaden, Erik, *The Thai Peoples: The Origins and Habitats*, Bangkok: The Siam Society, 1958.
(14) Wijeyewardene, Gehan, ed., *Ethnic Groups across National Boundaries in Mainland Southeast Asia*, Singapore: Institute of Southeast Asian Studies, 1990.
(15) Izikowitz, Karl Gustav, *Lamet: Hill Peasants in French Indochina*, Goteborg: Elanders Boktr. 1951.
(16) Izikowitz, Karl Gustav, "Neighbors in Laos," in Barth, Frederik ed., *Ethnic Groups and Boundaries*, Boston: Little, Brown and Co., pp.135-148, 1969.

＊脱稿後に刊行されたキエン・ティーラワット他著『ラオ人が見るタイ－ラオス関係(*Khwamsamphan thai-lao nai saita khong khon lao*)』チュラーロンコーン大学、2001

年。および拙著『ラオ人社会の宗教と文化変容——東北タイの地域・宗教社会誌』京都大学学術出版会、2000年。も参照されたい。

人名索引

ア行

カ行

サ行

タ行

ナ行

ハ行

マ行

ラ行

地名索引

ア行

カ行

サ行

タ行

ナ行

ハ行

マ行

ヤ行

ラ行

ワ行

＊ 地名には次のような言葉がよく使われます。

ヴィエン、シエン（都、町、砦）
ナム（川）
セー（川、支流）
ホアイ（川、支流）
パーク（河口）
ニョート（上流、源流）
ベーン（分岐点）
プー（山）
ナー（田）
ヌア（北）
タイ（南）
トン（平野）
ボー（泉）
ポーン（丘）
ター（港）
ハート（浜、中洲）
カム、トーン（黄金）
グン（銀）
ケーオ（宝石）
シン（獅子）
ブア（蓮）
ウドム（繁栄、豊かな）
ルアン（偉大な）
サイ（勝利）
ラック（km）

文化・食物・宗教・歴史索引

ア行

カ行

サ行

タ行

ナ行

ハ行

マ行

ヤ行

ラ行

ワ・ン行

政治・経済・社会・自然索引

ア行

カ行

フンパン・ラタナヴォン　ラオス文化研究所所長。雑誌『ヴァンナシン』編集長。ワット・プー、ルアンパバーン（ユネスコ世界文化遺産）の保存、ポンサーリー民族博物館設立に尽力。バイラーン、民族音楽、伝統織物、少数民族の伝統文化、仏教とラオス文化などのセミナー、ワークショップを開催。

石井米雄（いしい・よねお）　元京都大学東南アジア研究センター所長・神田外語大学学長。2010年死去。専門・東南アジアの歴史

カムペン・ケタヴォン　ラオス文化研究所副所長

カムボーン・ティーラプット　ラオス文化研究所副所長

瀬戸裕之（せと・ひろゆき）　名古屋大学大学院法学研究科特任講師、ラオス・日本法教育センター勤務。専門・ラオス政治・行政

飯島明子（いいじま・あきこ）　天理大学国際学部教授。専門・タイ諸族を中心とする大陸東南アジア北部の歴史

菊池陽子（きくち・ようこ）　東京外国語大学大学院総合国際学研究院准教授。専門・ラオス近現代史

安井清子（やすい・きよこ）　文筆業。専門・モンの文化

林行夫（はやし・ゆきお）　京都大学地域研究統合情報センター教授。専門・文化人類学・大陸部東南アジア民族学

増原善之（ますはら・よしゆき）　ラオス在住。専門・ラオス史

鈴木玲子（すずき・れいこ）　東京外国語大学大学院総合国際学研究院教授。専門・ラオス語学

鈴木基義（すずき・もとよし）　ラオス計画投資省JICA専門家・上級顧問、経済学博士、ラオス首相府永久顧問、ラオス国立大学／サヴァンナケート国立大学客員教授、サヴァンナケート県知事特別顧問／チャムパーサック県知事特別顧問。専門・開発経済学・ラオス経済

島崎一幸（しまざき・かずゆき）　農村インフラ開発担当コンサルタント（ラオス在住）。

院多本華夫（いんたぽん・けお）　元筑波大学農林工学系講師。

ブアトーン・プンサリット　ボーリカムサイ県の国際貿易会社顧問、作曲家、小説家。

サイ・パカスム　通信・運輸・郵政・建設省副大臣、元ヴィエンチャン市副知事。

ヴァン・スート　ジャーナリスト

松本悟（まつもと・さとる）　法政大学国際文化学部准教授、NPO法人メコン・ウォッチ顧問。専門・メコン川流域国の開発と環境・国際開発機関の環境・社会配慮政策。

カムペーン・ティップムンタリー　ラオス文化研究所研究員

竹原茂（たけはら・しげる）（ウドム・ラタナヴォン）　麗澤大学外国語学部名誉教授、麗澤海外開発協会副会長、メーコック財団共同創設者・顧問。専門・国際協力論・タイ語・異文化・東南アジア社会

ラオス文化研究所

ラオスの全民族の文化・美術・言語・歴史の研究と普及を目的として、1983年1月1日、ラオス情報文化省に設立される。初代所長フンパン・ラタナヴォン。

活動内容　①古い美術・文化の発掘
②研究者の育成
③情報収集と研究技術の構築
④諸外国の社会科学機関との交流と協力

組織(部門)①歴史と文明
②文学
③伝統文化と信仰
④民具・民芸品
⑤音楽・舞踊
⑥東南アジア

主な業績　①ルアンパバーンのユネスコ世界遺産登録
②バイラーン(貝葉)の保存
③各民族の音楽と楽器の研究と保存
④パラック・パラーム(ラーマーヤナ)などの伝統文学、伝統劇の保存と復興
⑤ヴェトナム、タイ、日本、フランス、ドイツなどの国々との協力協定

ラオス概説

初版印刷　2003年6月25日
第2刷改訂版発行　2015年8月30日

定価　5400円＋税

編者　ラオス文化研究所
装丁　菊地信義
発行者　桑原晨
発行　株式会社めこん
〒113－0033 東京都文京区本郷3－7－1
電話03－3815－1688 FAX03－3815－1810
ホームページ http://www.mekong-publishing.com
印刷　太平印刷社
製本　三水舎

ISBN978-4-8396-0161-4 C0030 ¥5400E

0030－0306160－8347

ラオス史

マーチン・スチュアート - フォックス／菊池陽子=訳

定価 3,500円+税

もっとも充実したラオス通史として、世界的に定評のあるA HISTORY OF LAOSの完訳です。著者が日本語版のために1990年以降のラオスの変化を「終章」として書き下ろしてくれました。

ラオスは戦場だった

竹内正右

定価 2,500円+税

アメリカの「秘密戦争」の実態、迫害されるモンの人々、スワンナプーマやスファヌヴォン、カイソーンなどラオス現代史の英雄たち、革命後の混乱……。1975年の新政権誕生を中心に貴重なスクープ写真で綴ったもうひとつのラオス現代史です。

激動のラオス現代史を生きて――回想のわが生涯

プーミー・ヴォンヴィチット／平田 豊=訳

定価 4,000円+税

シエンクアンの少年時代、ラオスで最年少の知事だった時代、共産側に身を投じてアメリカと戦った時代、そして連合政府の樹立。歴史の荒波に翻弄されてきたラオス人の苦しみと喜びが滲み出るような自伝です。

現代ラオスの政治と経済 1995-2006

カム・ヴォーラペット／藤村和広・石川真唯子=訳

定価 4,000円+税

2007年パリで出版されたあと、ラオス本国でも発売されて注目を浴びた、現代ラオスの政治・経済の概説書の完訳です。豊富な資料に基づき、1975年の解放後のラオスの政治・経済の流れをバランスよく解説し、さらにラオスの未来を予測します。

ラオス農山村地域研究

横山 智・落合雪野=編

定価 3,500円+税

社会、森林、水田、生業という切り口で15名の研究者がラオスの農山村の実態を探った初めての本格的研究書。焼畑、商品作物、水牛、中国の進出……。今のラオスを理解する上で欠かせないテーマばかりです。

ヴィエンチャン平野の暮らし――天水田村の多様な環境利用

野中健一=編

定価 3,500 円+税

不安定で貧しそうに見えるラオス農村には実は巧みな環境利用のノウハウがあったのです。ヴィエンチャン近郊の一農村に拠点をおいて、地理学・植物学・林学など自然科学系の研究者が長期にわたって続けた観察研究の集大成。